Große Stadt, was nun?

Dieter Eisfeld

Große Stadt, was nun?

Über die Notwendigkeit einer Stadtphilosophie

Deutsche Verlags-Anstalt

Dieter Eisfeld, geboren 1934, Jurist.
Leiter des Bauverwaltungsamtes
der Landeshauptstadt Hannover.
Buchveröffentlichungen:
„Die Stadt der Stadtbewohner“ (1973),
„Kunst in der Stadt“ (1975).

CIP-Kurztitelaufnahme der Deutschen Bibliothek

Eisfeld, Dieter
Große Stadt, was nun?: Über die Notwendigkeit einer Stadtphilosophie. –
Stuttgart: Deutsche Verlags-Anstalt, 1978.
ISBN 3-421-02522-3

Umschlaggestaltung: Dieter Frey, Leonberg
Verantwortlicher Lektor: Nora von Mühlendahl
Gesamtherstellung: Verlagsdruckerei Carle, Vaihingen/Enz
Printed in Germany

Inhalt

Für meine Eltern

Vorbemerkung

Der Erdball trägt inzwischen eineinhalbtausend Städte mit mehr als hunderttausend Einwohnern, und jede zehnte davon ist eine Millionenstadt. Nach wie vor wächst die Zahl der Stadtbewohner verhältnismäßig stärker als die Zahl der Bevölkerung insgesamt. In jeder dieser Metropolen arbeiten viele Menschen im eigenen oder öffentlichen Auftrag an der Fortentwicklung ihrer städtischen Umwelt. Ihre tägliche Arbeit veranlaßt sie, sich mit allen möglichen Fragen auseinanderzusetzen. Ökonomische, planerische, juristische, soziale, technische, kommunikative und andere „technokratische" Schwierigkeiten wollen gelöst sein.

Einige Fragen sind darunter, die nicht in diese fachspezifischen Kategorien gehören. Sie gehen ihnen voraus und übertreffen die täglichen Sorgen der Stadtverwaltungen und der Bewohner an Gewicht und Konsequenz. Weil diese Fragen nicht nur bedeutungsvoll für das Leben in der Stadt, sondern auch besonders komplex sind, werden sie meistens gar nicht erst gestellt — wenn auch unbewußt immer wieder beantwortet. Für die Bewohner ist die gebaute und „betriebene" Stadt bei allem Auseinanderfallen in einzelne Elemente immer noch als Einheit zu sehen und zu behandeln. Die Fragen befassen sich mit dem Sinn und Zweck der unaufhörlich weiterwachsenden urbanen Anlagen und ihrem quasi schicksalhaften Einfluß auf die Menschen, die in ihnen leben müssen. Sie kreisen um die Überlegung, was die Stadt, so wie sie gegenwärtig beschaffen ist, ihren Bewohnern bedeutet und was sie ihnen sein könnte, wenn sie in dieser oder jener Richtung beeinflußt wird.

Mit einigen dieser Fragen nach den Realitäten und den Möglichkeiten des städtischen Daseins befaßt sich die folgende Arbeit. Wie die Dinge liegen, hat sie mehr mit philosophischer Spekulation als mit gesicherten Erkenntnissen zu tun. Genaugenommen geht es weniger um eine Philosophie der Stadt als um eine Philosophie der Bewohner über ihre Stadt — eine Art von gedachtem kollektivem Selbstgespräch.

Einleitung: Methoden der Stadterkenntnis

Jedermann weiß, was eine Stadt ist. Aber kaum jemand hat eine genaue Vorstellung davon, aus welchen Bestandteilen sich der städtische Organismus zusammensetzt und wie er funktioniert. Wir vermögen viele Dinge zu sehen, zu hören oder auf andere Weise wahrzunehmen, aber eben nicht alles, und häufig nicht einmal das Entscheidende. Die Stadt ist sowohl der Lebensbereich bestimmter Individuen als auch die Umwelt einer Gesellschaft von hunderttausend oder Millionen Menschen. Darüber hinaus aber ist sie schließlich auch eine Art Maschinerie von gebauter und betriebener Technik im weitesten Sinn. Die Stadt wird durch die Menschen definiert, den einzelnen und die Gruppe, die in ihr leben, doch auch durch die Gebäude, Straßen und Grünanlagen, den Verkehr, das Stadtklima und andere Dinge. Man muß sich an den einzelnen Bewohner halten, wenn man etwas über die Stadt erfahren möchte, aber auch an die Summe aller Bewohner, die Stadtgesellschaft, und an die Eigengesetzlichkeit der technischen Maschinerie. Außerdem lebt die Stadt nicht isoliert, denn sie ist von Landschaft umgeben und in politischer Beziehung zumindest abhängig vom Staat, zu dem sie gehört.

Der individualistische, der kollektivistische und der technokratische Gesichtspunkt, die Betrachtung der Stadt von innen und von außen — sie alle haben ihre Berechtigung, wenn es darum geht, etwas über die Stadt zu erfahren. Die Schwierigkeit ist, diese Dinge in ihrem Zusammenspiel und in ihren Abhängigkeiten richtig zu erkennen. Und noch komplizierter ist es, in Erfahrung zu bringen, wie man die Stadt sehen und behandeln muß, damit sie ihre Qualitäten für ihre Bewohner steigert. Pittsburgh läßt die meisten Menschen kalt, das heruntergekommene Venedig aber lieben sie heute noch. Wie ist das möglich? Was ist eine Stadt wirklich, und wie sollte sie sein, damit sie zumindest von denen, die in ihr wohnen, als ihr Werk betrachtet werden kann?

Nach Bertrand Russell muß alle überhaupt mögliche Erkenntnis „auf wissenschaftlichem Wege gewonnen werden; was die Wissenschaft nicht zu entdecken vermöge, könne der Mensch nicht erkennen[1]." Übernehmen wir diesen Hinweis und fragen also, was uns die Wissenschaft über die Stadt zu geben hat. Damit sind wir bereits bei der ersten Schwierigkeit, denn mit „Körper" und „Geist" der Stadt befassen sich nicht weniger als über ein Dutzend wissenschaftlicher Disziplinen. Wenn man einmal davon absieht, daß sie sich untereinander teilweise die Wissenschaftlichkeit abstreiten, haben wir es zu tun mit der Historie, der Geographie, der Rechtswissenschaft, der Architektur, der Soziologie, der Stadtplanung und dem

Städtebau, der Finanzwissenschaft, der Medizin, der Psychoanalyse, der Verkehrswissenschaft, der Volks- und Betriebswirtschaft und der Biologie. Diese Aufzählung ist weder vollständig, wenn wir an die Statistik, Systemtheorie, Politologie oder die Stadthygiene denken, an den Denkmalschutz oder die Informationsästhetik, noch entspricht die gewählte Reihenfolge der Bedeutung der Disziplinen für die Stadt. Doch in dieser Richtung muß man fragen, um seine Kenntnisse über die Stadt zu erweitern.

Ehe wir uns mit den wichtigsten dieser Disziplinen befassen und sie daraufhin prüfen, was sie für die Stadterkenntnis zu leisten imstande sind, möchte ich folgende Bemerkung machen. Selbstverständlich haben alle möglichen Leute, und vor allem jene, die professionell in der Verwaltung der Stadt zu tun haben, eine Meinung über ihre Stadt. Ohne im engeren Sinn „wissenschaftlich“ vorzugehen, werden sie ihre Stadt beschreiben und einiges dazu sagen können, was man an ihr zu ihrem Vorteil verändern könnte. Auch ist es nirgendwo auf der Welt eine Vorbedingung für die Wahl in ein Stadtparlament, wissenschaftlich denken und vorgehen zu können. Ganz im Gegenteil, Politiker sind immer stolz darauf gewesen, mit Hilfe ihres Instinkts und ihres gesunden Menschenverstands ganze Universitäten überflüssig gemacht zu haben. Auch wenn dieser Glaube nicht ganz richtig ist, weil auch der gesunde Menschenverstand auf den wissenschaftlichen Erkenntnissen von gestern aufbaut, vermag er immerhin zu verhindern, sich mit den wissenschaftlichen Erkenntnissen von heute zu befassen. Die Personen, die täglich Entscheidungen in städtischen Angelegenheiten treffen, tun dies nicht als Angehörige eines wissenschaftlichen Faches. Die Praxis hat sich immer an das gehalten, was der Freiherr vom Stein zur Maxime erhob: „Man bedarf also zu Stadtverordneten keine Menschen von gelehrter Bildung sondern durch Lebenserfahrung, die sie aus ihrem Beruf schöpfen, Gebildete, die ihre Gemeinde lieben und kennen, denn die ihnen zugewiesenen Geschäfte liegen im Bereich des gesunden Menschenverstandes [2].“ Dies ist vermutlich auch der Grund, weshalb sich Wissenschaftler in den Stadtverwaltungen und unter den Kommunalpolitikern keiner großen Beliebtheit erfreuen. Man hält sie sich, ähnlich wie sich die Fürsten vergangener Zeiten ihre Hofnarren hielten, ist aber von ihrer Nützlichkeit nur teilweise und allenfalls nachträglich überzeugt.

Dem läßt sich allerdings entgegenhalten, daß die wissenschaftlichen Experten eine Vorarbeit leisten, ohne die inzwischen nicht mehr auszukommen ist. So sicher es ist, daß Wissenschaftler den verantwortlichen Stadtpolitikern die Entscheidung in den täglichen Fragen der Stadtentwicklung nicht abnehmen können, so unzweifelhaft ist es auch, daß sie diese Politiker vorteilhaft beraten und informieren können. Die wissenschaftlichen Disziplinen pflegen, wenn sie gut arbeiten, Sachverhalte und Zusammenhänge festzustellen, sie zu analysieren und ihre Ergebnisse darzustellen. Sie erledigen also eine Aufgabe, die in der Stadt, von wem auch immer und unabhängig von der Aktualität, erledigt werden muß. Irgendeine Stelle muß schließlich feststellen, wie sich die Zahl und die Zusammensetzung der Stadtbewohner in sozialer oder altersmäßiger Hinsicht entwickelt. Wie kann man anders Wohnungsbaupolitik betreiben? Irgend jemand muß prüfen, wozu die Gesetze und Verordnungen die Stadtverwaltung berechtigen und wozu nicht. Man kann die Stadt nicht weiterbauen, ohne sich Gedanken über die Gestaltung eines Gebäudes oder eines Stadtquartiers gemacht und Alternativen zu Papier gebracht zu haben. Irgendwelche Mitarbeiter der Verwaltung müssen einen Plan über die Einnahmen und Ausgaben aufstellen und Finanzierungsmöglichkeiten erarbeiten. Ohne Kenntnis über die Struktur und die Standortanforderungen des Einzelhandels kann man keine Stadtplanung machen. Man bringt eine Stadt nicht weiter, wenn man nicht weiß, welchen Einfluß ihre geographischen Grundlagen und die Beschaffenheit ihres Bodens auf die Stadtentwässerung oder den Tiefbau haben. Hans-Paul Bahrdt ist im Recht, wenn er schreibt: „ ‚Versachlichung' durch Wissenschaft erweitert objektiv den Spielraum aussichtsreichen politischen Handelns und fördert das Bewußtsein von der Existenz der Wahlmöglichkeiten[3]." Alle genannten und andere Aufgaben läßt man am besten von denjenigen erledigen, die gelernt haben, damit fertigzuwerden. Es ist nur vorteilhaft, auf die Angehörigen wissenschaftlicher Berufe zurückzugreifen und sich von ihnen die Entscheidungsgrundlagen ausarbeiten zu lassen.

Es gibt aber noch ein weiteres Argument gegen den Verzicht auf die Mithilfe wissenschaftlicher Disziplinen. Mit dem Wachsen der Stadtbevölkerung entstehen vor allem in der Flächenausdehnung immer größere und unüberschaubarere Städte. Wir erleben eine Situation, die es nie zuvor in der Geschichte der Menschheit gegeben hat. Niemand ist mehr in der Lage, aus eigener Anschauung ein modernes Stadtgebilde exakt zu übersehen und zu verstehen. Vergleiche mit der Bewältigung städtischer Probleme in früheren Jahrhunderten sind nur noch sehr bedingt möglich. Dies relativiert die Bedeutung des Instinkts oder des gesunden Menschenverstands erheblich. Für den, der verantwortliche Entscheidungen zu treffen hat, bleibt deshalb gar nicht anderes übrig, als sich aus erster Hand informieren und beraten zu lassen. Wenn er klug ist, wird er sich von denen helfen lassen, die auf ihrem Gebiet am besten Bescheid wissen. Wie die Dinge heute liegen, sind dies die Vertreter der wissenschaftlichen Disziplinen. Verzichtet man darauf, ist es künftig nicht mehr ganz auszuschließen, daß eine Stadt auch einmal an wissenschaftlicher Ignoranz zugrunde geht.

Wir werden später erörtern, wie weit diese Informationen und Ratschläge der Experten reichen und wo ihre natürlichen Grenzen liegen. Zuvor aber sollten wir untersuchen, was die verschiedenen wissenschaftlichen Disziplinen wirklich vermögen. Dazu gehört auch festzustellen, ob und wieweit sie in ihren Ergebnissen miteinander harmonisieren oder aber einander widersprechen. Im Anschluß daran werden wir uns mit der Frage beschäftigen, ob das Maß an Stadterkenntnis, das diese Experten heute zu liefern vermögen, befriedigend ist. Müssen wir diese Frage verneinen, geht es darum, ob man auf anderen Wegen mehr oder Zusätzliches von einiger Wichtigkeit erfahren kann. Bis zu den Angeboten der wissenschaftlichen Disziplinen sind manche Stadtverwaltungen auch heute schon vorgedrungen — doch ist das anscheinend nicht alles, was die menschliche Gesellschaft nötig hat.

Die älteste Methode, Erkenntnisse über die Stadt zu gewinnen, ist das Studium der Historie. Solange Geschichte geschrieben wird, berichtet sie auch über die Städte. Man kann aus diesen Schilderungen lernen, wie Städte ausgesehen haben, wie sie verwaltet worden sind, wer darin lebte und wie das Leben der Stadtbewohner ablief.

Die Geschichte gibt Aufschluß darüber, was den Städtern damals wichtig und was ihnen gleichgültig war, wofür sie Kriege geführt haben und woran sie zugrunde gegangen sind. War eine Stadt zugleich Staat, wie etwa das mittelalterliche Florenz, dann existieren besonders detaillierte und ergiebige Berichte über die alten Zustände. Niccolo Macchiavellis Historie über Florenz ist ein eindrucksvolles Beispiel dafür.

Was aber nützt der historische Bericht den Stadtbewohnern der zweiten Hälfte des 20. Jahrhunderts? Was haben die Zeitgenossen Macchiavellis mit den heutigen Florentinern gemeinsam? Historiker können sich immer nur mit dem befassen, was zeitlich hinter ihnen liegt. Dies relativiert ihre Bedeutung für die Fragen der jeweiligen Gegenwart, und zwar beträchtlich, wenn diese Gegenwart sich rasanter entwikkelt als alle „Gegenwarten" zuvor. Für die Stadt des 18. Jahrhunderts beispielsweise war die Geschichte des 17. Jahrhunderts etwas, dessen Einsichten und Erkenntnisse sich ziemlich direkt übertragen und übernehmen ließen. Soviel sich auch geändert haben mochte, zumindest die technischen Grundbedingungen des Lebens in der Stadt waren sich ähnlich. Veränderungen erfolgten langsam, allenfalls über Generationen hinweg. Wer heute lebt, fühlt sich Bedingungen ausgesetzt und zwischen Kulissen gestellt, die in der ersten Hälfte dieses Jahrhunderts noch nicht gegolten haben. Allein die technischen Möglichkeiten oder die Erweiterung der menschlichen Sinne und Fähigkeiten durch elektronische Maschinen machen unsere Zeit mit vorhergegangenen Zeiten weitgehend unvergleichbar.

Die Historie kann nur in die Gegenwart hinüberretten, was sich in der Vergangenheit ereignet hat. Sie kann also ungewöhnlich viele städtische Angelegenheiten, die uns heute bewegen, nicht behandeln. Es gibt kein Vorbild beispielsweise für den Autoverkehr und die mit ihm verbundenen urbanen Konflikte. Es gibt auch kein Vorbild in den Städten vorangegangener Generationen für das soziale Elend in den Metropolen Südamerikas oder Asiens und die Möglichkeiten, es zu lindern. Stadtverwaltungen können lernen von dem, was damals und heute gleichgeblieben ist, beispielsweise von der Einzelarchitektur und dem Städtebau, jedenfalls in bestimmten Beziehungen. Der Historiker Wolfgang Braunfels zieht aus dem europäischen Städtebau die folgenden drei Lehren: „Man kann nicht für Fremde bauen; man kann nicht Geschichte vorausplanen; alles Notwendige bedarf der ästhetischen Überhöhung[4]." Wir können vielleicht auch von der Art und Weise lernen, in der das städtische Regiment früher rechtlich geordnet wurde. Aber weder in den Bereichen der Versorgung mit Energie noch der Beseitigung von Schmutz und Abfällen, weder in der Behandlung kranker Menschen noch in kulturellen Angelegenheiten für die Stadtbewohner ist die Geschichtsschreibung hilfreich. Wolfgang Braunfels meint: „Der Forschungsstil dieser Zeit verhindert, daß man dem ‚Lehrbuch der Geschichte' Einsichten zu entnehmen sucht, die für Gegenwart und Zukunft Bedeutung besitzen. Die Gefahren sind offenkundig. Geschichte war; Städte aber bestehen fort. Die Beschäftigung mit ihnen verbindet Altes mit Neuem. Ich vermag nicht zu leugnen, daß während der Niederschrift die Nachdenklichkeit immer wieder ins Heutige abgelenkt wurde[5]." Dies mag zutreffen für das Thema seines Buches, den Zusammenhang von Herrschaftsform und Baugestalt. Aber es ist nicht der Forschungsstil, sondern der überraschende Entwicklungssprung unserer Zeit, der die Historiker als Berater von Stadtverwaltungen im allgemeinen einengt. Das 10. Kapitel dieser Studie handelt von einer bemerkenswerten Ausnahme.

Die wissenschaftlichen Disziplinen pflegen sich untereinander heftig zu kritisieren. Um noch einmal Wolfgang Braunfels zu zitieren: „Mit Hilfe ästhetischer Normen allein sind Städte ebensowenig zu verstehen wie mittels der Maßstäbe, die Soziologie und politische Wissenschaften liefern können[6]." Nehmen wir diese Bemerkung als Überleitung, um zu prüfen, welchen Beitrag die geschmähte Soziologie (neben den ihr nahestehenden Sozialwissenschaften) zur Stadterkenntnis zu leisten vermag. Sie bemüht sich darum, das soziale Leben in der Stadt zu beschreiben und zu erklären, vor allem mit dem Ziel, einen Beitrag zu den räumlichen und baulichen Stadtstrukturen zu leisten. Sie tut dies in der Weise, daß sie bestimmte Gruppen von Menschen im Hinblick auf ihre Funktionen für die Stadtgesellschaft, ihre Verhaltensweisen und Meinungen erforscht. Es kann sich um die Familie handeln, um Arbeiter, um die Bewohner einer neuen Siedlung, um die Jugendlichen oder eine andere soziale Einheit, mit der man sich beschäftigt. Die Soziologen möchten wissen, in welcher Beziehung die Angehörigen solcher Gruppen zur Stadt stehen. Was spielt sich objektiv zwischen ihnen und der Stadt ab, wie denken sie darüber, und was empfinden sie? Die „Stadt" beginnt mit der eigenen Wohnung, der Nachbarschaft und dem Stadtviertel, und sie setzt sich über die Arbeitsstelle irgendwo in der Stadt bis zur City fort.

Um zu Aussagen zu kommen, befragen die mit der Stadt befaßten Soziologen die Stadtbewohner. Sie formulieren die Fragen nach den Kriterien, die sie oder ihr Auftraggeber für wichtig halten. Die Antworten, die sie erhalten, ordnen sie diesen Fragen zu. Daraus läßt sich feststellen, daß soundso viel Prozent der Befragten diese Meinung vertreten und soundso viel Prozent eine andere Meinung und so weiter. Innerhalb der prozentualen Reihen lassen sich dann statistische Mehrheiten ablesen. Aus ihnen folgern die Experten beispielsweise, daß die Mehrheit der Junggesellen lieber im 16. Stock eines Hochhauses und die Mehrheit der verheirateten Frauen mit drei Kindern lieber in einem eigenen Haus mit Garten wohnen möchten. Sie versehen diese Befragungsergebnisse dann mit Bewertungen. In dem Beispiel sehen sie vielleicht so aus, daß auch der Junggeselle A. sich für das Einfamilienhaus entschieden hätte, wenn er bedacht hätte, daß er nach aller statistischer Wahrscheinlichkeit in sieben Monaten heiraten und anderthalb Kinder haben wird. Die Meinungsäußerung der Hausfrau B. kann bedingt voreilig sein, weil das letzte ihrer Kinder erfahrungsgemäß in 22 Monaten das Haus verlassen und dann eine Geschoßwohnung im Hochhaus für das zurückbleibende Ehepaar entschieden leichter zu bewirtschaften sein wird.

Manche Soziologen haben sich von der unmittelbaren Beobachtung des so unzuverlässigen menschlichen Wesens abgewandt und sehen in der Stadt mehr eine soziale Maschine, deren Funktionstüchtigkeit es zu erhalten gilt. „Alles mündet dann," so schreibt der Soziologe Hermann Korte, „in Beiträgen zur Optimierung des bestehenden Systems, versucht Konflikte zu verringern oder auszuschließen, möglichst vielen Ansprüchen gerecht zu werden und so die technisch-ästhetischen

Optimierungsversuche der Städtebauer auf dem sozialen Sektor zu unterstützen, abzurunden und abzusichern[7]." Um die Soziologie nicht in dieser Weise zu korrumpieren, treten wieder andere dafür ein, vorsichtshalber dieses „System" zu ändern. Sie sagen allerdings nicht, wie ihre „soziologiegerechte" Welt aussehen soll.

Die Stadtverwaltung kann von Soziologen und Sozialwissenschaftlern erfahren, unter welchen Umständen Gruppen von Menschen leben und wie sie darauf reagieren. Sie ist in der Lage, Daten über bestimmte Lebensgewohnheiten und Verhaltensweisen zu beschaffen. Was treibt ein 25jähriger üblicherweise in seiner Freizeit, oder in welchem Stadtteil fühlen sich die alten Menschen, die keinem Beruf mehr nachgehen, am wohlsten? Allerdings haben diese Angaben immer nur relativen Wert, weil sie das statistische Mittel darstellen. Sie schildern sozusagen das Verhalten einer abstrakten Mehrheit in einer klinisch reinen Situation, die zudem gerade für den Soziologen (und nicht unbedingt für den Stadtbewohner) interessant ist. Man erfährt beispielsweise etwas über das Denken und die Haltung des Einzelhandels zu einer bestimmten Frage, nicht jedoch über das Denken und die Haltung des Buchhändlers E. am 26. April 1977. Die Soziologie will „Massen" bewältigen, also Summen von Tatsachen, Tätigkeiten, Meinungen und Empfindungen. Dies führt dazu, daß sie die Wirklichkeit weitgehend vereinfachen muß. Eine Arbeiterfamilie ist für den Soziologen eine Arbeiterfamilie, und Arbeiterfamilien pflegen sich nach aller Statistik so und so zu verhalten. Tatsächlich aber ist eine Arbeiterfamilie beispielsweise: ein 50fjähriger Schweißer, seine 34jährige Frau, eine 16jährige Tochter und ein 12jähriger Sohn. Jeder dieser vier Personen bedeutet die Stadt, in der sie leben, etwas anderes. Die öffentlichen Einrichtungen, für die sie sich interessieren (oder auch nicht), sind höchst unterschiedlich. Was also heißt „Arbeiterfamilie", wenn es um ein exaktes Verständnis und die Gestaltung der Stadt geht?

Der Soziologe Hans Paul Bahrdt schreibt: „Dieses Buch... erwartet... einen kritischen Leser, der weiß, daß der Verfasser, der Soziologe ist, nicht gleichzeitig Experte für Hauswirtschaft, Verkehrsplanung, Architektur und Standortprobleme des Einzelhandels sein kann. Stadtplanung ist aber nun einmal eine kohärente Einheit, so verschiedene Aspekte sie zeigt... Es bleibt also bei unserem Vorhaben nichts anderes übrig, als sich von der Natur des Gegenstandes leiten zu lassen und unbekümmert mit dem gesunden Menschenverstand weiter zu argumentieren, wo die Grenze der Gemeinde- und Familiensoziologie überschritten wird, und es dem Leser zu überlassen, wo der Verfasser sich auf unsicherem Boden bewegt[8]." So kehrt die Soziologie ein wenig resignierend zu ihrer Ausgangssituation zurück und relativiert ihren Wert als Methode der Stadterkenntnis.

Aktion und Kontemplation

Hier ist das Stichwort „Stadtplanung" gefallen, von der Bahrdt kritisierend sagt, daß sie ohne die Soziologen nicht mehr arbeiten könne: „Man kann nun, wenn man heutige Planungsarbeit betrachtet, daran zweifeln, ob sie auf einem rationalen Niveau stattfindet, das den in der Tat sehr komplizierten Eigengesetzlichkeiten eines Großstadtgebildes angemessen ist[9]." Diese Stadtplanung und der mit ihr korrespondierende Städtebau sind in der Tat kaum als wissenschaftliche Disziplinen anzusehen. Sie sind eher ein politisches Handeln, das sich mit Hilfe gezeichneter Pläne, die aus der Architektur hervorgegangen sind, einer wissenschaftlichen Maske bedient. Mit anderen Worten: Die besondere Eigenart der Stadtplanung ist nicht die Kontemplation, sondern die Aktion. Im Gegensatz zu den anderen erwähnten Disziplinen trifft sie nämlich täglich Entscheidungen darüber, was in und mit der Stadt geschehen soll. Sie vermag dies, weil sie seit langem ein fester organisatorischer Teil der Stadtverwaltung ist. Sie berät also die Stadtpolitiker nicht nur, sondern sie praktiziert selbst Stadtpolitik. Ihre zentrale Bedeutung für das Handeln der Stadtverwaltung zeigt sich auch daran, daß die anderen Wissenschaftler, wie beispielsweise die Soziologen, die Juristen oder die Geographen, ihre Mitarbeit weniger anderen Stellen in der Stadtverwaltung als vor allem den Vertretern der Stadtplanung zur Verfügung stellen. Umgekehrt ist es nicht üblich, daß die Stadtplanung den genannten oder anderen wissenschaftlichen Disziplinen zuarbeitet.

Der Planer Heiner Renk drückt dies folgendermaßen aus: „Planerisches Handeln erhält ja seinen Anstoß nicht aus sich selbst, vielmehr muß vorab entschieden werden, daß überhaupt geplant werden soll... Es geht also zum einen darum, daß die Mitwirkung von Wissenschaftlern und Experten schon dann einsetzen sollte, wenn die Entscheidungen darüber, ob und, wenn ja, was geplant werden soll, noch nicht gefallen sind...Planung im allgemeinen...ist darauf angelegt, praktische Fragen aufzugreifen und ihre Lösung systematisch in Angriff zu nehmen. Jedoch bereits dann, wenn Fragen und Probleme als solche artikuliert werden, mögliche Ziele zu ihrer Lösung ins Auge gefaßt und Aufträge für ihre planerische Bewältigung vergeben werden, ist der Boden wertfreier Neutralität verlassen. Der zur Mithilfe bei Planungsvorhaben aufgerufene Wissenschaftler muß sich darüber im klaren sein, daß seine Erkenntnisse in einem ganz bestimmten Verwendungszusammenhang gestellt werden... Der Planer befindet sich demnach in einer eigentümlichen Zwitterposition. Einerseits tritt er, bevor Entscheidungen über Einsatz und Umfang von Planungsvorhaben gefallen sind, in beratender Funktion als Experte auf, der sein Wissen, zusammengesetzt aus professionellen Erfahrungen und ihm zugelieferten wissenschaftlich-technischen Informationen, als rationale Entscheidungshilfe zur Verfügung stellt. Damit ist er von ihm letztlich nicht mehr kontrollierbaren Dezisionen seitens potentieller Auftraggeber unterworfen. Auf der anderen Seite ist er es, der nach individueller Prüfung und Bewertung der ihm verfügbaren Informationen die ihm richtig erscheinenden Entscheidungen treffen muß[10]."

Die Historiker befassen sich mit der Vergangenheit, die Soziologen mit der Gegenwart und die Stadtplaner mit der Zukunft. Was Vergangenheit und Gegenwart angeht, so läßt sich halbwegs ermitteln, wie der zu beurteilende Sachverhalt aussieht. Aus Dokumenten und erhaltenen Bauten kann man zu einem Teil ablesen, was damals geschehen ist. Eine genaue Beobachtung des menschlichen Verhaltens von heute ergibt immerhin einen bestimmten Tatbestand, über den sich reflektieren läßt. Für die Zukunft gibt es dagegen noch keine wirklichen Fakten, allenfalls hypothetische. Da also niemand genau weiß, wie die Zukunft aussehen wird, beschließt der Planer, sie zu bestimmen. Er legt dafür in Plänen fest, welche Stadtflächen in welcher Weise genutzt werden sollen und welche dreidimensionale Gestalt und räumliche Anordnung die Gebäude und Anlagen haben sollen, die auf den Flächen errichtet werden. Der Planer erkundigt sich zwar in der erwähnten Weise gelegentlich bei einer anderen wissenschaftlichen Disziplin. Aber er tut es zurückhaltend, denn er möchte nicht, daß ihm sein dominierender Einfluß innerhalb der Stadtverwaltung genommen wird. Er beschränkt sich darauf, ernsthaft nur mit denen zu verhandeln, die daran interessiert sind, ihr Grundstück zu nutzen oder zu bebauen. Und soweit es um die öffentlichen Einrichtungen der eigenen Verwaltung geht, sind seine Gesprächspartner die anderen Fachorganisationen, etwa die Sozialverwaltung, die Schulverwaltung oder die Kulturverwaltung. Im übrigen aber macht er sich sein Programm mehr oder weniger selbst.

Die Stadtplanung gibt also, so wie sie heute praktiziert wird, zur Stadterkenntnis nichts von Bedeutung her. Sie ist selbst auf Stadterkenntnis angewiesen, befindet sich in dieser Beziehung also ebenfalls in der Rolle desjenigen, der zu nehmen und kaum etwas zu geben hat. Ihre Aufgabe ist eben nicht die Analyse, sondern die Synthese. Wenn sie selbst aus der Vergangenheit oder der Gegenwart einen Tatbestand zusammenträgt und untersucht, dann tut sie dies (im günstigsten Fall) nach der Methode anderer Disziplinen. Der Stadtplaner imitiert häufig den Soziologen oder den Geographen, den Psychoanalytiker oder den Betriebswissenschaftler. Aber diese Imitation darf nicht darüber hinwegtäuschen, daß er selbst keine ursprüngliche Methode der Stadterkenntnis besitzt.

Mit den Worten eines Psychoanalytikers, Alexander Mitscherlich, heißt dies: „Und der sogenannte Fachmann für Städteplanung und Wohnungsbau: Kennt er denn aus seiner wissenschaftlichen Schulung die Bedürfnisse des Menschen schon? Er weiß, wieviel Kubikmeter Erde zu bewegen sind, er schätzt die Verkehrsdichte für fünf oder zehn Jahre voraus, aber welche Gedanken macht er sich eigentlich über jene merkwürdigen Lebewesen, die er da als Verkehrsteilnehmer registriert, wenn sie sich aus der statistisch homogenen Masse, in der sie eingefangen werden, in Schlafgänger, Liebespaare, Mütter mit Kinderwagen, in frühlings- und tagesmüde Heimkehrer verwandeln? Und wie verbinden ihre Bedürfnisse diese Menschen als Einwohner mit ihrer Stadt? Wie in ihren verschiedenen Altersstufen? Was erwartet der Stadtbürger, woran gewöhnt er sich stillschweigend, wenn er enttäuscht wird, weil er es nicht besser gewohnt ist? Hier benötigt man offensichtlich wissenschaftliche Einsichten besonderer Art. Ein Fachmann wäre dafür zu finden. Ein Forscher, der es mit menschlichem Verhalten unter einmal gegebenen Verhältnissen zu tun hat, ist etwa ein Psychoanalytiker. Er sucht die Spuren, die das Leben in der Sozietät im Charakter des einzelnen hinterlassen hat, aber er verfolgt auch das Schicksal des einzelnen und seines inneren Erlebens in der urbanen Umwelt und den einzelnen Gruppen. Man wird sogar einräumen müssen, daß der Psychoanalytiker, wenn er sich in der Städteplanung zu Wort meldet, nicht einfach als ein neuer Fachmann zu den anderen Fachleuten hinzutritt. Er vertritt vielmehr das kritische Bewußtsein, unter dessen Mitwirkung menschliche Umwelt gestaltet werden sollte [11]."

Von der Regel, daß die wissenschaftlichen Disziplinen sich untereinander nicht lieben und jede sich für die wichtigste hält, macht auch die Psychoanalyse keine Ausnahme. Immerhin unterscheidet sie sich von den bisher genannten Fachgebieten dadurch, daß sie nicht mehr von „der Stadt“ oder von einer Gruppe in der Stadt ausgeht, sondern vom einzelnen Menschen. Sie interessiert sich mehr als jede andere Disziplin für das Schicksal des anonymen Stadtbewohners, dessen Namen niemand kennt und auf dessen Existenz doch alles in der Stadt aufbaut. Sie bringt ihn ins Gespräch, und das ist eine wesentliche Errungenschaft. In den Untersuchungen psychisch kranker Menschen forscht sie auch nach Ursachen, die sich aus der städtischen Umgebung ergeben. Dies bezieht sich auf die gebaute Stadt wie auf das Leben in der Stadtgesellschaft. Seelische Deformationen, die das Wohnen in der Einsamkeit einer vorstädtischen Betonsiedlung nach sich zieht, die Störungen des Nervensystems durch ständigen Autolärm oder der Verlust kindlicher Spontaneität und Phantasie auf genormten Spielplätzen sind Fakten, die über die Beschaffenheit der Stadt etwas aussagen. Der Psychoanalytiker ist also in der Lage, der Stadtverwaltung zu sagen, wo sie etwas falsch gemacht hat. Durch seine Patienten kann er bestimmte Stellen oder Situationen in der Stadt ausmachen, die sich auf diese Patienten äußerst ungünstig ausgewirkt haben. Daraus kann der Psychoanalytiker in der Tat auf negative Erscheinungen in der Stadt schließen.

Allerdings darf man nicht übersehen, daß er nur mit sehr wenigen Stadtbewohnern in Berührung kommt. Diejenigen, die ihn in seiner Praxis aufsuchen, tun dies, weil sie sich krank fühlen. Es ist ein winziger Ausschnitt der Stadtbevölkerung, der vom Psychoanalytiker erfaßt wird. Hinzu kommt, daß seine Patienten nicht alle und ausnahmslos deshalb krank sind, weil irgend etwas an der Stadt sie ruiniert hat. Es gibt eine Fülle von anderen Ursachen, die mit dem Leben in der Stadt überhaupt nichts oder nur bedingt etwas zu tun haben. Die überwältigende Masse der Stadtmenschen, die sich nicht psychisch krank fühlt oder zumindest keinen Psychoanalytiker aufsucht, entfällt als Medium zur Stadterkenntnis. Die Einsichten des Psychoanalytikers sind also sehr beschränkt und zufällig. Zwar wird er in bestimmten Fällen von einem Menschen auf viele schließen können, aber immer nur in einem ganz bestimmten Punkt. Außerdem erfährt er so gut wie immer nur Negatives über die Stadt, wenn er schon einen Zusammenhang zwischen dem städtischen Dasein und einer psychischen Erkrankung diagnostiziert, kaum etwas Positives. Diese einseitige Färbung seiner Eindrücke relativiert den Wert seiner Erkenntnisse aufs neue. Niemand geht zum Psychoanalytiker, um ihm zu erzählen, wie wohl er sich in seiner Stadt fühlt und wie glücklich ihn das tägliche Dasein macht.

Wenn man an eine Stadt denkt, sieht man als erstes ihre Architektur. Architekten entwerfen und errichten punktartig Objekte, die, gemessen an menschlicher Maßstäblichkeit, sehr klein oder auch sehr groß sein können. So gut wie immer aber sind sie kleiner als eine Stadt im ganzen, wenn wir unberücksichtigt lassen, was beispielsweise Paolo Soleri (mit seinen „Arcologies“) oder Le Corbusier (mit seiner „Ville Contemporaine“) vorgeschlagen haben. Die Stadt als Ganzes ist also zunächst kein Objekt der Architekten. Sie errichten Gebäude in der Stadt und für die Stadt, und ihre wissenschaftliche Arbeit konzentriert sich darauf, aus diesen Einzelobjekten zumindest etwas Nützliches, vielleicht aber auch etwas Kunstvolles zu machen. Dieses Ziel verlangt von ihnen, sich mit den Regeln des Sehens und der Gestaltung zu befassen, mit der Wirkung von Formen, von Material, von Baumassen, Licht und Schatten und der Umgebung auf das Bauwerk. Dies alles kommt der Stadt insofern zugute, als sie unter anderem eine Summe von Gebäuden ist. Man kann aus der Arbeit der Architekten also lernen, wie den Bewohnern punktuell eine bestimmte Umgebung geschaffen werden kann. Dies bezieht sich auf Wohngebäude ebenso wie auf öffentliche Einrichtungen. Natürlich ist es eine gebaute und damit eine statische Umgebung, also nichts, was sich den Veränderungen des städtischen Lebens anzupassen vermag. Der Glaube, mit Hilfe einzelner Baulichkeiten bestimmte soziale Funktionen erreichen zu können, hat sich immer wieder als ein Aberglaube erwiesen. Von Architektur lassen sich die Menschen in ihrem täglichen Dasein zu sehr wenigen Dingen veranlassen, am ehesten noch zum Protest gegen eben diese Architektur. Dies bedeutet aber nicht, daß sie nicht etwas empfinden und denken, wenn sie ein Bauwerk erleben.

Doch die Architekten sind nicht in der Lage, über ihre punktuell in der Stadt angeordneten Bauwerke hinaus etwas zur Stadterkenntnis beizutragen. Soweit sie sich als Stadtplaner betätigen, gilt das, was über die Stadtplaner gesagt worden ist. Soweit sie einfach Prinzipien der Architektur auf die Stadt übertragen wollen, messen sie das Ganze an einem seiner vielen Teile. Dies ist ein Fehler, der nicht dazu dient, das Wissen über die Stadt zu vergrößern und Urteile über ihre weitere Entwicklung zu erleichtern. Zwar schreibt Walter Gropius: „Somit ist eine Gemeinde ein spezifisches ‚Organ' des Gesellschaftskörpers, das aus lebendigen und wachsenden Zellen — nämlich den einzelnen Heimen — besteht. Das Herz des kommenden Organismus, das die vielfältigen Möglichkeiten zu gesellschaftlichem Austausch koordiniert, ist das Gemeinschaftszentrum, von dem die gesellschaftlichen Arterien ausgehen, die Wesen und Stärke der gesamten Gruppe bestimmen. Ein solches Zentrum bedarf eines öffentlichen Versammlungsraumes und einiger Sitzungszimmer und kann am besten im Zusammenhang mit dem Schulgebäude geplant werden. Von hier aus können die Einwohner im Umgang mit allen Altersklassen ihr geselliges Leben steuern und ihren Einfluß auf die Verwaltung und auf die kulturellen Einrichtungen nehmen. Als gesellschaftlicher Kern ist das Gemeinschaftszentrum richtunggebend und anregend für alles kollektive Planen und Handeln und ermöglicht gleichzeitig jedem Einzelnen, durch aktive Teilnahme den ihm gebührenden Platz innerhalb der Gemeinde einzunehmen [12]." Aber dieser Einfluß einer solchen Architektureinheit auf das Dasein in der Stadt findet eben nur im Kopf des Architekten statt. Gropius versucht hier mit architektonischen Mitteln zu erreichen, was der Freiherr vom Stein über 150 Jahre früher (und in ähnlich klingenden Sätzen) mit verfassungsrechtlichen Mitteln erreichen wollte. Dies ist etwas, was die Architektur für die Stadt nicht zu leisten vermag, weder in der Praxis des täglichen Daseins noch in der Theorie der Stadterkenntnis.

Mit dem Freiherrn vom Stein sind die Juristen angesprochen. Auch ihre Beiträge zur Stadterkenntnis sind gering, und zwar deshalb, weil sie sich darauf beschränken, Vorschläge zu machen, in welcher Rechtsform man eine Stadt regieren bzw. verwalten sollte. Auch sie nehmen dafür nicht einen Sachverhalt auf und analysieren ihn, um aus der Analyse bestimmte Schlußfolgerungen zu gewinnen. Es ist ihnen also relativ gleichgültig, was in der Stadt wirklich geschieht, wie städtisches Leben aussieht und welchen Bedingungen das Leben des Stadtbewohners unterliegt. Sie fragen vielmehr nach der Auffassung der jeweiligen staatlichen Regierung darüber, welche Rechte und Pflichten die Städte haben sollen, und daraus formulieren sie ein Gesetz. Sie verkürzen die Existenz dieses großen und komplizierten Gebildes auf die Fiktion einer „Rechtsperson", der Anstandsregeln im Verhältnis zum Staat und Vorschriften über die innere Willensbildung auferlegt werden. Die Juristen ähneln in dieser Ausgangssituation den Stadtplanern, die ihre „Gesetze" in Pläne fassen.

Ihre Motive und Arbeitsweise findet man ausgezeichnet wiedergegeben in einem Brief der Minister Schroetter und vom Stein an den König von Preußen. Man muß ihn ausführlich zitieren: „Auf den Antrag der Ältesten der hiesigen Bürgerschaft wegen Bildung einer gesetzlichen Repräsentation, um an dem städtischen Gemeinwesen auf eine rechtskräftige Art Anteil nehmen zu können, haben Eure Königliche Majestät mir... mittels Allerhöchster Kabinetts-Ordre vom 25ten Juli d. Js. unter Zufertigung vom 15ten dess. Monats den huldreichen Auftrag zu erteilen geruht, den Plan zu einer vollständigen Munizipal-Verfassung mit Rücksicht auf die Verhältnisse der verschiedenen Städte nach ihrem Umfange und ihrer Bevölkerung zu entwerfen, über die Sache selbst mit den städtischen Ständen zu konferieren und das Ganze zu E. K. M. Allerhöchster Genehmigung einzureichen. Nach Eurer Königlichen Majestät landesväterlicher Absicht soll die Verfassung so gebildet werden, daß durch solche die städtische Gemeinde und ihre Vorsteher eine zweckmäßige Wirksamkeit erhalten und sie nicht nur von den Fesseln unnützer schwerfälliger Formen befreit werden, sondern auch ihr Bürgersinn und Gemeingeist, der durch die Entfernung von aller Teilnahme an der Verwaltung der städtischen Angelegenheiten vernichtet worden, wieder neues Leben empfängt. ... Der Umfang der Gemeinbezirke, die Klassen der Einwohner der Städte, die Verhältnisse derselben und insbesondere der Bürger, die Repräsentation der Bürger durch selbst zu wählende Stadtverordnete, die Organisation und Bestellung des Magistrats und der Geschäftsbetriebe, nebst dem Verhältnis der Behörden gegeneinander sind fest und angemessen bestimmt. Die Bürgerschaft bekommt die ungeteilte Verwaltung ihres Gemeinwesens. Die ganze Entwicklung des Staates beschränkt sich auf die bloße Ausicht, daß nichts gegen den Zweck des Staates vorgenommen werde und die bestehenden Gesetze befolgt werden. ... Zu Stadtverordneten werden von der gesamten Bürgergemeinde Männer, die ihr Vertrauen besitzen, aus ihrer Mitte auf drei Jahre gewählt. Diese setzen in ihren Versammlungen die Regeln der Verwaltung des Gemeinwesens fest und kontrollieren die Administration der von ihnen gewählten Behörden. Der Magistrat ist die erste Behörde der Stadtgemeinde, ihm liegt die Verwaltung des Ganzen nach den festgestellten Regeln ob... [13]." Die Regeln dieser preußischen Gemeindeordnung finden sich mehr oder weniger in den Verfassungen der meisten Städte. Die Juristen führen damit aus, was ihnen als Auftrag vorgegeben ist. Wenn man nach den Ursprüngen ihrer Stadterkenntnis fragt, muß man also nach der Stadterkenntnis derjenigen fragen, deren Weisungen sie folgen. Dieses vorgegebene Verständnis der Stadt ist mehr oder weniger unwissenschaftlich und braucht deshalb an dieser Stelle nicht zu interessieren. Der wissenschaftliche Beitrag der Juristen besteht darin, die einmal gewählte rechtliche Konstruktion der Stadt praktikabel zu machen. Angesichts der zerstörerischen Leidenschaften der Menschen bedeutet dies, eine besonders klare und entschlossene Ordnung zu entwickeln. Dies ist die Funktion der Juristen im Rahmen der Stadt, und das zeigt auch die Grenzen ihrer Arbeit für diese Studie. Was sie an Einsichten über das Wesen der Stadt vermitteln können, ist mit dem Inhalt geschriebener Gemeindeverfassungen bereits erledigt.

Einen positiveren Beitrag liefert dagegen die Geographie. Sie ist nicht darauf angewisen, Aufträge von außen zu erhalten oder selbst politische Absichten zu entwickeln. Ihr ist der Stoff vorgegeben, über den sie reflektiert: die Beschaffenheit der Erdoberfläche, der Siedlungen und die daraus für die Menschen resultierenden Lebensbedingungen und umgekehrt. Die Stadtgeographie hat ihren Forschungsbereich auf einen bestimmten Ausschnitt, eben auf das Phänomen „Stadt“, konzentriert. Sie beschäftigt sich damit, die Stadt in ganz bestimmten Beziehungen zu beschreiben und zu analysieren. Es geht ihr unter anderem um Definitionen, vor allem aber um Untersuchungen der zur Substanz gewordenen Funktionen: einerseits der Funktionen der Stadt für das sie umgebende flache Land und andererseits der Funktionen der Stadt für ihre Bewohner. Dazu werden die Städte auf ihre sozialen, wirtschaftlichen und kulturellen Faktoren hin untersucht. Dabei stellen sich Schwerpunkte heraus: eine Stadt ist beispielsweise mehr Verwaltungszentrum, die andere mehr Wirtschaftszentrum. Die Differenzierung (Wohnen, Arbeiten, Einkaufen usw.) schlägt sich in der baulichen Struktur der Stadt nieder, in der Verteilung der Bevölkerung auf die verschiedenen Stadtviertel und die daraus erwachsende besondere Charakteristik. Die Geographin Gabriele Schwarz beschreibt diese stadtinternen Aufgaben ihrer Wissenschaft folgendermaßen, übrigens nicht ohne die Planer leicht zurechtzuweisen: „Der Flächennutzungsplan, wie er von der Landesplanung bzw. der Raumordnung entworfen wird, um den augenblicklichen Zustand der Gliederung einer Stadt festzuhalten und Pläne für eine zukünftige Entwicklung zu entwerfen, entspricht nicht durchaus dem, was der Geograph mit der Untersuchung der inneren Differenzierung bezweckt. Uns kommt es wohl darauf an, das Seiende in seiner spezifischen Eigenart zu begreifen; doch ebenso wollen wir auch hier das Vorhandene als etwas Gewordenes betrachten, die Beständigkeit oder den Wandel in der Funktion einer Straße, eines Viertels und so fort erfassen und in derselben Art die Anordnung der verschiedenen Glieder im Rahmen der Gesamtentwicklung verstehen[14].“

Die Geographie deckt also einen Teil der Fragen an die Stadt ab, und zwar jenen, der sich „anfassen“, messen, zählen und räumlich darstellen (kartieren) läßt. Sie sagt zwar nicht, was man tun und wie man etwas tun sollte, aber sie sagt, welche Folgen eine städtische Aktivität haben kann und welche Konsequenzen sich aus einer Entwicklung ergeben. Was bedeutet es für die Bewohner oder den Einzelhandel eines Stadtviertels, wenn es an die Straßenbahn angeschlossen wird? Warum bevorzugen ausländische Gastarbeiter ganz bestimmte Quartiere in der Stadt und meiden andere? Warum ist das Entwässerungssystem in der einen Stadt, die im Flachland liegt, kostspieliger als in der gleich großen anderen Stadt, die in einem Talkessel liegt? Die Geographie ist zunächst eine mechanistisch vorgehende Wissenschaft, fast eine „Naturwissenschaft". Sie sieht das Verhalten von Menschen als eine kausale Folge von materiellen Ereignissen im Raum und umgekehrt den Zustand des Raumes als ein Ergebnis menschlicher Tätigkeit. An der Stadt interessiert die Geographie das, was an ihr sozusagen sichtbare „Raummaschine" ist einschließlich des Inhalts, der alles mit Leben erfüllt und im Gleichgewicht hält. Sie bemüht sich darum zu klären, wie dieser Apparat konstruiert ist, wie er funktioniert und welcher Prozeß sich insgesamt vollzieht. Mit der Rolle des einzelnen Stadtbewohners, aktiv und passiv, beschäftigt auch sie sich nicht.

Die Wissenschaften, die sich mit der Ökonomie befassen, können der Stadtverwaltung möglicherweise helfen, ihre Finanzierungsprobleme zu lösen. Eine Stadt kann sich zwar höher verschulden als ein Privatmann oder ein kaufmännischer Betrieb, weil der Wert ihrer öffentlichen Anlagen und Einrichtungen erhalten bleibt und sozusagen unveräußerlich ist. Aber letzten Endes kann sie, wie der Privatmann, auch nur die Mittel ausgeben, die sie sich vorher beschafft hat. Eine Stadt mit einer armen Bevölkerung bleibt eine arme Stadt, und wenn sie sich aus diesem Zustand befreien will, braucht sie vermögendere Menschen und vermögendere Betriebe. Dies jedoch läßt sich viel weniger steuern, als gemeinhin angenommen wird.

Deshalb kommt es darauf an, und hier beginnt der Auftritt der Volks- und Betriebswirtschaftler, aus den vorhandenen städtischen Mitteln soviel wie möglich an Effizienz herauszuholen. Die Ökonomen haben gelernt, was dies bei einem Betrieb bedeutet: eine möglichst hohe Rendite zu erwirtschaften. Dort messen sie das Geld, das in einen Betrieb hineingesteckt worden ist, an dem Geld, das dieser Betrieb abwirft. An der Differenz läßt sich ablesen, ob man einen Gewinn gemacht hat oder nicht oder ob etwa ein Verlust eingetreten ist. Dies ermöglicht eine klare Rechnung, und wenn sie unbefriedigend ausfällt, kann man die Zwischenstationen überprüfen und feststellen, was falsch gemacht worden ist oder wo es andere Schwierigkeiten gibt. Bezieht sich der Geldeinsatz auf die Herstellung und den Vertrieb einer Ware, können beispielsweise die Produktionskosten zu hoch, die Absatzmöglichkeiten zu gering oder das Verhältnis von Personal- zu Sachkosten ungünstig sein, um einige Beispiele zu nennen. Man kann diese ungenügenden Faktoren beeinflussen und damit Erfolge erzielen oder auch nicht — auf jeden Fall ist das Ganze ein überschaubarer Vorgang. Er ist es deshalb, weil an seinem Anfang und an seinem Ende der gleiche Maßstab angewendet werden kann: alles läßt sich in Geld ausdrücken.

Die Ökonomen vermögen also einen Beitrag zur Stadterkenntnis zu leisten, soweit sich Teile der städtischen Aktivitäten wie ein kaufmännischer Betrieb behandeln lassen. Aber das ist nicht eben viel, und selbst dort, wo formal eine Möglichkeit besteht, hat die Betriebswirtschaft nicht das entscheidende Wort. Die Gesellschaften, die den Betrieb von Bahnen und Bussen durchführen, die kommunalen Wasser- und Energieversorgungsunternehmen, die städtischen Krankenhäuser und die eine oder andere kleinere Einrichtung lassen sich zwar nach kaufmännischen Gesichtspunkten durchdenken. Der Bürger ist daran interessiert, daß eine Fahrkarte für den Bus, ein Aufenthalt im kommunalen Krankenhaus oder das Wasser möglichst billig sind. Dies erfordert eine betriebswirtschaftliche Betrachtungsweise, die wissenschaftliche Hilfe benötigt. Doch bedeutet dies nicht, daß sich damit zugleich beantworten läßt, wie viele Krankenhausbetten in einer Stadt geschaffen werden müssen, wohin eine neue Straßenbahnlinie verlegt werden sollte oder ob die Stadtwerke mehr auf elektrische Energie oder auf Gas setzen sollen. In der internen Buchhaltung erfüllen die Ökonomen noch eine gewissen Funktion: „Nach dem Volumen ihrer Einnahmen und Ausgaben sind die Gemeindehaushalte kleinen oder größeren Betrieben, manche Großstädte sogar großen Konzernen vergleichbar. Die Erkenntnis, daß man eine Gemeinde auf verschiedenen Ebenen wirtschaftlich organisieren und führen muß, ist inzwischen wohl überallhin durchgedrungen. Brauchten die Gemeinden keine Haushaltspläne aufzustellen, so wären sie praktisch gezwungen, Rechnungssysteme mit frühzeitiger Planung und ständiger Überwachung ihrer Finanzwirtschaft ebenso wie bei privaten Unternehmungen einzurichten", schreibt Stefan Depiereux[15]. Die Ökonomie ist also in quasi-kaufmännischen Bereichen der Stadtverwaltung eine Hilfsdisziplin, die Unterfragen beantworten kann.

Im übrigen aber erfaßt und löst die Beratung durch die Volks- und Betriebswirte die Einzelprobleme der Stadtbewohner nicht. Die Mehrzahl der Verwaltungsaufgaben, der kommunale Nutzen sowohl von Bauwerken wie von Dienstleistungen, lassen sich nicht in Geld ausdrücken. Er bezieht sich unmittelbar auf das Wohlgefühl der Stadtbewohner, auf die Möglichkeiten ihrer städtischen Existenz, die Erleichterung ihres Lebens und andere Werte. Dies sind Faktoren, die sich in die Rechnung der Ökonomen nicht einbeziehen lassen. „Wer vermöchte denn in Deutsche Mark den Nutzen zu errechnen", heißt es in der Haushaltsrede des Verwaltungschefs einer Stadt, „den die Georgstraße als Fußgängerzone, als Zufahrtsstraße oder als Straße mit Durchfahrtmöglichkeit erbringt? Wie groß ist der Nutzen — nicht verbal, sondern in Geld dargestellt —, den eine nur drei Monate früher, wenn auch mit einigen Überstunden und damit höheren Kosten fertiggestellte Schule erbringt? Wer bewertet den Nutzen eines Elektronenmikroskops in der Pathologie, die Luftverunreinigung, die Lärmbelästigung? Wie sollen Wartezeiten und Belastungen von Verkehrsteilnehmern auf der Kostenseite dargestellt werden, wenn Sie über Investitionen zur Verkehrsverbesserung zu entscheiden haben[16]?" Bei diesen zwar materiell, aber nicht finanziell greifbaren Dingen sind die Ökonomen hilflos. Wenn man sie versuchen lassen würde, auch diese Schwierigkeiten mit Hilfe ihres wissenschaftlichen Apparates zu lösen, dann wäre es so, als ließe man einen Elektroingenieur einen Blinddarm operieren: es könnte nur zufällig gelingen.

Wenn schon diese relativ umfassenden wissenschaftlichen Disziplinen, von denen eben die Rede war, die Stadt nur in Teilen zu erkennen in der Lage sind, dann gilt dies erst recht für die noch stärker spezialisierten Disziplinen. Die Verkehrswissenschaft befaßt sich ausschließlich mit Fragen des Autoverkehrs und der Schienenbahnen, die Stadthygiene mit Schmutz- und Lärmimmissionen, die Informationsästhetik mit den schönen Details in der gebauten Stadt, der Erhebungsapparat der Statistik mit dem Problem, bestimmte Dinge zu zählen und in Tabellen zum Ausdruck zu bringen, die Biologie mit dem Naturersatz in der Stadt, die Politologie mit dem Gewinn und dem Erhalt politischer Macht. Keines dieser Fächer ergänzt das andere, und keines entgeht der Gefahr, die wir auch bei den anderen Disziplinen festgestellt haben: sich ein wenig selbst für das Ganze zu nehmen. Die Verkehrswissenschaft entwickelt Vorstellungen, wie die Stadt aussehen müßte, damit der Verkehr in ihr optimal abläuft: „... die Funktionen Wohnen und Arbeiten in ihrer Verteilung so zu beeinflussen, daß günstige Voraussetzungen für ein stadtadäquates Verkehrssystem entstehen oder Verkehrsnotwendigkeiten überhaupt reduziert werden“ [17]. Die Stadthygiene verfolgt demgegenüber jedes Auto und jede andere Maschine, die Lärm macht und stinkt. Die Informationsästhetik stellt Formeln dafür auf, wie die Straßen und Plätze gestaltet sein müssen, damit wir uns dort wohlfühlen. Die Statistik gliedert die Stadt in Bezirke, und zwar nach einem Prinzip, das nicht immer den wirklichen Lebensverhältnissen, sondern bestimmten technischen Anforderungen der Statistik entspricht. Für die Biologie taugt an der Stadt nur das, was Landschafts- oder Parkcharakter hat, und alles andere beschäftigt sie nicht sonderlich. Man kann sicher sein, daß die Stadt der Verkehrswissenschaftler mit der Stadt der Informationsästhetik und der Stadt der anderen in Widerspruch steht und daß sich auch deren „Städte“ untereinander in vielen Beziehungen aufheben.

Das Instrument der Philosophie

Lange Zeit haben die Stadtverwaltungen und auch die Wissenschaftler geglaubt, man könne die vielen Lücken zur Stadterkenntnis dadurch schließen, daß man zusammenarbeitet. Überall gibt es interdisziplinäre Arbeitsgruppen, die sich redlich bemühen, ihr bruchstückhaftes Wissen über die Stadt dadurch aufzufüllen, daß sie die Bruchstücke „zusammenwerfen“. Dieser Weg verspricht aber keinen Erfolg, weil das Wissen der einen Disziplin nicht ohne weiteres in die Lücke der anderen paßt und umgekehrt. Die kollektivistische Methode beispielsweise, mit der Soziologen die sozialen Verhaltensweisen in der Stadt zu erkennen versuchen, kann von der Psychoanalyse nicht verfeinert werden, weil diese sich nur mit dem kranken Menschen befaßt; von der Historie nicht, weil sie nur in die Vergangenheit blickt; vom Ökonomen nicht, weil es ihn nicht interessiert; vom Stadtplaner nicht, weil er keine eigenständige Erkenntnismethode besitzt; vom Juristen nicht, weil der einzelne Stadtbewohner kein gemeindeverfassungsrechtliches Thema ist; von der Geographie nicht, weil sie mehr oder weniger „naturwissenschaftliche“ Abläufe untersucht und nicht das Verhalten von Einzelwesen; von den anderen Fächern nicht, weil sie sich mit der Technik der Stadt und nicht mit den Menschen befassen.

Über das Verhältnis von Architektur und Psychologie sagte ein Architekt: „Jenseits aller anfänglichen, teilweise immer noch stolz zur Schau getragenen, oberflächlichen Begeisterung über interdisziplinäre Zusammenarbeit scheint heute für die Kooperation zwischen Architektur und Psychologie die Absicherung der Eigenständigkeit beider Fachrichtungen notwendig... Auf der einen Seite ist die Würde der Architektur zu bewahren; sie darf sich nicht als Dienstleistung psychologischer Forderungen verstehen... Auf der anderen Seite die Würde der Psychologie; sie darf nicht dem naiven Gezeter nach der berüchtigten ‚einfachen und konkreten

Handlungsweise' nachgeben[18]." Und ein Psychologe erklärte dazu: „Schien die Zusammenarbeit zwischen Psychologie und Architektur nach rund zehn Jahren beinahe schon zur Routine und Selbstverständlichkeit geworden zu sein, so konnte man berechtigterweise aus mehreren Gründen am absehbaren Erfolg einer solchen Kooperation zweifeln[19]." Zwischen den Stadtplanern und den Juristen einerseits und den übrigen wissenschaftlichen Disziplinen andererseits gibt es zusätzlich noch die folgende Schwierigkeit. Wissenschaftliche Disziplinen können im Grunde nur arbeiten, wenn sie den Zweifel zum Prinzip erheben. Die Juristen und erst recht die Planer können nur arbeiten, wenn sie an den Ergebnissen nicht zu zweifeln brauchen, sondern entschlossen eine bestimmte Absicht realisieren dürfen. Dieser Gegensatz läßt sich nicht aufheben. Aus dem Zusammenwerfen von einem Dutzend Methoden, über bestimmte Teilaspekte der Stadt Erkenntnisse zu gewinnen, wird also noch keine Methode, die Stadt als Ganzes zu erkennen und darzustellen.

Neuerdings spricht man von einer Wissenschaft der Urbanistik. Sie möchte eine „organische Theorie der modernen Großstadt" entwickeln[20]. Auch sie versteht sich als eine interdisziplinäre und kritische Wissenschaft, der es zwar ebenfalls um „die Umsetzung des technisch verwertbaren Wissens in das praktische Bewußtsein einer sozialen Lebenswelt" geht, wie Hermann Glaser schreibt[21], aber nicht als eine von den urbanistischen Experten verordnete, sondern als eine von den Stadtbewohnern selbst entwickelte Umsetzung. Sie ist also eher eine pädagogische Methode, die Stadtmenschen zu bestimmten Dingen zu ermuntern: sich zu äußern und von den öffentlichen Einrichtungen der Stadt stärker Besitz zu ergreifen. Auch eine solche Urbanistik, darin der Stadtplanung vergleichbar, ist auf die Erkenntnisse anderer Disziplinen angewiesen. Nach Galbraith muß die „Urbanistik nicht nur ökonomische, sondern vor allem politische, künstlerische, soziale und architektonische Aspekte berücksichtigen[22]." Deren Schwächen sind also zugleich auch die Schwächen der Urbanistik, und es gilt alles das, war wir bisher festgestellt haben. Außerdem besteht die Urbanistik auf „einem Begriff vom Menschen, der es erlaubt, die Unmöglichkeit eines Begriffs vom Menschen begrifflich nachzuweisen"[23]. Daran ist richtig, daß die Wissenschaften nur bedingt in der Lage sind, für die Menschen zu sprechen und zu sagen, was für sie gut und was für sie schlecht ist. Auch diese Studie vertritt zum Schluß die Auffassung, daß die Menschen von einem bestimmten Punkt an letzten Endes selbst sagen müssen, was ihnen die Stadt bedeutet und wie sie ihre Umgebung haben wollen. Aber um zu dieser Auffassung gelangen zu können, bedarf es natürlich eines „Begriffs vom Menschen", einer Vorstellung davon, was Menschen in der Stadt sind und was sie sein können — und vor allem, was sie uns wert sind.

Ich möchte nur nebenbei andeuten, daß die Wissenschaften nicht nur nicht in der Lage sind, wesentliche Fragen zu beantworten, sondern selbst neue Fragen ohne Antworten in die Welt gesetzt haben. Kurt Rudzinski sagt von ihnen: „Sie sind symptomatisch für die Situation, in die die moderne Wissenschaft die Welt gebracht hat: ... Zwang zum technischen Fortschritt als Voraussetzung des Wirtschaftswachstums, die stetig zunehmende Verletzlichkeit der Großstädte gegenüber zufälligen oder beabsichtigten Störungen ihres hochentwickelten technischen Versorgungssystems, der Verlust der Überschaubarkeit und Verstehbarkeit der Überfülle an wissenschaftlichen Erkenntnissen, die kein Gehirn mehr bändigen kann. Welche Illusion, zu glauben, es bedürfe nur des guten Willens, sich zu informieren, und der ,richtigen' Information durch die Sachkundigen. Es gibt keine einfachen Antworten auf diese Fragen. Sie werden aber immer wieder Entscheidungen notwendig machen, zu denen die Experten nur einen bescheidenen Anteil an Fachwissen beitragen können. Die Spezialisierung, die heute unerläßlich ist, um in der auswuchernden Wissenschaft noch etwas leisten zu können, erzeugt zwangsläufig Fachkompetenz, die enggezogene Grenzen hat. Wo soll der Forscher den Überblick hernehmen, wenn komplexe Probleme...zu beurteilen sind? Wie kann man erwarten, daß er wirtschaftliche, soziale, politische und ökologische Randbedingungen und Konsequenzen in sein Denken und Urteil einbezieht, die außerhalb seiner Vorstellungen und seines Gesichtsfeldes liegen[24]?"

Wir waren bis hierher der Bemerkung Bertrand Russells gefolgt, daß sich der Wissenschaften bedienen muß, wer Erkenntnisse über eine bestimmte Angelegenheit gewinnen will. Daraufhin hatten wir untersucht, was die Disziplinen, die sich mit der Stadt beschäftigen, im Prinzip anzubieten haben. Das Ergebnis lautete, daß ihre Erkenntnisse, soweit man sie an der Existenz eines beliebigen Stadtbewohners, an der Stadtgesellschaft oder der „Stadtmaschinerie" mißt, bruchstückhaft sind. Sie können nicht anders sein, weil auch die Fragen, die sie an die Stadt richten, bruchstückhaft sind. Jeder untersucht einen Mosaikstein, und diese Steine zusammen ergeben bei weitem kein komplettes Bild. Daran mag sich im Laufe der Zeiten etwas ändern, aber nicht in entscheidender Weise. Denn die Ansätze, von denen aus jede Disziplin sich der Wirklichkeit nähert, sind festgelegt und begrenzt. Die Wissenschaften haben den Stadtmenschen (unter sich) aufgeteilt, obwohl er doch eine Einheit darstellt, ohne ihn wieder zusammenfügen zu können.

Vielleicht könnten wir uns dennoch hiermit zufriedengeben, wenn nicht unter den Mängeln der wissenschaftlichen Disziplinen einer wäre, der uns beunruhigen muß. Keine Wissenschaft befaßt sich unmittelbar und direkt mit dem Dasein des einzelnen Stadtbewohners in seiner urbanen Umgebung, und zwar in wirklich umfassender und integrierender Weise. Dabei ist das, was die Experten erkennen und aussagen, unter anderem nur so häufig richtig, wie sie einzelne Menschen finden, deren tatsächliche Existenz und deren Stadtgefühl sich mit dem wissenschaftlichen Ergebnis decken. Umgekehrt ist es genauso häufig falsch, wie es nicht durch die Existenz einzelner Menschen belegt werden kann. Dies ist deshalb unverzeihlich, weil die gebaute und „betriebene" Stadt kein Selbstzweck ist, sondern eine dienende Funktion haben soll. Alle diese Ansätze, der planerische, juristische, psychoanalytische und so weiter, sind zwar nützlich. Sie liefern Begriffe und auch das Instrumentarium, das benötigt wird, um bestimmte Probleme und Lösungen zu formulieren. Dies bedeutet aber, daß die Zwecke, für welche sie eingesetzt werden sollen (und die Personen, die darüber befinden), sich nicht ohne weiteres von selbst ergeben. Man muß unabhängig von ihnen eine Vorstellung erarbeiten, wie man mit ihrer Hilfe etwas für die Stadt tun kann. Während die Wissenschaften der Stadtgesellschaft oder der gebauten und im Betrieb befindlichen Stadtanlage viel Aufmerksamkeit widmen, vernachlässigen sie individualistische Überlegungen. Hier geht es um Fragen wie folgende: Was geschieht, objektiv und subjektiv betrachtet, zwischen jedem einzelnen Bewohner und seiner Umgebung? Wie empfindet er sie? Was denkt er über sie? Wonach verlangt ihn, damit sie jenen Rang erreicht, den einmal die natürliche Landschaft für ihn besaß? Was erhofft er darüber hinaus vom Dasein in der Stadt? Wie beantwortet die gegebene Stadt diese Fragen? Stellt sie, sozusagen, auch ohne ihre Bewohner einen Wert dar? Wann verhilft die Stadt ihren Bewohnern zu einem gewissen Glück, und wann läßt sie sie in ihr Unglück laufen?

Die wissenschaftlichen Disziplinen beantworten diese und ähnliche Fragen entweder gar nicht oder nur äußerst pauschal. Sie sortieren die Stadtmenschen nach beliebigen Kriterien oder ziehen aus der Stadtmaschinerie irgendwelche Schlüsse. Oder sie widmen sich ausnahmsweise dem einzelnen Individuum, erfassen dann aber nur einige hundert Bewohner. Das Problem ist, für alle eine so präzise Aussage zu machen, wie sie bisher nur für einen gemacht werden kann. Nun gibt es keine Jakke, die allen Stadtbewohnern paßt. Die Jacke, die einem paßt, paßt vermutlich auch noch einigen anderen, auf keinen Fall aber allen. Stadterkenntnis läßt sich also nicht in der Vielzahl, sondern nur in der Einzahl ausdrücken. Andererseits ist es nicht möglich, sechshundertunddreiundzwanzigtausend „Erkenntnisse" zu ermitteln und zu formulieren in einer Stadt, die ebenso viele denkende und empfindende Bewohner hat. Da es aber noch weniger möglich ist, auf Stadterkenntnis zu verzichten, muß eine Methode gefunden werden, die ein Massenproblem löst, ohne das Individuum und seine vitalen Interessen zu vernachlässigen. Dies ist ein Punkt, an dem uns die wissenschaflichen Disziplinen nicht weiterhelfen.

Man kann dieses Problem nicht dadurch lösen, daß man kurzerhand eine dogmatische und in sich schlüssige Theorie über die beste aller Städte aufstellt. Es läßt sich auch nicht dadurch bewältigen, daß man alle Bewohner zu allen Fragen interviewt und dies täglich wiederholt, um den dauernden Entwicklungen gerecht zu werden. Im ersten Fall ordnet man die Menschen einer weitgehend abstrakten Idee unter, läßt sie also ein Spiel spielen, das sie nur zum Teil wirklich spielen wollen. Im zweiten Fall erhält man Tausende von Meinungen, von denen viele sich unaufhebbar widersprechen. Diese beiden extremen Positionen machen uns weder klüger noch handlungsfähiger, und wir müssen uns deshalb überlegen, wie man das Richtige beider Auffassungen vereinbaren kann. Man kann diesen Gegensatz vermutlich nur lösen, indem man aus den Beziehungen eines jeden Menschen zu seiner Stadt das herausfiltert, was er mit allen anderen gemeinsam hat. Es ginge dann um das Ganze, soweit es in jedem einzelnen vorhanden ist, um einen „harten Kern" des Stadterlebnisses und des Stadtbewußtseins also. Aber dies sind zunächst nur Vermutungen, von deren Richtigkeit uns die wissenschaftlichen Fächer weder überzeugen noch abbringen können. Sie wären auch nicht in der Lage, diese eine Stadt, die möglicherweise jeder in sich trägt, herauszuarbeiten und zu formulieren.

Bertrand Russell hat mit seinem Hinweis unsere erste Schwierigkeit gelöst. Vielleicht hat er sich auch dazu geäußert, wie man die zweite Schwierigkeit, die aus dem Umgang mit den Wissenschaften resultiert, überwinden kann. Er schreibt nämlich: „Jede sichere Kenntnis, möchte ich sagen, gehört in das Gebiet der Wissenschaft;

jedes Dogma in Fragen, die über die sichere Kenntnis hinausgehen, in das der Theologie. Zwischen der Theologie und der Wissenschaft liegt jedoch ein Niemandsland, das Angriffen von beiden Seiten ausgesetzt ist; dieses Niemandsland ist die Philosophie. Fast alle Fragen von größtem Interesse für spekulative Köpfe vermag die Wissenschaft nicht zu beantworten, und die zuversichtlichen Antworten der Theologen wirken nicht mehr so überzeugend wie in früheren Jahrhunderten... Wie man ohne Gewißheit und doch auch ohne durch Unschlüssigkeit gelähmt zu werden, leben kann, das zu lehren ist vielleicht das Wichtigste, was die Philosophie heutzutage noch für diejenigen tun kann, die sich mit ihr beschäftigen[25]."

Nun gilt die Philosophie heute manchen als eine heruntergekommene und überflüssige Art des Denkens. Willy Hochkeppel drückt dies folgendermaßen aus: „Die Spät-Phase der Philosophie hat offenkundig gemacht, daß philosophisches Denken außer der Wachhaltung unendlicher Fragebereitschaft keine angebbare selbständige Funktion mehr hat und sich beschleunigend in wissenschaftliche Denkmuster transformiert, bis schließlich auch das als spezifisch reklamierte Moment der Reflexion wissenschaftlich amalgamiert wird, etwa in Gestalt einer Wissenschafts-Wissenschaft bloß hypothetisch-begründeter Art. *Diese Aufhebung der Philosophie durch und in die Wissenschaften* bahnt sich in dieser Zeit an. Wenn dies ein irreduzibler Prozeß ist, dann kann der einzig sinnvolle Hebammendienst nur darin bestehen, die Wissenschaften ‚philosophischer' zu machen und nicht, die Philosophie ‚wissenschaftlicher'[26]."

Die Kritiker der Philosophie verweisen immer wieder auf die Wissenschaften. Sie meinen, daß die Wissenschaften die Philosophie eingeholt und sogar überholt haben. Dies ist der Fall, wenn wir auf unsere Fragen mit sicheren Antworten eingedeckt wären. Eine Reihe von Fachbereichen hat sich in den letzten Generationen in der Tat aus dem Ungewissen ins Gewisse begeben. Was die Stadt angeht, ist dies aber nicht der Fall. Wer von den Wissenschaften kommt und die Kargheit und die Relativität ihrer Aussagen kennt, der denkt anders darüber. Wer aber von den wissenschaftlichen Disziplinen unzureichend bedient wird, der sieht in der Philosophie eine zusätzliche Hoffnung.

Er tut dies um so mehr, als auch der zweite Gesichtspunkt der Kritiker, der Funktionsmangel der Philosophie, im Zusammenhang mit diesem Thema nicht gilt. Wenn hier philosophiert wird, dann nicht „an sich", nicht abstrakt und traditionell, sondern instrumentell, konkret und zukunftsbezogen. Es geht nicht darum, irgendeine Wahrheit zu erkennen, sondern die Wahrheit über die Stadt. Und es geht nicht nur darum, etwas von dieser Wahrheit zu erfahren, sondern auch, etwas mit ihr zu beginnen. Über die Stadt zu philosophieren heißt letztlich, Philosophie anzuwenden. Es mag sein, daß einige Philosophen händeringend nach einem neuen Gegenstand suchen, dem sich ihr philosophischer Impuls zuwenden kann. Soweit es sich um die Stadt handelt, ist mehr Masse und Material vorhanden, als bisher bewältigt werden konnte. Vor allem haben wir festgestellt, daß wir bestimmte Dinge eben nicht „wissen", dennoch aber mit ihnen umgehen müssen. Auch dies rechtfertigt in diesem Bereich unwissenschaftliche Spekulationen und einen neuen philosophischen Anfang.

Mich überzeugt in diesem Zusammenhang, was der Philosoph Helmut Fahrenbach ausführt: „Stärker noch als die Einzelwissenschaften und deren Metatheorie sind die Struktur- und Systemtheorien mit philosophischen Basisproblemen verknüpft, zumal sie sich als übergreifende Grundlagen- und Rahmentheorie thematisch auf einer (zumindest auch) philosophischen Ebene bewegen, ob dies nun intendiert, bloß zugestanden oder ignoriert wird[27].“ Anschließend führt er weiter aus: „Eine sowohl die Differenzierung wahrende als auch die Zusammenhänge zur Geltung bringende Orientierung im gegenwärtigen Philosophieren kann meines Erachtens nur durch ein anders strukturiertes, nämlich ein problembezogenes Orientierungsschema erreicht werden... Denn Philosophie ist ‚gegenwärtig' nicht in abgeschlossenen Positionen oder Systemen, sondern im Entwurf und Vollzug ihrer Fragestellungen... Während als ursprünglich motivierend Fragen oder Fragestellungen anzusehen sind, durch die Reflexionsthemen vorgegeben und umrissen werden, stellen Probleme beziehungsweise Problemstellungen demgegenüber ein entwickelteres Stadium dar, in dem fragliche Themen (beziehungsweise ihre Fragen) gleichsam auf den (unter Umständen aporetischen) Knotenpunkt, das eigentlich ‚Unerkannte' an der fraglichen Sache hin präzisiert und die systematischen Ansatzpunkte der Reflexion bestimmt werden... Die von der Problembeziehung erwartete orientierende und integrierende Funktion kann vielmehr nur über eine selektive Auszeichnung von Hauptproblemen im Sinne von Schlüsselproblemen oder vorsichtiger: Schlüsselthemen gegenwärtiger Philosophie erreicht werden[28].“ Als ein solches Schlüsselthema nennt Fahrenbach schließlich die „Praxis“ und auch die „Zukunft“. Zum ersten Stichwort bemerkt er: „Der Auszeichnung des mit dem Erkenntnisinteresse der Philosophie verknüpften Praxisbezuges korrespondiert die Dringlichkeit der in der gegenwärtigen Welt gestellten praktischen Probleme, die über die Sicherung der globalen Existenzbedingungen der Menschheit (Frieden, Ernährung, Umweltschutz) hinaus vor allem die Kritik und Veränderung der gesellschaftlich-politischen Lebensverhältnisse im Sinne ihrer humaneren Gestaltung betreffen[29].“ Was das zweite Stichwort angeht, so „stellen die heute durch eine kritische Futurologie schärfer sichtbar gemachten Zukunftsprobleme der Menschheit in einer technologisch verfaßten Welt das antizipierende Denken vor neue und sachlich-methodisch eigene Aufgaben, die sich aus den Bedrohungen und Herausforderungen unserer Epoche (Krieg, Hunger, Wachstum, Ausbeutung der Natur) und der Auffassung des Geschichtsprozesses beziehungsweise der Zukunft als eines Produktes menschlicher Handlung, Planung, Gestaltung und Verantwortung ergeben. Diese Probleme begründen die Notwendigkeit des Zukunftsthemas für eine praktisch relevante Philosophie und erfordern neben strukturellen Klärungen den Entwurf normativer Orientierungen zukunftsbezogenen Handelns; eine Aufgabenstellung, die im korrektiven Zusammenhang der grundlegenden prospektiven Akte (Prognose, Utopie, Planung und Hoffnung) geklärt und hinsichtlich der Realisationsprobleme gesellschaftlicher Veränderungen mit einer kritischen Analyse gesellschaftlich-politischer Praxis vermittelt werden muß. Unter dem leitenden Gesichtpunkt zur Zukunftsgestaltung führt das Zukunftsthema also notwendig auf Praxisprobleme zurück[30].“

Vielleicht gibt es keine Philosophie der Stadt, wenn man darunter ein in sich schlüssiges System versteht, mit dem alles dargestellt und erklärt werden kann. Aber sicher kann man sich darauf einigen, daß es ein Philosophieren über die Stadt gibt. Um damit beginnen zu können, muß allerdings neben der Sache, über die philosophiert wird, ein Gedanke gewählt werden, anhand dessen philosophiert werden soll. Wie jedes Objekt erschließt sich auch die Stadt nicht von sich aus. Sie kann nur mit einem gedanklichen Ansatz geöffnet werden, und dieser Ansatz muß frei gewählt sein, da er von nichts und niemandem bereits diktiert worden ist. Die Stadt ist gleichsam das Vorgegebene und Objektive — der tragende Gedanke ist das Ausgewählte und Subjektive.

Es gibt verschiedene Möglichkeiten, sich mit der Stadt zu befassen. Möglicherweise geben marxistische Denkweisen etwas her, um der Stadt als Ganzem und zugleich ihrem einzelnen Bewohner gerecht zu werden. Es ist auch denkbar, eine der gegenwärtigen philosophischen Methoden zu übernehmen, um mehr Einsichten zu gewinnen. Doch gleichgütlig, ob man sich beispielsweise darum bemüht, anhand des kritischen Rationalismus nach Karl Popper bereits vorhandene Erkenntnisse zu verifizieren, oder ob man anhand der dialektischen Philosophie nach Jürgen Habermas eine Theorie von der Stadtgesellschaft aufstellt, man braucht in jedem Fall einen Sachverhalt. Und diesen Fall, den die Stadt darstellt, richtig zu finden — das ist die erste Aufgabe. Die wissenschaftlichen Disziplinen, von denen die Rede war, haben ihn nur zu einem Teil in ihre Arbeitsergebnisse übernommen. Nur insoweit kann man auch auf sie zurückgreifen. Es bleibt nichts anderes übrig, als den dahinterstehenden Sachverhalt selbst zu erarbeiten, und darin besteht der eigentliche philosophische Vorgang. Der Sachverhalt kann nur durch Anschauung dessen, was dem einzelnen in und mit der Stadt geschieht, und durch Reflexion hierüber gewonnen werden.

Ich entscheide mich deshalb dafür, die Stadt aus der Interessenlage eines einzelnen Menschen zu sehen und zu beschreiben. Die übergeordnete Vorstellung, ohne die auch in den Wissenschaften nichts geht, versucht die Studie unmittelbar dem täglichen Dasein des Stadtbewohners zu entnehmen, den Notwendigkeiten, Möglichkeiten und Erwartungen seiner städtischen Existenz. Es ist so, als beschreibe und bewerte man den Krieg einmal nicht aus der Perspektive der Generäle, Ideologen oder der ökonomischen Nutznießer, also derer, die ihn aktiv beeinflussen — sondern aus der Perspektive des unbekannten Soldaten, der ihn mehr oder weniger erleidet. Bei diesem Denkvorgang ist es möglich, Empfindungen und Gedanken über die Stadt unmittelbar auszudrücken. In ihnen wird die Stadt zugleich dargestellt, bedacht und bewertet. Auch in dieser Hinsicht folge ich Bertrand Russell und seiner Bemerkung, daß jedes wirklich philosophische Problem ein Problem der analytischen Klärung sei: „Und die diesen Problemen angemessene Methode besteht darin, daß man von den gegebenen Resultaten ausgeht, um von ihnen aus ihre Prämissen zu erschließen[31].“ Im einzelnen Bewohner, der nicht seinen Lebensunterhalt damit verdient, daß er sich im Hinblick auf die Stadt spezialisiert, ist die Fähigkeit zur Integration der Stadtelemente noch am stärksten vorhanden.

Das Prinzip, die Stadt mit dem Empfindungsvermögen und den Überlegungen eines beliebigen Bewohners zu sehen und aus seiner Situation heraus zu beurteilen, soll an verschiedenen Elementen der Stadt beispielhaft dargestellt werden. Die folgenden Kapitel stellen also keine vollständige Beschreibung der Stadt dar, keine erschöpfende Darstellung und Analyse des gesamten Sachverhalts. Sie sind eine unvollständige Collage — Beispiele dafür, wie auch anders als bisher über städtische Themen gedacht werden kann, wenn vom Los des einzelnen in der Stadt ausgegangen wird. Die gewählten Themen sollen also nicht in jedem Fall neue Ziele, sondern vor allem eine spezielle Art des Denkens in den städtischen Angelegenheiten propagieren. Um die Stadt analysieren und beschreiben zu können, geht die Studie von verschiedenen Eigenschaften der Stadt aus, so wie sie von den Bewohnern erlebt und empfunden werden. Aus ihrer Sicht ist die Stadt ein Element der großen Politik ebenso wie eine Verkehrsanlage, ein Kontrahent der Landschaft ebenso wie eine Möglichkeit, sich ästhetisch auszudrücken. Auch die Organisation des „Stadtregiments", eine tragende Idee für die Stadtplanung oder die Finanzierung der Stadt, gehört sicherlich zu den wichtigeren Themen. Von der Stadt läßt sich eben nicht nur sagen, daß sie zum Beispiel Märkte und Museen, daß sie Wohnungen und Kunstobjekte besitzt. Sie ist zugleich Markt und Museum, öffentliche Wohnung und Kunstobjekt. Sie ist mehr als die Summe dieser Teile, und jedes dieser Teile drückt nur, in allerdings besonders reiner Form, eine Eigenschaft aus, die der ganzen Stadt zukommt. Die Darstellung ist fragmentarisch, kein fertiges System — eben nur eine Möglichkeit des Nachdenkens von mehreren.

1. Die Stadt als Element der Weltpolitik

Die meisten Leser dieser Studie werden, wie auch der Verfasser, in einer jener großen Städte leben, um die es hier geht. Doch keiner von uns wird behaupten wollen, daß unsere städtische Welt auch heute noch den Mittelpunkt unserer politischen Welt ausmachen würde oder auch nur könnte. Es ist wohlgemerkt nicht von der privaten, sondern von der öffentlichen Seite unseres städtischen Daseins die Rede. Selbst in den belebtesten Vierteln von Tokio oder Paris, in der City von New York oder in Sao Paulo haben wir nicht das Gefühl, der großen Politik nahe oder doch zumindest als Zuschauer an ihr beteiligt zu sein. Im Gegensatz zu einem Bewohner des mittelalterlichen Nürnberg, Peking oder London sind wir in höherem Maß Angehörige eines Landes und seiner Politik: Brasilianer oder Deutsche, Franzosen oder Chinesen. Darüber hinaus aber leben wir, und das wiederum unterscheidet uns von den Stadtbewohnern noch des vorigen Jahrhunderts, in direkter Abhängigkeit von der internationalen oder globalen Politik. Die politische Welt ist nicht mehr nur mit meiner Stadt, auch nicht mehr nur mit meiner Nation identisch. Sie bezieht den gesamten Erdball mit seinen zwar noch ziemlich indifferenten, aber gleichwohl vorhandenen politischen Kräften ein. Eine Folge dieser neuen Situation ist, daß sich unser politisches Schicksal nicht allein in der Stadt, sondern auch in dem Land, zu dem diese Stadt gehört, entscheidet, und in verstärkter Weise in den Ereignissen der internationalen Politik, die den Erball zum Aktionsfeld hat. In gewisser Weise wird dieser Globus zur „Stadt“, in der wir leben.

In dieser Beziehung ist das, was über 6000 Jahre für die Städte gegolten hat, seit wenigen Generationen nicht mehr real. Man darf vermuten, daß dies auf die Städte einen nachteiligen Einfluß hat, und ich möchte dafür vier Indizien anführen, die für viele andere stehen. Jeder kennt den Namen Niccolo Macchiavellis, der Anfang des 16. Jahrhunderts Segretario der Stadt Florenz war. Fünfzehn Jahre lang hat er den Gonfalonieres gedient, als innenpolitischer Berater und als Sonderbotschafter in außenpolitischen Missionen. Er arbeitete nur für Florenz, und dennoch befand er sich dort, wo „große“ Politik gemacht wurde. Wenn er heute in der vordersten Linie der Politik tätig sein und ähnliche politische Effekte wie damals erzielen wollte, würde er sicher nicht mehr das Amt eines Sekretärs der Stadt Florenz anstreben. Ihm könnte es nicht einmal genügen, in der Regierung des italienischen Staates tätig zu sein, weil auch dort nur noch über einen Teil des politischen Stoffes entschieden werden kann, der insgesamt zur Verfügung steht. Er müßte sich zugleich ein Betätigungsfeld suchen, das mit einer der verschiedenen europäischen oder globalen Organisationen in Verbindung steht, wie der NATO, der EG oder der UNO. Man könnte sich den Schriftsteller und Politiker Macchiavelli beispielsweise gut in der Rolle des Schriftstellers und Politikers Henry Kissinger vorstellen. Die vom Erstgenannten betriebenen Sonderfunktionen lassen sich heute nicht mehr auf ein Land beschränken, sondern würden das globale Aktionsfeld umfassen.

Eine andere bemerkenswerte Veränderung können wir feststellen, wenn wir uns fragen, welche Konsequenzen das mächtige Wachstum der Städte auf ihren politischen Einfluß ausübt. Es besteht ein eigenartiges Mißverhältnis zwischen der zahlenmäßigen Größe von Städten und ihrer politischen Bedeutung. Seit einigen Jahrzehnten wird beobachtet, daß immer größere Teile der Menschheit sich in den Städten oder Stadtregionen zusammenfinden. Es gibt hierüber mehr oder weniger genaue Zahlen. Sie besagen beispielsweise, daß es um die kommende Jahrtausendwende, also in weniger als fünfundzwanzig Jahren, ungefähr doppelt so viele Menschen geben wird wie heute. Doch absolute Werte sind für uns in diesem Zusammenhang weniger wichtig als etwas anderes. Die Wachstumszahlen laufen nämlich alle darauf hinaus, daß die Zahl der Menschen in den Städten prozentual noch schneller steigen wird als die Zahl der Menschen auf dem Erdball insgesamt. Man spricht von einer verdoppelten Wachstumsgeschwindigkeit für die verstädterten Regionen, und einige sollen Einwohnerzahlen von über hundert Millionen erreichen.

Man könnte nun meinen, daß mit den Menschen auch das politische Interesse und die politische Macht in die Städte wandern oder, wenn wir an Florenz und vergangene Jahrhunderte denken, dorthin zurückkehren. Schließlich ist Politik ein Ausdruck menschlicher Aktivität, und wo die meisten Menschen sind, müßte folglich auch die stärkste Aktivität sein. Wenn das richtig ist, müßten die Städte sich in der Tat zu einem neuen Höhepunkt ihrer politischen Rolle entwickeln. Aber anscheinend schlägt Quantität hier einmal nicht in Qualität um. Heute scheint die große Zahl oder, wie wir auch sagen können, menschliche Dichte kein Beweis und nicht einmal ein Anzeichen für politischen Einfluß zu sein. Sie ist auch kein Argument mehr für die Nähe der politischen Entscheidungsträger. Der Stoff, der Ziel der Politik ist, wird nicht mehr dort gehandelt, wo die Menschen sich — sogar massenhaft — aufhalten. So viele es immer sein mögen, sie sind auch in der Summe ohnmächtig.

Politische Macht ist nicht mehr identisch mit der Repräsentanz in einer Stadt. Drei der wichtigsten politischen Elemente, das Militärische, das Ökonomische und das Ideologische oder Religiöse, haben mit Stadtpolitik äußerst wenig oder gar nichts mehr zu tun. Ihr Wirkungsbereich liegt auf der nationalen oder auf der internationalen Ebene. Es gibt kein Stadtheer mehr, sondern nationale Armeen und daneben noch UNO-Truppen. Die Kirchen und Weltanschauungen sind nicht lokal, sondern international organisiert. Auch Handel und Gewerbe sind dort, wo sie wie die multifunktionalen Konzerne wirklich Einfluß auf das politische Geschehen haben und einer seiner wichtigsten Bestandteile sind, international orientiert. Die wenigen Politiker, Offiziere, Manager und Vertreter von Parteien und Kirchen, die diese Organisationen steuern, stehen in keinem Zusammenhang mit den Einwohnermassen in den Stadtregionen mehr. Man muß erkennen, daß sie dank der technischen Kommunikationsmittel räumlich unabhängig geworden und auf Städte nicht mehr unbedingt angewiesen sind, um wirken oder regieren zu können. Der Sitz der Politik ist sozusagen abstrahiert von den Orten, an denen die Menschen wohnen. Die ihn steuern, sind weitgehend anonym oder jedenfalls nicht mehr für jedermann wahrnehmbar, so wie der ausreitende König und sein Schloß einmal für ihn sichtbar waren. „Man konnte wohl eine Stadtmauer durchbrechen oder einen König töten, wie aber sollte man gegen ein internationales Kartell Sturm laufen?" schreibt Lewis Mumford[32].

Ein weiteres Indiz für den politischen Abstieg der Städte ist die Tatsache, daß sie nicht mehr an der Spitze des politischen Fortschritts stehen. Städte sind nur noch in einem sehr schmalen Bereich in der Lage, das Los der Menschen zu verbessern. Schon gar nicht können sie unsere Abhängigkeit von militärischen, ökonomischen und ideologischen Zwängen verringern. Fortschrittliche Maßnahmen sind solche, die der einzelne wirklich zu spüren bekommt, die ihm sein Dasein erleichtern und freier machen und die der geschichtlichen Entwicklung eine entsprechende Struktur verleihen können. Die Städte stehen in dieser Beziehung heute mehr oder weniger mit leeren Händen da. Sie können uns weder vor den kriegerischen Aktivitäten anderer schützen noch unsere Ernährung sichern, sie haben weder eine geistige Konzeption des gesellschaftlichen Lebens für uns noch irgendeine Art von öffentlicher Religion, die den Menschen weiterhilft.

Wir erinnern uns daran, daß es einmal anders war. Die Zeiten, in denen eine Art von geistiger Führung von den Städten ausging, hat sie groß gemacht. Europäische Städte haben einst die am höchsten entwickelte Form des menschlichen Zusammenlebens dargestellt. Sie waren Pioniere in der Verwirklichung von Freiheitsrechten, und sie waren Avantgardisten in der sozialen Anlage ihrer Siedlungen. Vom 12. Jahrhundert an bildeten sich Ortschaften, die aufgrund der Forderungen ihrer Kaufleute und Handwerker von den zuständigen Lehnsherren als Areal mit ungewöhnlich liberalen Rechten freigegeben wurden. Es galten die aufschlußreichen Rechtssätze: „Stadtrecht bricht Landrecht", und „Landrecht bricht gemeines Recht". Marktrecht und eigene Gerichtsbarkeit, rationale Wirtschaftsformen (Geld anstelle von Naturalien), unabhängige Arbeitsmöglichkeiten mit persönlichem Arbeitsvertrag sind einige Stichworte, aus denen man ersehen kann, wie die Stadt die Gewohnheiten des flachen Landes auf eine höhere Stufe hob. Die vom weltlichen und vom geistlichen Adel weitgehend emanzipierte Stadt wurde das Ziel der an mehr persönlicher Unabhängigkeit interessierten Menschen. Man sagt, daß der geschicktere, unternehmungslustigere und aufsässigere, insgesamt der intelligentere Teil der Landbewohner von diesem Angebot Gebrauch machte. Wer über Jahr und Tag in einer solchen Stadt lebte, war kein Leibeigener mehr und hatte ein Mindestmaß an Freizügigkeit erlangt.

Diese Stadt des Mittelalters übernahm eine eindrucksvolle Rolle in der Politik der damaligen Zeit. Sie wurde „un fait du prince". Wer in ihr lebte, bewegte sich im damals möglichen Mittelpunkt und verfügte über die für einen einfachen Menschen überhaupt erreichbaren Privilegien. Die Stadt stellte die komprimierteste Form von Welt dar. In ihr formten sich Straßen und Gebäude und städtebauliche Ensembles, die durch die Art ihrer Gestaltung von der überlegenen Denkart der Stadtbewohner gegenüber der der Landbewohner zeugten. Ihre Rathäuser, soweit sie erhalten sind, beeindrucken heute noch. Die Stadt entwickelte eine Kultur, die es sonst nirgendwo gab. Alle Städte, die wir heute als historische Städte bezeichnen, sind älter als der Staat, dem sie gegenwärtig angehören.

Nach dem Dreißigjährigen Krieg schoben sich landespolitische Aspekte in den Vordergrund, und die Städte fielen in verschiedener Beziehung zurück. Doch in der Französischen Revolution von 1789 waren es erneut Städte, die sich als erste an die Spitze der eben propagierten Ideen von der Liberté, der Egalité und der Fraternité setzten. In der Zeit des Freiherrn vom Stein wurde die repräsentative Demokratie für die Städte wiederentdeckt und nach und nach eingeführt. Die Bürger selbst sollten, über von ihnen gewählten Repräsentanten, die laufenden Entscheidungen über die Vergabe der Mittel und die Gestaltung der Stadt treffen. Städte wurden auf diese Weise zum Vorreiter der parlamentarischen Demokratie. So wenig ideal sich das auch in der Praxis häufig ausnehmen mochte: Immerhin bemühten sich Städter als erste, die neuen Ideen zu praktizieren.

Doch mit diesem Vorgang endete die führende Rolle der Städte in der Verwirklichung neuer Ideen. Die bestimmenden politischen Kräfte wanderten endgültig in die nationalen Regierungen ab. Die Städte behielten zwar an politischem Instrumentarium, was zur Erledigung ihrer örtlichen Angelegenheiten notwendig war. Noch heute werden die Entscheidungen in den Städten nach jener Methode getroffen, die vor hundertfünfzig Jahren mutig begonnen worden war. Sie reicht jedoch längst nicht mehr aus, um zu tun, was sich heute als notwendig erweist. Was wir heute für konstruktiv, fortschrittlich und vorteilhaft für die Menschen halten, geht nur noch gelegentlich von den Städten, ihren Politikern und Administrationen aus. Andere Institutionen sind als Motor der großen politischen Bewegungen an ihre Stelle getreten.

Das vierte Indiz für die politische Entthronung der Städte liegt in der Tatsache, daß die Gedanken ihrer Bewohner nur noch zu einem geringen Teil auf sie gerichtet sind. Die Stadt muß sich das politische Interesse der Menschen mit nationalen und internationalen Ereignissen teilen. Der Blick der Stadtbewohner wird heute nicht mehr nur auf die Umgebung gelenkt, die ihnen unmittelbar zugänglich ist, sondern auch auf Umgebungen, die sie nur nach längeren Reisen oder auch niemals in ihrem Leben erreichen. Sie werden Zeugen von Geschehnissen, die sich Tausende von Kilometern entfernt ereignen, und dadurch veranlaßt, über Dinge zu reflektieren, von denen sie früher äußerst wenig erfahren hätten und die nichts mehr mit ihrer Stadt zu tun haben.

Ein Fußgänger kann am Tag, außerhalb seiner Arbeitszeit, noch etwa zwei Stunden unterwegs sein. Die rund zehn Kilometer, die er dabei zurücklegen kann, erlauben ihm, ein Dorf oder eine kleine Stadt zu durchstreifen. Die einfachste und uns angeborene Möglichkeit der Fortbewegung reicht also aus, um über die öffentlichen Geschehnisse in kleineren Siedlungen dauernd informiert zu sein. Der Bewohner einer Großstadt kann in diesen zwei Stunden wichtige Ereignisse auf den Straßen und in Gebäuden oder in öffentlichen Veranstaltungen nur noch dann verfolgen, wenn er nicht mehr zu Fuß geht, sondern das Auto benutzt oder mit den Bussen oder Bahnen des Stadtverkehrs fährt. Die technischen Hilfsmittel haben seinen persönlichen Aktionsradius beträchtlich erweitert. Er ist erneut durch die Tatsache vergrößert worden, daß es Flugzeuge gibt, mit denen man in den zwei Stunden zu einem anderen Ort seines Landes hin-, wenn auch nicht zurückfliegen kann.

Eine nochmalige Steigerung des Aktionsradius war also nur möglich, indem man die Notwendigkeit aufgab, den Menschen zu transportieren. Man mußte ihn quasi zu Hause lassen und einen Weg finden, um die Sinnesorgane dorthin zu bringen, wo sich etwas Wichtiges ereignet. Wir wissen, daß dies — über Zeitungen hinaus — mit Hilfe des Radios gelungen ist, weil es das Gehirn über den Gehörsinn erreicht, und noch wirkungsvoller mit Hilfe der Television, weil sie das Gehirn noch zusätzlich über den Sehsinn anspricht. Allerdings kann der einzelne Stadtbewohner die Ziele außerhalb seiner Stadt nur noch bedingt oder überhaupt nicht selbst aussuchen. Das erledigen die Journalisten der Radio- und Fernsehstationen für ihn — er hat nur noch die Möglichkeit des Abschaltens. Doch „die Teilnahme — über das Fernsehen — an Freiheitsmärschen, an Kriegen, Revolutionen, Wasser- und Luftverschmutzungen und anderen Ereignissen verändert alles“, schreibt Marshall McLuhan, und „eine neue Art politischer Öffentlichkeit ist im Entstehen[33].“ Sie verändert auch die Stadt, in der die in alle Welt hinausreichenden elektronischen Geräte aufgestellt sind, indem sie das Interesse der Bewohner von ihrer städtischen Umgebung, teilweise unwiderruflich, abzieht.

Die Menschen in der Stadt sind in den täglichen Freizeitstunden nicht mehr mit ihrer lokalen Heimat verbunden, sondern mit zahlreichen Punkten des Erdballs. Dabei ist sicher von Bedeutung, daß die politische „Qualität“ dieser Ereignisse, an denen sie auf elektronische Weise teilnehmen können, fast immer die „Qualität“ der Ereignisse aus der städtischen Umgebung übersteigt. Die Weltsensation verdrängt die Sensation aus der Nachbarschaft, jedenfalls für einige Minuten oder Stunden am Tag. Vielleicht ist diese Erfahrung den Menschen gar nicht besonders angenehm und auch ein wenig unheimlich, aber sie bleibt ihnen nicht erspart. So müssen sie bei dieser technisch möglich gewordenen Erweiterung ihres Aktionsraumes feststellen, daß nicht nur in der eigenen Stadtverwaltung oder am eigenen Arbeitsplatz, sondern in allen möglichen Institutionen rund um den Erdball über ihr politisches Los entschieden wird. Die Frage, ob ein Krieg auch ihr Land erreicht, die Frage, ob die Versorgung mit Erdöl im nächsten Winter funktioniert, oder die Frage, ob man die Abtreibung erlaubt, wird lokal gestellt, aber national oder international beantwortet. Sie sehen und hören die Politiker, die Generäle, die Wirtschaftsmanager und die kirchlichen Würdenträger, von denen die Antworten gegeben werden. Sie kennen sie vielleicht besser als die führenden Repräsentanten ihrer eigenen Stadt, deren Auftritt ihnen nicht so unmittelbar ins Wohnzimmer geliefert wird. Das alles lenkt die Aufmerksamkeit von der Stadt ab und macht sie politisch uninteressanter als vorher. Neben das Bewußtsein von der Beeinflussung des persönlichen Lebens durch die Stadt tritt das Bewußtsein von der Beeinflussung des persönlichen Lebens durch bestimmte Politiker und Institutionen der nationalen und internationalen Politik.

Der Wert der Stadt als politische Bühne und als politisches Instrument hat sich also beträchtlich relativiert. Politische Macht wird in ihr nur noch in Restbeständen ausgeübt, wenn wir unter politischer Macht die unmittelbare Verfügungsgewalt über die physische und die psychische Existenz des einzelnen Menschen verstehen. Wir erleben einen Prozeß der politischen Entzauberung der Städte, und dies eigenartigerweise in einem Augenblick, in dem die Städte größer und menschenreicher sind denn je. Dieser Vorgang hat natürlich weitreichende Folgen für die Städte, er wirkt auf ihren „Inhalt", ihre Gestalt und die Möglichkeiten des Lebens in ihnen zurück. Der Verlust an eindrucksvollen politischen Funktionen kann die Stadt im äußersten Fall in der Tat dahin bringen, daß von ihr nichts als eine Art von Verwaltungsmaschine zurückbleibt. Nach Lewis Mumford steht am Anfang „eine Stadt, die das Symbol einer Welt war. Es endet bei einer Welt, die in vieler Hinsicht eine Stadt geworden ist... Was einstmals eine Stadt war, wird auf die Ausmaße eines unterirdischen Kontrollraumes zusammenschrumpfen[34]." Das bedeutet einen erregenden Bruch mit einer Stadtgeschichte von über sechstausend Jahren.

Auch aus der Sicht und den Eindrücken der Stadtbewohner besteht die politische Welt heute, sehr einfach dargestellt, aus drei Geschossen. Im unteren Geschoß werden städtische, im mittleren Geschoß nationale und im obersten Geschoß internationale oder globale politische Interessen behandelt. Wenn man einmal vergißt, daß Politik in vielen Bereichen immer noch einem „wilden" und anarchischen Vorgang ähnlicher ist als einer geordneten Verwaltung, dann kann man von einer politischen Arbeitsteilung sprechen. Die Politiker oder besser Verwalter der unteren Ebene erledigen gewisse Angelegenheiten der elementaren Daseinsvorsorge, die Politiker der mittleren Ebene befassen sich mit militärischen, ökonomischen, sozialen und ideologischen Fragen, und die Politiker der dritten Ebene reagieren mehr oder weniger erfolgreich auf die bedrohlichen globalen Krisen, die der Menschheit zu schaffen machen. Bei dieser Feststellung bleiben rechtliche Konstruktionen (der Inhalt von Verfassungen und internationalen Verträgen sowie das Völkerrecht oder Zwischenkonstruktionen wie der staatliche Föderalismus) unberücksichtigt. Uns interessieren hier auch die rechtlich noch nicht erfaßten neuen und nach vorn drängenden sozialen Entwicklungen in der Stadt, im Staat und in der noch nicht wirksam verfaßten internationalen Politik. „Die meisten Menschen ersehnen ihr eigenes Glück" schreibt Bertrand Russell, „nicht wenige wünschen das Glück ihres Volkes; einige ersehnen wirklich und stark das Glück der ganzen Menschheit[35]." Für den sozusagen öffentlichen Teil dieses Glücks machen die Menschen im ersten Fall ihre Stadt, im zweiten Fall ihre Regierung und im dritten Fall die international agierenden Kräfte verantwortlich.

Der Verlust von Souveränität ist zum Beispiel in den westdeutschen Städten nicht unbemerkt geblieben. Da verlangte der Städtetag, in dem die größeren Städte versammelt sind, die Beteiligung an der Gesetzgebung des Staates, sei es durch kommunale Kammern in den Bundesländern oder durch eine Vertretung beim Bundesrat. Darin liegt das Eingeständnis, daß ein Großteil der früheren Stadtpolitik in den staatlichen Ministerien bestimmt wird. In der Tat: Investitionen im öffentlichen Nahverkehr werden über ein „Gemeindeverkehrsfinanzierungsgesetz", Investitionen im Gesundheitsbereich über ein „Krankenhausfinanzierungsgesetz", Investitionen für die Sanierung und Modernisierung alter Stadtteile über ein „Städtebauförderungsgesetz" und ein „Modernisierungsgesetz" vom Staat weitgehend oder ganz finanziert und damit entscheidend beeinflußt. Der Staat kauft sich in verschiedenen städtischen Kompetenzen, die zu den wichtigsten gehören, erfolgreich ein. Durch ein ausgeklügeltes System von Gesetzen ist die Raumordnung der Bundesrepublik Deutschland streng von oben nach unten geregelt. Waren die Städte bis vor kurzem noch in ihrer Bauleitplanung frei, so haben sie jetzt in den wichtigsten kommunalen Aufgabenbereichen zu berücksichtigen, was die staatlichen Verwaltungen an eigenen Vorstellungen entwickelt und beschlossen haben. Deren Fachpläne sind wieder in die Fachplanungen ihres Bundeslandes, dessen Raumordnungsplan in den des Bundes integriert. So kommt es, daß die Bauleitplanung der Städte nunmehr das unterste und zugleich letzte Glied einer Hierarchie von Planungen der staatlichen Politik ist. Mit den Städten aber wird auch ihren Bewohnern der Einfluß auf ihre Umgebung entzogen. Dies alles steht unter dem Druck der Notwendigkeit, die man folgendermaßen formulieren könnte: Je größer die Städte werden, desto mehr sind sie auf den Staat angewiesen.

Eine Folge dieser „Verstaatlichung" von städtischen Funktionen ist, daß die Städte um ihre Selbstverwaltung schlechthin fürchten müssen. Stadtpolitik steht heute unter der Dominanz der nationalen und der internationalen Politik und deren Problemen. Wenn man die zeitgenössischen Aufgaben der Städte erkennen und beschreiben will, darf man dazu nicht mehr allein von „unten", aus der Sicht der Stadtbewohner und der Stadtverwaltungen, vorgehen. Das ist nach wie vor sehr wichtig, aber nicht alles. Man muß sie zugleich aus der Astronautenperspektive der nationalen und internationalen Probleme sehen. Man kann also nicht mehr über Städte allein reden, wenn man sich ein Bild über ihre politischen Funktionen für die Bewohner machen will. Man muß sehen, daß sie Teil eines größeren Ganzen sind, das bis in die Städte hineinwirkt. In einigen wichtigen städtischen Angelegenheiten ist also längst nicht mehr die Stadtverwaltung, sondern die Landesregierung oder ein internationales Gremium der wichtigste Gesprächspartner für die Bewohner. Deshalb befassen sich die beiden folgenden Abschnitte mit den Zusammenhängen zwischen den drei politischen Bereichen, so wie sie heute verstanden werden. Daraus ergeben sich erstaunliche Konsequenzen für eine richtige Definition städtischer Funktionen. Ich beginne zunächst mit den für die Bewohner von Städten wichtigsten Funktionen der Weltpolitik. Wenn man über Städte sprechen will, muß man sie sozusagen zuerst vorübergehend vergessen.

Die globalen Krisen

Die im Florenz Macchiavellis vereinigte Gesellschaft von Menschen bestimmte, im Gegensatz zu den heutigen Städten, ihre Politik weitgehend selbst. Doch sie hatte auch weitaus leichtere politische Probleme zu lösen als ihre international handelnden Nachfolger. Das gilt nicht nur deshalb, weil der internationalen Politik von heute ungleich mehr Menschen gegenüberstehen als der Stadtpolitik im Mittelalter. Noch wichtiger ist die Art der Schwierigkeiten, mit denen die führenden Politiker heute belastet sind. Uns interessieren diese besonderen Sachverhalte und Probleme, weil sich durch sie die Weltpolitik von der nationalen Politik und diese wiederum von der Stadtpolitik unterscheiden, soweit im Zusammenhang mit Städten noch von Politik gesprochen werden kann. Wenn wir genau wissen wollen, welche Funktionen den zeitgenössischen Städten noch übertragen sind, können wir dies nicht besser tun, als daß wir alles ausscheiden, was bereits national oder international aufgegriffen worden ist und, gut oder nicht gut, erledigt wird. Diese Methode der Selektion macht es erforderlich, wenn auch in grober und vereinfachender Form, einige Worte über das oberste Geschoß im System der Weltpolitik zu verlieren. Wir werden dabei feststellen, daß es eine Hierarchie der Probleme gibt und daß die Sorgen in den Städten dabei nicht an erster Stelle stehen.

In der internationalen Politik stehen heute aktuelle Probleme im Vordergrund, die, wenn überhaupt, nur durch globale Institutionen und Vereinbarungen gelöst werden können. Ihr Schwierigkeitsgrad übertrifft die Fähigkeiten und Möglichkeiten nationaler Regierungen und erst recht die von städtischen Administrationen. Alles das, was mit diesen Problemen und den sich daraus ergebenden Krisen thematisch verbunden ist, kann deshalb niemals mehr in der Stadt und durch sie erledigt werden. Andererseits bedeutet dies aber auch, daß die Städte sich den Maßnahmen fügen müssen, soweit sie von ihnen betroffen werden, die zur Lösung der Krisen ergriffen werden. Man kann diese Krisen im übertragenen Sinn als eine Art von Pest bezeichnen, von der die Menschheit sich bedroht fühlt. Der gesamte Erdball ist in dieser Beziehung in eine Situation hineingeraten, die den pestgeplagten Städten früherer Jahrhunderte gut bekannt war. Bestimmte Krankheiten und Gefahren breiten sich so schnell aus, wie dies früher nur in den Straßen und auf den Plätzen einer Stadt möglich war. Sie wirken ansteckend, weil in der gegenwärtigen Weltgesellschaft schon heute, in materieller und geistiger Hinsicht, alles mit allem zusammenhängt.

Bei den verhängnisvollsten dieser Krisen, die das Bild der modernen Politik prägen, handelt es sich um das gestörte Verhältnis der Psyche zum Verstand und der von ihm entwickelten Technik, um den Nationalismus, um die unterschiedliche wirtschaftliche Versorgung der Menschen, um das Vorhandensein von unbeschränkt wirksamen Vernichtungswaffen und um den Abbau der ursprünglichen „Natur“ und ihrer lebenswichtigen Rohstoffe. Hinter der mangelhaften Versorgung und der Umweltzerstörung verbirgt sich natürlich das globale Wachstum der Bevölkerung vor allem in der südlichen Hemisphäre. An diesen Krisen, neben denen es weitere globale Schwierigkeiten gibt, läßt sich zeigen, wie sich die drei politischen Ebenen abgrenzen und wie nur international gelöst werden kann, was auch in der Stadt Sorgen bereitet.

Diesen Krisen ist gemeinsam, daß sie theoretisch in der Lage sind, der Menschheit das weitere Existieren schwer bis unmöglich zu machen. Zwar ist der Mensch als Gattung heute, da dies geschrieben wird, noch nicht aktuell gefährdet. Wir haben erwähnt, daß die Zahl der Menschen trotz nicht abreißender Kriege, trotz Hungersnöte, psychischer Überforderung und anderer schrecklicher Fakten nicht abnimmt, sondern nach wie vor zunimmt. Die Situation ist also, alles in allem, nicht so explosiv für die Menschheit insgesamt, daß man annehmen muß, diese pessimistische Feststellung werde hier zum letztenmal getroffen. Wir haben die Endzeit offensichtlich noch nicht erreicht, aber wir befinden uns ebenso augenscheinlich in einem Prozeß, der zur Endzeit führen kann. Denn ob die Qualität des Daseins für alle sich steigert, ist natürlich schon eine ganz andere Frage. Und erst recht ist offen, ob der Bestand der Menschheit auf die Dauer wirklich gesichert ist. Allzu vieles spricht dafür, daß die Existenzschwierigkeiten, die wir uns bereiten, von Jahr zu Jahr zunehmen, falls sie sich für die Unterprivilegierten überhaupt noch steigern lassen. Noch bis in die letzten Jahrzehnte hinein haben die Menschen sich als Gesamtheit nicht substantiell, in der Lebensfähigkeit, schädigen können. Dazu waren sie technisch und psychisch nicht in der Lage. Dieser Satz gilt heute aber nur noch sehr bedingt, denn inzwischen wissen wir, wie man mehrere Milliarden menschlicher Lebewesen, gewollt oder ungewollt, allmählich oder mit einem Schlag, für immer vernichten kann — und mit ihnen noch ungeborene Generationen.

Probleme der Angst und des Nationalismus, der Ökonomie, der Ökologie, des Wachstums und der Vernichtungsfähigkeit sind internationale Probleme und absorbieren einen wesentlichen Teil der politischen Kräfte, die überhaupt aufgebracht werden können. Ich habe als erstes die Krise genannt, die sich aus einem gestörten Verhältnis der Fähigkeiten des Verstandes zu den Möglichkeiten der Psyche ergibt. Sie ist deshalb von so zentraler Bedeutung für alles, was in der Politik geschieht, weil ihre Lösung letzten Endes die Voraussetzung dafür ist, daß es den Politikern gelingt, mit den anderen Schwierigkeiten fertigzuwerden. Politische Vernunft ist nur demjenigen möglich, der nicht bereits derart durch Widersprüche in sich selbst zerrissen ist, daß er zwischen konstruktiver und zerstörerischer Politik nicht mehr unterscheiden kann. Arnold J. Toynbee bemerkt: „Wenn in unserer heutigen weltweiten Krise die Spannung zwischen Herz und Kopf einen Grad erreichen würde, in dem sie die Psyche zersetzen würde, so würde die daraus folgende psychische Explosion mehr zerstören als die physikalische Explosion, die durch die Anwendung der wissenschaftlichen Entdeckung des Prozesses der Atomspaltung hervorgerufen werden kann. In der Tat, ein verheerender atomarer Weltkrieg müßte die erste Konsequenz sein, wenn die Spannung zwischen Kopf und Herz in einer schizophrenen Scheidung zwischen ihnen in unserer Zeit zum Austrag käme[36]." Die erste Krise spielt sich im Innern des einzelnen ab. Ihre globale Wirkung erreicht sie dadurch, daß sie nicht nur wenige einzelne, sondern unbeschränkt viele einzelne erfaßt. Dies wiederum hat zur Folge, daß auch die Politiker ihr erliegen, gleichgültig, ob sie international, national oder kommunal agieren.

Der Verstand kann inzwischen mehr, als die Psyche zu verarbeiten vermag. Was als unterschiedliche Entwicklung von Kopf und Herz, von Verstand und Seele, von Organisation und Organismus bezeichnet wird, ist die heute auftretende Differenz zwischen den Beherrschungsmöglichkeiten des Bewußtseins und dem Ausgeliefertsein des Unbewußten. Wir sind in der Lage, mit äußerster Nüchternheit und kalter Raffinesse die Gesetze der uns umgebenden Natur zu erkennen, zu kopieren und sie für andere Zwecke verwertbar zu machen, als sie von und in dieser Natur eingesetzt werden. Das Auto und das Flugzeug vergrößern die Reichweite unserer Füße, das Fernsehen erweitert die Blickweite unserer Augen, das Radio und das Telefon verbessern unser Gehör und der Computer optimiert die Fähigkeiten unseres Gehirns — nur die Seele ist die alte geblieben. Sie, die einmal für David geschaffen wurde, soll heute den überdimensional ausgeweiteten Körper Goliaths zusammenhalten.

Vielleicht wäre das Auseinanderfallen von Kopf und Herz nicht so gefährlich, wie es uns heute erscheinen muß, wenn sich die Menschen mit ihrer Angst nur im Privatleben, nicht jedoch auf der Ebene der Nationen so stark identifizieren würden. Dies ist die wichtigste Ursache für die zweite Krise, von der die Rede war, die des Nationalismus. Die Menschen haben zwei Arten von Nachbarn, mit denen sie ihre innere Getriebenheit ständig in Konflikt bringt: die Nachbarn ihrer täglichen Umgebung in der Stadt und die „nationalen Nachbarn". Die dritte Art von Nachbarschaft, welche die gesamte Menschheit einbezieht, ist ihnen heute noch nicht geläufig. Den Menschen ist die Erkenntnis noch nicht in Fleisch und Blut übergegangen, daß sie auf das Wohlwollen selbst ihrer Antipoden angewiesen sind. Die „nationalen Nachbarn" haben in der Form von Nationalstaaten unglückseligerweise in der Zahl nicht abgenommen, sondern zugenommen. Zudem sind diese Staaten alles in allem nicht offener und liberaler, sondern eher geschlossener und dogmatischer geworden. Die Nationen pflegen sich, wie gesagt, untereinander wie Einzelwesen zu verhalten. Damit nehmen sie alle jene unseligen Eigenschaften an, die auch die Innenwelt des Individuums bestimmen, jedenfalls soweit es um die erwähnten politischen Affekte geht.

Jetzt ist der Erdball in etwa hundertfünfzig Formationen oder Areale aufgeteilt, die sich „Nation" nennen, eine eigene Regierung besitzen und mehr oder weniger ausschließlich die Vorteile ihres jeweiligen Volkes verfolgen. Fast alle streben die Insignien nationaler Souveränität an: eine eigene Ideologie, eine hochindustrialisierte Wirtschaft und die modernsten Vernichtungswaffen. Die Absonderung der Staaten nimmt auf diese Weise drohende Züge an, weil sie die Völker narzistisch und aggressiv werden läßt.

Die dritte Krise ist ökonomischer Art. Sie beruht darauf, daß eine große Zahl von Nationen in Asien, Südamerika oder Afrika nicht in der Lage ist, alle ihre Bewohner ausreichend und gleichmäßig zu versorgen. Es herrscht ein Mangel an produktiver Arbeit, an Nahrungsmitteln, an Wohnungen, Kleidung und anderen elementaren Gütern. Diejenigen Menschen, die sich nicht selbst helfen können, und das ist in der südlichen Hemisphäre die Mehrheit, sind zu frühzeitigem Tod oder jahrelangen Leiden durch Hunger und Krankheiten verurteilt. Die Zahl der Menschen und die ökonomischen Möglichkeiten stehen hier in einem noch wachsenden Mißverhältnis. Diese morbide Situation verschärft sich noch dadurch von Jahr zu Jahr, daß gerade in jenen nationalen Armenhäusern die relativ (und auch absolut) meisten Neugeborenen hinzukommen. Trotz geringer Lebenserwartung steigt die Bevölkerungszahl. Während Nationen wie die nordamerikanische oder die japanische, deren existentielle Not im großen und ganzen überwunden ist, nur so viele Menschen gebären wie sterben, übersteigt hier die Zahl der Geburten die der Todesfälle. Da die ökonomischen Barrieren zwischen den vermögenderen und den ärmeren Nationen bisher nicht zu überwinden waren und eine globale Clearingstelle fehlt, die für einen halbwegs gerechten Ausgleich sorgt, sind die Länder mit dem großem Wachstum (und ihre Städte) auf sich selbst zurückgeworfen. Eine Folge davon ist, daß ein Überdruck an Leid in ihnen entsteht, der sich eines Tages entladen muß. In welcher Form dies geschieht, ob in einem militärischen Verzweiflungsschlag oder in einer Völkerwanderung nie erlebter Dimension, ist offen. Wir wissen nur, daß diese soziale Not die individuellen psychischen Affekte bestimmter Nationen um einen weiteren Grad verschärft.

Auch diese Krise kann von den betroffenen Städten (beispielsweise Hongkong oder Kalkutta, Daressalam oder Sao Paulo) in keiner Weise, von den betroffenen Nationen nur teilweise und allenfalls durch eine mit der nötigen Autorität versehene internationale Organisation gelöst werden. Eine Entwicklungshilfe oder internationale Solidarität zwischen wohlhabenden und verelendeten Städten aber gibt es nicht und wird es nicht geben, weil Städte keine Politik mehr ohne ihre nationale Regierung betreiben können. Städte sind über die Landesgrenze hinweg und auch innerhalb ihres Landes nur so solidarisch, wie sie von den Regierungen dazu angehalten werden. Die unmittelbar betroffenen Städte aber müssen die Menschen aufnehmen, die in sie hineinströmen, selbst wenn sie es nicht wollen.

Die vierte globale Krise, die bis auf die Städte durchschlägt, folgt aus der Tatsache, daß die Menschen dabei sind, ihre ursprüngliche natürliche Umgebung aufzugeben und durch eine künstlich geschaffene zu ersetzen. Man kann diesen Vorgang mit verschiedenen Begriffen kennzeichnen, die jedesmal einen bestimmten Aspekt wiedergeben. Die Ausbeutung der natürlichen Ressourcen, die Flucht vom Land in die Stadt mit der allmählichen Versteinerung ganzer Kontinente oder der Verlust des ökologischen Gleichgewichts sind derartige Begriffe. Bisher konnten wir davon ausgehen, daß die körperliche Welt, in die wir hineingeboren werden, ex natura vorhanden war. Der Erdball war und ist überzogen von Wäldern und Meeren, von Bergen und Flüssen, von Feldern, kleinen Gewässern, Wüsten und Wiesen. Die Menschen hatten keinen Zweifel daran, daß dies ihre natürliche Umgebung für die Zeit ihres Lebens war, mochten sie auch kleinere oder größere Siedlungen in die Landschaft hineinstellen. Sie trafen die zum Leben notwendigen Elemente in dieser Landschaft an, ohne sich besonders darum bemühen zu müssen. An dieser Landschaft war nichts Wesentliches zu ändern, und es bestand auch kein Bedürfnis dafür, denn sie bot Wasser und Nahrung, Schutz und Schönheit für alle. Sie regenerierte sich immer wieder von selbst, und ihre Vorräte schienen unerschöpflich. Das Vorhandensein der natürlichen Umgebung war sozusagen eine der wichtigsten Konstanten im Leben der Menschheit. Sie war selbstverständlich, doch heute ist uns diese Selbstverständlichkeit verlorengegangen.

Wasser und Luft, Bodenschätze und unberührbare Natur sind durch uns verändert, ausgebeutet oder verschlechtert worden. Die Menschen verbrauchen den Erdball, von dem sie leben wollen. In der künstlich geschaffenen „Natur“ der Stadtregionen aus Beton und Stahl, elektronisch verdrahtet, mit besonderen Klimaverhältnissen, mit zahllosen Maschinen zum Ersatz natürlicher Funktionen und anderen künstlichen Verfremdungen ist nichts mehr selbstverständlich. Jedes noch so bescheidene Element muß unter großen Schwierigkeiten gehütet oder erst geschaffen werden. Das komplizierte System, mit dem sich die Natur im Gleichgewicht hielt, ist an verschiedenen Stellen gestört worden. Nachdem dies einmal passiert ist, kann man sich auf sein Funktionieren nicht mehr verlassen. Also sind die Menschen gezwungen, sich einer auf der Technik beruhenden „Natur" anzuvertrauen. Sie beginnen damit, sich, langfristig gesehen, an die Stelle der Schöpfung zu setzen und sie, mit anderen Elementen, noch einmal nachzuvollziehen. Wegen der globalen ökologischen Zusammenhänge ist dies eine Aufgabe, die ebenfalls wieder nur auf internationaler Ebene bewältig werden kann, sofern das überhaupt mit Erfolg möglich ist.

Die Städte spielen in diesem Sachverhalt die Rolle eines kleinen Störers, aber eines großen Gestörten. Sie tragen in gewisser Weise selbst zur Zerstörung der Natur bei, indem sie bei der Ausdehnung und der Vervollständigung ihrer bebauten Areale nicht besonders pfleglich mit der Landschaft umgehen. Doch man muß zu ihrer Rechtfertigung sagen, daß die Vergeudung von Boden, Wasser und reiner Luft letzten Endes international determiniert ist. Das Wachstum der Bevölkerung, der zivilisatorische Wohlstand in einigen Ländern, aber auch ökonomische und militärische Anforderungen setzen die entscheidenden Fakten. Ein Aluminiumwerk oder eine Papierfabrik kommen ohne Flußwasser nicht aus, und das bedeutet, daß sie es erwärmen und verschmutzen. Die zeitgenössische Gesellschaft ist ohne Autos, Schornsteine und andere luftverpestende Aggregate nicht denkbar. Niemand bezweifelt schließlich, daß die Erprobung neuer Waffensysteme, die auf der Kernspaltung beruhen, ebenfalls eine negative Veränderung der Luft und des Bodens in den unmittelbar betroffenen Erdteilen zur Folge hat. Wie jederman weiß, sind dies nur einige wenige aus einer Fülle aktueller Beispiele. Städte stehen diesen ungünstigen Entwicklungen, soweit sie davon betroffen werden, mehr oder weniger hilflos gegenüber. Die Stadtbewohner haben zu erdulden, was sie nur zu einem geringen Teil selbst verursacht haben. Sie können bestimmte lokale Mängel beheben, aber das ist eben nur möglich, soweit sie nicht Ausfluß größerer ökologischer Zusammenhänge sind.

Die fünfte Krise ergibt sich daraus, daß für die Kriege und kriegerischen Auseinandersetzungen, die aus der Furcht der Nationen oder von einzelnen voreinander geführt werden, heute ganz ungewöhnlich zerstörerische Waffen zur Verfügung stehen. Dies ist deshalb so bemerkenswert, weil die Menschen in ihrer Geschichte noch jede Waffe, die sie erfunden haben, auch angewandt haben. Nun kann man eine mittelalterliche Lanze, eine Kanone des 19. Jahrhunderts oder ein Maschinengewehr des Ersten Weltkrieges einsetzen, ohne daß deshalb gleich Völker ausgerottet werden oder gar die Menschheit in ihrer Existenz bedroht ist. Diese Einschränkung gilt nicht mehr, wenn die militärischen Instrumente aus dem Arsenal der ABC-Waffen geholt werden. Wird die zerstörerische Qualität dieser Waffen durch eine entsprechende Quantität unterstützt, wird also an verschiedenen Stellen des Erdballs zugleich atomar, biologisch oder chemisch angegriffen, ist es sehr wohl möglich, den Erdball allmählich unbewohnbar zu machen.

Es ist unbestritten, daß dieses Gespenst, wenn überhaupt, nur von einer Institution gebannt werden kann, die globale Kompetenzen besitzt. Auch im Hinblick auf diese Krise können Städte nur abwarten, daß es gelingt, sie zu bewältigen.

Es war schon die Rede davon, daß derartige Krisen undenkbar wären, wenn nicht die Menschen selbst angefangen hätten, ihre Umwelt in Besitz zu nehmen und zu verändern. Hier handelt es sich nicht um Naturkatastrophen von der Art, wie sie Erdbeben, Hurrikane oder Überschwemmungen darstellen, außerhalb des menschlichen Einflusses, sondern aus dem Bereich menschlicher Intelligenz und Tatkraft. Man ist jahrzehntelang der Verlockung gefolgt, fast alles, was technisch möglich geworden ist, auch zu realisieren. Die Nebenwirkungen wurden zu wenig beachtet oder falsch kalkuliert. Von wem sollten sie auch beachtet und kalkuliert werden?

Naturkatastrophen beenden sich von selbst und vermögen das Gleichgewicht der Natur, der sie entstammen, nicht zu erschüttern. Von Menschen bewirkte Katastrophen aber sind nur durch sie allein wieder aufzuheben, zumindest dann, wenn sie die Regenerationskraft der Natur übersteigen. Wenn wir uns dazu nicht entschließen können, dauern diese Katastrophen fort und vollenden sich.

Man darf diese Krisen nicht deshalb für politisch irrelevant halten, weil sie sich noch keiner der vorhandenen politischen Institutionen fest zuordnen lassen. Wir haben internationale Probleme, aber keine „Regierung", die bereit und in der Lage ist, an ihrer Lösung zu arbeiten. Alles ist im Fluß. Immerhin ist deutlich, daß die globalen Schwierigkeiten nach einer partiellen „Regierung über den Regierungen" verlangen, die auch mit entsprechender Exekutivgewalt versehen ist. Jedermann klagt über die großen Krisen unserer Zeit, aber nur sehr wenige Leute wollen erkennen, daß diese Krisen nur mit ungewöhnlichen Mitteln in den Griff zu bekommen sind.

Was sich aus den Krisen an politischen Notwendigkeiten ergibt, ist also weder bei den Städten noch bei den Nationen wirklich gut aufgehoben. Man kann das unterste Geschoß und das mittlere Geschoß des politischen Weltgebäudes nur auffordern, so viele Opfer und Verzichte wie irgend möglich zu bringen und vom eigenen Einfluß abzugeben, um einer globalen Regierung die erforderliche Substanz an politischer Macht zuzuspielen.

Die Funktionen nationaler Regierungen

Solange es kein umfassendes oder partielles „global government" gibt, bleibt es dabei, daß die Nationen nach wie vor die tonangebenden Akteure im System der Weltpolitik sind. Sie schaffen zwar selbst eine Krise, eben die des Nationalismus, die wir oben beschrieben haben. Aber ohne die Nationen oder zumindest ohne die einflußreichsten unter ihnen ist keine Weltregierung und auch keine Überwindung des Nationalismus möglich. Dieser komplizierte Zusammenhang beeinflußt das Elend der gegenwärtigen Politik, unter der auch die Städte zu leiden haben, mehr als alles andere.

Hiervon abgesehen, erfüllen die Nationen bestimmte lebensnotwendige Funktionen, die von einem „global government" oder von den Städten aus verschiedenen

Gründen kaum übernommen werden könnten. Sie zu erkennen, ist für uns wichtig, um die eigentlichen Aufgaben der Städte klarer zu sehen. Was Staaten tun, müssen Städte hinnehmen. Wir dürfen hier vernachlässigen, daß ein großer Teil der staatlichen Aktivität und Vitalität auf dem Ehrgeiz der Politiker beruht, die sich um die Machtpositionen im Staat bemühen. Dieser sozusagen subjektive Bereich der staatlichen Existenz, seine Machtkämpfe, Intrigen oder seine Korruptheit, interessiert uns hier nicht. Wir wollen auch nicht beschreiben, worin staatliche Macht genau besteht, wer über sie verfügt oder wie man sie mißbrauchen kann. Uns geht es darum, daß der Staat selbst dort noch, wo seine Politiker vor allem von egozentrischen Motiven bewegt werden, nützliche Funktionen für seine Bewohner erfüllt. Wäre es nicht so, hätte er vermutlich zu existieren aufgehört.

Die Art dieser Funktionen aber läßt nicht zu, sie einer anderen politischen Organisation als eben dem Staat zu übertragen. Sie sind kleinräumiger nicht mehr und global noch nicht zu bewältigen, so daß die Konkurrenz der Städte einerseits und einer Weltregierung oder vorausgehender Institutionen andererseits nicht zum Zuge kommt. Dies braucht nicht unbedingt immer so zu bleiben, und wahrscheinlich leben wir in einer Zeit, in der immer mehr politische Entscheidungen in immer einflußreichere Zentralen wandern. Doch zeichnet sich noch nirgendwo ab, daß der Staat als politische Organisationseinheit absterben wird. Der Staat ist und bleibt also ein Gefäß, das bestimmte Möglichkeiten der Bewältigung gesellschaftlicher Probleme in sich aufzunehmen vermag. Das, was sie von den Problemen internationaler oder lokaler Art unterscheidet, ist ihre besondere räumliche Dimension. Vielleicht sollte man besser sagen, daß die Lösung der Probleme an bestimmte räumliche Dimensionen gebunden ist. Wenn wir uns jetzt fragen, welche Probleme der menschlichen Existenz hierher gehören, müssen wir diesen räumlichen Aspekt ständig im Auge behalten.

Was die Funktion der etwa hundertfünfzig Staaten im System der Weltpolitik angeht, so könnte man es sich leicht machen und die staatlichen Aufgaben mit dem gleichsetzen, was die Regierungen in aller Welt in ihren Ministerien betreiben. Im Gegensatz zu dem noch fehlenden politischen Instrumentarium zur Lösung der Weltprobleme gibt es bereits seit Jahrhunderten gut funktionierende nationale Machtapparate. Es gibt überall Innenministerien und Außenministerien, Verteidigungsministerien und Wirtschaftsministerien, Finanzministerien und Landwirtschaftsministerien, Ministerien für den Verkehr und für Bildung und Kultur, um die wichtigsten zu nennen. Also, so könnte man folgern, brauchen wir staatliche Politik, um die Gesellschaft im Innern nach bestimmten Kriterien der Sicherheit und Zweckmäßigkeit zu ordnen, sie in der Beziehung zu anderen Staaten zu verteidigen oder sich selbst in eine günstigere Position zu bringen, um Industrie und Handel zu fördern, um die Produktion der Nahrungsmittel zu steuern und zu überwachen, Transportprobleme zu lösen und den Intelligenzgrad sowie den Wissenstand der Staatsangehörigen zu verbessern. Das ist natürlich alles richtig, aber es sagt noch nicht, ob und warum diese Angelegenheiten (oder die mit ihnen angedeuteten Sachverhalte) von den Politikern und Verwaltern der Staaten erledigt werden müssen. Man könnte beispielsweise mit guten Gründen die Auffassung vertreten, daß der nationale Straßenbau allein von den Städten oder Gemeinden in Absprache mit den Nachbarstädten erledigt werden soll. Auch damit würde das ganze Staatsgebiet erfaßt. Das gleiche könnte für Fragen der Wirtschaft oder der Landwirtschaft gelten, soweit sie nicht ohnehin über den nationalen Rahmen hinausgewachsen sind. Andererseits werden in den Staaten politische Angelegenheiten erledigt, für die es keine Ministerien gibt. Ich denke beispielsweise an Fragen der Religion oder Ideologie, derer sich mit dem Staat identische oder doch von ihm unterstützte Kirchen im weitesten Sinn annehmen, an die Aktivität von Berufsverbänden oder an den tiefreichenden Einfluß von Vereinen, die sich Parteien nennen.

Warum also spielt die staatliche Ebene im System der Weltpolitik eine so bedeutungsvolle und hartnäckige Rolle? Welcher Art sind die Probleme, von denen die Menschen meinen, daß man sie nur staatlichen Regierungen anvertrauen kann? Weshalb verlieren die Städte dauernd an Einfluß und Kompetenzen, während die Staaten immer noch dazugewinnen? Da die Menschen sich durchaus nicht allein an rationalen Gründen orientieren und ohnehin die Verherrlichung der Nationen nur teilweise vernünftig erscheint, muß es wichtige irrationale Gründe für dieses Verhalten geben. Der Staat als solcher wird überall akzeptiert, gleichgültig, ob er sich demokratisch gibt oder diktatorisch, ob er seine Kriege gewinnt oder verliert.

Wenn man diese Überlegung weiterverfolgt, dann wird man feststellen, daß die Staaten eine bestimmte Vorstellung von der Notwendigkeit einer politischen Struktur oder Gestalt in der menschlichen Gesellschaft repräsentieren. Sie war vor Jahrhunderten einmal mit den Städten gleichgesetzt worden. Die Zeit ist offensichtlich noch nicht reif dafür, sie auf eine Weltregierung zu übertragen, so daß sie sich weiterhin mit dem Staat verbindet. Während vorher von Krisen und Schwierigkeiten die Rede war, die von historischer Aktualität sind, geht es hier um Probleme, die von zeitloser Aktualität sind. Man muß im Hintergrund der Politik die latent vorhandenen von den aktuellen Sorgen unterscheiden. Im Gegensatz zu den letzteren, die auf den zeitgenössischen Schrecken wie den ABC-Waffen, der Überbevölkerung, der Überforderung des „Gemüts" durch die technischen Errungenschaften des Verstandes und dem Nationalismus beruhen, gehen die ersteren auf bestimmte Bedürfnisse und Eigenschaften des menschlichen Charakters zurück, die zu allen Zeiten wieder aufgetreten sind. Jedermann kann sie an sich selbst beobachten und nachvollziehen. Da öffentliche Politik dann am durchschlagendsten ist, wenn sie sich „privat" motivieren läßt, kommt dem Folgenden eine große Bedeutung für die Abgrenzung der drei politischen Ebenen zu.

Wer sich das politische Leben in den Staaten ansieht, wird bemerken, daß sich überall, und zwar nach den gleichen Spielregeln, Regierende und Regierte gegenüberstehen. Innerhalb eines jedes Landes, das sich zu einem Staatswesen hochorganisiert hat, befindet sich eine in sich geschlossene Gesellschaft. Man könnte sie die Allgemeine Gesellschaft nennen, um ihr einen Namen zu geben. In ihr wiederum gibt es eine Gruppe, von der die Politik des Staates bestimmt wird, innerhalb und außerhalb der Regierung, und die man deshalb als Politische Gesellschaft bezeichnen könnte. Sie besteht aus einigen hundert Personen. Zu ihren Mitgliedern zählen unzweifelhaft die Regierung und der Regierungschef, das jeweilige Parlament mit seinen führenden Parteipolitikern und andere Institutionen der Verfassung. Zu ihnen rechnen aber auch solche Personen und Organisationen, die man gemeinhin nicht als Politiker oder politische Einrichtungen ansieht, die aber gelegentlich viel größeren Einfluß auf uns haben als ein Minister oder das Vorstandsmitglied einer Partei. Ich denke dabei an das Militär und seine Führungskräfte, die zumindest an und in Kriegen einen Teil der Verantwortung tragen und über das Schicksal zahlloser Menschen entscheiden. Dazu gehören die Inhaber oder Manager großer Wirtschaftsunternehmen, deren Einfluß oft rund um den Erdball reicht und die mit darüber zu befinden haben, was Milliarden Menschen zu arbeiten, zu verdienen, zu kaufen und zu verbrauchen haben. Eine andere Gruppe bilden die Funktionäre der großen Verbände, seien es die der Gewerkschaften oder die der Bauern, die mit ihren Entschlüssen auf das Leben aller möglichen Menschen Einfluß nehmen können. Schließlich gehören auch die Vertreter der offiziellen Kirchen oder Weltanschauungen zur Politischen Gesellschaft, weil sie, vereinfacht ausgedrückt, der Regierung sozusagen die ideologische Rechtfertigung für ihr Dasein und ihre Politik liefern.

Die Mitglieder dieser Politischen Gesellschaft unterscheidet von den anderen Menschen die Tatsache, daß sie über politische Macht verfügen. Sie können ihre Zeitgenossen mehr oder weniger erfolgreich veranlassen zu tun, was sie von ihnen verlangen. Sie sind damit Inhaber jener kostbaren Möglichkeit und zugleich Ausdruck jener wirkungsvollen Mechanik, die wenigen gestattet, über Leben und Tod und über die Daseinsbedingungen aller anderen zu entscheiden. Daneben aber ist die Politische Gesellschaft das Erscheinungsbild für etwas anderes, das sozusagen hinter ihr steht und ihr Bestand, Zusammenhalt verleiht. Dort im Schatten ist etwas vorhanden, das seinen sinnlichen Ausdruck und seinen körperlichen Auftritt zwar in den staatlichen Politikern findet, das aber anscheinend vor ihnen und ohne sie existiert. Wir können diese abstrakte Kraft als eine bestimmte Vorstellung davon definieren, wie die politische Macht in der Gesellschaft der Menschen eines Landes geordnet und verteilt werden soll. Diese Vorstellung ist etwas, was in gewisser Weise in den Köpfen aller Menschen vorhanden ist. Dabei müssen wir offenlassen, ob es ein Bild aus der Vorzeit menschlichen Handelns ist oder ob es immer nur übernimmt, was in der politischen Wirklichkeit praktiziert wird. In beiden Fällen ist es dauerhaft und anscheinend nicht aus der Welt zu schaffen.

In dieser Politischen Gesellschaft scheint sich eine vorgegebene oder, wenn man will, natürliche Struktur der politischen Erwartungen widerzuspiegeln. Nur dem staatlichen Regiment traut man anscheinend zu, die Existenz des einzelnen Menschen sichern zu können. Der Staat vor allem scheint in der Lage zu sein, die Furcht vor körperlicher Vernichtung, vor Armut und Obdachlosigkeit, vor Rechtlosigkeit, sozialer Abhängigkeit sowie vor bestimmten metaphysischen Leiden zu nehmen. In ihm sehen die Menschen ihr eigentliches politisches Gegenüber, weil sie, wenn überhaupt, heute von ihm angeboten bekommen, wonach ihnen verlangt.

Es kommt darauf an zu zeigen, daß die Vorstellung der Menschen von der Gestaltung der politischen Welt und damit von den Aufgaben der Politiker sich zur Zeit immer noch mit dem Staat verbindet. Zu Zeiten Niccolo Macchiavellis galten die Stadt und ihre politische Führung als der Adressat solcher Wünsche und Hoffnungen, wenn auch in einem reduzierten Maß. Die ökonomische Abhängigkeit des einzelnen von einer nationalen oder internationalen Volkswirtschaft beispielsweise war damals erheblich geringer ausgebildet, so daß die Stadtregierung auch nur bedingt das Ziel von Forderungen war, sich um den Lebensunterhalt der Stadtbewohner zu kümmern. Heute gibt es keine Stadt mehr, die den Rang einer politischen Interessenvertretung von der Art hat, die wir eben beschrieben haben. Die Menschen wollen regiert werden, aber sie wollen weder in erster Linie von ihren Städten noch von den noch nicht gefestigten internationalen Organisationen regiert werden. Als ihre Regierung akzeptieren sie zur Zeit allein die Politiker in den Spitzenfunktionen ihres Landes. Sie erwarten, daß ihre Bedürfnisse von dieser staatlichen Regierung noch am ehesten erfüllt werden und erfüllt werden können. Wie die Dinge liegen, werden sie an dieser Vorstellung so lange festhalten, bis sich über den hundertfünfzig Regierungen des Erdballs für viele oder doch zumindest für einige der genannten Funktionen eine Weltregierung ganz oder partiell gebildet hat.

Zu dieser eher funktionalen Komponente im Außenverhältnis, zu den anderen Staaten, tritt im Innenverhältnis, zu den Städten, eine aktuelle *räumliche* Komponente. Gerade die Tatsache, daß man politische Aufgaben großräumig lösen kann, übt eine beträchtliche Anziehungskraft auf jene Aufgaben aus, die noch kleinräumig gelöst werden. Es hat, mit anderen Worten, allgemeine Vorteile, bestimmte Angelegenheiten nicht mehr durch Städte, sondern durch den Staat erledigen zu lassen. Diese Vorteile bestehen beispielsweise darin, daß das Verlangen der Staatsbürger nach möglichst weitgehender Gleichbehandlung auf diese Weise stärker berücksichtigt werden kann.

Nehmen wir das Geld: Städte sind unterschiedlich gut finanziell ausgestattet, und die eine Stadt kann aus ihrem Etat bezahlen, was der anderen Stadt unbezahlbar ist und vielleicht auch bleiben wird. In diesen Fällen werden die Bewohner der benachteiligten Stadt begrüßen, wenn der Staat mit Hilfe seiner ungleich stärkeren Potenz dafür sorgt, daß das Niveau der Städte in dem fraglichen Punkt dem der bessergestellten angepaßt und die Bewohner einigermaßen gleich versorgt werden. Ein ähnlicher Vorteil liegt darin, daß der Staat als eine den Städten übergeordnete Institution sich als Clearingstelle zum Ausgleich von Überschüssen hier und Mangelerscheinungen dort anbietet. Es gibt Städte wie Stockholm oder Santiago, in denen fast alle bauliche Aktivität in der Errichtung neuer Anlagen besteht. Es gibt aber auch Städte wie Regensburg oder Venedig, die gezwungen sind, nicht neu zu bauen, sondern vor allem ihre vorhandenen Bauten zu modernisieren und zu sanieren. Es ist bekannt, daß die Erhaltung oder der Wiederaufbau alter Gebäude oft erheblich kostspieliger ist als die Anlage neuer Gebäude, und meistens ist die sanierungsbedürftige auch noch eine besonders arme Stadt. Da Städte weder in der Lage noch willens sind, nach Maßstäben der Gerechtigkeit ihre Geldmittel und ihre Leistungsfähigkeit untereinander auszutauschen, kann nur eine übergeordnete Stelle weiterhelfen. Sie hat die Möglichkeit, Mittel nach Gesichtspunkten der Zweckmäßigkeit zu verteilen und den Zufall, der bei der Finanzausstattung einer Stadt einerseits und der Fülle und dem Schwierigkeitsgrad seiner kommunalen Aufgaben andererseits eine große Rolle spielt, zu überwinden. Was wir hier im Verhältnis des Staates zu den Städten oder des größeren Raumes gegegenüber dem kleineren Raum sagen, ist eine Feststellung, die natürlich für alle möglichen Lebensbereiche gilt. Eine größere Einheit ist kleineren Einheiten in einigen wichtigen Beziehungen überlegen, nicht in allen. Aber in den Beziehungen, in denen sie Überlegenheit besitzt, wird sie sich im Zweifelsfall auf Kosten der kleineren Einheit durchsetzen.

Ein anderer Vorteil der Aufgabenwahrnehmung durch den Staat im Vergleich zu der durch Städte besteht in der Möglichkeit der Rationalisierung oder im intelligenteren Einsatz der Mittel. In vielen Bereichen fehlt der einzelnen Stadt der Überblick, um ihr Verhalten richtig kalkulieren und wissen zu können, ob eine Aktivität sinnvoll sein kann oder nicht. Eine Stadt zum Beispiel, die Wohnungen bauen will, macht sich nur sehr unvollkommen Gedanken darüber, wie viele Wohnungen ihre Nachbarstädte errichten werden. Sie bemißt ihr Programm am Bedarf ihrer eigenen Einwohnerschaft, und sie bedient sich dazu eigener Bevölkerungsprognosen. In dieser Prognose werden sich auch nur bedingt Erkenntnisse über die komplizierten Zusammenhänge zwischen dem Angebot an Wohnungen, dem Angebot an Arbeitsplätzen und der Bevölkerungsbewegung in einem Staat wiederfinden. So bleibt es nicht aus, daß die eine Stadt eines Tages feststellen muß, zu viele, und die andere Stadt, zu wenig Wohnungen errichtet zu haben. Eine gewisse Steuerung durch den Staat hätte sicher nicht alle, aber vermutlich die gröbsten Fehlkalkulationen verhindert.

Was in diesem Kapitel bis hierher in groben Zügen gezeichnet worden ist, wird durch die Praxis des politischen Lebens natürlich verfeinert. Ich möchte an einem Beispiel zeigen, was sich aus dem Verlangen der Menschen nach dem Schutz des Lebens und der Gesundheit an politischer Aktivität tatsächlich entwickelt. Wir waren uns darüber im klaren, daß dieses Verlangen letzten Endes nur von globalen Institutionen erfüllt werden kann, soweit es auf die Bedrohung durch die modernen Vernichtungswaffen oder auf die gestörte Ökologie zurückgeht. Alles, was in der Gefährlichkeit für die Massen unter dieser Schwelle liegt und nicht den Bestand der Gattung Mensch antastet, ist den Staaten als Aufgabe verblieben. Sie kommen ihr auf die Weise nach, daß sie Armeen zur Abwehr potentieller Angreifer unterhalten, daß sie die gefährlichen Krankheiten und Seuchen und ihre Behandlung durch ein Netz von Medizinalbehörden kontrollieren, daß sie vorbeugende Maßnahmen unterstützen wie den Sport oder die Sozialhilfe für Kinder, alte Menschen und Behinderte. Dies sind sehr ungleiche Dinge, gleichwohl aber alles Maßnahmen, die den Schutz des einzelnen und seine körperliche Gesundheit zum vordringlichen Ziel haben.

Wir wollen nicht über die Effektivität dieser staatlichen Vorsorge diskutieren und beispielsweise fragen, ob eine militärische Organisation kriegerische Auseinandersetzungen und damit die Erhaltung der leiblichen Existenz eher erschwert oder erleichtert. Uns interessiert an dieser Stelle, daß der Staat, wenn er seine Leistungen verbessern will, immer tiefer in die Fläche des Landes hineingehen muß. Krankheiten können nicht alle ambulant, einige können nur stationär behandelt werden. Also gehört es zu einer ernstgemeinten Gesundheitsfürsorge, Krankenhäuser zu errichten und zu unterhalten. Sie sollten gleichmäßig über das Land verteilt sein, um für alle Menschen erreichbar zu sein. In den Stadtregionen haben es die Kinder immer schwerer zu spielen, weil ihre natürlichen Spielplätze von Verkehrsanlagen oder Gebäuden aller Art in Anspruch genommen werden. Wenn man ihr Bedürfnis nach Spiel und Entfaltung ernst nimmt, muß man ihnen innerhalb der Städte Spielflächen künstlich schaffen. Spielplatzgesetze ermöglichen, in vorhandenen Siedlungen Platz für kindliche Spiele freizumachen und in neuen Siedlungen von vornherein Räume einzuplanen und anzulegen. Der Staat greift in diesen beiden Fällen der Sorge für Kranke und für Kinder in die Sozialverwaltung der Stadt und in den Städtebau ein. Indem der Staat seine Funktionen konsequent erfüllt, zieht er neue Kompetenzen an sich und nimmt den Städten einige ihrer Funktionen. Den Stadtbewohnern ist es vermutlich gleichgültig, welche Institution aktiv wird, wenn sich nur ihre Hoffnungen auf Schutz vor körperlicher Gefährdung und entsprechende Sicherheit erfüllen.

Wir haben uns inzwischen aus jenem staatlichen Aufgabenbereich, von dem wir gesagt haben, daß er auf irrationalen Motiven beruht, in jenen Bereich begeben, für den es vernünftige Gründe gibt. Auch er läßt sich allerdings bei genauem Hinsehen aus den ursprünglichen, auf dem „öffentlichen" Teil der Lebensangst beruhenden Forderungen der Menschen ableiten. Gleichgültig, auf welches Feld staatlicher Tätigkeit wir blicken, überall begegnet uns heute eine Fülle von Aktivitäten und Planungen. Wirtschaftspolitik und Landwirtschaftspolitik, Verkehrspolitik und Bildungspolitik, Raumordnung und die allgemeine Ordnungspolitik werden vielfältiger und differenzierter. Sie erreichen das letzte Dorf und überziehen die Staaten mit einem Netz von Behörden, die zu realisieren haben, was die zentrale Regierung beschlossen hat. Die Städte sind hier in die Rolle eines Vollzugsgehilfen verwiesen.

Die neue Rolle der Städte

Wenn die Staaten ihre Kompetenzen so konsequent weiterentwickeln, wie sie das teilweise schon getan haben, dann liegt es nahe, daß sie auch die untere politische Ebene der Städte und Gemeinden nach Gesichtspunkten der nationalen Politik räumlich neu aufteilen. In der Tat hat zum Beispiel die Bundesrepublik Deutschland damit begonnen, ihr Staatsgebiet in achtunddreißig Regionen aufzugliedern, deren genaue Grenzen aus der staatlichen und nicht der städtischen Perspektive festgelegt werden sollen. Die Stadtregion mit beispielsweise zwei Millionen Einwohnern besitzt dabei nicht ohne weiteres ein größeres Gewicht als das flache Land, auf dem die Zahl der Kühe, Hühner und Schweine die der Menschen eindeutig übersteigen mag. Die große Stadt wird auf diese Weise zu einer Zelle im Staat, die sich von benachbarten Zellen nur noch dadurch unterscheidet, daß sich zufällig besonders viele Menschen in ihr aufhalten. Auch dies ist ein Faktum, das in den vorigen Abschnitt gehört und das deutlich macht, wie stark die Notwendigkeit empfunden wird, die Konstruktion der nationalen Administration immer rationeller zu gestalten.

Es gibt hierzu noch keine endgültige Lösung, alles ist im Fluß, und die Verhältnisse in den hundertfünfzig Staaten sind natürlich sehr unterschiedlich. Aber die Tendenz ist eindeutig. Sie läuft darauf hinaus, die politische Welt auf die Weise in den Griff zu bekommen, daß sie nicht mehr wie früher von unten nach oben, sondern von oben nach unten gestaltet wird. Wenn wir daran denken, welcher Gefährdung sich die Menschen durch die beschriebenen globalen Krisen gegenübersehen, dann muß man zugeben, daß wir keine andere Wahl haben. Dann muß auch, nach Martin Neuffer, „die städtische Planung in die nationale und die internationale Entwicklungsplanung einbezogen sein[37].“ Was aber bleibt in diesem System der Weltpolitik, das sich schemenhaft abzeichnet und dessen Prozeß des Werdens wir mit Spannung verfolgen, für die großen Städte übrig? Werden sie schlichte untere Verwaltungseinheiten des Staates, oder behalten sie Funktionen, von denen sich mit gutem Recht sagen läßt, daß sie politisches Gewicht haben? Brauchen wir den politischen und administrativen Apparat der Städte noch, oder wird der städtische Parlamentarismus zu einer Farce, weil er nichts von Belang mehr zu entscheiden hat?

Eine Chance der Städte liegt darin, daß auf lange Sicht zwischen den drei „Geschossen“ der Weltpolitik so etwas wie eine politische Arbeitsteilung praktiziert wird. Wir haben davon schon in der Einleitung gesprochen. Die vorhandenen oder noch zu bildenden internationalen Institutionen haben alle Hände voll damit zu tun zu verhindern, daß aus den geschilderten Krisen irreparable Katastrophen für uns alle werden. Die Staaten behalten vorerst die Eigenschaft, solange sich keine überstaatliche Institution abzeichnet, die eigentlichen Regierungseinrichtungen der menschlichen Gesellschaft zu sein. Sie genießen das Vertrauen der Menschen, leider auch bis zu jenem gefährlichen Punkt, wo dieses Vertrauen die Politiker zu Maßnahmen veranlaßt, die der eigenen Nation schweren Schaden zufügen können. Sie perfektionieren sich, indem sie ihre Kompetenzen nach unten ausdehnen. Sie sind allerdings nicht an Funktionen interessiert, deren Erledigung durch den Staat keine Vorteile für irgend jemand bringt, auch nicht an jenen Funktionen, die allein lokale Bedeutung haben. Man kann sagen: Was den Staat nicht weiter interessiert oder was einer Vorliebe der jeweiligen örtlichen Gemeinschaft entspringt, wird auch in Zukunft in der Verfügungsgewalt der Städte bleiben.

Wenn wir überlegen, welche öffentlichen Aufgaben im Zusammenhang mit der internationalen und der nationalen Politik noch nicht erwähnt worden sind, dann ist das nicht besonders viel. Wir sollten wieder auf unsere Methode zurückgreifen, die Bedürfnisse und Erwartungen des einzelnen Stadtbewohners zur Grundlage der Darstellung zu machen. Dies hat auch den Vorteil, daß jeder Leser den weiteren Gedankengang sozusagen an sich selbst nachvollziehen kann. Was man an Millionen von Menschen darstellen oder nachweisen kann, muß man im Prinzip auch an einem einzigen Menschen zeigen und beweisen können. Die Menschheit oder, um mit einem überschaubaren Begriff zu arbeiten, die Bevölkerung eines Landes ist nichts anderes als eine Summe von einzelnen, bei denen, jedenfalls im Bereich der öffentlichen Politik, die Gemeinsamkeiten überwiegen.

Man kann die Frage nach den städtischen Funktionen, soweit sie den Bewohnern unmittelbar zugute kommen, am besten anhand der Haushaltspläne der Städte beantworten. Sie enthalten eine zuverlässige Liste der Dinge, die in und von den Städten geleistet werden. Zwar ist diese Liste nicht vollständig, weil immer wieder neue Aufgaben hinzukommen (und alte sich erledigen), doch sie ist immer noch der beste

Spiegel kommunaler Wünsche und Erwartungen, den wir haben. Das gleiche gilt übrigens von den Staaten und ihren Budgets, nur daß wir dort nicht mit der Detailliertheit vorzugehen brauchen, die bei den Städten erforderlich ist. Wenn man vom Stoff des städtischen Haushalts das abzieht, was im Auftrag des Staates oder mit seiner überwiegenden Finanzierung durchgeführt wird, dann bleibt ein Bodensatz von ausgesprochen kommunal inspirierten Dienstleistungen. Aus ihm lassen sich einige Schlußfolgerungen ziehen, wenn man den folgenden Vorbehalt berücksichtigt: Der städtische Service und die städtischen Bauleistungen von heute werden nicht uneingeschränkt auch der Service und die Bauten von morgen sein. Außerdem bestehen zwischen den Städten verschiedener Nationen erhebliche Unterschiede, die sich aus dem unterschiedlichen Entwicklungsstand ergeben. In den unterentwickelten Regionen der südlichen Erdhalbkugel sind Einrichtungen wie die Kanalisation oder ein Wasseranschluß für jedes Haus noch lange nicht überall erreicht. Demgegenüber hat man in den Städten manchen wohlhabenden europäischen Landes diese elementaren Dinge schon vor fünfzig Jahren oder noch früher geschaffen. Wir müssen also sehen, daß manche Stadt aufgrund ihrer Zugehörigkeit zu einem bestimmten Land bereits den siebten Entwicklungsschritt getan hat, wenn wir eine Skala zugrunde legen wollen, während eine Stadt zehntausend Kilometer entfernt erst die zweite Entwicklungsstufe erreicht hat. Aber selbst diese Tatsache beeinflußt unsere Erkenntnis nur am Rande, weil auch in den am höchsten entwickelten Städten mit jährlicher Regelmäßigkeit alles das wiederkehrt, was auch die noch unentwickelte Stadt beschäftigt: etwa die Beseitigung des Mülls oder die Beleuchtung der Straßen. Was beide unterscheidet, ist der unterschiedliche Anteil dieser elementaren Aufgaben an den Ausgaben des Haushalts.

Mit diesen geringfügigen Einschränkungen sind die Finanzbücher speziell der entwickelten Städte also durchaus in der Lage, Aufschluß über die den Städten insgesamt verbleibenden Aufgaben zu geben. Wenn man sie studiert, wird man eine Reihe von Aufgaben finden, für die typisch ist, daß sie ohne politischen „Glanz" sind und eher zu den Routineangelegenheiten gehören. Um sie zu ordnen, sollte man die städtischen Funktionen in Dienstleistungen und in die Verwirklichung von Bauvorhaben und ihren Betrieb aufteilen. Sehr vieles von dem, was die Städte unternehmen, schlägt sich in baulichen Anlagen unter und über der Erde nieder. Es ist das, was als erstes ins Auge fällt. Aber nicht weniger wichtig und teilweise bedeutsamer ist das Verhalten eines Bataillons von Mitarbeitern, die sozialrelevante Arbeiten verrichten. Es reicht vom Straßenkehrer bis zum Professor der Statistik, vom Bademeister bis zum Spezialisten für Geriatrie. Meistens wird dies nur von denen bemerkt, die unmittelbar von diesem Angebot profitieren.

Beiden Aufgabengruppen, den Dienstleistungen und der Errichtung von baulichen Anlagen, ist gemeinsam, daß sie im allgemeinen keinen finanziellen Gewinn abzuwerfen vermögen und deshalb auch nicht das Ziel privater Unternehmer sind. In manchen Dingen, beispielsweise beim öffentlichen Nahverkehr (Betrieb von Schnellbahnen), bei den Theatern oder Bädern, war das vor einigen Jahrzehnten einmal anders. Hier haben für einige Zeit privat geführte Gesellschaften sich dieser Aufgaben angenommen, so lange jedenfalls, bis sie finanziell uninteressant wurden.

Auch heute kann es gute Gründe dafür geben, bestimmte Angelegenheiten von Privaten übernehmen zu lassen. Doch müßte man ihnen jene Subventionen zukommen lassen, die sich die Stadt selbst bewilligt, wie dies beispielsweise bei einigen sozialen Angelegenheiten geschieht. Vereine oder Kirchen erhalten Zuschüsse zum Betrieb von Kindertagesstätten oder Alteneinrichtungen. Dieser Bemerkung kommt deshalb eine besondere Bedeutung zu, weil alles, was Gegenstand der großen und der kleinen Politik ist, dies unter anderem nur deshalb ist, weil die Gesellschaft sich hier nicht auf die Bemühungen Privater verlassen kann.

Zu den städtischen Dienstleistungen zählen hauptsächlich der Service in der Stadtplanung, in der Versorgung mit Energie und Wasser und der „Entsorgung", in den sozialen und kulturellen Angelegenheiten. In den Organisationsplänen der Städte kommt dies dadurch zum Ausdruck, daß sie bestimmte Dezernate oder Ämter zur Erledigung dieser Aufgaben eingerichtet haben und sie mit Personal und Sachen ausstatten und bezahlen. Stadtplanung, Versorgung mit Energie und Wasser, Transportleistungen und „Entsorgung" durch Müllabfuhr und Entwässerung, soziale Dienste und Kultur bezeichnen Funktionen, die den Staat nur ausnahmsweise interessieren. In ihnen ist zwar überall ein Stück Staat vorhanden in Form von Gesetzen, Subventionen oder personellen Beteiligungen. Doch im Grunde schließt sich der Staat hier nur einer Sache an, deren Initiative und überwiegende Federführung nach wie vor bei den Städten liegt. So wird beispielsweise die Stadtplanung von der staatlichen Raumordnung beeinflußt, der soziale Bereich von staatlichen Dotationen, an die Auflagen gebunden sind, der kulturelle Bereich durch die Beteiligung an Gesellschaften, die Theater tragen. Aber der Staat ist hier sozusagen der sekundäre Aktivist, und ohne die primäre Aktivität der Städte würde vermutlich wenig geschehen. Wenn sich dies ändert, dann vermutlich am ehesten bei der Versorgung mit Energie (Elektrizität, Gas und Fernwärme).

Unsere Feststellung, daß Städte für die vertikale und horizontale Planung ihres Stadtgebietes tätig sind, bezieht sich heute nur noch auf die kleinräumige Struktur. Dies besagt nichts über ihre Wichtigkeit für das Leben der Stadtbewohner. Der Raster der Durchgangsstraßen und der Schienenbahnen sowie die grobe Aufteilung der Flächen in Wohngebiete, Gewerbegebiete, Grünflächen oder Verkehr geht allmählich an den Staat über. Die Städte sind an den entsprechenden Festlegungen beteiligt, aber sie haben nicht mehr das letzte Wort. Der Staat ist durch das technische und kulturelle Zusammenwachsen der verstädterten und der landschaftlichen Regionen gezwungen, die Städte nicht nur als einen in sich ruhenden Pol, sondern auch als einen Durchgangspunkt super-städtischer Kommunikationen zu sehen. Deshalb interessiert er sich dafür, der städtischen Planung bestimmte Vorgaben zu machen.

Aber innerhalb dieses groben Rasters, den man in den Raumordnungsplänen wiederfindet und der im übrigen auch nur die Fläche betrifft, nicht jedoch in die dritte Dimension reicht, können sich die Städte frei bewegen. Hier fällt ihnen nach wie vor die Aufgabe zu, die Gebäude, Stadtstraßen, Brücken, Parks, Flußläufe und anderes Zubehör in sinnvoller Weise einander zuzuordnen. Hier müssen sie sich dazu äußern, welche Nutzung die Grundstücke haben sollen, welches Volumen den Bauwerken zugestanden werden kann und wie aus den puzzleartigen Teilen der

Stadt ein zusammenpassendes und möglichst schönes Gefüge werden soll. Zur Stadtplanung, die sich in Flächennutzungs- und Bebauungsplänen niederschlägt, gehören der Städtebau und die städtische Grundstückspolitik. Ob die Städte mit dieser Aufgabe erfolgreich sein werden, hängt von der Qualität der gültigen Gesetze, von der Einsicht der Stadtverwaltung und von den Fähigkeiten der Stadtplaner ab.

Als zweite Dienstleistungsfunktion der Städte hatten wir die sozialen Angelegenheiten genannt. Man konzentriert sich darauf, die Lebensbedingungen besonders hilfsbedürftiger Gruppen in der Stadt zu verbessern in einer Weise, die auf ihre besonderen Bedürfnisse Rücksicht nimmt. Die Stadtbewohner, die hiervon vor allem erfaßt werden, sind übriges ziemlich genau mit jenen Gruppen identisch, die kein eigenes Auto fahren. Es sind Kinder, Jugendliche, kranke, behinderte und gebrechliche Menschen, schlicht die Armen und die Alten. Für die Stadtplanung verfügen die Städte über Stadtplanungs-, Grundstücks-, Stadtforschungs- und Stadtentwicklungsstellen. Schon die Bezeichnung gibt einen Hinweis auf die Aufgabe. Das gleiche gilt für die sozialen Angelegenheiten, die von Jugend-, Sozial- und Gesundheitsbehörden wahrgenommen werden. Ihr Instrumentarium, das sich im Laufe der Jahrzehnte immer mehr verfeinert hat, besteht aus einer Fülle von Leistungen, von denen nur einige wenige erwähnt werden sollen: der Betrieb von Jugendzentren und Freizeitheimen, von Kindertagesstätten und Stationen für ambulante Behandlung, von Hilfsdiensten für Drogensüchtige und einsame alte Menschen, von Lungenheilanstalten und Erholungsheimen oder auch die Fürsorge für große Familien und taubstumme Kinder. Wie ein roter Faden zieht sich als Motiv für die Auswahl derjenigen Stadtbewohner, um die sich die Sozialverwaltungen kümmern, die körperliche oder geistige Unfähigkeit, sich selbst aus einer notleidenden Situation in einer ganz bestimmten Beziehung zu befreien. Auch hier greift allerdings der Staat ein, indem er bestimmte Leistungen gesetzlich fordert und teilweise auch finanziert. Er bedient sich in der Bundesrepublik Deutschland beispielsweise der Städte, um bestimmte Maßnahmen der Familienfürsorge, der Ausbildung Jugendlicher oder auch des Krankenhausbetriebes durchzuführen. Aber er erfaßt bei weitem nicht alles, was nach zeitgenössischem Verständnis von der Gesellschaft für benachteiligte Minderheiten zu tun ist. Hier bleibt den Städten also eine ebenso schwierige wie eigenständige Funktion, und sie trägt zur Stabilisierung des gesellschaftlichen Friedens in einem erheblichen Maß bei.

Zur dritten Dienstleistungsfunktion der Städte rechnen einige elementare Dinge, ohne deren Vorhandensein der Stadtorganismus an Schmutz und fehlenden Möglichkeiten zur Mobilität zusammenbrechen würde. Wir wissen aus gelegentlichen Streiks in Städten rund um den Erdball, wie schnell eine Stadt verkommt, wenn Müll und Abwasser nicht mehr beseitigt werden und die Busse und Bahnen des öffentlichen Nahverkehrs stillstehen. Dies ist ein Bereich, in dessen Betrieb zumindest der Staat sich üblicherweise nicht betätigt, weil keiner der oben erwähnten und für ihn wichtigen Vorteile damit verbunden wäre. Im Transportwesen allerdings, zu dessen Unterhaltung ungeheure Finanzmittel in Form von Subventionen erforderlich sind, beginnt er hier und dort die Städte aus der Entscheidung über das Ob und Wie zu verdrängen. Soweit er den Bau von oberirdischen oder unterirdischen Schnellbahnen oder Busbahnhöfen finanziert, nimmt er sein Recht zur Mitsprache wahr, ob und mit welchem Programm ein solches Projekt realisiert wird. Das ist in San Francisco bei der dortigen Schnellbahn (BART) nicht anders als in München oder Mexico City. Allerdings bleibt den Städten im allgemeinen der Betrieb der Fahrzeuge überlassen, und die Verkehrsunternehmen, deren man sich bedient, stehen denn auch im Eigentum der Städte.

Demgegenüber bleiben der Abtransport des Mülls aus Fabriken und Haushalten, die Vernichtung der Abfälle aus Kunststoff oder chemisch gefährlichen Stoffen sowie die mechanische, biologische und chemische Verarbeitung des Schmutzwassers und des Regenwassers immer noch Sache der Städte. Hier werden allenfalls Aspekte des Umweltschutzes berührt, die natürlich über die Stadtgrenzen hinausreichen und deshalb wieder vom Staat betreut werden. Die Kläranlagen geben das mehr oder weniger gereinigte Abwasser letztlich an einen Flußlauf ab, der es in das nächste Meer transportiert. Die ungereinigten Reste verändern die natürliche Zusammensetzung des Flußwassers, senken seinen Sauerstoffgehalt und erschweren dadurch die Lebensmöglichkeit von Tieren und Pflanzen. Wir hatten oben schon gesagt, daß diese ökologischen Effekte der Zusammenballung von Menschen inzwischen eine derartige Bedeutung erlangt haben, daß sie auch über die Möglichkeiten der Staaten hinausreichen und internationaler Planung bedürfen. Dies berührt aber die Tatsache nicht, daß die Städte als die zuerst betroffenen Institutionen den Service vorhalten müssen, der erforderlich ist, den von Menschen produzierten Dreck aus den Städten herauszuschaffen, in unschädliche Stoffe zu verwandeln oder aber zu vernichten.

Die vierte Dienstleistungsfunktion betrifft kulturelle Angelegenheiten, die in der Tat von der Initiative der Städte stark abhängig sind. Hierher gehört einerseits das, was wir die Förderung der Kunstarten und der Kunstinteressen nennen, und zum anderen das Angebot an Möglichkeiten der Erholung und des Spiels. Die Städte unterhalten Bäder und Sportanlagen, um mit dem letzteren zu beginnen, und sie organisieren Sportveranstaltungen, an denen sich die Bewohner aktiv oder pasiv beteiligen können. Was die Künste angeht, so betreiben einige Städte Sprech- und Musiktheater; diese Institutionen nehmen jeweils den größten Anteil am kulturellen Haushalt in Anspruch. Sie unterhalten Museen unterschiedlicher Art, Bibliotheken und gelegentlich auch ein kommunales Kino, und manche Stadt hat es bis zu einem Straßenkunstprogramm gebracht. Daneben subventionieren sie die Arbeit von privat geführtenOrchestern und Chören, von Künstlern und Kunstvereinen. Auf kulturellem Gebiet konkurrieren die Städte weniger mit dem Staat, der sich üblicherweise nur in Einzelfällen und auch nur mit bestimmten Subventionen engagiert, als vielmehr mit einigen privaten Unternehmern: mit Galeristen und Konzertveranstaltern, mit Agenten und Privattheatern. Wie die Dinge heute liegen, bedarf aber dieses private Engagement der Unterstützung durch die Städte, weil die Einnahmen immer weniger ausreichen, um die Kosten zu decken und eine gewisse Rendite zu ermöglichen.

Neben dem städtischen Service aber ist noch einmal zu erwähnen, daß die Städte die Aufgabe haben, die öffentlichen Anlagen und Einrichtungen zu bauen, die mit diesem Service im Zusammenhang stehen. Dies hat einige praktische Konsequenzen: Damit die von den Stadtplanern erarbeiteten Flächennutzungs- und Bebauungspläne funktionstüchtig gemacht werden, damit vor allem die Stadtbewohner ihre eigenen Bauten realisieren können, müssen bestimmte bauliche Vorarbeiten geleistet werden. Jeder weiß, was dazugehört: Damit die Menschen in der Stadt so beweglich sind, wie das für den Besuch von Wohnungen, Arbeitsstellen, Erholungsstätten, Wäldern und Seen sowie zahlreichen anderen Zielen des aktiven Lebens erforderlich ist, müssen Straßen, Wege, Treppen und Brücken für Fußgänger, Radfahrer und Autofahrer gebaut und die baulichen Vorkehrungen für die Bahnen und Busse des öffentlichen Nahverkehrs getroffen werden. Mit dem Verkehrsnetz sind die Anlagen der Versorgung, also zur Lieferung von Wasser, Elektrizität, Gas und Fernwärme, sowie die Anlagen der sogenannten Entsorgung, also Klärwerke, Kanalisationsnetz, Mülldeponie und Müllverbrennungsanlage zu schaffen. An den Verkehrsanlagen befinden sich die verschiedensten Wohngebäude, zum überwiegenden Teil von privaten Bauträgern errichtet, zu einem geringen Teil aber von der Stadt selbst gebaut, um auch denen zu Unterkünften zu verhelfen, die sie sich ohne Hilfe nicht oder kaum beschaffen können. Wo Menschen wohnen, sind die bereits erwähnten sozialen und kulturellen Bedürfnisse zu erfüllen, die sich alle mehr oder weniger in Bauten niederschlagen. Kleinkinder bekommen Kindertagesstätten, Schulkinder müssen in Schulen untergebracht werden, und für kranke Menschen müssen Krankenanstalten gebaut werden. Leselustige suchen Bibliotheken auf, Kunstinteressierte Theater und Konzertsäle, Museen und verwandte Einrichtungen, zahlreiche Menschen fordern Sporthallen und Bäder, und keiner verlangt, aber jeder benötigt einen Friedhof. Jedes dieser und weiterer Bauobjekte macht einen Prozeß der Planung, der Finanzierung und der baulichen Errichtung durch, der von der Stadt getragen werden muß.

Soweit die Stadt Eigentümerin ist, hat sie die baulichen Anlagen zu erstellen, die sie in den Plänen selbst auf ihren Grundstücken vorgesehen hat. Daraus ergibt sich eine immerwährende Bautätigkeit, deren Tempo und Ausdehnung, deren Quantität und Qualität natürlich von den Mitteln bestimmt werden, die ihr jeweils zur Verfügung stehen. In dieser Funktion ist die Rolle der Stadt noch am unangefochtensten. Wenn der Staat in der Stadt baut, dann nicht deshalb, um der Stadt eine beliebte Aufgabe fortzunehmen, sondern um für seine eigenen Aufgaben (wie beispielsweise die Eintreibung von Steuern) die erforderlichen Bürogebäude zu errichten.

Wenn wir die beschriebenen wichtigsten städtischen Funktionen noch einmal geschlossen ansehen, dann lassen sie sich gut unter den Begriff der unmittelbaren „leiblichen" Daseinsvorsorge bringen. Es sind Dinge, die kein Thema für eine überlokale politische Instanz sind. Arnold J. Toynbee schreibt ironisch, was von einer Weltregierung, sollte sie eines Tages vorhanden sein, selbstverständlich nicht geregelt würde: „Können wir uns eine Weltregierung vorstellen, die darauf bedacht ist, die Kanalisation in einer Vorstadt von Sarasota (Florida) auszubessern oder die Feuerwehrleute ausschickt, um einen Brand in einer Mietskaserne von Tomsk zu löschen, oder die einen Kuhhirten in einem Dorf in Uttar Pradesh bestellt oder die eine Polizeiaktion zur Verfolgung eines Verbrechers auslöst, der einen Einbruch in Birmingham (Alabama oder England) verübt hat? Das ist im elektronischen Zeitalter in der Tat vorstellbar. Heute haben wir Computer; damit wäre die Zentralisierung lokaler Regierung in den Händen von Weltbehörden wahrscheinlich durchführbar, aber das wäre gewiß unerträglich. Dieser Albtraum einer zentralisierten bürokratischen Verwaltung auch der lokalen Regierungen über den ganzen Erdball hin steht natürlich außer Diskussion, weil er die Vision einer Entwicklung ist, die nicht auf der Tagesordnung der Menschheit steht[38]."

Wir können bei dieser Abgrenzung der Funktionen verschiedene qualitative Unterschiede entdecken. Sehr vieles läßt sich in der Formulierung einfangen, daß Nationen regiert, Städte aber verwaltet werden. Mit der Wahrnehmung städtischer Aufgaben verbindet sich keine direkte Herrschaft über Menschen mehr. Stadtverwaltungen üben keine körperliche Gewalt aus (wie das staatliche Militär), verfolgen keine religiösen Ziele (wie die Staatskirchen) und kennen auch keine besondere Ideologie (wie die soziale Marktwirtschaft). Allenfalls kommt es durch die Festlegung bestimmter Bebauungsmaximen zu einer Art von indirekter Herrschaft, der sich aber viele wieder entziehen können, indem sie in ein anderes Stadtviertel ziehen. Daß die Stadt immer weniger mit Politik zu tun hat, liegt an einer gewissen Eindimensionalität ihrer Funktionen. Über die Notwendigkeit der oben beschriebenen Aufgaben meint man, sich vernünftigerweise nicht streiten zu können. Diesen Aufgaben fehlen die Eigenschaften, die Aufgaben der nationalen und der internationalen Politik zu einem ständigen politischen Diskussionsstoff machen. Während in der Außenpolitik, in der Militärpolitik, in den Weltanschauungen oder in der Wirtschaftsverfassung der Nationen ganz unterschiedliche Auffassungen möglich sind und auch vertreten werden, gilt dies für Müllabfuhr, Entwässerung, Busverkehr, Bebauungsplanung, Theater und Altenheime nicht oder nur teilweise. Dies sind Dinge, deren Nützlichkeit für das Leben der Menschen keiner von uns ernsthaft bezweifelt. Sie gelten als geistig und moralisch bewältigt, es gibt zu ihnen so gut wie keine Alternative mehr. Es bleiben gewisse untergeordnete Fragen über die Art und die Reihenfolge der Ausführung, die aber mit den existentiellen Fragen der nationalen und der internationalen Politik in keiner Weise verglichen werden dürfen. Kann man sich vorstellen, daß die Tätigkeit von Stadtverwaltungen jene mörderischen und selbstmörderischen Leidenschaften und jenen zerstörerischen Fanatismus hervorrufen können, der in der Politik der Staaten tägliche Praxis ist? Demonstrationen gegen die Straßenbahntarife, Hausbesetzungen oder andere Initiativen gegen städtische Administrationen sind vorübergehende lokale Ereignisse ohne bemerkenswerte Folgen. Die Funktionen der Nation sind schillernd und vielspurig, wogegen die Funktionen der Städte glanzlos und einspurig sind. Sie bringen Produkte hervor, die einfach hergestellt werden müssen, und zwar so gut wie möglich.

Man kann diese Feststellung auch an dem Verhalten der Menschen treffen, die einerseits in einer städtischen Administration und andererseits in einer nationalen Regierung oder internationalen Institution die Direktiven erteilen. Diejenigen, die Städte regieren oder — besser — zu verwalten haben, verlieren immer mehr den typischen Charakter und den Habitus von Politikern. Sie nehmen immer stärker die

Denkweise und die Erscheinung eines „Stadtfunktionärs“ oder Verwalters an. Ich möchte hiefür einige Beispiele nennen: Ein Politiker wird nicht nur innerhalb seines eigenen Landes, sondern auch im Verhältnis zu anderen Ländern tätig (Innenpolitik und Außenpolitik). Ein Verwalter städtischer Angelegenheiten beschäftigt sich nur mit seiner eigenen Stadt, allenfalls noch als Verbandsfunktionär mit Fragen, die alle Städte betreffen. Ein Politiker muß täglich befürchten, durch einen materiellen oder taktischen Fehler seine Position zu verlieren. Ein Stadtfunktionär, selbst wenn er nur für vier Jahre gewählt sein sollte, braucht diese Befürchtung nicht zu haben. Ein Politiker ist jedenfalls dort, wo Politik noch anarchische Auseindandersetzung mit allen Mitteln ist, also im internationalen Bereich, durch keinen anderen Politiker zu ersetzen. Art und Erfolg der Auseinandersetzung werden immer noch durch seine Person, ihre besonderen Eigenschaften und Temperamente geprägt. Dadurch, daß er sich um Macht und um Einfluß auf die politischen Dinge bemüht, entsteht überhaupt erst „Politik“. Ein Stadtfunktionär ist demgegenüber leichter ersetzbar, weil die Regeln und der Gang der Verwaltung von seinen persönlichen Fähigkeiten und Vorlieben weitgehend unabhängig geworden sind. Ein Politiker muß auf die Launen und Ängste der Staatsangehörigen erheblich mehr Rücksicht nehmen als ein Stadtfunktionär auf seine Bewohner, obwohl er ihnen viel näher ist.

Dennoch wächst der Stadt ein neues Interesse zu, das es in dieser Form bisher nicht gegeben hat. So wie die Städte von regierten zu verwalteten Einheiten verwandelt worden sind, so wird auch in den Staaten immer mehr „wilde“ Politik durch geregelte Verwaltung ersetzt werden. Das Element des Politischen, das von den Städten ausgegangen und zu den Staaten gewandert ist, wird sich auf die internationale Ebene weiterbewegen. Wenn diese Interpretation richtig ist, dann wird die Verwaltung der Stadt ein Vorbild für die Verwaltung des Staates. Dann wird der Staat, wie die Stadt, auch viel unmittelbarer und direkter als je zuvor der Gesprächspartner der Menschen, die in ihm wohnen. In diesem Zusammenhang kann eine Stadtphilosophie von heute zur Staatsphilosophie von morgen werden: Eine Stadt, die zum Modell des Staates wird, ist es wieder wert, daß man alle Aufmerksamkeit auf sie richtet.

2. Die Stadt als zweistufige Verwaltungseinheit

Politik und Verwaltung beziehen sich jeweils auf die Menschen, die in einem bestimmten Raum leben. Auch die Stadtbewohner begreifen ihre Stadt als einen bestimmten Ausschnitt der Erdoberfläche, wobei es vermutlich Unterschiede in der Auffassung darüber gilt, welche Flächen der Stadt noch zuzurechnen sind. Der Raum ist ein weiteres Merkmal, durch das sich die drei Ebenen der Weltpolitik voneinander abheben, das ihnen Form und Bestand gibt. Was dieser Raum im Fall der internationalen Politik ist, darüber gibt es keinen Zweifel: der Erdball, oder doch Teile von ihm. Nationale Politik bezieht sich auf das Gebiet des Landes, das sie jeweils repräsentiert. Auch für die Städte scheint die Frage nach dem Bezugsraum unproblematisch zu sein, weil jeder von ihnen nun einmal ein Stadtgebiet zugeordnet ist. Dieser Eindruck täuscht jedoch, wenn es nicht nur um eine Bestandsaufnahme, sondern um bestimmte Schlußfolgerungen aus einer historischen Situation geht. Infolge der politischen und technischen Entwicklung der letzten Jahrzehnte ist das klassische Stadtgebiet als vernünftige Verwaltungseinheit immer uninteressanter geworden. Es besteht eine gewisse Notwendigkeit, die an der Bebauung orientierten und „gewachsenen" Grenzen durch eine an anderen Gesichtspunkten orientierte Abgrenzung zu ersetzen. Dies ist das Thema dieses Kapitels, wobei wir uns wieder an dem orientieren sollten, was nach den Erfahrungen und Vorstellungen der Bewohner vernünftig erscheint.

Der internationalen Politik ist ihr Einzugsbereich dadurch vorgegeben, daß die Menschheit auf der Erde lebt. Das ist eine geographisch klar abgegrenzte Raumeinheit, die inzwischen auch als vollständig erschlossen gelten kann. Die modernen technischen Hilfsmittel setzen bekanntlich die Politiker in den Stand, jeden Punkt des Erdballs persönlich oder doch telegrafisch zu erreichen, und zwar in einer Zeit, die für die Politik noch relevant ist. Was für die Politiker gilt, gilt auch für alle anderen: die Militärs, die Wirtschaftsunternehmen oder die ideologischen Organisationen. Wenn die internationale Politik sich räumlich ausweiten wollte, müßte sie andere Sterne unter ihre Herrschaft bringen. Dies mag ein verrückter Gedanke sein, aber wie die Raumfahrt zum Mond bewiesen hat, wäre er vermutlich im Laufe der Zeit technisch durchführbar. Doch zweifellos ist er gegenwärtig und in absehbarer Zukunft nicht gefragt. Globale Politik ist im Augenblick also ausschließlich Weltinnenpolitik.

In Georg Büchners Lustspiel „Leonce und Lena" können die Bediensteten des Königs Peter vom Schloß aus mit Fernrohren die Grenzen des Landes beobachten.

Sie stellen fest: „Ein Hund, der seinen Herrn sucht, ist durch das Reich gelaufen", oder: „Es geht jemand auf der Nordgrenze spazieren[39]." Von den etwa einhundertfünfzig Staaten des Erdballs ist vielleicht Monaco mit seinen 1,5 oder San Marino mit seinen 61 Quadratkilometern so klein, daß man von einem Felsen aus die Landesgrenze nach grenzüberschreitenden Hunden absuchen könnte. Im übrigen liegen die Größenordnungen zwischen, beispielsweise, Singapur (581 km^2) einerseits und Kanada (9 976 139 km^2) andererseits. Länder wie die Bundesrepublik Deutschland (248 578 km^2), Spanien (504 782 km^2), Kenia (582 645 km^2), Marokko (445 000 km^2), Paraguay (406 752 km^2), Laos (236 800 km^2) und Thailand (514 000 km^2) nehmen eine Art von Mittelpositionen mit zahlreichen anderen Staaten ein. Die Einwohnerzahlen stehen natürlich in keinem direkten Verhältnis zu den Ausdehnungen der Länder. So leben beispielsweise auf den 30 513 km^2 Belgiens genauso viele Menschen wie auf den 2 505 813 km^2 des Sudan: ungefähr 10 Millionen. Und in die etwa gleich großen Flächen Kanadas und Chinas haben sich im Fall Kanadas nur 22 Millionen, im Fall Chinas aber über 800 Millionen Menschen zu teilen. Fläche ist also alles andere als gleich Fläche, und wir können die politische Sprengkraft, die in bestimmten nationalen Räumen steckt, nicht übersehen. Es kommt also ein qualitatives Element hinzu, ohne das die politische Effektivität und die nationalen Probleme eines Staatsgebietes nicht richtig bewertet werden können.

Die Bevölkerungszahl ist vermutlich das wichtigste, wenn auch bei weitem nicht das einzige bestimmende Element. Andere Elemente sind die Rohstoffe, die ein Land aus sich selbst hervorbringt, seine Verkehrslage, sein Klima und anderes mehr und schließlich auch das Zusammenspiel aller dieser Dinge. Worauf es ankommt, ist zu zeigen, daß die politischen Angelegenheiten eines Staates im Innern wie nach außen nicht wesentlich verbessert werden können, wenn man nur seine Grenzen verändert. Vielleicht gibt es Ausnahmen, wenn wir etwa an Israel, seine arabischen Nachbarn und einen potentiellen Palästinenserstaat denken. Aber von diesen Ausnahmen abgesehen, verliert der Nationalismus seinen Schrecken und seine Mängel nicht dadurch, daß man an den Grenzziehungen herumdoktert. Die Grenzproblematik ist sozusagen durch andere Schwierigkeiten überrundet worden. Die Probleme der Staaten sind entweder von der Art, die ohnehin nur global lösbar sind, oder sie sind von der Art, auf die Raumverhältnisse keinen Einfluß haben. Wir können also für den weiteren Gedankengang davon ausgehen, daß der Raum, für sich genommen, für die Staaten, im Gegensatz zu früheren Zeiten, kein so entscheidendes Kriterium ihrer Politik mehr ist.

Etwas anderes als für die internationale oder die nationale Politik gilt jedoch für die Städte. Bei ihnen stehen der räumliche Einflußbereich und die Qualität ihrer Dienstleistungen in direktem Zusammenhang. Hier kann man auch sagen, daß bei zahllosen Städten eine neue Grenzziehung die Effektivität der Administration für den Bewohner erheblich steigern könnte. Dies ist eine Feststellung, die so neu ist wie die veränderte Rolle der Städte im System der „großen" Politik. Immerhin ist sie in manchen Ländern bereits erkannt worden, und sie hat dazu geführt, wie beispielsweise im Fall Stockholms, daß die übernommene Stadtgrenze ihre Bedeutung verloren hat und durch eine andere Abgrenzung ersetzt worden ist. Martin Neuffer sieht darin zu Recht auch eine Voraussetzung dafür, der Stadt gegenüber dem Staat eine gewisse Eigentümlichkeit zu erhalten: „Unabhängig davon, welche Entwicklungsziele für die Siedlungsstruktur politisch vorgegeben werden, wird sich die kommunale Selbstverwaltung in Zukunft innerhalb der Ballungsgebiete einen neuen, größeren Organisations- und Wirkungsstab suchen müssen. Gelingt ihr das nicht, so werden die zunehmenden staatlichen Planungskompetenzen ihre wesentlichen Funktionen übernehmen[40].“

Wenn wir den der Stadt angemessenen Raum festlegen wollen, müssen wir von den Aufgaben ausgehen, die für die Stadt übriggeblieben sind und die wir oben geschildert haben. Man kann auch andere Kriterien wählen, wie das meistens geschieht, aber sie erscheinen mir heutzutage überholt und unergiebig. Wir sollten uns vor allem von historischen oder emotionalen Motiven befreien, die bekanntlich in der Diskussion um Stadtgrenzen eine herausragende Rolle spielen. Stadtverwaltungen selbst neigen leider dazu, an einmal vorhandenen Grenzen festzuhalten und sie auch dann noch mit Zähnen und Klauen zu verteidigen, wenn es für jeden Außenstehenden längst vernünftig erscheint, die Grenzen anders festzulegen. Stadtbewohner sind in dieser Hinsicht weitaus unbefangener, weil es ihnen letztlich gleichgültig ist, welche der in Frage kommenden Verwaltungen die Kläranlage oder das Theater betreibt oder über die Flächennutzung oder die Ausstattung von Altenpflegestätten entscheidet.

Um die richtige Größe des Stadtgebietes im Hinblick auf die städtischen Funktionen zu ermitteln, sollten wir uns an der Stadtplanung orientieren. Sie ist die wichtigste kommunale Aufgabe insofern, als sie alle städtischen Aspekte zu bedenken und zu berücksichtigen hat. Soziale oder kulturelle Angelegenheiten beispielsweise stellen demgegenüber nur Ausschnitte aus der von den Städten erwarteten Aktivität dar. Da sie sich nicht nur in Serviceleistungen, sondern wie alle anderen städtischen Aufgaben auch in Baulichkeiten niederschlagen, diese aber Faktoren der Stadtplanung sind, verlangt die Stadtplanung nach der umfassendsten Sicht der Stadt. Wir hatten festgestellt, daß sie sowohl in der Zweidimensionalität als auch in der Dreidimensionalität für eine zweckmäßige und interessante Zuordnung der Gebäude und der anderen Stadtelemente zu sorgen hat. Es gibt Städte, in denen das ziemlich mißraten ist. Je mehr Zeit einer Stadt zu ihrer Entwicklung gelassen worden ist, um so größer ist die Wahrscheinlichkeit, daß die Struktur ihres Netzes an Verkehrsanlagen und Landschaftsteilen und die Architektur ihrer Baulichkeiten gelingen wird. Deshalb wirken moderne Städte, auch wenn sie noch so vollständig errichtet worden sind, immer wieder so unbefriedigend, wogegen ältere Städte gefallen. Auf jeden Fall sind alle Städte ein Produkt dieser Planung, wer immer auch an ihr mitgewirkt haben mag.

Uns interessiert, welche Rolle die Größe des Planungsgebietes bei der Lösung dieser Aufgabe spielt. Hierfür geben am besten die Kriterien den Ausschlag, nach denen die Stadtplanung vorgehen sollte. Dabei geht es nicht um die Frage, was eine Stadt an öffentlichen Funktionen übernehmen sollte oder heute zu erledigen hat. Dafür haben wir oben bereits eine erste Antwort gegeben. Es geht vielmehr darum, eine Antwort auf die Frage zu finden, auf welche Weise die dahinterstehenden sozialen Beziehungen planerisch am besten bewältigt werden können. Dies ist abhängig von der weitergehenden Frage, welche Menschen zur Stadt gehören oder doch auf sie angewiesen sind. Was ist die Fläche, auf der sich das tägliche Leben der Bewohner abspielt? Auf die Stadt ist angewiesen, so muß man sagen, wer in ihr wohnt, wer in ihr arbeitet oder auf andere Weise mit ihr verbunden ist. In der kommunalen Praxis oder in der Begründung von Gesetzen, durch die Gemeinden zusammengeschlossen werden, wird völlig richtig auf Verflechtungen abgestellt. Verflochten werden Dinge, die bis dahin für sich existiert haben. Diese Dinge sind die Stadt einerseits und die sie umgebenden Gebiete andererseits. Und die Verflechtungen werden in der Tatsache gesehen, daß die Bewohner dieser Gebiete einen Teil der Ereignisse, die ihr tägliches Leben ausmachen, innerhalb der dominierenden Stadt und einen anderen Teil außerhalb dieser Stadt erleben.

Um diese nüchterne Feststellung an einem typischen Beispiel etwas genauer zu erläutern, nehmen wir den Bewohner B. und siedeln ihn zehn Kilometer außerhalb der juristischen Grenzen der Stadt Hannover in einer Ortschaft an, die Otternhagen heißt. Montag morgen gegen sechs Uhr verläßt B. seine Wohnung in einem vor drei Jahren erstellten Neubau und fährt mit seinem Wagen nach Hannover. Er arbeitet dort in einem Verwaltungsgebäude in der City. B. nimmt eines seiner Kinder mit, das in einer höheren Schule, ebenfalls in Hannover, sich auf das Abitur vorbereitet. Tagsüber steigt seine Frau, die ihren Beruf vorübergehend aufgegeben hat, in den öffentlichen Bus und schlägt eine zu Hannover entgegengesetzte Richtung ein. Sie fährt nach Neustadt, einer kleinen Stadt, in der sie einkauft und sich von einem Zahnarzt behandeln läßt. Am Abend besuchen B. und seine Frau die Kleinstadt Wunstorf, um dort ein Konzert in einer Schule anzuhören, die ihr zweites Kind besucht. So geht es die Woche hindurch, wobei das Ziel von B. von Montag bis Freitag konstant Hannover ist, während seine Frau fast täglich, mit Hilfe des öffentlichen Nahverkehrs, ihre Ziele wechselt. Sie besucht eine Freundin in der 50 km entfernt liegenden Mittelstadt Hildesheim, fährt in ein Hallenbad in die nahe gelegene Kleinstadt Garbsen, besucht eine Verwandte im Krankenhaus der Kleinstadt Gehrden (40 km) und nimmt mit einem der Kinder an einer Abonnementsvorstellung der Oper in Hannover teil. Am Sonnabend macht B. mit seiner Familie einen längeren Ausflug in das südliche Gebiet der Lüneburger Heide, um Pilze zu suchen und das gute Wetter auszunutzen. Am Sonntag schließlich fahren sie in die 50 km entfernt gelegene Kleinstadt Walsrode und spazieren durch den bedeutendsten westdeutschen Vogelpark. Ein Kind hatte sich diese Attraktion als Thema für einen Aufsatz aus der Biologie ausgesucht. Auf dem Rückweg wirft B. noch einen Blick auf ein Motocross-Rennen in der Nähe von Wunstorf.

In einer ganz gewöhnlichen Woche bewegen sich B. und seine Familie zu Zielen, die erst dann vollständig erfaßt werden, wenn man einen Bogen mit einem Radius von vielleicht 80 km um die Stadt Hannover schlägt. Dies ist übrigens auch das Gebiet, in dem die Stadt ihren Müll ablagert und ihren Klärschlamm und in dem auch ihr Trinkwasser gewonnen wird. B. ist einer von etwa 1,2 Millionen Menschen, und die Familie B. ist eine von vielleicht dreihunderttausend Familien in diesem Kreisbogen. Der Großteil ihres Lebens spielt sich in diesem Gebiet ab, das man als „Region" bezeichnen kann. Die Art ihrer Ziele läßt erkennen, welche öffentlichen Einrichtungen und Ausstattungen sie dort erwarten.

Anhand dieser wenigen Stichworte kann jeder Leser selbst ergänzen, was alles an Millionen von menschlichen Aktivitäten täglich auf dieser Fläche passiert und was gemeint ist, wenn von der verflechtenden Wirkung der vielen Ereignisse die Rede ist, die das Leben der Bewohner ausmachen. Wichtig ist zu beachten, daß sie sich nicht auf irgendeine Fläche, sondern in der Hauptsache auf eine ganz bestimmte Fläche beziehen. Dadurch, daß immer wieder dieselben Ziele aufgesucht werden, bildet sich im Bewußtsein der Menschen eine besondere Beziehung zu der Fläche heraus, zu der sie gehören. Sie legen ihr eine besondere Qualität zu, sie verbindet sich für sie mit Erlebnissen und Erfahrungen, und dadurch hebt sie sich von den benachbarten Flächen ab. Aus der Fläche, die aus Materie aller Art besteht, aus Gebäuden und Menschen, aus Verbindungsstrecken und Nutzungen, wird allmählich eine „ideelle" Fläche. Sie meine ich, wenn ich nach der sinnvollen Größe des Planungsgebietes gefragt habe. Die besonders intensive Beziehung von Menschen zu einer Fläche, die sich als „ihr" Ausschnitt des Erdballs definieren läßt, gibt ein zuverlässiges Kriterium für die Bemessung des Gebietes ab, auf das sich Stadtplanung beziehen sollte.

Diese Fläche weist einige Eigenschaften nicht auf, die von manchem für wichtig gehalten werden. Sie ist beispielsweise nicht nur mit dem Verwaltungsgebiet ihrer zentralen Stadt oder ihrer zentralen Städte identisch. Sie reicht weit darüber hinaus. Dies bedeutet zugleich, daß es auf den Gesichtspunkt der Bebauung oder besser der geschlossenen Bebauung nicht ankommt. Es mag also in dem Stadtgebiet, das uns vorschwebt, die Fläche der Wiesen und Wälder größer sein als die der bebauten Flächen, die Zahl der Haustiere größer als die der Menschen.

Die Grenzziehung ist eben keine Frage der Menge an Beton, Asphalt, Stein oder der gebauten Historie, wie dies manchem erscheinen mag. Nur scheinbar wird damit der alte Gegensatz zwischen Stadt und Landschaft ignoriert, den es für jedermann sichtbar immer noch gibt. Niemand wird behaupten wollen, daß es zwischen der Stadt und dem flachen Land keine Unterschiede gibt oder daß Stadtleben und Landleben das gleiche sind. Hier wird nur die Auffassung vertreten, daß es nicht mehr zweckmäßig ist, die verstädterten und die noch nicht verstädterten Flächen wie bisher von verschiedenen Verwaltungen betreuen zu lassen. Die Menschen, zu deren Gunsten diese Verwaltung eingerichtet wird, leben heute gleichzeitig in beiden Bereichen, in der Stadt im alten Sinn und auf dem Dorf mit seiner Landschaft. Es geht darum, ein neues „Verwaltungsdach" zu schaffen, das jene Fläche überdeckt, in der sich die Menschen tatsächlich bewegen. Darunter sollen die gebaute und betriebene Stadt und die noch vorhandene natürliche Landschaft ihrer eigengesetzlichen Entwicklung wie bisher folgen, und sicher wäre es falsch, ihre Eigenarten zu übersehen und sie gleichzumachen.

Ein größerer Stadtraum, der flaches Land einbezieht, ist auch nicht ausschließlich am Gesichtspunkt der Leistungsfähigkeit der vorhandenen Verwaltung orientiert, obwohl er ihm nicht zu widersprechen braucht. Ich folge hier dem Grundsatz, daß die Verwaltungsorganisation aus der jeweiligen Stadtfunktion und nicht die Stadtfunktion aus der vorhandenen Verwaltungsorganisation abzuleiten ist. Der dienende Charakter der Verwaltung läßt nicht zu, ihren eigenen Bedürfnissen mehr als sekundäre Bedeutung beizumessen. Die Verwaltung ist zwar nach aller Erfahrung in sich effektiver und wahrscheinlich auch billiger, je zentraler sie betrieben wird. Je geringer die Zahl der Büros ist, die sich um ein- und dieselbe Sache kümmern, um so weniger Zeit und Kraft gehen dabei verloren, sich untereinander zu verständigen. Eine einzige Behörde für Grundstücksgeschäfte, die in der Stadtplanung eine sehr wichtige Rolle spielen, ist einfacher zu leiten als diese Behörde mit zusätzlich fünf Filialen an verschiedenen Stellen, die jeweils nur bestimmte, räumlich und hierarchisch abgegrenzte Zuständigkeiten haben. Und dies gilt prinzipiell für jede Behörde, womit sie auch immer befaßt sein mag.

Eine solche Dezentralisierung aber wird nötig werden, wenn ein Stadtraum so weit gefaßt wird, wie sich dies aus dem Dasein der Bewohner ergibt. Sie müssen bestimmte Dienstleistungen in der Nähe ihrer Wohnungen in Anspruch nehmen können. Kindertagesstätten oder Bäder, ordnungspolizeiliche Verpflichtungen oder kulturelle Angebote nutzen uns als Verbrauchern, Benutzern oder Verpflichteten dann am meisten, wenn wir sie in kurzer Zeit erreichen können. Diese einfache Tatsache macht die Verwaltung komplizierter als sie wäre, wenn es für die verschiedenen Teile des Stadtgebietes mehrere autonome Verwaltungen gäbe. Aber auch eine solche Lösung wäre alles andere als problemlos, denn unter diesen Verwaltungen müßten zumindest jene Angelegenheiten abgestimmt werden, die (wie etwa die Flächennutzung) alle betreffen. Eine solche Verständigung im Außenverhältnis würde aber, auch das beweist die Erfahrung, mindestens soviel Kraft und Zeit in Anspruch nehmen wie die Verständigung im Innenverhältnis. Wir kennen diese Problematik aus dem Verhältnis der Individuen oder auch aus dem Verhältnis der Nationen zueinander, sie treten also im Makrokosmos der internationalen Politik genauso auf wie im Mikrokosmos des privaten Daseins. Mit einem Wort: Die Leistungsfähigkeit der Verwaltung würde bei jeder Lösung, so oder so, Einbußen erleiden. Wenn dies aber so ist, dann ist es nicht mehr nötig, sie zum primären Kriterium bei der Frage nach dem zweckmäßigen Stadtgebiet zu nehmen. Es läuft also alles darauf hinaus, daß die überlokalen Angelegenheiten oder das, was wir im Rahmen einer Stadteinheit so nennen, von den zentralen Büros, die lokalen Angelegenheiten dagegen von den dezentralen Büros der einen Stadtverwaltung übernommen werden müssen. Das ist ein vernünftiger Kompromiß, der interne Belange der Verwaltung nicht ganz außer acht läßt, den übergeordneten Gesichtspunkt des umfassenden Stadtgebietes aber voll zur Geltung kommen läßt.

Wir waren zu dem Ergebnis gekommen, daß das Stadtgebiet mit der Fläche identisch werden sollte, die von den täglichen Lebensbeziehungen ihrer Bewohner oder Benutzer abgedeckt wird. Der Begriff »Stadt« verliert dadurch seinen alten Inhalt. Es ist nicht mehr die Stadt allein, um die es geht, sondern auch ihr Umland, und wenn es sich um mehrere Städte handelt, die wie im Ruhrgebiet dicht beieinanderliegen, dann bilden das Kollektiv der alten Städte und ihrer unbebauten Zwischenzonen die neue Stadt. Man verwendet heute den Begriff der „Stadtregion" für diesen Raum, und in der Tat entspricht diese Region im großen und ganzen unserem neuen Stadtgebiet. Es gibt bereits mehrere Stadtregionen, die als einheitliche Verwaltungsgebiete betrachtet werden, wenn auch nicht mit der hier verfolgten Konsequenz und Eindeutigkeit. Ich denke beispielsweise an London, an das bereits erwähnte Stockholm oder Lyon, aber auch an Toronto oder Hannover. In diesen Fällen werden bis zu 60 Gemeinden auf einer Fläche bis zu 7700 km^2 mit bis zu acht Millionen Einwohnern in bestimmten Beziehungen mehr oder weniger einheitlich verwaltet. Die zentrale Verwaltung bezieht sich in der Hauptsache auf die Flächennutzung, und nur ausnahmsweise erledigt sie auch ganz konkrete Verwaltungsaufgaben wie etwa den öffentlichen Nahverkehr oder die Anlage und Betreuung von Grünflächen oder Landschaftsteilen. Dies sind die ersten Stufen auf dem Weg zur völligen Identifikation von Region und Stadt.

Nachdem wir festgestellt haben, was unsere Art der Regionalstadt von der heutigen Stadt im Hinblick auf den Raum unterscheidet, sollten wir uns mit den Vorzügen beschäftigen, die sie bietet. Sie kommen nicht nur den Bewohnern und der Administration, sondern auch den nationalen Regierungen zugute. Selbst ein Teil der Aufgaben der internationalen Politik kann über die organisierte Stadtregion leichter abgewickelt werden. Um mit den lokalen Vorzügen zu beginnen: Sie liegen in der Möglichkeit, Stadtplanung endlich einmal für jenen Bereich zu machen, in dem alle für sie wichtigen Einflüsse nicht nur enden, sondern auch entstehen. Heute ist die Kompetenz der Städte auf die dicht bebauten Teile der Region, eben auf das alte Stadtgebiet, beschränkt. In seinem Bereich tauchen täglich auch jene Menschen auf, die nicht in ihm wohnen. Die Stadtverwaltung fühlt sich veranlaßt, in diesem alten Stadtgebiet alle Nutzungen zum Zug kommen zu lassen, die für die dort wohnenden und die hineinkommenden Menschen benötigt werden. Selbst wenn diese Stadt von großzügigen Landschaften umgeben ist, wird man doch innerhalb ihrer Grenzen versuchen, ausgedehnte Parks anzulegen. Über diese Parks hat man, weil sie innerhalb der Stadtgrenzen liegen, die Verfügungsgewalt; über die Landschaften draußen verfügen andere Verwaltungen. Man wird Krankenhäuser oder Bäder, soziale Einrichtungen und andere Dinge auch dann innerhalb der Stadtgrenzen plazieren, wenn sie etwas außerhalb davon viel besser untergebracht wären oder bereits vorhanden sind. Mit einem Wort: Man kann Standorte nicht immer nach vernünftigen Gesichtspunkten aussuchen, weil die Stadt über Flächen außerhalb ihres Stadtgebietes nicht verfügen kann. Diese Feststellung gilt in noch stärkerem Maß für die der Stadt benachbarten Ortschaften, die einerseits über ein noch kleineres Einflußgebiet verfügen, andererseits aber den Ehrgeiz haben, von jeder gängigen kommunalen Einrichtung selbst ein Stück zu besitzen.

In einer Regionalstadt erspart man sich, in der „Horizontalen", das Nebeneinander mehrerer und dazu oft unsinniger Planungen. Man kann dazu in der „Vertikalen" auf das Übereinander von Verwaltungsträgern verzichten. In einer Region, in der mehrere Gemeinden selbständig nebeneinander und gegeneinander arbeiten, benötigt man dagegen eine Stelle, die für ein Mindestmaß an Koordination sorgt und die gröbsten Mißstände verhindert. Entweder ist sie traditionell vorhanden, wie dies in der Bundesrepublik Deutschland bei den Landkreisen der Fall ist, oder sie wird durch einen Planungsverband geschaffen, was zahlreiche westdeutsche Stadtregionen in den vergangenen Jahren getan haben. Auf jeden Fall kompliziert dies die Verwaltungsleistung aufs neue, weil die Zahl der an ihr beteiligten Stellen mit Entscheidungsrechten zunimmt.

Von der Regionalstadt aber profitiert auch der Staat, weil er in ihr eine funktionstüchtige Verwaltungseinheit erhält, mit der sich bestimmte notwendige staatliche Aufgaben erledigen lassen. Die Regionalstadt ist ein Gefäß, in dem sich nicht nur städtische, sondern auch staatliche Ziele verarbeiten lassen. Es ist deshalb richtig, wenn eine Republik, wie geschildert, ihr Gebiet in achtunddreißig Regionen aufteilen will. Wenn dies geschieht, dann werden allerdings nicht nur ausgesprochene „Stadt"-Regionen dabei herauskommen, wie immer die Abgrenzung auch gewählt wird. Es ist denkbar, daß dabei auch typische „Land"-Regionen entstehen, in denen die dörflichen Siedlungen in der Weite der Landschaft verstreut sind. Aber es gibt, wie gesagt, keinen überzeugenden Grund, diese eher ländlich bestimmte Region nicht mit einer städtischen Verwaltungsorganisation gleichzusetzen. Nicht mehr die Dichte der Bebauung, sondern die Zusammengehörigkeit der Lebensbeziehungen der in dieser Region wohnenden Menschen stellt das entscheidende Kriterium dar. Der Staat kann über diese Regionen seine Infrastruktur an Verkehrsanlagen, an Umweltschutzmaßnahmen, an Bildungseinrichtungen, an Krankenhäusern, an Gesundheitsbehörden, an Sanierungsmaßnahmen und selbst an kulturellen Dingen besser beurteilen und durchsetzen. Er erhält durch sie einen Maßstab, um die soziale Lage der Menschen verschiedener Regionalstädte beurteilen zu können, um also Gesichtspunkte der Gleichbehandlung und der öffentlichen Gerechtigkeit erkennbar zu machen. Es gibt keinen Grund mehr, die Bewohner von Städten durch den Staat anders behandeln zu lassen als die Bewohner von dörflichen Siedlungen. Um zu wissen, ob nach diesem Satz verfahren wird, braucht man Angaben, die man vergleichen kann. Auf diese Weise wird erreicht, daß die Behandlung der Menschen durch den Staat in den erwähnten Beziehungen sich nicht mehr an geographischen Zufälligkeiten, an historischen Unterschieden oder sonstigen unabänderlichen Faktoren aus der Vergangenheit orientiert, sondern von dem jeweiligen aktuellen Bedarf der gerade in der Region lebenden Menschen ausgeht.

Auch im Zusammenhang mit der Bewältigung einiger internationaler Krisen können Regionalstädte nützlich sein. Sie ermöglichen einerseits, Maßstäbe für die noch erträgliche Dichte einer bestimmten Fläche des Erdballs festzulegen, die Bevölkerung besser zu verteilen und die Standards vergleichbar zu machen. Das letztere bedeutet, Mißstände und Ungerechtigkeiten so deutlich zu machen, daß sogar hartgesottene Politiker nicht mehr umhin können, sie zur Kenntnis zu nehmen und mehr als bisher gegen sie zu tun. Zum anderen könnten Regionalstädte die Erledigung mancher Aufgaben dadurch erleichtern helfen, daß sie anstelle Hunderter unterschiedlicher Verwaltungseinheiten eine einzige, überall wiederkehrende und damit durchschaubare Verwaltungseinheit setzen. Sie könnte der lokale Gesprächspartner der Vertreter der internationalen Politik sein. Damit würde die Struktur der politischen Welt für alle Menschen erheblich besser durchschaubar und der Umgang mit ihr handlicher.

Die kommunale Basisstation

Man sollte Städte also so weitläufig machen, wie erforderlich ist, um die täglichen Ziele der sie benutzenden oder der in ihr lebenden Menschen räumlich zu erfassen. Dieser Gedanke bildet auch den roten Faden für die weitere Darstellung. Die Stadtgebilde, die dabei entstehen, sind allerdings unterschiedlich groß. Ich möchte einige Zahlen nennen: Im Fall einer Region, die eher durch landwirtschaftlich genutzte Flächen als durch Siedlungen bestimmt wird, haben wir es vielleicht mit 300000 Einwohnern zu tun. Im Fall einer Stadt wie Hannover kommen etwa 1,2 Millionen, im Fall Londons über 8,0 Millionen Einwohner zusammen. Im Fall Tokios führt der regionale Zusammenschluß zu einer Stadt, die möglicherweise das Doppelte oder das Dreifache der Londoner Zahl erreicht. Diese Masse an Menschen würde noch einmal übertroffen von der riesigen Siedlung, die sich zwischen New York und Boston an der Ostküste der USA erstreckt. Die Quadrate des Gitters, das durch Stadtregionen über den Erdball gelegt wird, sind also unterschiedlich groß. Man muß sich eben zu ihnen bekennen, zu den kleineren ebenso wie zu den größeren, wenn man ein zusammengehöriges Stadtgebiet auch als eine planerische Einheit gewinnen möchte.

Aber es genügt nicht, sie zu schaffen, einer einzigen Verwaltung zu unterstellen und alles seinen Gang laufen zu lassen. Die Zentralisierung von politischen oder Verwaltungsaufgaben kann nicht nur Vorzüge, sondern auch Nachteile haben. Sie bestehen darin, daß die Bewohner dieser Stadtregionen noch mehr von der Teilnahme an den kommunalen Entscheidungen abgehalten werden, als das heute schon der Fall ist. Große Bürokratien sind noch unnahbarer als kleine, und eine regionale Entscheidung hat erheblich mehr Auswirkungen als eine lokale, so daß sich noch weniger Menschen als heute trauen werden, ihre Stimme zu erheben. Hierunter wiederum werden die Bewohner zu leiden haben, weil sie schlechter bedient werden, als sie bedient werden könnten. Vor allem für die Superstädte ist es vollkommen einleuchtend, daß eine ausschließlich zentrale Verwaltung ihnen nicht gerecht werden kann. Die „Verwaltungsmaschine“ mag so rationell und effektiv ausgebildet werden, wie das heute möglich ist, schließlich wird sie von Menschen konstruiert und gelenkt. Deren Übersicht über das Aufgabengebiet und deren Fähigkeit, unzählige Informationen zu erfahren, zu verarbeiten und in Handlungen umzusetzen, entscheidet über die Qualität des Einsatzes und der Produkte. Eine Stadt von mehr als einer Million Menschen aber ist von einer einzigen Stelle aus, vom Rathaus allein nicht mehr genau wahrzunehmen. Die Verwaltungsfunktionäre verlieren den physischen und psychischen Kontakt zur „Straße“ und zu den Stadtbewohnern. Sie werden in die Rolle von Schauspielern gedrängt, die auf einer verdunkelten und schalldichten Bühne ein Stück aufführen sollen, ohne sich untereinander zu verstehen, und für ein Publikum, das sie weder sehen noch hören können. Wenn man dies vermeiden will, wird es nötig, eine Reihe von kommunalen Bezirken, um einen neutralen Ausdruck zu gebrauchen, über die Regionalstadt zu verteilen. Ihre Zahl hängt mit der räumlichen Ausdehnung der Stadt zusammen, denn ihre Größe sollte aus Gründen, die gleich genannt werden, einheitlich sein. Sie können dazu dienen, die Regionalstadt für die zentrale Verwaltung wieder überschaubarer zu machen, die Ergebnisse ihrer Arbeit zu kontrollieren und überhaupt eine Maßeinheit zu finden, die es erlaubt, Auskunft über die Versorgung der Stadtbewohner zu erhalten und weitere Maßnahmen zu berechnen.

Wichtiger als dieser eher technokratische Gesichtspunkt ist ein zweiter Grund. Eben weil die Regionalstädte so unterschiedlich dicht bewohnt und weitläufig sind, ist es nötig, eine weitere räumliche Komponente zu haben, die in die übermenschliche Dimension wieder eine Art von menschlicher Maßstäblichkeit einführt. Maßstäblichkeit ist ein Begriff aus der Architektur. Er soll dazu dienen, die gebauten Anlagen in der Stadt, Wohnhäuser wie Straßen und Plätze, Brücken wie öffentliche Bauten, an den körperlichen Bedingungen der Menschen zu orientieren. Zu diesen Bedingungen rechnen seine Körpergröße ebenso wie seine Möglichkeiten, sich zu Fuß zu bewegen und bestimmte Entfernungen zurückzulegen, seine optische und akustische Wahrnehmungsfähigkeit ebenso wie seine Erlebnisfähigkeit. Man kann aber auch im Zusammenhang mit den Verwaltungsfunktionen der Stadt von Maßstäblichkeit sprechen. Hier ist nicht die körperliche Beschaffenheit, sondern die soziale Einordnung des einzelnen in die Stadtgesellschaft der Maßstab, an dem gemessen wird. Die Abgrenzung der Regionalstädte untereinander beruht auf Gesichtspunkten „von oben", aus der Sicht der großen Politik. Die Abgrenzung der Bezirke in einer Regionalstadt soll dagegen nach Gesichtspunkten „von unten", aus der Sicht der Bewohner, geschehen. Mit sozialer Einordnung sind Dinge gemeint wie die Beteiligung an den städtischen Verwaltungsgeschäften, eine Standardausrüstung an kommunalen Einrichtungen, eine städtebaulich abgeschlossene Präsentation jeder dieser kommunalen Bezirke und eine gewisse Verselbständigung dieser Einheit im Verhältnis zu allen anderen.

Letzten Endes läuft diese Argumentation auf die Feststellung hinaus, daß wir das Dorf in der Stadt brauchen. Ich erinnere an Lewis Mumford, der über Venedig schreibt, das neue Beispiel, das diese Stadt bei der Stadtplanung gegeben habe, sei von anderen Städten niemals erreicht und schon gar nicht nachgeahmt worden: „Wenn man sich überhaupt der Einzigartigkeit von Venedigs Anlage bewußt war, so behandelte man sie als eine Laune der Natur, nicht jedoch als eine Reihe von kühnen Anpassungen, die sich gewiß auf einzigartige natürliche Gegebenheiten gründeten, aber gleichwohl allgemeine Geltung besaßen. Darum will ich den Plan von Venedig hier untersuchen; denn Venedig hat bis in unsere Zeit hinein die Einrichtung von Nachbarschaften und Bezirken noch weiter vorangetrieben, deren Wiedergewinnung als wesentliche Einheiten oder Zellen der Planung heute einer der grundlegenden Schritte auf dem Weg ist, auf dem man eine neue städtische Form erreichen kann[41]."

Ehe wir uns mit der Frage befassen, welche Funktionen diese kommunalen Bezirke oder Basisstationen im Verhältnis zur zentralen Stadtverwaltung übernehmen sollen, möchte ich beschreiben, wie ich mir ihre Abgrenzung vorstelle. Zwischen der gesamten Regionalstadt einerseits und der eigenen Wohnung andererseits ist eine lange Skala von Grenzziehungen denkbar. Man kann Bezirke nach Einwohnerzahlen (von 100 bis 100000), man kann sie nach Planquadraten (von 1 bis 10 km Seitenlänge) oder nach historischen Gesichtspunkten (Bereiche mit unterschiedlichen Geburtsjahren) unterteilen. Es gibt noch andere, mehr oder weniger willkürlich nach materiellen Aspekten ausgewählte Abgrenzungen. Ich meine, daß sie alle unbrauchbar sind, wenn es tatsächlich darum geht, gesellschaftliche oder soziale Maßstäblichkeit einzuführen und zu praktizieren. Wenn man dies will, muß man einen Bereich wählen, der sich dem einzelnen Stadtbewohner als eine kommunale Einheit eigener Art darstellt. Eine solche Einheit ist der Stadtausschnitt, in dem er wohnt, in dem er einkauft und seine abendlichen Spaziergänge macht, in dem er seine Kneipe hat und in dem er seine Kinder zur Schule schickt, in der er sich auskennt wie in seinem Automobil.

Ich habe oben geschildert, wie weit die täglichen Ziele einer ganz gewöhnlichen Familie in einer Stadtregion reichen. Lassen wir diese Familie B. noch einmal auftreten, und diesmal mit den Angelegenheiten, die sie täglich in der unmittelbaren Nachbarschaft ihrer Wohnung praktiziert.

Einige dieser Ziele haben wir schon genannt; unser Stadtbewohner B. und seine Frau pflegen in den Geschäften in der Nähe ihrer Wohnung ihre Einkäufe zu tätigen. Sie haben dort die Filiale ihrer Bank und den Friseur, den Kiosk und den Zahnarzt. Wenn sie spazierengehen und auf ein Fahrzeug verzichten wollen, dann wählen sie bestimmte Wege über Straßen oder durch Grünanlagen, die sie in vielleicht einer oder zwei Stunden wieder nach Hause zurückführen. In diesem Bereich liegen meistens eine Kindertagesstätte und eine Schule, eine Kirche und vielleicht auch ein Postamt. Jeder Bezirk hat eine Einrichtung, die so etwas wie das Zentrum bildet. Sie kann ein öffentliches Gebäude oder ein Supermarkt, eine Platzanlage mit überlokaler Bedeutung oder ein Park, eine Umsteigeanlage des öffentlichen Nahverkehrs oder ein bemerkenswerter Wohnblock sein. Wenn B. Durst hat, lenkt er seine Schritte in bestimmte Lokalitäten, die ebenfalls zu Fuß zu erreichen sind. Wenn sich seine Tochter mit ihrem Freund trifft, dann tut sie dies in bestimmten unauffälligen Ecken dieser Gegend oder in einer Freizeitanlage für Jugendliche, in der man tanzen und spielen kann. Meistens gehört auch ein Kino in die Gruppe von fußläufigen Zielen, die B. gelegentlich ansteuert. Es versteht sich von selbst, daß in keinem Bezirk der Stadt so viele Menschen leben, die er kennt, wie gerade hier.

Alle diese Elemente zusammen haben für B. eine besondere Bedeutung, und das Stück Stadt, das sich mit ihnen verbindet, liegt ihm im allgemeinen stärker am Herzen als das übrige Stadtgebiet. Er kennt es und beherrscht es, er hat und sammelt Informationen über seine Umgebung und zeigt an ihrer Gestaltung mehr Interesse als an der Gestaltung jedes anderen Teils der Stadt. Ihre unmittelbare Umgebung bedeutet ihm mehr als alles das, was dahinter kommt. Was sich schließlich im Inneren des Bewohners zu einem persönlichen Areal verdichtet und mit guten wie schlechten Erlebnissen und Emotionen verbunden ist, ist im Grunde das Dorf in der Stadt. Dieser Stadtbezirk ist in der Tat eine heimliche Wiederkehr des alten Dorfes, aus dem sich alle Städte irgendwann und auf irgendeine Art entwickelt haben. Er steht zur übrigen Stadt wie die Überschaubarkeit zum Undurchsichtigen, wie das Bunte zum Schwarzweißen, wie auch das Private zum nur Öffentlichen und wie das Vertraute zum Anonymen. Ich bin davon überzeugt, daß die Menschen dieses Dorf auch und gerade in den großen Städten benötigen, um existieren zu können. Deshalb ist es so wichtig, nicht nur davon zu sprechen, wie groß die Städte heute sein müssen, um ihre Aufgaben im Rahmen der Weltpolitik gut zu erledigen. Man darf niemals vergessen, auch darüber nachzudenken, wie klein sie in ihren Bezirken sein müssen, um den Menschen das Leben in ihnen erträglich und lebenswert erscheinen zu lassen.

In einem anderen Zusammenhang habe ich untersucht, wie groß diese Bezirke sein sollten und wo jeweils ihre Grenzen zum nächsten Bezirk liegen. Das Ergebnis war, daß es richtig sein wird, neue Einheiten zu schaffen, deren Abgrenzung nach Gesichtspunkten der inneren Zusammengehörigkeit bestimmt wird. Es war schon die Rede davon, daß die Stadt unter anderem auch aus zahlreichen, um bestimmte Mittelpunkte angeordneten Bereichen besteht. Der Mittelpunkt kann beispielsweise in einem Einkaufszentrum, in einem Park, in einem Markt, in einer Ansammlung von Verwaltungsgebäuden, in einem bedeutenden Betrieb, also in einem Standort mit allgemeiner gesellschaftlicher Funktion bestehen. Ihm ordnet sich im Bewußtsein der in der Nähe lebenden Stadtbewohner ein abgegrenzter Ausschnitt der Stadt zu. Bis zu einer bestimmten Entfernung orientieren sich die Menschen nach diesem Mittelpunkt, wobei die für einen Fußgänger noch angenehme Entfernung eine Rolle spielt. Darüber hinaus, außerhalb dieser fußläufigen Zone, halten sich die Menschen an einen neuen Mittelpunkt. Dort, wo die lokale Orientierung in eine andere Richtung umschlägt, liegt die Grenze zweier Stadtviertel. Sie ist nicht unbedingt äußerlich definierbar. Oft hat man es mit einer psychologischen Grenze zu tun. Deshalb ist es durchaus nicht falsch, bei der Grenzziehung neben rationalen auch Gefühlsmomente wirken zu lassen. Perfektion ist auch hier nicht erstrebenswert, und es ist weder entscheidend, von einem bestimmten Flächenmaß noch von einer bestimten Einwohnerzahl auszugehen. Man wird pragmatisch vorgehen müssen, und es wäre nicht falsch, den Gedanken von Jane Jacobs zu verfolgen: „Wie groß, in absoluten Begriffen, muß ein leistungsfähiger Bezirk sein? Ich habe bereits eine funktionale Definition seiner erwünschten Größe gegeben: Groß genug, um im Rathaus Gewicht zu haben, aber wiederum nicht so groß, daß die Straßennachbarschaften unfähig werden, die Aufmerksamkeit des Bezirks auf sich zu ziehen und etwas zu gelten[42]“.

Die Tatsache, daß man die Stadt in zwei Bildern erlebt, einmal als unmittelbare Nachbarschaft der eigenen Wohnung und zum anderen als eine ziemlich anonyme Anhäufung von Straßen, Gebäuden, Grünflächen und anderem Zubehör, beruht zunächst auf den persönlichen oder privaten Beziehungen des Stadtbewohners. Es ist eine andere Frage, ob und wieweit die Stadtverwaltung daraus ein Prinzip für die Erledigung ihrer Aufgaben entwickelt. Wir hatten allerdings schon am Anfang dieses Kapitels gesagt, daß es gut wäre, die Regionalstadt nicht nur von einer einzigen Stelle, sondern von mehreren Stellen im Stadtgebiet aus zu verwalten. Wenn man dies will, dann bietet sich natürlich an, die untergeordneten Verwaltungsstellen in jene Bezirke hineinzulegen, die dem einzelnen Bewohner so viel bedeuten. Jeder Bezirk bekäme also seine ihm zugeordnete kommunale Basisstation. Sie würde sich für die Bewohner in einem oder mehreren Verwaltungsgebäuden darstellen, die möglichst in der Mitte des Bezirks ihren Standort haben sollten. Es ist die Neuauflage des alten dörflichen Rathauses mit seiner verwaltungstechnischen Bescheidenheit und seiner einseitigen Orientierung, aber auch mit seiner guten Erreichbarkeit und Unmittelbarkeit.

Die nächste Frage, die sich hieraus ergibt, betrifft die Aufteilung der Kompetenzen zwischen der zentralen Administration und den kommunalen Basisstationen. Es geht darum, sowohl zu verhindern, daß sich zwei Verwaltungsstellen mit ein und derselben Sache beschäftigen, als auch, daß sich überhaupt keine Verwaltungsstelle mit dieser Sache befaßt. Was die Abgrenzung der Basisstationen untereinander angeht, so ist sie unproblematisch. Jede Bezirksverwaltung hat sich nur mit der Stadtfläche und den Stadtbewohnernn zu befassen, die zum Bezirk gehören. Dies sollte auch dann gelten, wenn eine Basisstation eine kommunale Einrichtung betreut, die von den Bewohnern mehrerer Bezirke benutzt wird, weil es sie weit und breit nur einmal gibt. Es gibt Einrichtungen, die sich zu bauen und zu betreiben wirklich nur lohnt, wenn sie von mehr Menschen als den Bewohnern eines Bezirks benutzt werden. Dies gilt etwa für Hallenbäder oder kleinere Theater, für ein großes Stadion oder eine besonders vollständig ausgestattete Freizeitanlage für Jugendliche. Auch deshalb übrigens muß die Basisstation in den verschiedenen Bezirken unterschiedlich besetzt und ausgestattet sein.

Schwieriger ist die Frage zu beantworten, wie die Zuständigkeit für die den Städten verbliebenen Aufgaben zwischen der zentralen Stadtverwaltung und den kommunalen Basisstationen aufgeteilt werden soll. Auch hierzu gibt es wieder verschiedene Möglichkeiten, und für jede läßt sich eine Praxis in einer der Städte finden, die, wie Westberlin oder Wien, heute schon in Bezirke (eigener Art) aufgeteilt sind. Jede Lösung hat Vorzüge und Mängel, aber auch hier wollen wir bei der Bewertung wieder von der Sicht ausgehen, die sie den Außenstehenden bietet.

Man sollte dafür auf ein Prinzip zurückgreifen, das im Bereich des kommunalen Lebens sich noch immer als zuverlässig und effektiv herausgestellt hat. Es besagt, daß die Entscheidungen der Stadtverwaltung so nahe wie möglich zu den Stadtbewohnern getroffen und realisiert werden sollen. Nähe bedeutet hier sowohl räumliche Nähe als auch sachliche oder soziale Nähe. Mit anderen Worten: Was sich überhaupt nur dezentralisieren läßt, sollte dezentralisiert werden, und was sich beim besten Willen für eine Dezentralisierung nicht mehr eignet, wird der Zentrale zur Erledigung übertragen. Hier verfahren wir genau umgekehrt zu der Regelung, wie sie im Verhältnis der internationalen, nationalen und städtischen Instanzen vorgeschlagen worden ist. Dort wurde es für richtig gehalten, so viele Themen wie möglich nach „oben" abzugeben, um die mörderischen Konkurrenzkämpfe zwischen den nationalen Regierungen abzuschwächen oder sogar zu überwinden. In den Regionalstädten dagegen, in denen es nach unserer Konstruktion ein zentrales Verwaltungsdach, also eine Koordination, gibt, kann den Bezirken ohne weiteres eine große Reihe von Aufgaben übertragen werden. Dies ist auch deshalb gerechtfertigt, weil es bei allen städtischen Aufgaben schließlich darum geht, unmittelbare Daseinsvorsorge für die Bewohner zu leisten, so daß es äußerst wichtig ist, guten und raschen Kontakt zu ihnen zu haben.

Räumliche Nähe bedeutet einerseits, daß es sich um Aufgaben handeln muß, die den jeweiligen Bezirk betreffen. Zum anderen ist damit gemeint, daß die für den Bezirk zuständige Verwaltung, also die Basisstation, sich ihrer annehmen soll. Wenn man sich die städtischen Aufgaben daraufhin ansieht, wird man feststellen, daß theoretisch alle Dinge für den Bezirk interessant sind oder interessant sein können. Er ist Gegenstand der Stadtplanung, die seine Bebauung festlegt, und er erhebt Anspruch auf die elementare Ausrüstung wie Entwässerung, Müllabfuhr, Energieversorgung und Anschluß an das Netz des öffentlichen Personennahverkehrs. Außerdem sind seine Bewohner das Ziel sozialer und kultureller Dienstleistungen, die sich im Büchereibus oder in einer Kindertagesstätte, in einer Bezirkssportanlage oder in der „fliegenden" Versorgung einiger alter Menschen ausdrücken mögen. Man kann wahrscheinlich sagen, daß alles, was in der großen Regionalstadt passiert, auch im Bezirk des Statbewohners B. passiert.

Natürlich gibt es einige offensichtliche Ausnahmen: Ein Opernhaus, eine Radrennbahn oder eine Krankenanstalt beispielsweise sind Dinge, die meistens nur ein einziges Mal oder wenige Male in der Stadt vorkommen. Aber von diesen Ausnahmen abgesehen, ist der Bezirk ein Mikrokosmos dessen, was sich im Makrokosmos der Stadt abspielt.

Dennoch wäre es nicht richtig, den Bezirk allein daraufhin zu verselbständigen und ihn zu einer unabhängigen kommunalen Einheit zu erheben. Das Argument der räumlichen Beziehung zu den städtischen Aufgaben ist nur *ein* Argument, und daneben gibt es einen anderen wichtigen Gesichtspunkt, den wir berücksichtigen sollten. Wenn man die Zusammenhänge genau analysiert, dann wird man feststellen, daß einige Dienste und Bauten im Bezirk Teil eines die ganze Stadt umfassenden Netzes von Diensten und Bauten sind, daß andere Dinge dieser Art dagegen auf die Notwendigkeiten des jeweiligen Bezirks zugeschnitten sind. Im ersten Fall stellen die Einrichtungen des Bezirks eine Art Filialbetrieb des zentral geführten Unternehmens „städtische Dienste und Bauten" dar, während sie im zweiten Fall eine bestimmte Selbständigkeit und Lokalbezogenheit aufweisen. Beispiele für das erstere sind die Entwässerungsanschlüsse des Bezirks an einen großen Sammler der Stadtkanalisation, die Anschlüsse der Gebäude an das Wassernetz oder das Gasnetz, für das die Stadtwerke oder überregionale Energieversorgungsunternehmen verantwortlich sind, und auch die Haltestellen einer Untergrundbahn oder von Buslinien. Andere Beispiele, die ebenfalls hierher gehören, sind die Schulbauten, die auf die vom Staat angeordnete Schulpflicht zurückgehen, oder auch die großen Zubringerstraßen. Hier läßt sich das Netz, von dem eben die Rede war, nicht nur im übertragenen, sondern sogar im buchstäblichen Sinn wiederfinden.

In all diesen mehr oder weniger unattraktiven technischen Bereichen wird denn auch das Wort „Netz" immer wieder verwendet, um auf ein zusammengehöriges und von einer Stelle gesteuertes System an Röhren, Leitungen, Kanälen, Straßen oder durch eine gesetzliche Verpflichtung zusammengehaltenes Gebäudesystem hinzuweisen. Auch die Stadtplanung läßt sich auf eine „Netzstruktur" zurückführen, diesmal allerdings in einem übertragenen Sinn. Es gehört zu ihrer Aufgabe, die Zusammenhänge des Stadtlebens und die Tatsache, daß alles in der Tat alles beeinflußt, zu berücksichtigen und in ihren Entscheidungen zu verarbeiten. Sie muß also in einer Art und Weise denken und vorgehen, die dem einzelnen Bezirk genauso gerecht wird wie der Summe aller Bezirke der Regionalstadt. Beispiele für jene Dienste und Bauten, die auf den Bezirk zugeschnitten sind, bilden alle Einrichtungen für Kinder und Jugendliche, für Radfahrer und Sportler, für alte Menschen oder für Liebende. Ihre Stadt ist eine Stadt der Details, und dies gilt für eine Reihe weiterer Funktionen, die von der Stadt erfüllt werden.

Deshalb genügt es nicht, für die Kompetenzverteilung allein mit räumlichen Gesichtspunkten zu arbeiten. Man braucht ein zweites Kriterium. Es könnte darin bestehen zu sagen, daß alles, was in einem Stadtberzirk anders als in den übrigen Stadtbezirken geregelt werden kann, ohne daß die Leistungen der Administration insgesamt leiden, diesem Stadtbezirk überlassen werden kann. Warum soll man kommunales Eigenleben, wo immer es möglich ist, nicht schützen? Dies setzt allerdings voraus, daß die kommunale Basisstation die Aufgabe vollkommen überblickt, die sie übenehmen soll, und daß man sie unabhängig von anderen Bezirken lösen kann. „Eine Aufgabe zu überblicken", heißt zu erkennen, daß ihr Sinn den Wünschen und Erwartungen der Bewohner entspricht, daß sie machbar ist und wie sie am besten machbar ist. Diese Bedingungen sind beispielsweise bei der Stadtplanung nur teilweise erfüllt, weil eine kommunale Basisstation nicht alle Informationen besitzt, die nötig sind, um alle planerischen Aspekte (selbst im Bereich des jeweiligen Bezirkes) zu verstehen. Da die Planung die Interessen des Stadtganzen ebenso wie das Interesse jedes einzelnen Bezirks wahrzunehmen hat, dies aber wirklich nur bedingt möglich ist, sind ihre Arbeitsergebnisse nichts anderes als mühsam zustande gekommene Kompromisse. Mancher Bezirk müßte sie ablehnen, wenn es nur darum ginge, allein ihn optimal zu entwickeln. Eine Aufgabe „unabhängig von anderen Bezirken" zu lösen, soll heißen, daß man einer kommunalen Basisstation nicht jene Angelegenheiten übertragen kann, die aus unterschiedlichen Gründen auf keinen Fall in jedem der Bezirke geschaffen werden oder vorhanden sein können. Denken wir an Hallenbäder oder eine kostspielige kulturelle Einrichtung (wie etwa ein Kommunikationszentrum), und es wird verständlich, was gemeint ist.

Wenn wir diese robuste Formel auf den Katalog der städtischen Aufgaben anwenden, dann entfallen auf die Basisstationen die folgenden Funktionen. Es sind nicht nur isolierte Dienste und Projekte, sondern auch Sachgebiete mit „Netzcharakter", wie beispielsweise die Haltestelle einer Straßenbahn oder einer Buslinie. In den Bezirken sollte man selbst regulieren können: die lokalen Bebauungspläne, den Straßenbau, die Beleuchtung, die Haltestellen des öffentlichen Personennahverkehrs, die sozialen Einrichtungen (Service und Bau) für junge und alte Menschen, die kulturellen Einrichtungen des Bezirks wie Theater- und Musikveranstaltungen oder Straßenkunst und einige weniger wichtige Angelegenheiten. Was hier nicht erwähnt wird, sollte von der zentralen Verwaltung erledigt werden.

Diese mehr oder weniger objektiv begründete Kompetenzverteilung hat auch subjektive Gesichtspunkte. Was hier der Basisstation in jedem Bezirk zur Erledigung übertragen wird, kann jeder gewöhnliche Stadtbewohner durchaus überschauen. Er wäre überfordert, würde man ihn nach den geschicktesten Grundstückskäufen, nach der Finanzierung städtischer Projekte oder nach der richtigen Energieversorgung (zumindest unter jenen Energien, die weniger gefährlich sind als die Kernenergie) fragen. Dies ist nicht anders, als wenn man dieselben Leute nach den entscheidenden Kriterien der Produktion von Reifen oder der Herstellung von Süßwaren fragen würde, von denen nun einmal nur diejenigen etwas verstehen, die Reifen produzieren und Süßwaren herstellen. Aber die meisten Menschen sind durchaus auf der Höhe, wenn es um die Frage geht, was ihrem Stadtbezirk noch fehlt und was die Verwaltung tun sollte, um die Ausstattung des Bezirks mit den öffentlichen Dingen zu vervollständigen. Die Meinungen mögen unterschiedlich begründet werden, und sicher bewertet jeder die Prioritäten anders — aber es gibt eben solche begründeten Meinungen und Prioritäten, und darauf kommt es hier an. Im Hinblick auf ihre unmittelbare Umgebung sind die meisten Menschen genauso erfahren und clever wie die professionellen Stadtverwalter, zumindest was die Ziele und Programme angeht.

3. Die Stadt als Objekt von Herrschaft

Im 2. Kapitel waren wir zu dem Ergebnis gekommen, daß die großzügig dimensionierte Regionalstadt, um greifbarer und erträglicher zu werden, in Bezirke aufgeteilt werden sollte. Wir hatten weiter gesagt, daß sich die zentrale Verwaltung und die Verwaltung in den Bezirken (Basisstation) in die Erledigung der Aufgaben teilen sollten. Lokal überschaubare und realisierbare Dinge sollten von der kommunalen Basisstation, Angelegenheiten des Stadtganzen von der Zentrale betreut werden. Damit scheinen die wichtigsten Elemente einer wirkungsvollen neuen Stadtform genannt worden zu sein. Tatsächlich fehlt aber noch ein wichtiger Punkt, der gern als ausdiskutiert oder vorgegeben angesehen wird, es aber in Wahrheit nicht ist. Er betrifft die Frage, wer einerseits in der zentralen Administration und andererseits in den Basisstationen die städtischen Funktionen wahrnehmen soll. Mit der Tatsache, daß die Städte im Rahmen der Politik bestimmte Funktionen auszuüben haben, und mit der Feststellung, daß dies so und so am besten räumlich erledigt werden kann, ist noch nicht gesagt, wer die Träger oder die verantwortlichen Organisationen für diese Aufgaben sein sollten. Natürlich liegt es nahe zu erklären, daß zukünftige Regionalstädte von der beschriebenen Art in der gleichen Weise verwaltet werden müßten wie unsere gegenwärtigen Städte. Dies würde heißen: mit einer öffentlich-rechtlich organisierten Verwaltung von Beamten, mit angestellten Mitarbeitern und einer von den Bewohnern gewählten kleinen Gruppe „parlamentarischer" Kontrolleure. Doch es ist gerade die Frage, ob die Verwaltungsformen der vergangenen hunderfünfzig Jahre auch heute noch geeignet sind, die Interessen der Stadtbewohner gut wahrzunehmen.

Es gibt einige Zweifel, und sie folgen daraus, daß die Verwaltungsformen ohne Rücksicht auf die historische Entwicklung seit Generationen die gleichen geblieben sind. In der Bundesrepublik Deutschland ist seit dem Freiherrn vom Stein zu diesem Thema nichts Neues hinzugekommen. Wir befinden uns in der eigenartigen Situation, daß die städtischen Probleme des zwanzigsten Jahrhunderts mit den Entscheidungen, Methoden und Kompetenzen des neunzehnten Jahrhunderts gelöst werden sollten. Einerseits haben die Bewohner zu geringen Einfluß auf die kommunalen Dinge ihrer unmittelbaren Umgebung. Martin Neuffer schreibt zu Recht: „Das System hat den Nachteil, daß die einzige Form der direkten Teilhabe an der politischen Herrschaft für die Masse der Bevölkerung der periodisch wiederkehrende Wahlakt ist — eine punktuelle Entscheidung für Personen und Gruppen und nur mittelbar und in begrenztem Umfang eine Entscheidung über gesellschaftliche Probleme.

Zwar ist der Wahltag Zahltag, aber es bleibt im großen und ganzen doch dabei, daß die da oben regieren und der Bürger sich in bezug auf seinen Einfluß auf den Gang der Dinge recht ohnmächtig fühlt. Dies gilt nicht nur für die staatliche Ebene, sondern ebenso für das Rathaus[43]". Anderserseits sind die Verwaltungen häufig zu schwerfällig und zu sehr mit sich selbst beschäftigt, als daß man ihnen das städtische Schicksal auch in Zukunft ohne weiteres überlassen kann. Die Parlamente der großen Städte leiden darunter, daß ihnen der Durchblick bis in die Situation des einzelnen Stadtbewohners fehlt und sie deshalb in ihren Entscheidungen immer wieder unsicher sind.

Auch die beiden letztgenannten Mängel sind institutioneller Art, was bedeuten soll, daß sie von den für die Administration oder für das Parlament zuständigen Personen weitgehend unabhängig sind. Sie sind eine Folge der Größe heutiger Städte und Stadtregionen, und sie sind zugleich eine Folge der Unmöglichkeit, eine Klasse von Lehrern durch einen Schüler zu kontrollieren. So ungefähr ist nämlich das Verhältnis von 50 bis 100 Stadtparlamentariern gegenüber 5000 bis 100000 Mitgliedern der Administration zu sehen.

Um die Frage nach der angemessenen Organisation und den Trägern der städtischen Funktionen genauer beantworten zu können, müssen wir wieder einen Umweg machen. Als vollziehende Kräfte oder als „Stadtfunktionäre" im engeren Sinn kommen vier Gruppen von Stadtbewohnern in Frage: die Bewohner selbst, von ihnen gewählte Repräsentanten (in Form eines „Rates" oder mehrerer „Räte"), Verwaltungsexperten der verschiedenen Disziplinen oder der Staat, vertreten durch entsprechend eingesetzte Vertreter der Regierung. Wir wollen sie ohne Rücksicht auf die heutigen Verhältnisse, die ohnehin von Staat zu Staat unterschiedlich sind, auf ihre Eignung für die Erledigung der städtischen Funktionen hin ansehen. Es gibt acht Möglichkeiten, und unter ihnen wieder zahlreiche Kombinationen. Sie sehen folgendermaßen aus:

— Stadtbewoner erledigen Aufgaben der Zentrale,
— Stadtbewohner erledigen Aufgaben des Bezirks,
— gewählte Repräsentanten erledigen Aufgaben der Zentrale,
— gewählte Repräsentanten erledigen Aufgaben des Bezirks,
— Experten erledigen Aufgaben der Zentrale,
— Experten erledigen Aufgaben des Bezirks,
— Der Staat erledigt Aufgaben der Zentrale,
— Der Staat erledigt Aufgaben des Bezirks.

Man muß also zwischen der Verwaltung der Gesamtstadt und der Verwaltung der Bezirke unterscheiden, weil beides unterschiedliche Fähigkeiten und Notwendigkeiten der Organisation voraussetzt. Auch der Schwierigkeitsgrad und das Risiko, das Fehlentscheidungen oder Fehlentwicklungen nach sich ziehen können, sind bei der zentralen Administration größer als in einer kommunalen Basisstation. Deshalb möchte ich die Möglichkeiten, die vier Aufgabenträger einsetzen zu können, und die Notwendigkeit, sie einsetzen zu müssen, für die Zentrale und die Bezirke getrennt behandeln.

Bevor wir mit einer der vier Gruppen beginnen, müssen wir allerdings klären, was es genau bedeutet, „eine kommunale Aufgabe zu erledigen". Dieser Arbeitsvorgang besteht, genau genommen, aus zwei unterscheidbaren Maßnahmen, von denen die eine mit „Direktive" und die andere mit „Realisierung" bezeichnet werden kann. Obwohl die städtischen Funktionen an sich bekannt sind, ist immer wieder zu entscheiden, welches Projekt, welches Bauwerk oder welchen Service man sich vornehmen, in welcher Weise, in welcher zeitlichen Reihenfolge oder mit welchem Aufwand man dies alles verfolgen will. Es sind also vorher einige Entscheidungen über das Ob, das Wie und das Wann zu treffen, die der eigentlichen Ausführung vorangehen.

Einiges spricht dafür, nicht ein und dieselbe Stelle mit beiden Dingen, also sowohl mit der Erteilung von Direktiven als auch mit ihrer Realisierung, zu beauftragen. Es ist beispielsweise nicht gut, wenn eine städtische Verwaltung ihr eigener Auftraggeber ist. In diesem Fall besteht die Gefahr, die wir vermeiden wollten, daß interne Gesichtspunkte (der Verwaltung) den externen Gesichtspunkten (der Bewohner) vorgezogen werden. In einer solchen Situation pflegt eine Verwaltung Lösungen und Zwänge, die aus ihrer inneren Organisation herrühren, wichtiger zu nehmen als Notwendigkeiten, die sich aus einer vernünftigen Versorgung der Stadtbewohner ergeben. Ein Beispiel: Eine Stelle, die Tunnel für U-Bahnen baut, wird immer der Ansicht sein, daß das Geld dort besser ausgegeben wird als für den Straßenbau. Umgekehrt werden die Straßenbauer völlig überzeugt davon sein, daß man dem Stadtverkehr mehr nützt, wenn man Straßen für Autos baut, als wenn man die Stadtmenschen in die Waggons einer unterirdischen Tunnelbahn steckt. Jeder Berufsstand ist um seine Erhaltung besorgt, und er entwickelt eine verständliche Leidenschaft für sein Metier. Ein Verwaltungsexperte wird seine Arbeit aus ihr selbst zu rechtfertigen versuchen, und wenn er gute Arbeit leistet, fällt es schwer, von ihm zu erwarten, daß er selbst künftig damit aufhört oder doch seine Aktivität einschränkt. Wenn man also den Auftragnehmer sich seine Aufträge selbst formulieren läßt, dann geschieht in der Stadt in ziemlich einseitiger Weise schließlich das, was *der* Experte anzubieten hat, der sich am geschicktesten und rücksichtslosesten durchzusetzen vermag.

Um diese Introvertiertheit zu vermeiden, müssen wir also zwischen dem ausführenden Verwaltungsapparat oder Expertenstab und denjenigen unterscheiden, die bestimmen, was die Experten zu erledigen haben. Deren Spielraum ist bei der Durchführung der Dienstleistungen oder des Bauprojektes immer noch groß genug, so daß man nicht behaupten kann, sie müßten wegen zu starker Bevormundung allmählich den Spaß an ihrer Arbeit verlieren.

Beginnen wir mit den Stadtbewohnern und ihrer Fähigkeit, die städtischen Angelegenheiten selbst zu erledigen. Man muß dabei unterscheiden zwischen dem, was ist, und dem, was getan werden könnte. Wenn wir uns ansehen, welche Rolle sie bisher in den großen Städten gespielt haben, dann müssen wir zu dem Ergebnis kommen, daß sie in dieser Beziehung kaum einmal ernst genommen werden. Die Stadtverwaltungen hören ihnen mehr oder weniger höflich zu, wenn sie als Einzelpersonen oder in Gruppen bestimmte Wünsche vortragen. Man beteiligt sie gelegentlich auch in Ausschüssen, Kommissionen oder besonderen Veranstaltungen, informiert sie und läßt sie Empfehlungen beschließen. Aber, von Ausnahmen abgesehen, nach kurzer Zeit geht eine Stadtverwaltung wieder zur Tagesordnung über oder zu dem, was sie dafür hält.

Viele Bewoner haben sich vergeblich gegen ihre Nichtbeachtung gewehrt. Die Geschichte der Bürgerinitiativen ist eine Geschichte der Frustrationen, von wenigen bemerkenswerten Ausnahmen abgesehen. Überall auf der Welt haben die Stadtbewohner (zu Unrecht oder zu Recht) erfahren müssen, daß für sie arbeiten zu wollen noch lange nicht bedeutet, mit ihnen zu arbeiten. Wenn sich einige von ihnen durchgesetzt haben, dann solchc, dic dank ihrer sozialen Stellung in der Lage waren, ihre Interessen entsprechend zu artikulieren. Die Stadtverwaltung meinte in ihrem eigenen Interesse, sie nicht übergehen zu können. Man muß allerdings auch sehen, daß es bis heute keine Spielregeln für den Umgang der Bewohner mit ihrer Administration gibt, die innerhalb einer angemessenen Zeit vernünftige Ergebnisse ermöglichen.

Aber ist etwas anderes überhaupt machbar? Sicher sind die Bewohner als Gesamtheit nicht in der Lage, Planungen oder Serviceleistungen und Bauvorhaben selbst durchzuführen. Das Kollektiv der Einwohner ist nicht fähig, eine Siedlung zu modernisieren, eine Straße zu bauen oder Anna Moffo für ein Gastspiel an der städtischen Oper zu engagieren. Daß einzelne Privatleute dazu sehr wohl in der Lage sind, und manche besser als ein städtischer Expertenstab, darüber wird noch zu reden sein. Man kann die Bewohner also nicht mit Aufgaben der Realisierung in der zentralen Verwaltung oder in den Basisstationen betreuen. Für die Realisierung von Entscheidungen wird es immer einer Verwaltung bedürfen, die sich der Dinge selbst annimmt oder jene beauftragt, die es noch besser können.

Heißt dies aber auch, daß die Bewohner unfähig sind, Direktiven in städtischen Angelegenheiten zu erteilen? Um diese Frage beantworten zu können, müssen wir untersuchen, ob die Stadtbewohner als Kollektiv die beiden Voraussetzungen erfüllen, die erforderlich sind, um mit Aussicht auf Erfolg Direktiven erteilen zu können. Diese Voraussetzungen bestehen einerseits darin, den Sachverhalt, dem die Direktive gilt, zu überschauen und zu verstehen. Und zum anderen muß es möglich sein, die Absicht, die man aus der Kenntnis des Sachverhalts entwickelt hat, zu formulieren.

Die Aufgaben der zentralen Verwaltung sind im Augenblick für Herrn Jedermann relativ schwer zu durchschauen und zu verstehen. Nehmen wir die Versorgung mit Energie: Die Einsichtsmöglichkeit und die Einsichtsfähigkeit der Stadtmassen in die verwickelten Zusammenhänge des internationalen Energiemarktes sind noch äußerst gering. Stadtverwaltungen bieten elektrische Energie, Gas und Fernwärme an. Sie beziehen diese Energien auch von Lieferanten, die in einem anderen Land zu Hause sind und ihrerseits auf internationaler Basis arbeiten. Langfristige und komplizierte Verträge zwischen den Städten und diesen Lieferanten bilden die rechtliche Basis. Hier die richtigen Entscheidungen beim Abschluß neuer Energielieferungsverträge zu treffen, setzt intime Kenntnis der Zusammenhänge voraus. Wer mit diesem Geschäft nicht ständig zu tun hat, kann diese Kenntnis nicht ohne weiteres gewinnen. Dies besagt nichts darüber, daß auch die Stadtmenschen durchaus in der Lage sind, sich eine verbindliche Meinung darüber zu bilden, ob eine Energieart ihnen gefährlicher ist als eine andere. Die Versorgung mit Energie ist nur ein Beispiel, andere Beispiele sind der öffentliche Personennahverkehr, wo es zwischen dem Schienen- und dem Busverkehr, dem Zusammenspiel der verschiedenen Verkehrsgesellschaften, den Wirtschaftlichkeitsalternativen und dem richtigen Einsatz der richtigen Fahrzeuge am richtigen Ort zur richtigen Zeit geht. Das Verständnis des Betriebes ist keine Frage des gesunden Menschenverstandes, sondern des exakten und gelernten Handwerks. Das gleiche gilt für die übergeordnete Flächennutzungsplanung, das Krankenhaussystem und alle übrigen zentral gesteuerten Aufgaben. Bei ihnen fehlen den Stadtbewohnern als Kollektiv schon die Möglichkeiten, den jeweiligen Sachverhalt zu überschauen und zu verstehen, so daß es dann auf die zweite Voraussetzung, auf das Problem der Formulierung, nicht mehr ankommt. Ich bin der Auffassung, daß es möglich ist, die Menschen besser zu informieren. Es ist weniger ein Problem der technischen Möglichkeiten als des allgemeinen Interesses: In dem Augenblick, in dem die Mehrheit danach verlangt, informiert zu werden, wird es möglich, ihr auch hier Entscheidungsrechte einzuräumen.

Bei den Aufgaben der Bezirke ist es dagegen vertretbar, eine andere Auffassung einzunehmen. Hier läßt sich behaupten, daß beide Voraussetzungen erfüllt sein können. Zur Überschaubarkeit und dem Verständnis muß gesagt werden, daß die Bewohner des Bezirks in der Lage sind, zu sehen und zu merken, ob und wieweit die kommunale Ausstattung des Bezirkes ihren Vorstellungen enspricht. Es ist für sie nicht schwierig festzustellen, ob das Wegesystem den allgemeinen Bedürfnissen entspricht, ob der Anschluß an den öffentlichen Nahverkehr befriedigend ist, ob die Kinder Gelegenheit zum Spielen, die Radfahrer sichere Radwege oder alle eine ausreichende Straßenbeleuchtung haben, ob die Müllabfuhr funktioniert und Möglichkeiten für sportliche Betätigung vorhanden sind, ob dem Bezirk eine zentrale und begehbare Brunnenanlage Freude machen könnte, ob die Marktverhältnisse verbessert und das Angebot an kulturellen Dingen vergrößert werden sollte, ob eine ungenutzte öffentliche Fläche zu einem Parkplatz oder zu einem kleinen Park, zu einem Hubschrauberlandeplatz für den schnellen Krankentransport oder zu einem Kinderfußballplatz ausgebaut werden sollte, ob bestimmte Teile des Bezirks modernisiert oder saniert werden müssen, ob die Bebauung verdichtet oder „ausgekämmt“ werden sollte, ob es sinnvoller ist, ein Bad zu bauen und auf eine Brücke zu verzichten usw.

Ausgestattet mit den Informationen des Bezirks und aus dem täglichen Umgang mit den gebauten und betriebenen Einrichtungen weiß man, was der Bezirk noch vertragen kann, wo es fehlt und wo er bereits einen ausgezeichneten Service bietet. Alle diese Dinge sind mehr oder weniger sichtbar und greifbar, ohne allzu komplizierte Hintergründe ökonomischer und rechtlicher Art. In den Angelegenheiten ihrer unmittelaren Umgebung sind die Menschen auch fremden Einflüssen oder Manipulationen weniger ausgesetzt als in anderen Lebensbereichen. Sicher sind die Meinungen über die städtischen Dienstleistungen, die Gebäude und die Gestaltung des Viertels völlig unterschiedlich, weil auch die Interessen an den Diensten und

Projekten von Bewohner zu Bewohner unterschiedlich sind. Studenten haben andere Sorgen als Hausfrauen, und Kinder kennen andere Bedürfnisse als die alten Menschen; wer täglich mit dem Auto durch den Bezirk fährt, sieht ihn anders als der Fußgänger oder der Radfahrer. Aber nicht hierauf kommt es an, sondern auf die Fähigkeit, sich eine Meinung oder gar ein Urteil zu bilden. Der städtische Bezirk ist eine kommunale Einheit, die von der Mehrzahl ihrer Bewohner durchaus übersehen und verstanden werden kann.

Damit die Bewohner ihrer Basisstation Direktiven erteilen können, müssen sie allerdings auch fähig sein, ihre Wünsche und Erwartungen zu formulieren. Jeder einzelne mag dazu in der Lage sein. Aber wie soll das Kollektiv der Bewohner in strittigen Fragen und in divergierenden Wünschen zu einem einheitlichen Willen gelangen? Die Finanzmittel, die jährlich zur Verfügung stehen, können nur für einige Dinge ausgegeben werden, und alle übrigen müssen zurückgestellt werden für die folgenden Jahre. Es wird also nötig, nicht nur Wünsche und Erwartungen zu formulieren. Darüber hinaus müssen sie in eine Reihenfolge gebracht werden, indem die wichtigsten an den Anfang und die weniger wichtigen an das Ende gestellt werden.

Wie immer, wenn es darum geht, aus den Absichten vieler eine einzige Absicht herauszudestillieren, hilft auch hier nur eine Art Abstimmung unter den Bewohnern des Bezirks weiter. Es gibt vermutlich verschiedene Verfahren, mit denen so etwas möglich gemacht werden kann. Eines davon habe ich an anderer Stelle zu beschreiben versucht[44]. Wie immer man es auch anfängt, letzten Endes kommt es darauf an, einerseits allen Familien oder Einzelpersonen des Bezirks Gelegenheit zu geben, ihre Vorstellungen kurz zu äußern, und andererseits über alle auf diese Weise zusammengekommenen Ideen abstimmen zu lassen. In der Schweiz läßt man gelegentlich Hunderttausende über die Entwicklung ihrer Stadt votieren. Dabei wird ihnen allerdings nur eine einzige Frage vorgelegt, auf die sie mit Ja oder Nein antworten müssen. In dem Abstimmungsverfahren für den Bezirk stehen von Jahr zu Jahr zahlreiche Vorschläge zur Entscheidung, und deshalb wird man hier nicht mit Ja oder Nein, sondern mit einer Zahlenreihe arbeiten müssen: Das begehrteste Projekt wird mit einer Eins versehen, das folgende mit einer Zwei usw. Die Basisstation des Bezirks läßt sich also in den ersten drei Monaten des neuen Jahres schriftlich die Wünsche der Bewohner vortragen. In den folgenden drei Monaten, bis zur Jahreshälfte, werden die eingegangenen Briefe ausgewertet und in einer Liste zusammengefaßt. Diese Liste geht dann jedem Haushalt des Bezirks zu mit der Bitte, die Eintragungen mit Prioritäten zu versehen und die Liste bis Ende September zurückzuschicken. In den letzten drei Monaten wertet die Basisstation die Abstimmung aus und formuliert daraus die Direktiven für das kommende Jahr. Die Bewohner bestimmen auf diese Weise mehr oder weniger selbst, was in ihrem Bezirk an kommunalen Diensten und Bauten realisiert und wozu das vorhandene Geld ausgegeben wird. Insoweit läßt sich von ihnen behaupten, daß sie, alles in allem, Träger kommunaler Aufgaben sein können.

An zweiter Stelle hatten wir die gewählten Repräsentanten der Stadtbewohner als potentielle Aufgabenträger genannt. Sie haben schon über Jahrzehnte hin bewiesen, daß sie die städtischen Angelegenheiten zu überschauen vermögen und ihre

Überzeugungen darüber, wie es in der Stadt weitergehen soll, auch zu formulieren verstehen. Wohl alle Städte des Erdballs verfügen über Stadtparlamente, und, wie viel oder wie wenig sie auch entscheiden dürfen, nirgendwo meint man, auf eine von den Stadtbewohner gewählte Vertretungskörperschaft verzichten zu können. Auch hier interessiert uns, ob und in welchem Maß von ihr Direktiven an die zentrale Verwaltung oder an die Basisstation erteilt werden können. Daß ein Stadtparlament selbst administrativ tätig werden kann, wird von niemanden behauptet und kann aus unseren Überlegungen ausscheiden.

Stadtparlamente setzen sich aus Stadtbewohnern zusammen, die von einer Partei oder von mehreren Parteien zur Wahl in das Parlament vorgeschlagen und dann von der Mehrheit der Bewohner gewählt worden sind. Ihre parlamentarische Funktion dauert im Durchschnitt mindestens vier Jahre und, wenn sie wiedergewählt werden, auch acht oder mehr Jahre. Sie stellen ebensowenig wie die staatlichen Parlamente oder andere gewählte Gruppen einen wirklichen Durchschnitt der Bevölkerung dar, weder dem Geschlecht noch dem Beruf nach, weder dem Alter noch anderen mehr oder weniger äußerlichen Attributen nach, von Charaktereigenschaften, Vermögensverhältnissen oder anderen Eigenschaften ganz zu schweigen. Aber sie haben irgendwann in ihrem Leben den Ehrgeiz entwickelt, Vertreter der Bewohner zu werden. Mit Hilfe einer Partei sind sie aufgestellt und schließlich von den Wählern gewählt worden. Zusammen mit ihren Kollegen finden sie sich in einem Kollektiv wieder, das vielleicht über fünfzig bis hundert Mitglieder umfaßt, eine Geschäftsordnung besitzt und von der städtischen Administration mit schriftlichen Vorschlägen bedient wird. In einer Art von heimlicher Haßliebe zwischen diesem Parlament und der Administration werden dann die laufenden Geschäfte der Stadt abgewickelt. Das ist die tägliche Realität in fast allen Städten, denn nach heutiger Auffassung gelten die Stadträte als die besten Machthaber in kommunalen Angelegenheiten.

Das ist vordergründig auch richtig. Die Stadtparlamentarier sind in der Lage, sich anhand des Materials, das ihnen die Verwaltungsexperten zur Verfügung stellen, einen Überblick über die aktuellen Probleme und deren Lösungen zu verschaffen. Dabei kommt ihnen zustatten, daß in jedem Stadtrat auch einige Leute vertreten sind, die berufliche Beziehungen zu bestimmten städtischen Aufgaben haben. Es gibt Architekten oder Bauunternehmer, denen die Angelegenheiten der Stadtplanung und des Bauens einigermaßen vertraut sind. Es gibt Pädagogen, die an schulischen Projekten interessiert sind und über einige allgemeine kulturelle Kenntnissen verfügen. Es gibt andere, die für soziale Institutionen arbeiten und täglich mit den Sorgen der alten Menschen und den Leiden der Kinder in der Stadt zu tun haben. Es gibt Techniker, denen die Probleme der Energieversorgung aus ihrer beruflichen Tätigkeit bekannt sind. Außerdem arbeitet jener Teil der Administration, der in den Parteien organisiert ist, aus denen auch die gewählten Vertreter stammen, mehr oder weniger versteckt für die letzteren. Auf diese und andere Weise gelingt es den Repräsentanten der Stadtbewohner immer wieder, die Informationen und die Erkenntnisse zu mobilisieren, die sie benötigen, um sich eine einigermaßen abgesicherte Meinung zu den städtischen Aufgaben zu bilden.

Die zweite Voraussetzung, die wir genannt hatten, die Formulierung von Direktiven, ist ebenfalls erfüllbar. Um zu eindeutigen Beschlüssen zu gelangen, wird in den Stadtparlamenten abgestimmt. Auch für die Repräsentanten gilt, was wir vorhin von den Bewohnern gesagt hatten: daß sie unterschiedliche Meinungen zu den vorgelegten Fragen haben. Aber letzten Endes findet sich eine Mehrheit, wie lange und wie umständlich die Auseinandersetzungen auch anhalten mögen, und damit wird die erforderliche Direktive formuliert. Die Stadtbewohner kann man nicht in einem Saal und kaum auf einem Platz oder in einem Stadion versammeln: Man muß also schriftlich unter ihnen abstimmen lassen. Ihre Repräsentanten dagegen treten regelmäßig und in einem Raum zusammen, so daß es um so leichter ist, sie zu einer abschließenden Stellungnahme zu bewegen.

Diese Tatsachen führen immer wieder dazu, daß aus einer Herrschaft des Volkes, das sich nicht an einem Ort treffen kann, die Herrschaft einer bestimmten Gruppe geworden ist. Auch für die parlamentarische Demokratie in den Städten gilt, daß sie dazu tendiert, eine Oligarchie zu sein. Wenn der „Stadtadel" auch immer wieder aus Wahlen hervorgegangen ist, so bedeutet das noch lange nicht, daß immer wieder andere Kandidaten gewählt werden: Eine Gruppe der führenden Leute kehrt immer wieder. Außerdem verbindet sich mit der Wahl eines Vertreters durch einige zehntausend anonyme Wähler kein fest umrissener Auftrag. Es ist in zahllosen Fällen nichts als ein formeller Vorgang, den man vermutlich durch einen Losentscheid ersetzen könnte, ohne deshalb weniger demokratisch zu sein. Auf jeden Fall sind es politische Gründe, die Parlamente teilweise auf Kosten derer, die sie vertreten sollen, zum städtischen Auftraggeber gemacht haben. Da niemand gern auf eine solche Funktion verzichtet, hat es bisher auch keinen freiwilligen Verzicht der Stadtparlamentarier zugunsten direkter Entscheidung durch die Stadtbewohner gegeben.

Für die gewählten Repräsentanten kommen wir also zu dem Ergebnis, daß sie ohne weiteres Träger städtischer Aufgaben in den Regionalstädten und in ihren Bezirken sein können, so wie es zur Zeit überall praktiziert wird. Es ist eine andere, nicht weniger interessante Frage, ob sie diese Rolle auch weiterhin spielen sollen. Man kann gegen eine unbeschränkte Fortsetzung des zeitgenössischen Demokratieverfahrens anführen, daß es mehr oder weniger nur hilfsweise eingeführt worden ist. Sowie es technisch einwandfrei möglich ist, das „Volk" zu befragen und entscheiden zu lassen, werden gewählte Volksvertreter überflüssig. Dies hatten wir für die Bezirke für machbar angesehen. Man kann gegen die städtischen Parlamentarier weiter vorbringen, daß sie es in den zentralen Angelegenheiten mit Fragen zu tun haben, die aus der Sicht der Stadtbewohner, um deren Interessen es letztlich geht, ebenso von der Regierung des Staates erledigt werden können. Es handelt sich um absolut notwendige Angelegenheiten der täglichen Daseinsvorsorge, die ohnehin der direkten Beeinflussung durch die Bewohner entzogen sind. Aus der Perspektive der Bewohner einer Regionalstadt ist es ziemlich gleichgültig, ob die Wahl des öffentlichen Nahverkehrsmittels oder die Technik der Abfallbeseitigung oder die ambulante und stationäre ärztliche Behandlung durch ein Stadtparlament oder durch eine andere Stelle initiiert und kontrolliert werden. Den Bewohnern ist es zunächst einmal wichtig, daß diese Dinge überhaupt existieren und funktionieren.

Zum anderen ist der Einfluß der Stadtbewohner über ein Stadtparlament nicht größer als beispielsweise über eine staatliche Stelle. Man hat noch nicht davon gehört, daß ein Mitglied des Stadtparlaments von Zehntausenden nicht wiedergewählt worden ist, weil sich hundertzwanzig Bewohner in einer Sachfrage über ihn geärgert haben. Unter Wählern gibt es nun einmal keine Kontakte, und schon gar keine Solidarität, die so weit ginge, daß sie bestimmte Stadtvertreter zielbewußt unter Druck sezten könnte. Vielleicht kann eine Zeitung eine größerer Gruppe der Stadtbewohner mobilisieren und einen Stadtvertreter in Angst versetzen – doch sie kann das gegenüber jedem anderen Aufgabenträger ebenso, auch wenn er sich nicht zur Wahl zu stellen hat.

Weil dies so ist, hat sich das Kollektiv der gewählten Repräsentanten parallel zum Wachstum der Städte immer mehr von seinem ursprünglichen Auftrag, Sprecher der anonymen Stadtmenschen zu sein, gelöst und sich zu einer dritten Kraft neben den Stadtbewohnern und der Administration entwickelt. Ihre wesentliche Tätigkeit besteht dann auch darin, sich innerhalb ihres Kollektivs zu behaupten und zu erreichen, daß sie bei der nächsten Wahl wieder an aussichtsreicher Stelle kandidieren dürfen.

Hinzu kommt: Wenn sie etwas vertreten, dann nicht die Einwohnerschaft, sondern die Partei, der sie ihre Kandidatur verdanken. Zwischen die Masse der Stadtbewohner und das Stadtparlament haben sich überall die Parteien geschoben, also ein winziger Ausschnitt aus der Summe der Stadtmenschen. Die Parteien nun vermögen alles das, was die Bewohner nicht mehr können: Sie können jemanden zum Repräsentanten machen und ihn wieder nach Hause schicken, sie können die mit der Repräsentanz verbundenen finanziellen und immateriallen Vorteile wie Ansehen und ein wenig Macht gewähren, und sie können diese begehrten Güter wieder entziehen. Das wahre „Volk“, dem sich das Stadtparlament verbunden fühlt, ist nicht das Stadtvolk, sondern das Parteivolk. Auch dies hat allenfalls für die 3 bis 5 % der Stadtbewohner Bedeutung, die einer Partei angehören. Die Mehrheit der Menschen hat auf die Parteien keinen Einfluß.

Aber auch das zweite Argument, das ich erwähnt habe, ist in diesem Zusammenhang wichtig und relativiert den Nutzen der gewählten Stadtvertreter als „Chef“ der Stadt. Der Spielraum, in dem über städtische Funktionen der zentralen Art entschieden werden kann, ist heute überraschend klein geworden. Es sind einfach keine bedeutsamen unterschiedlichen Meinungen darüber mehr möglich, ob man eine Kanalisation haben soll oder nicht, ob man die jeweils rationellste Energie anbieten soll und einen öffentlichen Nahverkehr braucht, ob man den sozialen Minderheiten beistehen soll oder nicht, ob Städte geplant werden müssen oder den Zufälligkeiten privater Aktivitäten überlassen werden können, ob man die Kinder auf den Straßen ihrem Schicksal überantwortet oder sich über die Eltern hinaus um sie kümmern soll. Man sieht einer Stadt von außen nicht an, von welcher politischen Couleur diejenigen sind, die in ihr berechtigt sind, Direktiven zu erteilen. Und dort, wo man es zu sehen meint, ist der Eindruck oft täuschend.

Dort aber, wo sich Alternativen anbieten, ist es für das Wohl der Stadtbewohner belanglos, welcher Version man überhaupt oder zuerst folgt. Zum anderen werden die Kriterien, die man für die Antwort braucht, nicht allein im Stadtparlament produziert: Sie liegen sozusagen, für jedermann sichtbar und auch häufig genug ausgesprochen, auf der Straße. Für beides möchte ich ein Beispiel bringen. Die Alternativen, die sich für die Realisierung bestimmter Objekte anbieten, können zeitlicher Art sein. Soll man erst ein Hallenbad oder erst drei Kindertagesstätten bauen? Was man auch tut, die Stadtbewohner werden im Laufe der Zeit beides erhalten, wenn es überhaupt nur sinnvoll ist. Die Alternativen können aber auch technischer Art sein: Man kann Müll kompostieren oder verbrennen. Für welche Technik auch immer votiert wird, für die Bewohner verschwindet der Müll von der Straße und aus den Häusern, und das ist das Entscheidende. Die Alternativen mögen sein, wie sie wollen, für die Materie der heute noch vorhandenen städtischen Funktionen ist charakteristisch, daß nichts verlorengeht. Selbstverständlich gibt es Ausnahmen hiervon, beispielsweise dann, wenn ein immer wieder verzögertes Projekt „sein“ Grundstück an ein anderes Projekt abgeben muß und deshalb ganz aufgegeben wird. Im allgemeinen aber gilt, daß, sofern überhaupt Geld da ist, die Bewohner oder Teile von Ihnen profitieren werden: so oder so.

Vielleicht kann man sagen, daß in der Stadt in dieser Beziehung eine Art Monokultur herrscht. In den Stadtparlamenten wird kaum mehr „wesentlich“ und wirklich kontrovers diskutiert, weil der Spielraum für unterschiedliche Entscheidungen äußerst gering geworden ist: Die Lösung wird mehr oder weniger fertig bereits mit der Aufgabe geliefert.

Die nächste Gruppe in der Stadt, die als Träger kommunaler Angelegenheiten in Frage kommen kann, sind die privaten Unternehmer. Bei ihnen sind verschiedene Möglichkeiten denkbar. Beginnen wir diesmal mit dem administrativen Vollzug der Direktiven, wer immer sie auch erteilen mag. Im Gegensatz zu den Stadtbewohnern selbst oder ihren gewählten Vertretern in den Stadtparlamenten sind privatwirtschaftlich geführte Firmen durchaus imstande, bestimmte Verwaltungsaufgaben zu übernehmen. Es gab immer und gibt auch heute Betriebe, die Müll abfahren und ablagern oder verbrennen, die Verkehrsunternehmen unterhalten, die Schulgebäude vermieten, die Theater spielen, soziale Dienste oder Anlagen unterhalten, um nur eine kleine Auswahl von privatwirtschaftlichen Betätigungen zu nennen. Natürlich betrachten sie ihr kommunales Engagement als einen Weg, um Geld zu verdienen. Wo mit der Erledigung städtischer Funktionen noch Geld zu verdienen ist, sollte man sie auch gewähren lassen, es sei denn, sie leisteten ausgesprochen schlechte Arbeit.

Etwas anderes kann unter Umständen für die viel häufigeren Fälle gelten, in denen die Wahrnehmung solcher Aufgaben zu wenig rentabel ist, als daß sie eine Firma tragen kann. Hier tritt der Betrieb des Kaufmanns neben die städtische Administration, die sich ausschließlich mit Aufgaben zu befassen hat, die subventioniert werden müssen. Bei dieser Konkurrenz stellt sich die Frage, ob es besser ist, eine subventionierte eigene Administration oder einen subventionierten fremden Betrieb für die Stadtbewohner arbeiten zu lassen. Vermutlich läßt sich diese Frage nicht generell beantworten. Ein wichtiger Gesichtspunkt ist sicherlich zu prüfen: welcher Interessent billiger oder wirkungsvoller arbeiten kann. Je nach der Aufgabe, um die es sich handelt, und je nach der örtlichen Situation wird diese Prüfung unterschiedlich ausfallen. Die Vorzüge von Betrieben gegenüber der öffentlichen Verwaltung und auch die Vorzüge der letzteren gegenüber den Betrieben sind bekannt. Betriebe sind im großen und ganzen beweglicher und elastischer in ihren Dienstleistungen und in ihrer Kostengestaltung. Demgegenüber sind Verwaltungen vor Konkursen oder anderen Zusammenbrüchen gefeit, und sie halten eine sehr komplexe Organisation vor. Es gibt in der Stadt wenig Aufgaben, die nicht geeignet wären, von privaten Unternehmern durchgeführt zu werden. Wer in den Städten die Direktiven zu erteilen hat, mag also wählen, ob er sich für die Erledigung der Aufgaben der eigenen Administration oder eines Betriebes bedienen will.

Sehr zweifelhaft ist dagegen, ob privatwirtschaftlich geführte Firmen sich dafür eigenen, selbst kommunale Direktiven an wen auch immer zu erteilen. Es gibt genügend Gründe, die dafür sprechen, nur die Stadtbewohner selbst, von ihnen gewählte Repräsentanten oder, wie wir noch sehen werden, den Staat Direktiven erteilen zu lassen. Die Zweifel sind identisch mit den Ursachen, die dazu führen, daß in jeder Gesellschaft zwischen privaten und öffentlichen Angelegenheiten unterschieden wird. Bestimmte Dinge, die für die Realisierung des Lebens aller unumgänglich sind, werden Organisationen übertragen, denen die Menschen erhöhte Legitimität zubilligen. Wir hatten im 2. Kapitel dazu gesagt, daß die Ängste um die psychische und die physische Existenz dabei eine entscheidende Rolle spielen. Und da dieser Mechanismus, durch den private von öffentlichen Funktionen getrennt werden, sich wie von selbst in jeder Generation wiederholt, ist auch ständig eine öffentliche Institution mit entsprechender gesetzlicher Absicherung vorhanden. Sie verhindert bereits durch ihr bloßes Dasein, daß ein Privatbetrieb auf die Idee kommen könnte, die Geschäfte der Regierung oder auch nur die sozialen Angelegenheiten einer Stadt zu betreiben. Eine private Bäder-GmbH, ein privates Stadtplanungsbüro oder eine private Wohlfahrtsfirma sind also schon durch die vorhandenen Institutionen daran gehindert, für alle Stadtbewohner nachzudenken und der Administration Direktiven zu erteilen. Die in den Menschen vorhandene Vorstellung vom Regiment über die Gesellschaft besteht nun einmal darauf, nur solche Gruppen über die Stadt Entscheidungen treffen zu lassen, denen seit Jahrhunderten der Stempel der staatlichen oder städtischen Autorität aufgedrückt worden ist.

Schließlich kann aber auch der Staat bestimmte kommunale Funktionen übernehmen. Dies wird in vielen Ländern praktiziert, und auch in Deutschland ist jahrhundertelang auf die Selbstverwaltung der Städte mehr oder weniger verzichtet worden. Ein Regiment des staatlichen Parlaments und seiner Regierung über die Städte kann auf unterschiedliche Weise erfolgen. In Holland werden die Bürgermeister von der Regierung (bzw. der Königin) eingesetzt. In der Bundesrepublik Deutschland finanziert die Regierung bestimmte städtische Funktionen oder zieht sie auf andere Weise an sich, so daß beispielsweise Entschlüsse über den Bau von U-Bahnen oder Krankenhäusern in München nicht mehr in München, sondern in Bonn gefaßt werden. Indem die Regierung finanziert, kauft sie sich in Entscheidungsbefugnisse ein. Wir können und müssen auch hier wieder zwischen der Durchführung von Arbeiten und der Erteilung von Direktiven an die Administration unterscheiden, denn für beide kann der Staat gut sein. Und wir sollten darauf hinweisen, daß es nur um die zentrale Verwaltung, nicht um die Funktionen der Basisstationen geht. Bei diesen kann der Staat nach aller Erfahrung keine bessere Arbeit leisten als die Bewohner oder ihre Repräsentanten.

Selbstverständlich ist es möglich, daß die Regierung die zentralen Funktionen der Städte selbst verwaltet und realisiert. Um dies zu ermöglichen, genügt es, die Beamten und Angestellten der Administration zu staatlichen Mitarbeitern zu machen. Dies könnte in der Weise geschehen, daß das Innenministerium eine auf die Bedürfnisse zugeschnittene Abteilung in jeder Stadt einrichtet, die dort die tägliche Verwaltungsarbeit leistet. Da überall auf der Welt in den Städten auch staatliche Angelegenheiten erledigt werden, ist ein Teil der städtischen Mitarbeiter auch heute schon direkt oder indirekt in den Diensten des Staates. In der Bundesrepublik Deutschland gilt dies etwa für die Angelegenheiten der Ordnungspolizei (Straßenverkehr, Baugenehmigungen, Pässe), des Gesundheitswesens oder anderer staatlicher Funktionen. Es ist ohne weiteres möglich, daß der Staat auch die Mitarbeiter der Stadtplanung oder der kulturellen Einrichtungen in ein Arbeitsverhältnis übernimmt und sie bezahlt. Mit einem Wort: Der Staat kann Städte verwalten und damit auch Träger zentraler städtischer Funktionen sein.

Zur Erteilung von Direktiven an die städtische Administration ist ebenfalls vorstellbar, daß der Staat hierfür zuständig wird. Die Regierung (bzw. das sie kontrollierende Parlament) erteilt Aufträge in den nicht weniger schwierigen Bereichen der Außenpolitik, der Militärpolitik, der Finanzpolitik. Es ist also nicht ohne weiteres einzusehen, warum sie nicht auch über einen „Minister für Städte" die notwendigen Entscheidungen in den Städten trifft. Dies steht nicht in Widerspruch zu unserer Feststellung im 2. Kapitel, wonach den Städten auch gegenüber den nationalen Regierungen eine Reihe von autonomen Funktionen verbleiben sollte. Diese Feststellung bezieht sich vor allem darauf, daß die kommunalen Funktionen nicht zwingend *von* den Städten als vielmehr *in* den Städten ausgeführt werden sollten. Wenn örtliche Nähe noch irgendwo erforderlich ist, dann bei der Erledigung der städtischen Aufgaben. Sie müssen nicht unbedingt organisatorisch, aber sie sollten örtlich dezentral, also an Ort und Stelle, erledigt werden. Die Kenntnis der Details der gebauten und betriebenen Stadt ist nun einmal nötig, um zu geeigneten Ergebnissen zu gelangen. Kurze Wege, kurze Zeiten und kurze Entscheidungsvorgänge sind die Voraussetzungen dafür, die „Verwaltungsmaschine" optimal bedienen zu können. Ein staatlicher Kommissar, der zehn Jahre lang eine Stadtverwaltung geleitet hat, ist mit der Stadt und ihrem besonderen Charakter zweifellos nicht weniger verwachsen als ein Oberbürgermeister, der von den städtischen Institutionen gewählt worden ist. Außerdem erzwingen die städtischen Aufgaben bestimmte Lösungen von selbst, wie dargestellt, so daß es letzten Endes nicht besonders wichtig ist, wem diese Lösungen abzuzwingen sind: einem kommunalen oder einem staatlichen Träger der städtischen Funktionen. Auch die staatliche Regierung ist also durchaus in der Lage, der zentralen Administration in den Städten Direktiven zu erteilen. Nur um diese Feststellung geht es hier, und sie kann aus der Interessenlage der Bewohner nicht anders ausfallen.

Ich möchte noch eine Bemerkung dazu machen, wie sich diese mehr technische als ideologische Feststellung in Europa mit dem jahrhundertealten Verlangen nach der Selbstverwaltung der Städte verträgt. Ich glaube, wir haben die Antwort hierauf schon erteilt. Wenn von Selbstverwaltung die Rede ist, dann kann damit nur die Selbstverwaltung der städtischen Angelgenheiten durch die Stadtbewohner gemeint sein. Wie die Dinge heute liegen, ist eine solche Selbstverwaltung am ehesten noch in den Angelegenheiten der Stadtbezirke möglich. Die zentrale Administration wird auch dann nicht mehr von den Bewohnern selbst ausgeübt, wenn ihre Direktiven von gewählten Repräsentanten erteilt werden. Wir haben gesehen, eine wie geringe Bedeutung für die Selbstverwaltung die Tätigkeit der Stadtparlamente heute noch hat. Die Erledigung der zentralen Aufgaben bleibt den wirklichen Interessenten der Stadtverwaltung, den Stadtbewohnern, so oder so genommen. Ihre Situation verändert sich nicht entscheidend, wenn sie keinen staatlichen Verwaltungschef verordnet bekommen, sondern ihn sich in Form einer Gruppe von Vertretern wählen. In dieser Beziehung hat es in den letzten hundertfünfzig Jahren eine große Veränderung gegeben. Die Stadt des Freiherrn vom Stein ist nicht mehr die Stadt von heute, und die Sorgen jener Epoche erreichen nicht die quälende Brisanz der heutigen Probleme — ganz abgesehen von den Unterschieden der Kontinente. Wenn wir die Ergebnisse dieses Kapitels zusammenfassen, dann spricht einiges dafür, den staatlichen Regierungen Aufgaben der zentralen städtischen Administration anzuvertrauen. Wer ohnehin auf unübersehbare Weise in die Städte hineinregiert, sollte auch mit den notwendigen Kompetenzen und Verantwortlichkeiten versehen werden. In den Stadtbezirken sollte man dagegen von der Möglichkeit Gebrauch machen, die Bewohner selbst — soweit möglich — über die Angelegenheiten ihrer unmittelbaren Nachbarschaft Entscheidungen treffen zu lassen. Ich bin der Auffassung, daß hiermit ein Konstruktionsprinzip für die Träger städtischer Funktionen beschrieben worden ist, das einerseits robust und andererseits elastisch genug ist, um in den zukünftigen Regionalstädten des Erdballs eine vernünftige Verwaltung zu ermöglichen.

4. Die Stadt als Zeichensystem

In verschiedenen Kapiteln dieser Studie ist die Rede vom Flächennutzungsplan als dem Grundriß der Stadt, durch den Nutzungen im Stadtgebiet skizziert und räumlich festgelegt sind. Bekanntlich unterscheidet man dabei zwischen Nutzungen für Wohnungen oder Gewerbe, für Verkehrsflächen, Grünflächen, für öffentliche Einrichtungen wie Schulen, Bäder, Flugplätze und anderes. Dieser Plan ist alles in allem eine Art gegenwärtige und zukünftige „Inhaltsangabe" des Stadtgebietes. Aber über diesen lokalen Inhalt hinaus enthält er noch etwas anderes, quasi Überlokales. Wenn man sich den Plan ansieht und die unterschiedlichen farbigen Flächen auf sich wirken läßt, dann entsteht unter anderem der Eindruck eines in sich geschlossenen Gebildes. Innerhalb dieses Gebildes kann man eine Art Skelett entdecken, das aus dem Netz der Straßen, Wege und Flußläufe, der „Ränder und Felder", gebildet wird. Das Skelett ist, um bei unserem Vergleich mit dem menschlichen Körper zu bleiben, vom „Fleisch" der Bausubstanz und der bewachsenen Flächen umgeben. In diesem Kapitel interessieren uns ausschließlich diese beiden gleichsam abstrakten Elemente „Skelett" und „Fleisch" und ihre Bedeutungen. Sie sind ein unabänderlicher Bestandteil jeder Stadt, wie sie im Einzelfall auch gestaltet sein mögen. Man darf vermuten, daß sich aus ihnen einiges über die Bedeutung der sichtbaren Stadt und damit generell über ihre Beeinflußbarkeit oder Nichtbeeinflußbarkeit entnehmen läßt. Denn es gibt in ihnen Elemente, die sich von Stadt zu Stadt wiederholen, und die deshalb den Charakter einer Struktur annehmen.

Um dem „Geheimnis" dieser Stadtstruktur näherzukommen, ist es empfehlenswert, sich die Stadt aus zwei Perspektiven anzusehen. Die kurze Schilderung des Flächennutzungsplans entspricht der Perspektive des Fluggastes aus einem Flugzeug. Die andere bedeutsame Perspektive ist die des Passanten auf den Gehwegen der Stadt, der sozusagen mit den Füßen den Flächennutzungsplan abläuft. Die Stadtstruktur ist zweimal erlebbar, einmal aus der Sicht von oben und zum anderen aus der Sicht von unten. Im einen Fall geht es um die Struktur in der Fläche, im anderen Fall um diejenige in der dritten Dimension. Beide zusammen erst ergeben das entscheidende Gesamtbild oder den vollständigen Schlüssel.

Bevor wir auf konkrete Details eingehen, möchte ich noch einige Bemerkungen dazu machen, was ich unter Struktur verstehe. Dieser Begriff wird häufig verwendet und jeweils mit so unterschiedlicher Bedeutung, daß man sich darüber verständigen muß, in welchem Sinn er hier gebraucht werden soll. Ich verstehe unter einer Struktur ein abstraktes Ordnungselement, das hinter den Erscheinungen (hier der Stadt) steht und ihnen Bestand, Zusammenhalt und Wesen verleiht. Es ist nicht identisch mit dem Objekt selbst, dessen Struktur gedeutet werden soll, sondern weist über das Objekt hinaus. Hier geht es also nicht um die gebaute Stadtmaterie, die von Ort zu Ort naturgemäß anders ist, sondern um das geometrische Konstruktionsprinzip, das allen Städten mehr oder weniger zugrunde liegt. Das Verhältnis von beiden läßt sich gut an einem Beispiel zeigen, das Bertrand Russell in seinem „ABC der Relativitätstheorie" verwendet hat[45]. Zwischen einem Musikstück, das von einem Orchester gespielt wird, und demselben Musikstück, wie es in der Partitur gedruckt steht, gebe es eine gewisse Übereinstimmung, die als Übereinstimmung der Struktur beschrieben werden könne. Die Übereinstimmung ist von einer solchen Art, daß man die Musik aus der Partitur oder die Partitur aus der Musik erschließen kann, wenn man die Regeln kennt.

Die vor uns liegende Stadt, so ist also die Arbeitshypothese für die nächsten Seiten, ist zugleich auch das Erscheinungsbild für etwas anderes, das hinter ihr steht und ihr einen gewissen Sinn verleiht. Dort im Schatten ist etwas vorhanden, das seinen sinnlichen Ausdruck und seinen körperlichen Auftritt zwar in der gebauten und „betriebenen" Stadt findet, das aber sozusagen vor ihr und sogar ohne sie existiert. Ich definiere diese abstrakte Kraft als die geometrische Struktur der Stadt, und zwar nicht irgendeiner bestimmten Stadt, sondern aller Städte. Die Stadtstruktur gibt einen wesentlichen Teil des Stadtinhalts wieder, weil sie sagt, was die Stadtbewohner in bestimmten Beziehungen in ihre Stadt an Überlegungen und Gefühlen hineingelegt haben. Sie ist ein Schlüssel für rationale und irrationale Motive. Damit nähern wir uns einigen Schwierigkeiten, weil wir gezwungen sind, die Stadt, genauer ihren aktuellen Vordergrund, zu verlassen und einen Blick in den imaginären Bereich hinter den steingewordenen Kulissen zu tun. Wir trennen sozusagen eine Schicht ab, die der sinnlich wahrnehmbaren Oberfläche, und vergessen sie, um uns der darunterliegenden nähern und sie bewältigen zu können. Man kann es so formulieren, daß wir uns von den dynamischen zu den statischen Dingen, vom Besonderen zum Allgemeinen, vom Zeitgemäßen über das Unzeitgemäße zum Zeitlosen begeben.

Unser erster Schritt besteht in der Vermutung, daß hinter der „Stadt" und ihrer Form immer wieder das gleiche System steht, die Struktur, die menschliche Motive widerspiegelt. Sie scheint jeder menschlichen Aktivität vorgegeben zu sein, und dadurch wird sie für eben dieses menschliche Handeln äußerst interessant. Dieses attraktive System wollen wir aus dem Hintergrund, in dem es sich verborgen hält, hervorholen und es in seiner wirklichen Bedeutung für die Existenz der Stadt erkennen. Diese Absicht führt dazu, die Stadtmaterie aufzuteilen in das, was an ihm Träger von Bedeutung sein kann, und in die vermuteten Bedeutungen selbst. Um nicht nur spekulieren zu müssen, bemühen wir uns in einem zweiten Schritt, in den Trägern der Bedeutung eine bestimmte Ordnung zu erkennen. Sie äußert sich in einem archetypischen Bild oder Zeichen, im Fall der Stadt wahrscheinlich in einer geometrischen Figur. Mit dem dritten Schritt versuchen wir schließlich die Bedeutung zu erfassen, die von verschiedenen Elementen der Figur für die Gestaltung der Stadt ausgeht. Die Figur, so könnte man sagen, ist letztlich nur ein Code für eine Reihe von Wahrheiten über die Stadt.

Beginnen wir mit der Beobachtung der Stadt aus der Perspektive des Fluggastes. Man kann sich auch über einen möglichst kleinen Stadtplan beugen und die Augen bis zu einem schmalen Schlitz verengen. Wenn wir uns auf diese Weise die Stadtmaterie, die unter uns liegende Masse an gebauter und betriebener Stadt ansehen, dann können wir feststellen: Städte bilden, alles in allem, eine Addition zweier geometrischer Figuren. Die eine Figur stellt einen Kreis dar und die andere ein Kreuz oder einen Stern. Der Kreis steht für ein statisches, das Kreuz für ein dynamisches Element, weil, wie wir noch sehen werden, der Kreis Bewegungen bändigen, das Kreuz aber ihnen freien Lauf lassen will, wenn hier auch eine gewisse Tendenz dahintersteht.

Das Kreuz wird aus den beiden wichtigsten Straßenachsen gebildet, die vom Norden nach Süden und vom Westen nach Osten oder in entsprechender Lage verlaufen. Es wird, wie gesagt, von einem Kreis aufgenommen. Dieser Kreis ergibt sich aus der gedachten Linie, die zwischen der bebauten Stadt und der nicht mehr bebauten Landschaft liegt. Im Mittelalter war er mit der Stadtmauer identisch. Heute entspricht er im großen und ganzen der nicht erkennbaren, aber allen bekannten juristischen bzw. natürlichen Stadtgrenze. Selbstverständlich sind diese Formen nicht makellos, das heißt, weder ist der Kreis in allen Fällen wirklich rund, noch liegen die beiden wichtigsten Straßen exakt im rechten Winkel zueinander. Es gibt Städte, die, wie Wuppertal, durch die geographischen Verhältnisse gezwungen werden, sich nur in einer Richtung zu entwickeln. Es gibt Städte, die ziemlich quadratisch ummauert oder mehr oval angelegt wurden. Wenn die beiden Merkmale aber überhaupt geometrischen Figuren ähneln, dann noch am ehesten dem Kreis und dem Kreuz. Ebenso ist es in diesem Zusammenhang unerheblich, ob Städte nur über zwei oder über zahllose Straßen verfügen. Uns geht es hier um das, was übrigbleibt, wenn man die Stadt in Gedanken auf einen unverzichtbaren Rest abmagert, also um das eigentliche Skelett.

Wir gewinnen hiermit hilfsweise ein Zeichen für die wichtigsten Elemente der Stadtstruktur. Wie gesagt, es geht nicht um Tausende von Zeichen innerhalb der Stadt (Hauptstraßen, Ampelanlagen, Lichtreklame), sondern um Zeichen, die von der Stadt als Ganzem ausgehen. Der Kreis mit den sich kreuzenden Geraden ist übrigens in Ägypten mit der Hieroglyphe für den Begriff „Stadt" identisch. Lewis Mumford schreibt dazu: „Auf den Steinbildern der ausgehenden prädynastischen und frühdynastischen Zeit werden Landstädte als Kreise oder Ovale gezeigt, die von starken Mauern umgeben und häufig mit Bollwerken ausgerüstet sind. Daraus erklärt sich vielleicht die anderweitig unerklärliche Hieroglyphe für Stadt: eine ovale oder runde Einfriedung, deren Kreuzwege (falls es Kreuzwege sind) die Stadt in vier Quartiere einteilen. Falls das wirklich ein symbolischer Plan wäre, so wäre es das bestmögliche Symbol für die klassische Stadt[46]." Hieran ist bemerkenswert, was die Bedeutung des Symbolischen im Gegensatz zum Realistischen unterstreicht — daß ausgerechnet in Ägypten Städte nicht von einer runden oder ovalen Mauer umgeben wurden und kaum ein strenges Straßensystem kannten, sondern locker angelegt waren und fließende Übergänge zur Landschaft ringsum hatten. Die ständige Wiederholung einer Form, und zwar mit jeder neu geborenen Generation und überall auf dem Erdball, ist ein sicheres Merkmal dafür, daß diese Form für die Stadt die wichtigste Struktur in der Fläche darstellt.

Wenn wir uns dieses Zeichen ansehen, dann läßt sich feststellen, daß wir zur Beschreibung der Stadtstruktur bereits zwölf Angaben haben: den Kreis, die beiden Achsen, die vier Segmente oder Quartiere, die vier Überschneidungspunkte von Kreis und Achsen und den Kreuzungspunkt in der Mitte. Dieses abstrakte System liegt dem alten Uruk um 3000 Jahre v. Chr. ebenso wie dem Rom im Jahre 0 und dem Paris von heute zugrunde, um nur drei von Tausenden von Städten zu nennen. Jan Pieper schreibt von der nepalesischen Stadt Ratan: „Der Umriß der Anlage ist annähernd kreisförmig ... Das auffälligste Merkmal des Stadtplans ist jedoch die zügige Führung der beiden Hauptstraßen. Sie bilden ein nach den vier Himmelsrichtungen orientiertes Kreuz, das die Stadt in vier etwa gleichgroße Quartiere teilt[47]." Und später: „Diese Elemente sind Teile des auf mythischem Boden beruhenden Weltverhältnisses. Hier artikuliert sich das archaische Bewußtsein in dem Versuch, auf bildhafte, vorwissenschaftliche Weise die Erscheinungsfülle der Umwelt zu erfassen und in Beziehung zu setzen. Es ist eine Eigenart des mythischen Denkens, daß dieses Erfassen nicht auf empirischem Wege vor sich geht, nicht auf dem theoretischen Verknüpfen von Erfahrungen, aus denen schließlich das Erkenntnismodell entwickelt wird, sondern umgekehrt; das Modell ist zuerst da[47]."

Welche Gründe hat dies? Warum liegt Städten gerade diese Struktur zugrunde und keine andere, vielleicht in Form einer unendlichen Schlange oder eines Dreiecks? Wir könnten darauf hinweisen, daß im Prinzip auch Wohnungen nach dem oben beschriebenen System entworfen werden. Auch sie sind „rund" insofern, als sie die Räume nicht wie Perlen auf einer Kette, sondern wie Gegenstände in einem Paket zusammenfassen. Vom gedachten „Mittelpunkt" der Wohnung ist es ungefähr gleich weit zu den Außenwänden. Eine Wohnung, die, wie üblich, über einen Wohnraum, einen Schlafraum, eine Küche und einen Flur verfügt, ist im allgemeinen ebenfalls mit Hilfe zweier Hauptachsen konstruiert worden. Aber auch im Fall der Wohnung erschließt sich der Sinn dieser Anordnung nicht unmittelbar aus der Anlage selbst. Die Stadtstruktur ist Menschenwerk, wird also durch seelische Motive wie durch vernunftsgemäße Überlegungen bestimmt. Wir müssen uns deshalb fragen, was die Menschen von der ring- und kreuzförmigen Anlage der Stadt eigentlich erwarten, was also ihre Motive sind, die sie so hartnäckig hieran festhalten läßt.

Beginnen wir mit der psychischen Seite dieses Phänomens. Im 2. Kapitel war schon einmal die Rede davon, daß die stärkste psychische Kraft die Angst oder die Sorge und ihr Pendant, die Hoffnung, sind. Nicht alle, aber einige dieser Sorgen lassen sich in der gewählten Stadtstruktur wiederfinden. Man kann dies negativ oder auch positiv ausdrücken: Wir finden die Angst vor körperlicher Verletzung oder Vernichtung, die man auch als den Willen umschreiben kann, sich das Leben und die Gesundheit so lange wie möglich zu erhalten. Wir finden die Sorge, in den verwirrenden und absurden Ereignissen des Lebens keinen Sinn zu entdecken, die wir auch als das Verlangen bezeichnen können, bestimmten Phänomenen, koste es was es wolle, eine Erklärung oder einen öffentlichen Glauben beizulegen. Wir finden die Angst, wirtschaftliche Not leiden, also hungern, frieren und obdachlos sein zu müssen, worin wir auch das Verlangen nach täglicher ökonomischer Sicherheit sehen dürfen. Die Angst vor Einsamkeit (oder der Wunsch nach Geselligkeit), die Furcht vor sozialer Abhängigkeit (oder das Bedürfnis nach Anonymität) und vor der Unberechenbarkeit der anderen (oder das Verlangen nach Zugehörigkeit zu einer Gruppe) sind drei weitere Motive, die zur Wahl der Stadtstruktur geführt haben.

Jede der Aufgaben, die wir aus der Verwendung des Kreises und des Kreuzes erhalten haben, korrespondiert mit einer der Sorgen bzw. einem positiv formulierten Wunsch. Die subjektive Seite wird durch die objektiven Fakten gestützt. Nehmen wir als erstes den Kreis. In ihm kommen zwei Dinge zum Ausdruck, wobei ich berücksichtige, daß er eine Außenseite und eine Außenwirkung und eine Innenseite und eine Innenwirkung hat. Die Außenwirkung bedeutet Schutz und Abwehr von Menschen und Naturkräften, die den Stadtbewohnern gefährlich werden können. „In der Anhäufung der Wohnstätten der Menschen an bestimmten Stellen ist von Anfang an dasselbe Schutzbedürfnis wirksam wie in der Staatenbildung", schreibt Friedrich Ratzel[48]. Indem man überhaupt eine Grenze zur unbebauten Landschaft hin zieht, macht man deutlich, von welchem Punkt an eine Stadt beginnt, gefährdet zu werden oder sich gefährdet zu fühlen. Wer diesen Kreis überschreitet, wird als Angreifer eingestuft. Indem man den Kreis und nicht ein Dreieck, ein Rechteck oder eine andere verzerrte Form wählt, erschwert man einen Angriff gegen die Stadt. Die Entfernungen innerhalb der Stadt sind auf ein Mindestmaß herabgesetzt, und die Verteidiger können jeden Punkt auf der Kreisbahn gleichmäßig schnell erreichen. Innerhalb eines Kreises läßt sich alles besser übersehen und die Abwehr gleichmäßiger verteilen als innerhalb eines Dreiecks oder eines schiefen Quadrats. Der Kreis ist eine asketische, aber zur Abwehr von Angriffen höchst wirksame Form. Die Städte wurden so erweitert, daß, vom Mittelpunkt her gesehen, immer wieder das „geometrische Gleichgewicht" hergestellt wird. Einer Erweiterung im Nordwesten folgt irgendwann entweder eine Erweiterung im Südosten oder eine entsprechende Verschiebung des Kreuzes der beiden Hauptachsen. Man darf dies nicht wörtlich, aber man kann es durchaus tendenziell nehmen. Der Versuch, aus einer kreisförmigen eine anders geformte Stadt zu machen, muß deshalb scheitern.

Heute werden Städte nicht mehr durch Mauern und Wassergräben von ihrer Umgebung abgegrenzt, sondern auf andere Weise. Heute spielen die in amtlichen Dokumenten festgehaltenen Stadtgrenzen die Rolle der sichtbaren Kreislinie. Es ist eine juristische und eine psychologische Grenze, die aber nicht weniger ernst genommen wird als die natürliche Grenze. Die Außenstehenden, die Nachbarstädten oder Landkreisen zugeordnet sind, respektieren sie. Sie fühlen sich nicht zur Stadt zugehörig, nehmen allein deshalb zu fast allen aktuellen Fragen eine andere Auffassung ein. Gelegentlich wird die Grenze sichtbar durch ein die Stadt umschließendes Autobahnnetz wie etwa in Köln.

Auch die Innenwirkung des Kreises ist zugleich psychologischer und realer Art. Der Kreis erzeugt in den Menschen, die von ihm umschlossen sind oder sich umschlossen fühlen, eine Reihe von Gefühlen, die der keiner Stadt zugeordnete Mensch nicht kennt. Es beginnt damit, daß die Angst vor Einsamkeit und seelischer Schutzlosigkeit bis zu einem gewissen Grad aufgehoben werden kann, nicht muß. Im ersten Augenblick fühlt sich jeder geborgen, der in eine Stadt einfährt oder einfliegt. Man betritt einen umschlossenen Raum, in dem man vor der Verlassenheit und dem Alleinsein der leeren Umgebung anscheinend geschützt wird. Der Stadtraum enthält ein Angebot an Geselligkeit und Intimität, über dessen Vorhandensein man froh ist, auch wenn man wenig Gebrauch davon macht. Eine Stadt, die anderen oder bizarren geometrischen Formen folgen würde, würde diesen seelischen Einfluß nicht so eindeutig ausüben können.

Das Versprechen ist das eine, seine Erfüllung das andere. Man sucht innerhalb des Kreises nicht nur Geborgenheit, auch Befreiung von der Abhängigkeit von anderen. In der Landschaft außerhalb der Stadtfläche sind die Beziehungen der Menschen direkter und enger, weil es weitaus weniger von ihnen gibt. Dies macht jeden von seinen Nachbarn abhängiger. Es gibt kein wie immer geartetes darüberstehendes Element, in dessen Schutz man flüchten kann, wenn man sich von den Mitmenschen angegriffen glaubt. Man kann sich schwer zurückziehen oder Dinge tun, die unbeobachtet bleiben. In der Stadt dagegen gibt es ein vorgegebenes Gestaltungselement, eben die Kreisfläche, der sich alle freiwillig unterordnen, hinter der sich eine neu hinzugekommene Institution verbirgt. Sie symbolisiert im Bewußtsein der Menschen so etwas wie Öffentlichkeit, welche die alte Privatheit ergänzt. Sie hat ein Gefühl der Freiheit von den belastenden Abhängigkeiten zur Folge, was immer dies auch bedeuten mag. Sie gewährt eine gewisse Anonymität, zumal dann, wenn innerhalb des Kreises viele Menschen wohnen.

Die Gefäßform der Stadt führt also dazu, daß sich die Menschen mit sich selbst befassen, mit der Stadtgesellschaft. Jede Stadt hat ihre eigene Art von Patriotismus und ihre eigene Innerlichkeit, sie hat auch eigene lokale Steuern und Satzungen. Wie der Parabolspiegel das Licht, sammelt der „Stadtkreis" bestimmte Gedanken und Empfindungen und wirft sie in die Stadtgesellschaft zurück. Wir kennen das: Wenn Bewohner der Stadt A in die benachbarte Stadt B ziehen, pflegen sie mit ihrem Standort auch leicht das Ziel ihrer Emotionen zu verändern. Während sie sich eben noch für die Interessen und Eigenarten der Stadt A engagiert hatten, fühlen sie sich nun dem Patriotismus von B verbunden und übernehmen die dort geltenden Sitten, Gebräuche und Verpflichtungen.

Derartige Feststellungen zur kreisförmigen Stadtstruktur haben nicht nur Bedeutung für die Städte bis zum 19. Jahrhundert, sondern auch für jene der Gegenwart und vermutlich der Zukunft. Diese Eigenschaft ist unabhängig von der Stadtgröße, denn nirgendwo gibt es beispielsweise eine große Stadt, die bandartig an einer einzigen oder einigen parallel laufenden Straßen aufgereiht ist. Das Band aber wäre die einzige wirkliche Alternative zur runden Anlage. Auch das zukünftige Wachstum der Städte wird, wenn geographische Besonderheiten dem nicht entgegenstehen, bei allem Zerfließen mehr oder weniger ringförmig vor sich gehen. Versuche, eine Stadt einseitig in Richtung einer der Straßenachsen nach draußen weiterzutreiben, werden nur unwillig mitgemacht und scheitern leicht. Die Planer müssen feststellen, daß es die Menschen vorziehen, nahe der vorhandenen Stadt zu bleiben und sich an ihrem Rande in einer der Nischen anzusiedeln, die zwischen der wirklichen Stadtfläche und der idealeren Kreisform immer wieder übrigbleiben. Man kann sagen, daß ihnen alles zuwider ist und instinktiv die alte Furcht hervorruft, was nicht darauf hinausläuft, die Stadt zur Abrundung aufzufüllen.

Ein solches Verhalten läßt sich auch rational begründen, etwa damit, daß es wirtschaftlicher ist, an ein vorhandenes Stück Stadt anzuschließen, als draußen auf dem Acker etwas Neues anzufangen. Die vorhandenen Netze der Versorgung und „Entsorgung" sprechen jedenfalls dafür. Aber uns interessiert hier, daß das entscheidende Kriterium für die sich ständig erneuernde Kreisform die Sorgen der Menschen vor bestimmten Gefahren sind, auch wenn diese Gefahren heute realiter nicht mehr alle bestehen. Auch in den neugeborenen Menschen wirkt die alte Seele weiter. Vermutlich kann man hieraus auch den Schluß ziehen, daß Regionalplanung nur gelingen kann, wenn man die Region zur Stadt erklärt.

Die Bedeutung der Stadtmitte

Das zweite wichtige Element der Stadtstruktur ist das Kreuz, genauer der Schnittpunkt der beiden Straßenachsen. Im Stadtbild wird er meist als ein Platz sichtbar, in den diese Hauptachsen und meistens noch einige Straßen mehr einmünden. In größeren Städten mag er auch aus einer Fläche oder Insel bestehen, die von einer Ringstraße umgeben ist, in der wiederum die Hauptachsen auslaufen. Selten hat sie den Charakter einer „Stadt in der Stadt", aber auch dies kommt vor, und zwar dort, wo es mitten in einer großen Stadt einen kleinen, aber gut erhaltenen Altstadtkern gibt.

Welche Sorgen oder Erwartungen werden durch diesen Punkt materialisiert? Der Schnittpunkt in der Stadtmitte ist das materielle Gegenstück zu dem seelischen Verlangen, dem Leben der Stadtgesellschaft einen Sinn zu geben, der über die banalen Seiten der Stadt hinausgeht. Je nachdem, worin man in den vergangenen Zeiten das wichtigste Ziel der Stadt gesehen hat, ist der Schnittpunkt verschieden gestaltet und bebaut worden. Immer wieder aber wurde an diesem Mittelpunkt der Stadt eine Aussage getroffen, die der hohen formalen Harmonie des Kreuzes entspricht. Diese Aussage wird eben an dieser Stelle getroffen, weil an ihr, geometrisch gesehen, alles zusammenkommt oder zusammenläuft. Hier kann man sich eine Antwort auf die Frage holen, was der Stadtgesellschaft am wichtigsten erscheint. Dieser Platz ist ihr „heilig", weil er einmalig ist, und er ist einmalig, weil er in der Stadt nicht ein zweites Mal vorkommt. Die Stadtmitte ist der Dreh- und Angelpunkt der Stadt, die Stelle, die im Prinzip für alle Stadtbewohner am schnellsten zu erreichen ist, an der sie ankommen müssen, wenn sie, aus allen Stadtvierteln kommend, aufeinander zugehen. Dies gilt für New York wie für Kopenhagen, für Schanghai wie für Ulm. Die Stadtmitte ist im Bewußtsein und im Unterbewußtsein der Stadtgesellschaft der Himmel der Stadt und damit der Ort, an dem, wenn überhaupt, die jeweilige Stadtidee zum Ausdruck gebracht wird. Zwischen den baulichen Anlagen der Stadtmitte und der jeweiligen Stadtideologie besteht deshalb ein bemerkenswerter Zusammenhang. „Die Besetzung der wichtigsten Standorte in den Zentren der Städte ist, ob gewollt oder nicht gewollt, Herrschaftssymbol", schreibt Hermann Henselmann[49]. Sie ist nicht nur Herrschaftssymbol für das, was den Stadtmenschen wichtig erscheint. Dazu gehört das Herrschaftssystem ebenso wie andere Dinge, auf die ich gleich zu sprechen komme.

Alles in allem sind auf die Frage danach, woran die Stadtgesellschaft glaubt, in der Stadtgeschichte drei verschiedene Antworten gegeben worden. Sie sind aus den drei wichtigsten Faktoren der Politik abgeleitet worden, dem Religiösen, dem Militärischen und dem Ökonomischen. Jede dieser drei Welten hat der Stadt als Sinngebung gedient, häufig allein, manchmal auch nebeneinander. Und nirgendwo in der Stadt ist dies so deutlich zum Ausdruck gekommen wie gerade in ihrer Mitte.

In den vorchristlichen Städten waren die baulichen Anlagen des Kreuzungspunktes Ausdruck der politischen Machthaber und der von ihnen propagierten öffentlichen Religion. Die Mitte wurde zum heiligen Bezirk ausgebildet, wobei das Monument des Heiligen auch den Regenten und sein Militär einschloß. Lewis Mumford schreibt: „Jedenfalls findet der Archäologe, wenn er mit dem Spaten eine erkennbare Stadt ausgräbt, einen ummauerten Bezirk, eine Zitadelle, auch dann, wenn der übrigen Stadt Mauern oder dauerhafte Gebäude noch fehlen. Das gilt von Uruk bis Harappa. Innerhalb dieses Bezirks findet er gewöhnlich drei große Stein- oder Ziegelbauten, deren Größe sie allein schon von anderen Bauwerken der Stadt unterscheidet: Palast, Kornhaus und Tempel. Die Zitadelle trägt viele Kennzeichen eines heiligen Bezirks. So steht die übertriebene Höhe und Dicke dieser Mauern in den frühesten Städten — fast fünfundzwanzig Meter dick in Chorsabad — unverkennbar in keinerlei Verhältnis zu den damaligen Möglichkeiten eines militärischen Angriffs. Nur für ihre Götter unternehmen die Menschen so gewaltige Anstrengungen. Hingegen mag sehr wohl das, was zunächst nur eines Gottes Gunst gewinnen sollte, sich später als wirksamer Schutz bezahlt gemacht haben. Der symbolische Zweck ist wahrscheinlich älter als die militärische Funktion[50]." Damit spielt Mumford auf das psychische und das rationale Moment solcher Anlagen an. Städte, die so verfuhren, bekannten sich dazu, die Heimat von Göttern zu sein. Ohne dies „hätte die Mauer die Stadt in ein Gefängnis verwandelt, dessen Insassen nur einen Ehrgeiz gekannt hätten: die Wärter zu vernichten und auszubrechen[51]."

Die religiöse Antwort auf die Frage nach dem Bekenntnis der Stadt wurde noch einmal interessant, als die Institution „Stadt" in der nachchristlichen Zeit in Asien und im nördlichen Europa einen neuen Aufschwung nahm. Die Kirchen setzten sich in der Stadtgesellschaft mit ihren religiösen Vorstellungen durch, und zwar gilt dies nicht nur für das Christentum, sondern auch für den Buddhismus, den Hinduismus und den Islam. Als Stichworte möchte ich die Verbotene Stadt in Peking, die Burg der Großmogule in Delhi, den Hradschin in Prag, den Vatikan in Rom und den Kreml in mehreren russischen Städten nennen. Bei dem geometrischen Herz Moskaus unterscheidet man beispielsweise einen sogenannten A-Kreis und den äußeren B-Kreis. Der A-Kreis umfaßt den eigentlichen Kreml, einige bedeutsame Regierungsgebäude, das zentrale Geschäftsviertel, Theater und die großen Hotels, der B-Kreis die nachfolgende Stadt.

In den Städten Deutschlands, Frankreichs und Italiens entschied man sich ebenfalls dafür, Kirchen zum überragenden Symbol zu machen und sie in den Mittelpunkt der Stadt zu stellen. Es gibt kaum eine mittelalterliche Stadt, deren Mitte nicht wie in Köln ein Dom, wie in Freiburg oder Ulm ein Münster oder wie in Chartres eine Kathedrale besetzt. Durch diese überdimensionalen und unter bemerkenswerten Opfern errichteten Bauten fühlten sich die Bewohner in ihrem städtischen Dasein offensichtlich gerechtfertigt. In ihnen äußert sich ein Vertrauen schaffender Gemeinschaftsgeist, natürlich auch ein übersteigerter Ehrgeiz, wenn man sieht, in welchem Mißverhältnis beispielsweise die armseligen sozialen Einrichtungen zum prächtigen Kirchenbau standen. Immerhin, die Mitte der Stadt war auf diese Weise nicht nur in der Fläche, sondern auch in der dritten Dimension, in der Höhe, zu erkennen. Es gab nichts Höheres in der Stadt, und die Türme der Kirchen waren weit in die Landschaft hinein zu sehen. Jedermann sollte wissen, wozu man sich bekannte und wie tüchtig man war. „Während in den meisten Städten die Kirchtürme unangefochten zur größten Höhe aufragten", ergänzt Friedrich Mielke,„bewiesen die gewaltigen Belfriede (Beffroi) in Arras, Brügge, Gent, Tournay, Ypern und die Rathaustürme in Brüssel, Danzig, Florenz und Siena, daß die Bürgerschaft mit ihren Großbauten den Herrschaftssymbolen der Kirche Konkurrenz zu machen bestrebt war[52]."

Wie in der vorchristlichen Zeit finden wir auch hier wieder eine Kombination dieses religiösen Motivs mit ökonomischen Elementen, denn nicht selten gruppierten sich Märkte um eben die Dome, Kathedralen, Münster und Rathäuser. Gelegentlich aber, vor allem vom 15. Jahrhundert an, wählte man auch Gebäude für den Mittelpunkt in der Stadt, die politische und militärische Macht zum Ausdruck brachten. Die Interessen des absoluten Fürsten und seines Militärs rückten partiell in den Vordergrund. Hier wurde das Schloß zum städtischen Bezugspunkt, und eine Reihe breiter, in die mittelalterliche Stadt hineingebrochener Straßen und Avenuen bildete das neue städtische Skelett. Städte wie Karlsruhe oder Kassel sind in dieser Weise verfahren und lassen ihre Hauptachse auf Schlösser zulaufen, in denen absolut regierende Fürsten ihr gut bewachtes Domizil aufgeschlagen hatten. Die drei Hauptachsen Petersburgs, darunter der brühmte Newski-Prospekt, laufen strahlenförmig an der Admiralität zusammen.

Was besetzt heute, im doppelten Wortsinn, den Himmel unserer Städte? Über die Architektur schreibt Günther Feuerstein: „Unsere Architektur ist heute kein Abbild des Kosmos, kein Modell von Himmel und Erde, keine Beschwörung magischer Mächte. Aber jene Urvorstellung, jene kaum erklärbaren Bilder, Zeichen und Figuren können auch heute noch in der Architektur Gestalt werden. Durch die Archetypen soll aber nicht eine Typologie gegeben werden, die zur Lösung bestimmter Bauaufgaben tauglich ist ... vielmehr soll gezeigt werden, daß Architektur auch ‚Bedeutung' hat und daß vor allem dann, wenn diese Bedeutung besonders sinnfälligen Ausdruck finden soll, die archetypischen Formen verwendet werden[53]." Bedeutungsträger sind auch heute nicht nur architektonische Produkte, sondern auch die Stadt als Ganzes. Ich bin nicht ganz der Auffassung von Arnold J. Toynbee: „... War der Plan einer typischen Stadt mit ihrem zentral gelegenen Marktplatz und ihrer Stadtmauer mit dem massiven Holzrad eines Ochsenkarrens zu vergleichen, das sich um seine Mittelachse dreht und von einem eisernen Reifen zusammengehalten wird.

Der typische Plan unserer modernen Städte ist dagegen nicht mehr mit einer solchen massiven Scheibe, sondern eher mit einem hohlen Ring zu vergleichen, der die Form eines vom Rad abgenommenen Autoreifens besitzt[54]." Dieser Vergleich meint, unsere Städte seien, in symbolischer Hinsicht, innen „hohl". Das ist nicht richtig, denn auch die Städte der Neuzeit, vor allem jene, die nach einer Zerstörung in den beiden Weltkriegen wiederaufgebaut worden oder überhaupt erst neu gegründet worden sind, haben sich zu einer Sinngebung für ihre geometrische Mitte entscheiden müssen. Es ist interessant zu beobachten, daß sie weder der staatlichen Ideologie noch der politischen oder gar der militärischen Macht eine Chance geben, sich darzustellen. Das Bedürfnis, die Stadt durch entsprechende bauliche Anlagen religiös oder etwa durch den Hinweis auf eine politische Funktion zu rechtfertigen, spielt heute keine Rolle mehr. Man hat Kirchen neu gebaut, aber kaum in der Stadtmitte, sondern irgendwo in den Stadtvierteln, und nicht mit dem Anspruch, durch ihre besonderen Dimensionen aufzufallen, sondern eingepaßt in die Geschoßhöhe der Umgebung. Es waren nicht nur finanzielle, sondern vor allem ideologische Gründe, sich in dieser Weise zu bescheiden. Und was die Darstellung der politischen Seite angeht, so macht sich in der Stadtmitte bemerkbar, daß die historische Entwicklung den Städten viele Funktionen genommen hat, die sie über Jahrtausende wahrgenommen hatten. Die Verwaltungsgebäude und Ministerien, die Kasernen und Rathäuser stehen überall, nur nicht in der Mitte der Städte, auch wenn dort Platz gewesen ist.

Übriggeblieben ist der ökonomische Faktor, die Tatsache also, daß Güter produziert werden, daß mit ihnen gehandelt wird, daß Dienstleistungen angeboten werden und daß dies alles finanziert werden muß. In der Verherrlichung einer Religion oder einer Göttlichkeit, aber auch in der Darstellung der militärischen Macht oder des lokalen Parlamentarismus sah man keinen Sinn mehr. Dafür huldigt man nun Rendite und Profit als den maßgebenden Kräften der Stadtgesellschaft. Wohin man auch kommt, in Atlanta oder in Düsseldorf, in Kalkutta oder in Neapel, überall in den Stadtzentren des Erdballs haben sich Banken, Warenhäuser, Versicherungsgesellschaften und unzählige Geschäftslokale in das Herz der Städte hineingefressen. Die Stadtmitte wird dadurch als der Bereich der Stadt definiert, in dem verkauft und gekauft wird, in dem gehandelt und finanziert wird, und zwar alles, was Handelsobjekt sein kann. Die großen Konzerne von Handel und Gewerbe, aber auch die Banken bemühen sich seit Jahrzehnten darum, dem magischen Kreuzungspunkt der beiden städtischen Hauptachsen so nahe wie möglich zu sein. Sie geben viel Geld dafür aus, in den „Himmel" der Stadt zu gelangen.

Ein klassischer Fall dieser neuen Stadtideologie findet sich in Hannover. Der Stadtverwaltung ist es vorzüglich gelungen, das Kreuz als wichtiges Strukturelement der Stadt herauszuarbeiten. Der Kreuzungspunkt, der Platz am Kröpcke, ist als solcher wieder erkennbar. Man hat ihn freigemacht von jeglichem Autoverkehr und ihn den Fußgängern zurückgegeben. In seiner Mitte thront der mächtigste Bau des Stadtzentrums. Man hat sich seine Präsentation einiges kosten lassen, da man wußte, welcher symbolische Wert einem Gebäude an dieser Stelle der Stadt zukommt. Es entspricht dem Zeitgeist, wenn auch in diesem Gefäß an kostbarer Stelle nichts anderes als ein banales Warenhaus „Hof" hält. Dies war ursprünglich nicht ganz so vorgesehen, vor allem wollte man hier eine freie Kommunikationsstätte für alle Bewohner schaffen, doch ökonomische Gesichtspunkte waren stärker. Was in Hannover ein einzelnes Gebäude ist, ist in Tokio oder anderswo ein ganzes Stadtviertel. Ob dies aus der Erlebniswelt der Stadtbewohner heraus gut oder schlecht oder sowohl als auch ist, werden wir noch erörtern. Über rationellen Erwägungen vergaß man auch hier den Zeichencharakter eines solchen Ereignisses. Sonst wäre man vielleicht bereit gewesen, eine soziale Nutzung zu subventionieren.

Schließlich gibt es noch den Fall, daß eine Stadtgesellschaft in eine Art von Kollektivneurose verfällt und das Gefühl selbst für die primitivsten Elemente der Stadtstruktur verliert. Helene Rahms schreibt von Frankfurt, man finde dort die Stadtmitte nicht mehr: „Alle Raumbeziehungen zwischen diesem in sich schon zerklüfteten Zentrum und dem Bahnhof sind verschoben, das System der vom Bahnhof ausstrahlenden und ins Zentrum mündenden Straßen ist durch eine massive optische Blockade in sein Gegenteil verkehrt ... Die angestrengte Individualität der Hochhäuser verstärkt noch den Eindruck des Chaotischen, den ihre planlose Anordnung macht. Jedes Gebäude spielt sich auf, will mit dem anderen nichts zu tun haben..., und alle ignorieren die Struktur der Stadt. Wollte man dem Durcheinander symbolische Bedeutung zumessen, so wäre es leicht, darin ein Abbild der blindlings konkurrierenden Gesellschaft zu sehen, eine Prestigeparade... Aber eine solche Sinnbildhaftigkeit setzt Absicht, setzt Konzept voraus. Da ist keines, und da war keines[55]."

Eine neue Sinngebung

Ich bin der Auffasssung, daß die Präsentation des Ökonomischen in der Stadtmitte zwar ziemlich genau dem entspricht, was die Stadtbewohner für wichtig halten. Doch wir sind dabei zu einer Monokultur oder vielleicht auch Monounkultur gelangt, die in dieser Form von ihnen nun wieder auch nicht gewünscht wird. Das Ökonomische ist überrepräsentiert, und andere Elemente des Städtischen sind unterrepräsentiert.

Die Stadtmitte sollte auch andere Verhaltensformen und Glaubenssätze widerspiegeln, selbst wenn das in der bisherigen Stadtgeschichte in dieser Form noch nicht praktiziert worden ist. Es gibt nicht nur das politische, das religiöse und das ökonomische Element im Leben der Menschen. Aber was sind die anderen Dinge, die den Stadtbewohnern ebenfalls etwas bedeuten? Wovon lebt die Stadtgesellschaft noch, außer von materiellen Gütern? Hierauf gibt es vermutlich so viele Antworten, wie es Menschen gibt. Nun haben wir es mit der Stadtmitte zu tun, mit einem Ort also, der mehr oder weniger allen Stadtbewohnern gehört. Deshalb können wir uns nur mit solchen Interessen befassen, die von mindestens einem Teil der Bewohner verfolgt werden. Man kann die Stadtmitte, um ein Beispiel zu bilden, weder den Anhängern Hölderlins noch denen von Frank Zappa, weder der Heilsarmee noch einem Tennisverein überlassen. Sie muß die Erwartungen und Wünsche von großen Gruppen der Stadtgesellschaft widerspiegeln in dem Sinn, den ich in der Einleitung dargestellt habe. Damit scheiden alle speziellen Vorstellungen und Bedürfnisse aus. Andererseits brauchen nicht unbedingt Mehrheiten hinter einer baulichen Aktivität in der Stadtmitte zu stehen.

Es gibt zur Zeit zwei Antworten auf die Frage, welche Nutzungen und damit Sinngebungen den Stadtmitten hinzugefügt werden sollten. Ich möchte die beiden Stichworte nennen: Wohnen und Kunst. Die erste Antwort lautet, daß man Wohnungen mitten in der Stadt bauen sollte. Die Stadt ist eine Art Wohnung für Tausende von Menschen, wie im folgenden Kapitel dargestellt wird, und dieser Gedanke kommt in den Stadtzentren nicht mehr zum Ausdruck. In den letzten drei Jahrzehnten sind dort immer mehr Wohnungen durch Büros, Läden und andere kommerzielle Dinge ersetzt worden. Die Stadtzentren haben teilweise ein gespenstisches Gesicht angenommen. Sie leben nur tagsüber, abends und nachts aber sind sie leer und wirken tot. Außerdem ist den Bewohnern nicht damit gedient, bereits vorhandene Wohnungen in städtischer Umgebung zu zerstören und sie neu auf einem ländlichen Acker wiederaufzubauen.

Die zweite Möglichkeit ist, die Stadtmitten mit Kunst zu durchsetzen und anzureichern. Ich halte künstlerische Dinge im weitesten Sinn für eine Sache, die den Stadtbewohnern etwas bedeuten und an die, jeder auf seine Art, glaubt. Jeder liest Bücher, hängt sich Bilder ins Zimmer, sieht Stücke im Fernsehen, geht in Konzerte der E- oder U-Musik, hat also, auf welchem Niveau auch immer, eine gewisse Beziehung zu den Künsten. Künstlerische Dinge sind geeignet, der Stadtmitte einen weiteren Inhalt zu geben, Kunst ist ein wirkungsvolles Instrument, um unsere Stadtzentren günstig zu verändern. Dies sind Dinge, die ökonomisch bestimmte Anlagen und Einrichtungen nicht zu bieten vermögen. Kunst ist auch heute noch so vital und unverbraucht, daß sie dazu beitragen kann, den Stadtzentren über das Ökonomische hinaus einen weiteren Sinn zu geben.

Hier ist erstens die Rede von einer Kunst, die sich nicht mehr auf Räumlichkeiten beschränkt, also auf Theater, Opernhäuser, Museen oder Kinos. Wir können Kunst auch auf die Straßen und Plätze holen und die offene Stadt zur Ausstellung, zur Bühne, zum Konzertsaal, zur Leinwand und zum Atelier der Künstler machen. Wenn man heute Kunst erleben will, dann muß man sich zu bestimmten Zeiten in bestimmte Räumlichkeiten begeben, also sozusagen hinter verschlossene Türen. Außerdem sind die künstlerischen Aktivitäten in der Mehrzahl in die Dunkelheit der Abend- und Nachtstunden verlegt. Uns geht es aber um eine Kunst, die sich den ganzen Tag über darstellt und von jedermann wahrgenommen werden kann, ohne feierliche Kleidung, ohne Eintrittskarte und andere soziale Erschwernisse. Ein Teil dieser Kunst ist mit dem Begriff „Straßenkunst" abgedeckt, aber eben nur ein Teil.

Zweitens ist hier von einer Kunst die Rede, die nicht nur, wie beim alten Denkmal, den Sehsinn, sondern alle menschlichen Sinne anzusprechen vermag. Sie kann auch Dinge einbeziehen, die man nicht oder nicht nur erblicken kann, sondern die auch zu hören, zu riechen, zu ertasten oder auf spielerische Weise zu erfühlen sind. Eine Kunst, die sich vornimmt, der Stadtmitte eine spürbar andere Gestalt zu verleihen, kann gar nicht anders verfahren. Denn die Stadt wird gleichfalls nicht nur durch die Augen, sondern ebenso durch das Gehör, durch den Geruch und die Haut wahrgenommen. Sie ist ein Ereignis aller Sinne, und diese zusammen vermitteln den endgültigen Eindruck. Es macht zum Beispiel einen Unterschied, ob man eine abstrakte Plastik an einer Straßenecke plaziert oder ein Objekt, das nicht nur in visuell-ästhetischer Hinsicht befriedigend ist, sondern darüber hinaus erlaubt, Töne oder Melodien nach freier Wahl zu erzeugen.

Drittens ist hier von einer Kunst die Rede, welche die Stadt, ihre Gebäude und Straßen, nicht unangetastet läßt und sich nicht damit begnügt, das Stadtbild lebhafter, farbiger und spielerischer zu machen. Die Stadt kann nicht nur „Aufmarschplatz" von künstlerischen Objekten und Aktionen sein, sie kann gelegentlich auch Bestandteil oder sogar Spielmaterial dieser Kunst sein. Im ersten Fall bietet die Stadt den Hintergrund, vor dem sich künstlerische Dinge abspielen und entfalten können. Im zweiten Fall entsteht erst durch das Material der Stadt, durch ihre natürlichen oder künstlich geschaffenen Anlagen und Baulichkeiten, der künstlerische Vorgang oder das künstlerische Objekt. Dies bedeutet, daß die Stadtarchitektur in unsere offene Kunst einbezogen wird und daß die Gebäude, die in der Stadtmitte errichtet werden, über ihre eigentliche Funktion hinaus noch etwas mehr anzubieten haben müssen, je nach der künstlerischen Konzeption, die eine Stadt für ihre Stadtmitte gefunden hat.

Nach dem Kreis und dem Kreuzungspunkt sind die erwähnten vier Segmente, die durch die beiden Achsen im Kreis gebildet werden, ein weiteres bezeichnendes Element der Stadt. Die vier Segmente symbolisieren offensichtlich verschiedene Gruppen, aus denen sich die Stadtgesellschaft in ihrer Vielfalt zusammensetzt. Noch besser als in der ägyptischen Hieroglyphe werden die Quartiere in dem Grundriß deutlich, den die Chinesen manchen ihrer Orte gegeben haben. Wegen der besonderen Abgrenzbarkeit und Flächendeckung wird das Gemeindegebiet rechteckig gewählt. In dieses Gebiet wird ein Raster hineingelegt, das so konstruiert ist, daß ein in der Mitte liegendes Quadrat von acht weiteren Quadraten umgeben ist. Das mittlere Quadrat soll öffentlichen Zwecken dienen, also Nutzungen der Allgemeinheit ermöglichen. Die übrigen Quadrate können privat genutzt werden für Handel, Handwerk und anderes. Die Segmente setzen also ein Zeichen für verschiedene Dinge: erstens dafür, daß die Stadt innerhalb ihrer Bewohner, bei aller geometrischen oder formalen Gleichsetzung, kastenartige Unterschiede kennt. Erwähnenswert sind Unterschiede, die sich beispielsweise auf den sozialen Status oder auf die Arbeitsteilung, auf die unterschiedliche Qualität verschiedener Standorte in der Stadt oder auf die Aufteilung der Arbeitsbereiche in den primären Sektor der Landwirtschaft, den sekundären der Güterproduktion, den tertiären der Administration und den quartären kultureller Leistungen beziehen. Zweitens deuten die vier Segmente an, daß innerhalb jeder Stadt sozusagen „Städte in der Stadt" existieren. Es sind Stadtviertel, die sich von anderen Stadtvierteln durch besondere Merkmale unterscheiden und die ein gewisses Eigenleben führen. Josef Schmithusen schreibt, daß die wesentlichen Züge der Städte in erster Linie von der gesellschaftlichen Arbeitsteilung geprägt worden seien: „Dies kommt auch in dem inneren räumlichen Aufbau als funktionale Arbeitsverteilung von Stadtvierteln zum Ausdruck[56]." Drittens erinnert die Stadtstruktur aus Kreis und Kreuz mit ihren vier „Räumen" selbstverständlich an den Grundriß einer Wohnung mit Wohnzimmer, Küche, Schlafzimmer und Fluren.

Da wir die Stadt als eine Art Wohnung bezeichnet haben, können wir durchaus erwarten, auch im Symbol der Stadt diesen Wohnungshinweis wiederzufinden.

Auch die Einteilung der Stadt in Kasten oder Klassen hat ihre psychologischen Gründe, die der realen Nutzungsanwendung vorausgehen. Hierin drückt sich ein Verlangen nach Multifunktionalität aus. Wir hatten gesagt, daß die Stadtbewohner unter sich sein möchten. Dies hat sie veranlaßt, eine reale, eine juristische oder eine psychologische Mauer um sich herum zu ziehen. Da sie wegen ihrer unterschiedlichen persönlichen Verhältnisse aber jeweils Minderheiten angehören, möchten sie innerhalb der gesamten Stadtgesellschaft wieder unter sich sein. Dies erspart ihnen langwierige Auseinandersetzungen mit Andersgearteten und Andersdenkenden, erleichtert also das tägliche Leben. Demgegenüber wird als befreiend empfunden, sich im Schutz einer Gruppe von den Angehörigen einer konträren Gruppe eben wegen dieser Verschiedenheit abzusetzen, ob dies nun berechtigt ist oder nicht. Aus Mißtrauen sondern sich die Menschen in der Stadt gruppenweise ab.

Aus diesen Gründen wohnen und arbeiten die Armen in der Stadt nicht dort, wo sich die Vermögenden aufhalten. Deshalb gibt es Viertel, in denen gehäuft die Freiberufler wie Ärzte, Anwälte oder Makler praktizieren, und andere, in denen die Arbeiter und Angestellten in den Produktionsstätten der Industrie ihrer Arbeit nachgehen. Es wird nicht dort verwaltet, wo noch Getreide, Zuckerrüben oder Blumen angebaut werden, und wo sich die meisten Bürogebäude befinden, da entdeckt man die wenigsten Kneipen. Ausländer ziehen es vor oder sind gezwungen, in der Nähe von ihresgleichen zu wohnen, und wenn man die Ergebnisse von Kommunalwahlen analysiert, dann wird man betrachten können, daß es „rote“ und „schwarze“, „linke“ oder „rechte“ Viertel gibt. Man geht sich auf eine komplizierte Weise aus dem Weg und tut sich, unabgesprochen, in räumlicher Beziehung mit seinesgleichen zusammen. Jeder Bewohner gehört in verschiedenen Beziehungen einer solchen Minderheit an, wie sie unser Zeichen in seinen vier Segmenten darstellt.

Dies bedeutet für die Entwicklung der Stadt, daß sich die Rassen, Vertreter unterschiedlicher Einkommensklassen, die „Rollen“ des Autofahrers und des Fußgängers, eben die Gruppen mit unterschiedlichem sozialen Status, schwer mischen lassen. Das Amüsierviertel möchte weder über die ganze Stadt verteilt sein noch mitten in einem Industriegebiet liegen, und die türkischen Gastarbeiter wollen nicht einzeln über die Stadt verstreut, sondern an einer bestimmten Stelle zusammengefaßt sein. Es gibt eine soziale Gravitation innerhalb der Stadtgesellschaft, die Zusammengehöriges immer wieder an bestimmten Punkten zusammenziehen und nicht Zusammengehöriges trennen möchte. Wenn städtische Administrationen versuchen, hiergegen anzugehen, stellen sie immer wieder fest, daß sie keinen Erfolg damit haben. Sie würden einfach die Sicherheitsbedürfnisse der jeweiligen Stadtbewohner nicht berücksichtigen, und die Stadtgesellschaft würde von sich aus in die gewünschte Lage zurückfallen.

Aber die vier Segmente im Strukturzeichen deuten auch auf die räumliche Aufteilung der Stadt in kleinere „Städte“ hin. Dies hängt damit zusammen, daß die Bewohner zu ihrer unmittelbaren städtischen Umgebung eine besondere Beziehung haben. Man erlebt die Stadt in zwei Bildern, einmal als unmittelbare Nachbarschaft der eigenen Wohnung und zum anderen als eine mehr oder weniger anonyme Anhäufung von Straßen, Gebäuden, Grünflächen und anderem Zubehör mit Funktionen, von denen einen nur die eine oder andere interessiert. Dem, was man wie das Innere seines Autos kennt und täglich braucht, bringt man eine größere Zuneigung entgegen als dem, was man nicht so gut kennt und nur gelegentlich braucht. Es ist der Stadtausschnitt, in dem der Bewohner wohnt, in dem er einkauft und seine abendlichen Spaziergänge macht, in dem er seine Kneipe hat und in dem seine Kinder zur Schule gehen. Was sich schließlich im Innern des Bewohners zu einem persönlichen Areal verdichtet und mit guten wie schlechten Erlebnissen, Erfahrungen und Emotionen verbunden ist, ist im Grunde unser Dorf in der Stadt.

Die vier Segmente in unserem Zeichen signalisieren in der Tat ein Überleben oder eine heimliche Wiederkehr des alten Dorfes, aus dem sich die Städte entwickelt haben. Sie stehen zur übrigen Stadt wie die Überschaubarkeit zum Undurchsichtigen, wie das Bunte zum Schwarzweißen, wie das Private zum Öffentlichen oder wie das Vertraute zum Fremden. Dieses kleine Stück Stadt will gepflegt sein wie das Stadtganze. Wir hatten gesagt, daß sich jedes Detail unseres Zeichens mit einer menschlichen Sorge verbindet. Das gilt auch vom Dorf in der Stadt, in dem der Wunsch nach einem Leben in einer überschaubaren und beherrschbaren Umgebung zum Ausdruck kommt. Die Befürchtung, zu einer Nummer herabgewürdigt zu werden, die auf die Stadtgesellschaft nicht mehr den geringsten Einfluß hat, und das Mißtrauen gegenüber jenen städtischen Bereichen, die man aus physischen und psychischen Gründen nie ganz erfassen kann, führen zum täglichen Rückzug in den eigenen Bezirk. Die Leute des Marais in Paris brauchen ihr Dorf genauso wie die Leute aus dem Algerier-Viertel, und die einen würden sich im anderen so wenig wohlfühlen wie umgekehrt; beiden ist die Gesamtstadt Paris als Gemeinwesen, das Geborgensein vermitteln soll, zu groß.

Hinter diesen psychischen Bedürfnissen steht das Verlangen nach Maßstäblichkeit, gegen das nicht ungestraft verstoßen werden darf. Maßstäblichkeit ist ein Begriff aus dem Städtebau. Er soll dazu dienen, die gebauten Anlagen in der Stadt, Wohnhäuser wie Straßen und Plätze, Brücken wie öffentliche Bauten, an den körperlichen Bedingungen der Menschen zu orientieren. Zu diesen Bedingungen gehören seine Körpergröße ebenso wie seine Möglichkeiten, sich zu Fuß zu bewegen und bestimmte Entfernungen zurückzulegen, seine optische und akustische Wahrnehmungsfähigkeit ebenso wie seine Erlebnisfähigkeit. Man kann aber auch von einer sozialen und einer psychischen Maßstäblichkeit sprechen. Dieser Begriff meint, daß das innere Gleichgewicht des Menschen gestört werden kann, wenn er nicht eine ihm gemäße Umgebung findet. Das ist eine Umgebung, die alles bietet, was der einzelne zum Leben braucht: die Erreichbarkeit von Speisen und Getränken, die Gesellschaft anderer, ein abwechslungsreiches Panorama an Baulichkeiten, Reste natürlicher Landschaft, soziale Hilfe, Anschluß an den öffentlichen Nahverkehr, der das übrige Stadtgebiet erschließt, Ausbildungsstätten für die Kinder, eine ausreichende Energieversorgung oder die Verwirklichung ästhetischer Ideen. Es ist der Mikrokosmos dessen, was in dieser Studie im Hinblick auf das Stadtganze als Makrokosmos beschrieben wird. Niemanden darf es deshalb verwundern, daß ein Stadtviertel, wenn es, wie heute üblich, im primitiven Kasernenstil gebaut wird, das Glücksgefühl der Menschen nicht eben hebt.

Als dritte Bedeutung der vier Segmente hatten wir Assoziationen zur Wohnung genannt. Dieses Thema wird im 5. Kapitel behandelt, so daß wir uns hier nicht weiter damit zu beschäftigen brauchen. Auch in diesem Punkt gilt, daß die Bewohner sich gestört fühlen, wenn sie diesen Wohnungscharakter der Stadt nicht finden oder nicht wiederfinden. Er bietet Vertrautheit und Geborgenheit, und er schützt vor dem Unglück, in einer Wüstenei aus Beton, Stahl und Maschinen und allgemeiner Überdimensionalität ausgesetzt worden zu sein. Hiermit ist nur bewußt gemacht, was jeder fühlt, wenn er beispielsweise einerseits in einer Stadt wie Marseille und andererseits in einer Stadt wie Togliattigrad lebt. In dem einen Fall wird er „Wärme“ und eine gewisse Behaglichkeit, im anderen Fall „Kälte“ und Verlassenheit empfinden.

Das nächste und letzte Element unseres Strukturzeichens ergibt sich daraus, daß die beiden Hauptachsen an vier Stellen den Kreis schneiden. Sie enden also nicht innerhalb des Kreises, sondern weisen über ihn hinaus. Dafür besteht natürlich eine gewisse Notwendigkeit, weil die Achsen nicht nur die Stadt in sich erschließen sollen, sondern zugleich als Öffnungen gedacht sind, durch die man die Stadt verlassen oder betreten kann. Eine Wohnung hat gewöhnlich eine einzige solche Öffnung, die Stadt jedoch, als überdimensionale Art von Wohnung, hat mindestens vier. Sie bezeichnen die Beziehung zur Außenwelt, und sie sind zugleich die Stellen der größten Verletzlichkeit. Durch die Öffnungen können Menschen in die Stadt gelangen, die ihr innen schaden können. Oder es können Menschen aus ihr entweichen, die der Stadtgesellschaft geschadet haben und sich der Verurteilung entziehen wollen. Es gibt eine Parallele zu den natürlichen Öffnungen des menschlichen Körpers, die von den Erregern von Krankheiten benutzt werden, um das innere Körpersystem zu erreichen. Aus allen diesen Gründen sind die kleinen Kreuze, die sich auf dem Kreis bilden, gewisse Ausrufungszeichen. Sie verleihen bestimmten Befürchtungen vor Fremden und Gegnern Ausdruck und appellieren an die Aufmerksamkeit der Stadtbewohner.

In den vorchristlichen Städten und jenen des Mittelalters waren an den vier Kreuzungspunkten von Straßen und Stadtmauern die Stadttore angebracht. Sie wurden bewacht und mit Einbruch der Dunkelheit abgeriegelt. In der Neuzeit, seitdem Städte der Verfügungsgewalt von Staaten unterstehen und der primitive Schutz durch Mauern und Tore angesichts der fortentwickelten Technik unsinnig geworden ist, sind die Schnittpunkte in dieser Beziehung uninteressant geworden. Es gibt aber eine weitere Beziehung, die auch heute noch von Bedeutung ist. Die potentiellen oder tatsächlichen Entwicklungspunkte der Stadt außerhalb ihrer Grenzen befinden sich genau dort, wo die Hauptachsen den Kreis schneiden. Wenn neue Wohnungen, Betriebe oder Verwaltungen gebaut werden, dann geschieht das normalerweise dort, wo das Zusammengehörigkeitsgefühl mit der Stadt noch am stärksten ist, von wo aus man schnell in die Stadt hinein- und wieder herauskommt und wo der technische Anschluß am einfachsten ist. Mit einem Satz: Wenn Städte wachsen, dann zuerst entlang diesen Hauptachsen. Erst später, wenn dies geschehen ist, füllt sich der neu entstandene Zwischenraum zwischen den nach außen getriebenen neuen Achsen allmählich mit Gebäuden auf und rundet damit die Stadt aufs neue ab. Die Schlußfolgerung aus dieser Tatsache wurde schon erwähnt. Es widerspricht dem Sicherheitsgefühl der Menschen, und es erscheint ihnen unvernünftig, die Stadt an irgendwelchen Stellen außerhalb der Hauptachsen oder einseitig einer Hauptachse entlang weiterzuentwickeln. Sie lassen sich weder durch Pläne noch auf andere Weise dazu veranlassen, allenfalls durch polizeiliche Gewalt. An diesen gefühlsmäßigen und rationalen Erwägungen findet jede Stadtplanung oder Raumordnung ihre Grenzen, die etwas anderes möchte.

Damit können wir die Interpretation unseres Strukturzeichens, der ägyptischen Hieroglyphe, abschließen. Man kann sicher sagen, daß alles in und an der Stadt, was durch dieses Zeichen und seine Bedeutung abgedeckt wird, unabänderlich ist. Man kann es mit einem Knochengerüst vergleichen, das, wie beim Menschen, auch von Stadt zu Stadt gleich bleibt. Es gibt den eisernen Bestand an Elementen wieder, die jeder Stadt eingegeben sind, auch wenn das nicht sofort mit bloßem Auge erkennbar ist. Was sich ändert, ist das Fleisch, das man von außen erkennen kann. Selbstverständlich könnte man Städte statt rund auch dreieckig oder über Hunderte von Kilometern bandförmig bauen. Und man könnte das Straßennetz so anlegen, daß es der Stadt zu keiner Mitte, zu keinem Höhepunkt mehr verhilft (im doppelten Wortsinn). Das Gebilde, das hierbei entstünde, wäre irgend etwas — auf keinen Fall aber eine Stadt. Es hätte mit der historischen und der zeitgenössischen Stadt so viel zu tun wie die elektronischen Versuche Maurizio Kagels mit der klassischen Harmonielehre: äußerst wenig. Es wäre vermutlich eine häßliche und langweilige Sorte von Siedlung. Allerdings muß man aus mehreren Gründen annehmen, daß dieses unförmige Auseinanderfließen das Schicksal der Stadt sein kann. Städte können auch so auseinanderfließen, daß sie zu einer neuen Stadt zusammenwachsen. Zweifellos sind Essen oder Dortmund klassische Städte, und ebenso sicher ist das Ruhrgebiet als Ganzes, das sich unter anderem aus den Siedlungsmassen von Essen und Dortmund zusammensetzt, keine Stadt. Doch vielleicht entwickelt es sich dazu, mit allen urbanen Kennzeichen, die dazugehören, besonders einer neuen gemeinsamen Mitte für alle Städte. Im Übergang von der kleineren zur größeren Stadt wird jedesmal für eine Zeitlang die Struktur in Frage gestellt.

Was wir bis hierher gesagt hatten, betrifft die Stadtstruktur, wie sie sich gleichsam aus der Perspektive eines entsprechend geschulten Fluggastes ergibt. Die zweite Perspektive, die des Fußgängers, der durch eine Stadt geht, oder die des Autofahrers, der durch die Stadt fährt, ist davon völlig verschieden. Als Passant auf einem Bürgersteig fällt einem alles andere in die Augen als die Tatsache, daß diese Stadt kreisförmig angelegt und durch ein Kreuz von Hauptachsen festgelegt wird. Das Flächenmäßige, das bisher im Vordergrund unter den Untersuchungen gestanden hat, tritt zurück. Dafür kommt die dritte Dimension ins Bild, also die Tatsache, daß in der Stadt Gebäude, technische Anlagen und andere Dinge stehen, die mit unterschiedlichen Höhen aus der Horizontalen herausragen. Der Blick eines Fußgängers oder Autofahrers vermag niemals die gesamte Stadtfläche zu umfassen, selbst wenn er nicht durch Baulichkeiten versperrt wäre. Er reicht, in einer flach angelegten

Stadt, im günstigsten Fall einige hundert Meter weit. Dafür wird der Blick zusätzlich nach oben gezogen und nimmt ein Panorama an „Höhenereignissen" auf: die Geschosse eins bis x von Gebäuden, die Masten und Drähte elektrischer Anlagen, Lampen, Straßenbahndrähte, ein über den Dächern gleitendes Flugzeug, ungezählte Reklameanlagen, Ausschnitte des Himmels, Dachkonstruktionen, Balkone, Brückenanlagen, Wände, Bäume, Kirchtürme. Wenn man einen Passanten, der gerade über die Champs Elysées gegangen ist, fragen würde, was er dort oberhalb seiner selbst gesehen hätte, so würde er vermutlich nur eine dürftige Antwort geben können. Genauso wie der Blick in der Länge beschränkt ist, entweder deshalb, weil er durch irgendwelche Baulichkeiten behindert wird, oder weil die Reichweite des Auges erreicht ist, ist das Blickfeld auch in der Höhe begrenzt. Allerdings sind es hier weniger technische oder physikalische Gründe, sondern vor allem psychische Gründe. Man ist nicht daran interessiert zu sehen, was über uns alles zu bemerken ist oder gerade passiert. Unsere Aufmerksamkeit ist auf die Straße gerichtet, weil wir uns dort schließlich unseren Weg durch Menschen und Autos bahnen müssen und weil es dort am meisten zu sehen gibt.

Nun interessiert uns zu erfahren, ob die Städte auch in der Vertikalen eine gleichbleibende Struktur erkennen lassen. Gibt es sozusagen eine ägyptische Hieroglyphe für eine aus der Fußgängerperspektive beobachtete Stadt? Lassen sich Gesetzmäßigkeiten für die Höhe der baulichen Anlagen, ihre Art und ihre Verteilung über die Stadtfläche entdecken? Man muß diese Frage verneinen. Es wäre auch schwer einzusehen, daß das einfamilienhausgeprägte Los Angeles und das hochhausgeprägte New York den gleichen Impulsen folgen sollen. Die Skyline von Leningrad hat mit der von Bordeaux möglicherweise einiges gemeinsam, aber sie unterscheidet sich beträchtlich vom „Stadtberg" Rio de Janeiro oder von den Klüften Tokios. In Hannover hat man sich dazu entschlossen, die Stadt, soweit erreichbar, wie einen Napfkuchen anzulegen. Die Stadtmitte soll im Prinzip vier Geschosse nicht überschreiten; man möchte sie mit einem Kranz von Hochhausanlagen umgeben, hinter denen dann die Höhenbewegung wieder abfällt. Dies hat keine Ähnlichkeit mit dem Frankfurter Durcheinander oder mit dem mittelalterlichen Florenz, aus dem zahlreiche Geschlechtertürme wie wild geschossenes Unkraut das Panorama bestimmten. Dies alles läßt keine durchgehende Gesetzmäßigkeit erkennen.

Kann man wenigstens sagen, daß die Mitte der Stadt, die wir auch ihren „Himmel" genannt hatten, zugleich ihr höchster Punkt ist? Wenn die Bewohner im Kreuzungspunkt der Stadtachsen errichtet sehen möchten, was ihnen am meisten bedeutet, dann liegt darin zugleich auch eine gewisse Notwendigkeit, diesem Bauwerk nicht nur durch die Funktion, sondern auch durch die Dimension seine Bedeutung anmerken zu lassen. Was am höchsten oder massivsten ist und damit seine Umgebung überragt, fällt schon deshalb ins Auge, was immer sein Inhalt sein mag. Es imponiert und stellt anderes, wiederum im doppelten Wortsinn, in den Schatten. Um darauf hinzuweisen, daß dieses Bauwerk eine besondere ideologische Funktion erfüllt, kann man nichts Besseres tun als es auch formal mit Besonderheiten auszuzeichnen. Die primitivste aller Besonderheiten aber ist eine auffällige Höhe, das Aufeinanderschichten von Geschossen, solange es nötig erscheint. Ich glaube, daß dies zwar das einzige vertikale Strukturelement der Stadt ist, daß es aber in der Tat eine Rolle spielt. Deshalb waren in den vorchristlichen Städten die Zitadelle, die Zikkurat oder die Festung und in den mittelalterlichen Stadtschöpfungen die Kirchen größer als die anderen Gebäude. Auf dieser Linie liegt es, wenn heute die in der Stadtmitte herrschenden Zeichen unserer ökonomischen Ideologie, die Warenhäuser, die Banken und die für sie benötigten Verwaltungsgebäude, in den stattlichsten und höchsten Gebäuden untergebracht sind. Sie stoßen teilweise bis an die Wolken, und dies genügt, um auf die Stadtgesellschaft den Eindruck des Beherrschenden und Übermächtigen zu machen.

5. Die Stadt als öffentliche Wohnung

Fast jedermann ist dafür, daß Städte so gebaut und „betrieben" werden, wie ihre Bewohner sich dies wünschen. Wir leben in einer Zeit, die sich darum bemüht, soviel wie möglich von den individuellen Bedürfnissen und Erwartungen der Menschen in die Wirklichkeit umzusetzen. So sehr wir uns auf diese Auffassung einigen können, so wenig sind wir in der Lage, immer zu wissen, wie die Menschen ihre städtische Umgebung haben wollen. Es gibt nach aller Erfahrung anscheinend nur zwei Möglichkeiten, dies zu erfahren. Die eine Möglichkeit besteht darin, die Stadtbewohner permanent nach ihren Erwartungen zu fragen; damit haben wir uns im 3. Kapitel befaßt. Die zweite Möglichkeit ist, eine passende Analogie zu finden, das heißt zwischen der Stadt und einem Lebensbereich, den der einzelne schon seit langem selbst gestaltet, eine Beziehung herzustellen. Wenn uns dies gelingt, dann gewinnen wir ein weiteres Kriterium für die Formulierung dessen, was nach der Überzeugung der Menschen in und an der Stadt gut und was schlecht ist. Wir würden aus ihrem Verhalten in diesem privaten Lebensbereich, aus ihren Unterlassungen und Taten dann für die Stadt Rückschlüsse ziehen.

Drehen wir den Satz von Aristoteles, wonach unter bestimmten Umständen jeder sein eigenes Haus wie eine Stadt betrachtet[57], einmal um: Betrachten wir die Stadt wie unser eigenes Haus — oder unsere eigene Wohnung. Ich meine, daß wir in der privaten Wohnung ein Objekt haben, das sich in dieser Hinsicht verwerten und mit der Stadt erstaunlich gut vergleichen läßt. Wenn dies stimmt, dann könnten wir unser Wissen über das Wohnen des einzelnen auf sein Dasein in der Stadt übertragen, jedenfalls bis zu einem ziemlich weitreichenden Punkt. Von der Wohnung können wir durchaus sagen, wie sie beschaffen sein muß, damit wir uns in ihr wohlfühlen. Um dieser Spur mit Erfolg nachgehen zu können, müssen wir zunächst einige Fragen beantworten.

Die erste Frage ist, ob sich Wohnung und Stadt vergleichen lassen. „Cortez wußte", schreibt Wolf Schneider, „was eine Stadt war: eine Mauer und ein Platz drin... Die alte Stadt war wie ein einziges Gebäude, mit den Toren als Haustüren, den Gassen als Korridoren und dem Marktplatz als Wohndiele oder Innenhof, auf dem sich die Stadtfamilie traf[58]." Dieser Vergleich läßt sich auch heute ziehen, und es gibt für ihn sogar einige neue Argumente über die gebauten Elemente der Stadt hinaus. Dazu gibt es einen ersten interessanten Hinweis, den wir später vertiefen müssen. Wenn wir darüber nachdenken, welche Dinge wir täglich zum Leben nötig haben und wo wir sie uns beschaffen können, dann stellen wir fest, daß sie in der Stadt doppelt angeboten werden. Man kann sich seine Speisen zu Hause in der Küche bereiten — oder ein Restaurant in der Stadt aufsuchen. Man kann zu Hause schlafen — oder in einem Hotel. Wenn man gerade nichts zu tun hat, kann man sich im Wohnzimmer aufhalten und beispielsweise Zeitung lesen — man kann dies aber auch auf einer Parkbank in der City tun. Um einen Film zu sehen, stellt man entweder zu Hause den Fernsehapparat an — oder man geht in ein Kino. Man kann zu Hause baden — oder in einem öffentlichen Bad. Wenn man nicht allein sein möchte, lädt man sich Freunde oder Bekannte ein — oder man schlendert durch die Stadt und sucht Zerstreuung. Und wenn das Kinderzimmer zu klein für Ballspiele ist — dann gehen die Kinder auf den Sportplatz. Je ärmer jemand ist, um so mehr ist er auf die Stadt als Ergänzung seiner Wohnung angewiesen. Dies alles wird noch deutlicher, wenn man sich in die Situation eines Fremden in einer Stadt versetzt. Er stellt sich aus dem städtischen Angebot an Bauten, an sozialen Leistungen und allgemeinem Service für die Zeit seines Aufenthaltes sozusagen eine Wohnung zusammen. Im Grunde ist die Stadt für uns in diesem Sinne eine willkommene Erweiterung und Ergänzung unserer Wohnung. Und alles, was an der Wohnung für uns wichtig und interessant ist, ist es auch an der Stadt.

Die Antwort läuft also darauf hinaus, die Stadt unter anderem als öffentliche Wohnung zu sehen. Öffentlich deshalb, weil ihre Straßen, Plätze und sozialen Einrichtungen von jedermann benutzt werden können, während die Wohnung ihrem Besitzer allein gehört und von ihm allein genutzt wird. Ich bin der Ansicht, daß keine Feststellung für die Stadt folgenreicher ist als die, daß sie eine Fortsetzung der Wohnung in einer anderen, und zwar gesellschaftlichen Dimension ist. Wir gewinnen damit einen praktikablen Schlüssel für die Stadtgestaltung, und wir verschaffen uns einen Einblick in die Gedanken und Gefühle der Menschen zur Stadt.

Die Stadt als eine Art Wohnung zu bezeichnen, also das Ganze mit einem Teil des Ganzen, mag trotz allem etwas willkürlich erscheinen. Zwar verwenden wir im Zusammenhang mit der Stadt viele Begriffe, die diese Assoziation nahelegen. Man spricht von Stadtbewohnern, von Straßenmöblierung, von Schlafstädten, von Städtebau oder von Wohnlichkeit, um einige Beispiele zu nennen. Doch offensichtlich gibt es einige Unterschiede, die man sich daraufhin ansehen muß, ob sie so wesentlich sind, daß wir unseren Vergleich fallenlassen müssen. Die Stadt unterscheidet sich in mehreren Beziehungen von der Wohnung, von denen ich die drei folgenden für die wichtigsten halte. Eine Stadt ist ein Gebilde für Massen von Menschen, die Wohnung dagegen ein Domizil für eine kleine Gruppe von Menschen, also eine Familie oder auch nur einen einzelnen Menschen. Eine Stadt besteht deshalb, unter anderem, aus Wohnungen — diesen Satz kann man nicht umkehren.

Ein zweiter Unterschied ergibt sich aus der Rechtssphäre: Außerhalb der Wohnungen ist die Stadt öffentlich und nicht privat; die allgemeinen Teile der Stadt stehen jedermann zur Verfügung. Dies gilt beispielsweise für Straßen, Plätze, Parks, aber auch für bestimmte Einrichtungen wie Museen, Schulen und städtisches „Zubehör" wie die Busse und Bahnen des Stadtverkehrs. Eine Wohnung steht ausschließlich demjenigen zur Verfügung, der ihr Eigentümer ist oder der sie gemietet hat. Nur der darf sie betreten, dem dies vom Eigentümer oder Besitzer gestattet worden ist. Für die öffentlichen Bereiche der Stadt dagegen gibt es nur ein öffentliches Eigentum, was bedeutet, daß das Eigentum an diesen Flächen und Gegenständen keiner einzelnen Person oder Personengruppen zusteht. Selbst die Kapitalgesellschaften, die eine Straßenbahn oder ein Wasserwerk betreiben, machen hier keine Ausnahme, weil sie fast ausnahmslos in der Verfügungsgewalt des Anonymus Stadt stehen. Demgegenüber sind die Rechte an einer Wohnung personalisiert: Es gibt einen leibhaftigen Hauswirt oder Vermieter.

Ein dritter wichtiger Unterschied liegt in der räumlichen Konzeption: Die Stadt ist offen, die Wohnung dagegen geschlossen. Es ist geradezu ein Merkmal der Wohnung, daß man sich in ihr vor der Stadt oder, genauer, von der übrigen Stadt zurückziehen kann. Aus diesem Grund ist sie ein geschlossener Bereich, mehr oder weniger vor allen Einwirkungen von außen sicher. Demgegenüber ist die Stadt ungeschützt und jedem zugänglich, der sie betreten will. Ihre Grenzen sind seit einigen Jahrhunderten nicht mehr physischer Art in Form von Mauern und Wällen, sondern unsichtbar — sichtbar allenfalls dadurch, daß sie in die Papiere des Grundbuchamtes eingetragen und durch einige Schilder gekennzeichnet sind. Die Stadt hat im Gegensatz zur Wohnung nichts, was man mit Türen und Fenstern vergleichen könnte. Sie ist Licht, Luft, Regen, Staub und Hitze ungeschützt ausgesetzt, während man sich in der Wohnung von allem abschließen kann. Weitere Unterschiede beziehen sich darauf, daß eine Wohnung sich kaum mehr verändert, wenn man von innenarchitektonischen Umbauten absieht, eine Stadt dagegen ständig. Eine Wohnung kann man klimatisieren, eine Stadt (noch) nicht. Manche Wohnungen kann man sogar transportieren, was bei einer Stadt Schwierigkeiten bereiten würde. Und natürlich läßt sich eine Wohnung schneller errichten als eine Stadt, doch dafür ist ihre Lebensdauer kürzer.

Diese Unterschiede sind meiner Auffassung weniger maßgebend für einen Vergleich der Stadt mit der Wohnung als die Dinge, die beide gemeinsam aufweisen. Diese Behauptung läßt sich durch objektive und subjektive Kriterien belegen. Die Übereinstimmungen beziehen sich zunächst darauf, daß beide „Wohnungen“ Räume zum Aufenthalt von Menschen sind und daß die wichtigsten Funktionen dieser Räume und ihr Zubehör identisch sind. Dabei orientieren sich beide „Wohnungen“ an der körperlichen und der physischen Maßstäblichkeit des Menschen, oder sie streben sie doch an. Die Stadt gleicht der häuslichen Wohnung darin, daß sie ein dreidimensionales Gebilde ist, für das die menschliche Körpergröße den wichtigsten Maßstab darstellt. Die Betonung liegt auf dem letzten Nebensatz: Die Bauwerke „Wohnung“ und „Stadt“ orientieren sich in ihrer Dimensionierung an den Maßen und Möglichkeiten des menschlichen Körpers. Auch da, wo diese Orientierung nicht erreicht wurde, ist sie doch, bewußt oder unbewußt, gewollt worden. Hiermit haben wir nicht nur die Körpergröße oder das Körpergewicht, sondern auch körperliche Leistungsfähigkeiten zu verstehen: der Augen, der Hände und Füße, der Muskelkraft oder der Orientierungsfähigkeit.

Aber auch in anderen Beziehungen bemüht sich die Stadt, wie die Wohnung eine auf die menschliche Maßstäblichkeit abgestimmte Konstruktion zu sein. So versucht sie, sich an die Grenzen bestimmter körperlicher Fähigkeiten zu halten. Ich denke beispielsweise an den Radius, den man von einem Punkt aus laufen kann, ohne zu ermüden. Eben war von der Standardbreite der Straße die Rede. Auch ihre Länge nimmt auf menschliche Fähigkeiten Rücksicht: auf das Sehen, das Hören und die Stimme. Man kann beobachten, daß die Straßenlänge zwischen zwei Kreuzungen oder zwei Straßenecken im allgemeinen nicht länger ist bzw. über Jahrtausende war, als man gut gehen und rufend einen anderen Menschen erreichen kann — abgesehen von dem Wunsch, keine innenliegenden Grundstücke zu schaffen. Dies gilt uneingeschränkt für die alten, eingeschränkt auch für die neuen Städte, die häufig auf die Möglichkeiten des Autofahrers und nicht die des Fußgängers abgestellt sind. Daß Straßen gelegentlich von einem bestimmten Punkt an gekrümmt sind, entspricht der „natürlichen Richtung eines Fußgängers. Wie jeder feststellen kann, wenn er zurückblickt und seine Spur auf freiem Feld im Schnee verfolgt[59]."

Aber es gibt noch wichtigere Parallelen zwischen der häuslichen Wohnung und der Stadt als Wohnung. Beide sind aus Räumen aufgebaut. Der Raum einer Wohnung wird durch vier Wände, einen Fußboden und eine Decke beschrieben. Es ist also ein relativ unkompliziertes Gebilde, wenn man davon absieht, daß die Architekten Hunderte von Formen für die Kombination dieser sechs Teile gefunden haben. Auch eine Stadt besteht aus Räumen, doch sie sind ungleich komplexer und daher viel schwieriger zu beschreiben. Es gibt im 8. Kapitel Gelegenheit, mehr über diese Räume zu sagen. Wenn wir uns die Stadt in dieser Beziehung ansehen, kommen wir auf zwei Arten von Räumen. Die ersten sind diejenigen, die sich aus dem Vakuum zwischen den Gebäuden ergeben. Die einfachste Form eines solchen Raumes ist ein herkömmlicher Platz, gleichgültig, ob er die Größe der Place de la Concorde in Paris oder des Rathausplatzes in Hemmingen-Westerfeld hat. Aber auch jede Straße und jede Gasse haben Raumcharakter. Dann gibt es die unzähligen Winkel und Ecken, die sich aus einem unregelmäßigen Straßenverlauf, aus vorspringenden Gebäuden, aus Freiflächen zwischen einzeln stehenden Häusern oder aus Höhenunterschieden in der Stadt ergeben. Diese Räume haben wie die der Wohnung einen „Fußboden", sie haben jedoch keine Decke, es sei denn, sie sind überdacht wie beispielsweise die Galerien in italienischen Städten, die Passagen in der City von Montreal oder die Passerelle zwischen Kröpcke und dem Hauptbahnhof in Hannover. Was ihre „Wände" angeht, so bestehen sie aus den Fassaden der Gebäude links und rechts, aus Treppen, aus Grünanlagen oder natürlichen Bodenerhebungen. Manchmal resultieren sie aus nichts anderem als aus der Vorstellungskraft, die sich unwillkürlich eine Begrenzung dort denkt, wo es keine gibt. Auch der imaginäre Raum ist für die, die ihn sehen, ein Raum, und sie reagieren entsprechend darauf. Aber es gibt nicht nur Räume zwischen dieser Bausubstanz oder gewachsenen Körpern, sondern auch Räume aus dieser Bausubstanz oder gewachsenen Körpern. Jedes Gebäude, das man betreten kann, stellt einen Raum dar, und zwar sowohl von außen als auch von innen.

Auch ein Ensemble von Gebäuden kann Raumcharakter besitzen, insofern nämlich, als sich mit ihm eine bestimmte Idee verbindet. Eine Gasse, in der, wic in mittelalterlichen Städten, vor allem Handwerker arbeiten, ein Gebiet, in dem ausschließlich Industriebetriebe angesiedelt sind, die Bannmeile um ein Parlament, ein reines Wohnquartier oder das Vergnügungsviertel einer Stadt können als städtische Räume empfunden werden. Dieser Raum kann im Extremfall mit einem ganzen Stadtviertel identisch sein, etwa mit der Altstadt in Düsseldorf, dem Diokletianpalast in Split oder dem Märkischen Viertel in Berlin.

Damit aber bewegen wir uns von physikalischen zu sozialen Gesichtspunkten, von den baulichen Erscheinungen zu den Funktionen, die sich mit ihnen verbinden. Hier liegt zugleich die überraschendste Parallele der Wohnung mit der Stadt. Die Räume der Wohnung und in der Stadt dienen bestimmten Zwecken, und wenn man sich diese Zwecke genauer ansieht, wird man feststellen, daß sie das gleiche menschliche Motiv haben. Jeder Wohnungsfunktion läßt sich eine Stadtfunktion zuordnen, in jenen Bereichen der Stadt selbstverständlich, die nicht selbst ausschließlich dem Wohnen dienen. Und in manchen Beziehungen vollendet die Stadt eine Funktion, die in der Wohnung beginnt, oder umgekehrt steht die Wohnung am Ende einer Funktion, die in der Stadt beginnt.

Mit einer Wohnung besitzt man zunächst einmal einen Ort, an dem man sich aufhalten kann. Ich denke dabei an jene Stunden während des Tages oder der Nacht, in denen man nicht schläft, arbeitet, ißt, spielt oder anderen Dingen nachgeht. Jede Wohnung hat für diesen Zweck ein sogenanntes „Wohnzimmer". Man hält sich vermutlich in diesem Wohnzimmer häufiger auf als in jedem anderen Raum der Wohnung, schon deshalb, weil die Familie sich in ihm trifft, mit Ausnahme vielleicht des Schlafzimmers. Auch die Stadt verfügt über ein solches „Wohnzimmer", dessen Funktion allerdings nicht eindeutig festgelegt ist. In ihr sind es die Straßen, Plätze, Gassen, Grünanlagen und andere offene Bereiche. Der Stadtbewohner hält sich dort auf, sofern er sich nicht an seiner Arbeitsstätte, in einem Restaurant, in einem Kino oder in einem anderen Raum aufhält. „Wohnzimmer" häuslicher oder urbaner Art werden meistens dann in Anspruch genommen, wenn man Zeit hat und nicht einen der anderen Zwecke verfolgt, von denen noch die Rede sein wird. In allen übrigen Fällen stellen sie nichts als einen Durchgangspunkt dar, räumlich wie zeitlich. Dann geht man durch das Wohnzimmer hindurch, und man durcheilt die Straßen einer Stadt, beispielsweise morgens, wenn man auf dem Weg zu seinem Arbeitsplatz ist. In diesen Augenblicken sind beide Räume mehr oder weniger funktionslos, wenn man davon absieht, daß sie Verkehrsfläche darstellen.

Aber irgendwann am Tag oder am Abend verlagert sich das Leben bewußt zwischen ihre „Wände". Man benutzt das Wohnzimmer, um sich mit anderen Menschen zu treffen, um eine Fernsehsendung zu verfolgen, um zu feiern oder einen Platz zum Lesen zu haben. Wenn man die abendlichen Straßen der Stadt benutzt, dann um zu flanieren, um sich mit anderen zu treffen, um das Schauspiel der anderen Passanten zu beobachten oder um die Auslagen in den Schaufenstern zu besichtigen. Beide Räume dienen der Muße und der Unterhaltung, und es ist sicher kein Zufall, daß diese Inanspruchnahme ziemlich genau an den gleichen Stunden des Tages geschieht.

Jede häusliche Wohnung verfügt über einen Schlafraum oder doch zumindest über eine Schlafgelegenheit. Sein Pendant in der Stadt sind die Hotels und Pensionen, in denen Leute, die in der Stadt kein eigenes Bett besitzen, übernachten können. Tausende von Schlafräumen werden in den großen Städten für Reisende aller Art, für Besucher und andere vorübergehend „Obdachlose“ vorgehalten. Die Gebäude verteilen sich über die ganze Stadt, sind aber vor allem dort anzutreffen, wo Fremde zum erstenmal den Boden der Stadt betreten: in der City, am Hauptbahnhof, in der Nähe von Flugplätzen und natürlich an den großen Ausfallstraßen. Die Stadt als Wohnung ist zugleich eine Stadt als Schlafraum.

Zu jeder häuslichen Wohnung gehört eine Küche oder zumindest eine Kochecke, in der Speisen zubereitet werden können. Auch außerhalb von Wohnungen kennt die Stadt Gelegenheiten zum Essen und Trinken: in Tausenden von Restaurants, Kneipen, Gastwirtschaften, Weinstuben, Bierhallen und ähnlichen Lokalitäten. Die „Küche“ der Stadt ist ziemlich regelmäßig über das Stadtgebiet verteilt, und sie wird ergänzt durch zahllose kleine Stände auf den Straßen, die Bratwurst, Pfannkuchen und andere Kleinigkeiten anbieten. Vermutlich braucht man nirgendwo mehr als einige hundert Meter zu gehen, um sich mit einem warmen Gericht, einem Kaffee oder einem Glas Bier stärken zu können. Dieses Angebot wird nicht nur von Fremden, sondern vor allem von den Stadtbewohnern selbst aufgegriffen. Indem sie davon Gebrauch machen, erweitern sie ihre eigene Wohnung um einen Speiseraum, in dem sie nicht selbst tätig zu werden brauchen, sondern sich bedienen lassen können. Auch in dieser Beziehung übernimmt die Stadt eine Funktion, die an sich Teil des häuslichen Wohnens ist.

Neben Wohnzimmer, Schlafraum und Küche gehören zu jeder intakten Wohnung sanitäre Einrichtungen. In der einfachsten Form bestehen sie aus nicht mehr als einem Abtritt und einem Brunnen oder Wasserhahn, in der luxuriösesten Form aus Badezimmer, Toilette, Duschraum und anderen kunstvollen Einrichtungen aus Fliesen, Glas, Wasseraufbereitungsanlagen, Batterien von Hähnen für kaltes und heißes Wasser und Abflüssen. Es gibt heutzutage kaum ein Gebäude in der Stadt, welchen Zwecken es auch immer dienen mag, das ohne Wasser und Entwässerung ist. Bei weitem nicht jede Wohnung hat ein Bad, schon gar nicht in den ärmeren Ländern, und die Zahl privater Swimming-pools ist äußerst gering. In dieser Beziehung besteht also ein Bedarf an zusätzlichen und öffentlichen Anlagen. Es gibt sie in den meisten Städten, und ihr Vorhandensein stärkt den Wohnungscharakter der Stadt um ein weiteres Indiz. Städte haben öffentliche Bäder, und wenn sie es sich erlauben können, bauen sie nicht nur Freibäder, teilweise mit beheiztem Wasser, sondern auch Hallenbäder, die das ganze Jahr über benutzt werden können. Man ist nicht mehr auf Flüsse angewiesen, abgesehen davon, daß nicht jede Stadt an einem natürlichen Gewässer liegt, und auch davon, daß nicht jedes vorhandene Gewässer sauber genug ist, um ohne Gefahr für die Gesundheit zum Baden benutzt zu werden. In dieser Hinsicht ergänzen die Bäder die weniger gut ausgestatteten Wohnungen im Stadtgebiet, und sie gewähren der Masse der ärmeren Stadtbewohner ein Äquivalent dafür, daß sie sich zu Hause kein Bad leisten können.

Das häusliche Entwässerungssystem wäre nichts wert, wenn es nicht in ein städtisches System einmünden würde, das wirksam für die Abfuhr des schmutzigen Wassers sorgte. Hier stehen sich bestimmte Funktionen der Wohnung und der Stadt nicht nur vergleichbar gegenüber. Sie bilden eine sinnvolle technische Einheit. Die

Kläranlagen nehmen das Abwasser der Gebäude auf, bearbeiten es mechanisch, chemisch oder biologisch, leiten den verbleibenden Schlamm auf eine Deponie oder in eine Verbrennungsanlage und das gesäuberte Wasser in das nächste natürliche Gewässer. Diese Prozesse beenden sozusagen Vorgänge, die in der häuslichen Wohnung angefangen haben. Das gleiche gilt für den Abfall oder Müll, der aus dem häuslichen Eimer zur städtischen Deponie oder Verbrennungsanlage transportiert und dort beseitigt oder verwandelt wird. Bei diesen Funktionen ist die Stadt nicht nur eine Ergänzung, sondern ein notwendiger Anhang der Wohnung. In den Dörfern mag man die Abfallprobleme noch privat erledigen können. Städte brauchen ein öffentliches System, das dem einzelnen abnimmt, was er an Schmutz produziert.

Wenn man den Vergleich der Wohnung mit der Stadt weiterführt, dann stößt man noch auf folgende Identitäten: Der Plan, nach dem eine Wohnung errichtet wird, ist, soweit es die zweidimenionale Fläche anbetrifft, der Grundriß. Der Plan, nach dem die gebauten Elemente in der Stadt in der Fläche angeordnet sind, ist der Flächennutzungsplan. Beide Pläne geben zweierlei an: einmal die Grenzen der einzelnen Bestandteile, also eines Raumes in der Wohnung und eines Gebäudes oder einer Anlage in der Stadt, und zum anderen die dafür vorgesehene Nutzung (hier etwa Wohnzimmer, dort etwa Gesamtschule). Der Flächennutzungsplan ist der „Grundriß" der Stadt. Die dritte Dimension kommt beim Bau der Wohnung durch den Schnitt, bei der Stadt durch den Bebauungsplan hinzu. Beide Pläne äußern sich wiederum zu zwei Fragen: Wie hoch das einzelne Gebäude in dem einen und die gebauten Teile der Stadt in dem anderen Fall sein sollen und wie die Räume bzw. die Baumassen geformt sein sollen. Die Bebauungspläne sind also die „Schnitte" der Stadt. Dem entspricht es übrigens auch, wenn Stadtplanung ein Metier ist, das in erster Linie von Architekten ausgeübt wird, also von Leuten, die normalerweise Gebäude errichten.

Damit sind meiner Meinung nach die wichtigsten Parallelen in den Funktionen der Stadt und der Wohnung genannt. Es gibt noch andere, auf die es aber für alle weiteren Schlußfolgerungen nicht mehr ankommt. Die Flure der Wohnungen entsprechen beispielsweise den Verbindungswegen der Stadt. Wohnung und Stadt sind mehr oder weniger gut durch Lampen künstlich beleuchtet, und zu beiden gehört ein Mindestprogramm an künstlich angelegten Grünanlagen (die von den Balkonpflanzen in Töpfen einerseits bis zu riesigen Stadtwäldern andererseits reichen können).

Der Gedanke der Identität hat natürlich seine Grenzen. In der häuslichen Wohnung gibt es nichts, was nicht auch außerhalb von ihr in der Stadt wiederzufinden ist. Doch die Stadt verfolgt selbstverständlich auch Zwecke, die von einer häuslichen Wohnung nicht angestrebt werden. Wir brauchen nur an die großen Verkehrsanlagen wie Flugplätze oder unterirdische Bahnen zu denken. Bemerkenswerteste Beispiele aber sind die Arbeitsstätten in Form von Büros und Produktionsbetrieben, die Warenhäuser und Läden, also Anlagen des sogenannten sekundären und tertiären Sektors. Aber selbst bei ihnen gibt es Parallelen zur Wohnung. In vergangenen Jahrhunderten wurde überhaupt weitgehend zu Hause gearbeitet. Der Handwerker hatte seinen Betrieb in oder bei seiner Wohnung, der Bauer arbeitete und wohnte im gleichen Gebäude, soweit er nicht seine Felder bestellte, und der Kaufmann besaß seinen Laden ebenfalls dort, wo er wohnte. Heute sind Wohnung und Arbeitsplatz im allgemeinen getrennt. Man kann sagen, daß die häusliche Wohnung in dieser Beziehung eine wichtige Funktion an die Stadt abgegeben hat. Dadurch kommt es zu der eigenartigen Situation, daß viele Menschen mehr außerhalb als innerhalb ihrer Wohnung „wohnen". Es bleibt allerdings nicht aus, daß die Büros mit einigen Attributen der häuslichen Wohnung ausgestattet werden: Man installiert kleine Küchen, Aufenthaltsräume mit Lesestoff und besonderer Ausschmückung. Die dort tätigen Angestellten bereiten sich Getränke und kleinere Speisen zu. Die berufstätigen Frauen und Männer sind dort ebenso lange mit ihren Arbeitskollegen zusammen wie zu Hause mit ihren Familienangehörigen. Während man früher dort gearbeitet hat, wo man wohnte, beginnt man heute vielfach dort mit den Zeremonien des Wohnens, wo man arbeitet. Die Menschen neigen dazu, Wohnung und Arbeitsplatz immer wieder soweit wie möglich zusammenzubringen, funktional und räumlich gesehen. Die Arbeit hat die Wohnung verlassen und sich einen eigenen Raum gesucht, um hier von bestimmten Attributen des Wohnens wieder eingeholt zu werden. Dies bedeutet, daß auch der Teil der Stadt, der aus Arbeitsstätten besteht, in einigen Beziehungen die Wohnungen ergänzt.

Schlußfolgerungen

Dies alles läuft auf die entscheidende Frage hinaus, welche Folgerungen sich aus der Feststellung ergeben, daß die Stadt eine Art Wohnung darstellt. Wir werden sehen, daß es politische, städtebauliche und soziale Konsequenzen gibt. Die naheliegendste Folgerung ist, daß die Menschen an ihre Stadt bewußt oder unbewußt den Maßstab anlegen, mit dem sie auch ihre Wohnung beurteilen. Die eigene Wohnung ist nun einmal ein Begriff, der von jedermann verstanden werden kann. Er liefert die Kriterien, mit denen man die gestalterische, organisatorische oder betriebliche Qualität einer Stadt messen kann. Da die Elemente der Wohnung und die Elemente der Stadt in der beschriebenen Beziehung verglichen werden können, bleibt es nicht aus, daß man die Stadt mit den Augen desjenigen sieht, der in ihr wohnt und in ihr wohnen muß. Den Bewohnern wird gefallen, was die Stadt noch mehr einer Wohnung gleichen läßt, und sie werden mit dem nicht einverstanden sein, das charakteristische Eigenschaften einer Wohnung nur schwach oder überhaupt nicht aufweist. Sie sehen die Stadt in der Tat viel privater und verbindlicher, als im allgemeinen angenommen wird.

Bisher haben wir, sowohl bei der Wohnung als auch bei der Stadt, von den baulichen Elementen und ihren Funktionen gesprochen. Jetzt müssen wir uns fragen, welches denn die charakteristischen Eigenschaften der Wohnung sind, an denen den Stadtbewohnern soviel liegt. Wie soll eine Wohnung beschaffen sein, damit man sich in ihr wohlfühlt? Die Antwort fällt relativ leicht, weil bei allem unterschiedlichen Geschmack die Erwartungen und Bedürfnisse der meisten Menschen ähnlich sind. Wenn wir die Kosten unberücksichtigt lassen, dann können wir sagen: Eine Wohnung gefällt, wenn sie praktisch, großzügig, überschaubar, vielseitig, behaglich, schön und gut gelegen ist. Diese Aufzählung ist nicht vollzählig, gibt aber die wichtigsten Gesichtspunkte wieder.

Praktisch heißt hier, daß die Wohnung wirklich für die Zwecke geeignet ist, für die man sie gekauft oder gemietet hat. Dabei spielen viele Faktoren eine Rolle, so etwa die „Kopfgröße“ der Gruppe, die in ihr leben will. Die Wohnung soll großzügig sein, damit jeder in ihr für das, was er dort tun oder lassen will, seinen abgeschlossenen Platz findet. Sie muß erlauben, mit den Mitbewohnern zum Essen oder zum Spiel zusammenzukommen. Aber sie muß auch Gelegenheit geben, sich zurückzuziehen, niemanden zu sehen und von niemandem beobachtet zu werden. Dennoch muß sie überschaubar sein, kurze Wege haben und noch als Einheit empfunden werden können. Sie sollte vielseitig sein, um für notwendige und überflüssige Verrichtungen, für Zeitvertreib und das Übliche einen Raum oder eine entsprechend ausgestattete Ecke anbieten zu können. Gäste sollten jederzeit in ihr untergebracht werden können, und die Räume sollten in der Abgrenzung und in der Nutzung veränderbar sein. Eine behagliche Wohnung ist eine Wohnung, von der man das Gefühl hat, daß ihre Wände die Vitalität und Wärme der Bewohner zurückgeben. Dann entstehen Intimität und „Höhlencharakter“, ohne die wir uns nicht wohlfühlen. Sie sollte nichts sein, dem sich die Menschen anzupassen haben. Sie sollte ihrerseits nachgiebig, unauffällig, zurückhaltend sein und die Bewohner möglichst wenig festlegen. Sie sollte kein Programm verkörpern, sondern so beschaffen sein, daß sie sich verschiedenen Programmen anpassen kann: eine elastische Hülle also. Wenn schließlich davon die Rede ist, daß die Wohnung schön sein sollte, so sind damit ihre ästhetischen Möglichkeiten angesprochen. Sie können bereits Teil des Grundrisses sein und bis zu der Frage reichen, in welcher Weise die Wohnung ausgeschmückt oder durch künstlerische Arbeiten ergänzt werden soll. Durch die Wahl des Materials, der Konstruktion, der Möbel und durch Hinzufügen von Gegentänden, die an sich nicht zur Wohnung, sondern zu ihren Besitzern gehören, kann eine Wohnung reizvoller oder häßlicher werden. Zum Standort schließlich ist zu sagen, daß die Wohnung begehrt ist, wenn sie einerseits landschaftlich begünstigt und andererseits im Schnittpunkt der zusätzlich benötigten städtischen Angebote liegt.

Wenn es richtig ist, daß die Stadt eine besondere Art Wohnung ist, dann gelten in den Vorstellungen der Menschen auch die eben erwähnten Eigenschaften. Ich möchte versuchen, sie stichwortartig auf die Stadt zu übertragen.

Eine „praktische“ oder besser zweckmäßig gestaltete Stadt ist eine Stadt, die nach einem vernünftigen Grundriß errichtet worden ist oder weiterentwickelt wird. Die Flächen müssen so gut genutzt werden, daß sie dem Verlangen und den Erwartungen der Bewohner nach einer guten Ausstattung ihrer Umgebung nahekommen. So wenig sinnvoll es wäre, die großen Nutzungen (Wohnen, Arbeiten, Einkaufen, Erholen usw.) strikt voneinander zu trennen, so falsch wäre es, alles mit allem zu vermischen. Es ist nötig zu wissen, auf welche Bevölkerungsgruppe man die verschiedenen städtischen Elemente jeweils beziehen will. So muß man die sogenannte Infrastruktur, also die Versorgung der Bewohner mit den Dingen des täglichen Bedarfs, den Wohnvierteln zuordnen. Für den Standort einmaliger Einrichtungen wir ein Theater oder einen Sportpalast kann man nur das gesamte Stadtgebiet zugrunde legen. Bei einem Industriegebiet wiederum braucht man weder zu irgendeinem Wohnviertel noch zu der City eine Beziehung zu suchen, jedenfalls in der Mehrzahl der Fälle, in denen die Arbeitnehmer von überallher zureisen. Dafür kommt hier der Erreichbarkeit eine große Bedeutung zu.

Eine Stadt kann großzügig genannt werden, wenn sie alle ihre Bewohner mit allen ihren Vorhaben und Interessen zum Zug kommen läßt. Weder durch die Art, wie sie gebaut, noch durch die Art, wie sie betrieben wird, dürfen Minderheiten in der Stadtgesellschaft benachteiligt werden. Da jeder Stadtbewohner zumindest in einer seiner vielen Beziehungen zur Stadt einer Minderheit angehört, kommt eine solche Großzügigkeit mehr oder weniger allen zugute. Wer früh aufsteht, Angestellter in einem großen Betrieb ist, mit dem öffentlichen Bus zur Arbeit fährt und nach der Arbeit seine Einkäufe in größten Warenhaus der Stadt tätigt, gehört vermutlich in allen diesen Gewohnheiten der Mehrheit an. Sollte er daneben noch Fahrrad fahren oder Gartenarbeit lieben, gehört er insoweit zu einer Minderheit (wenn er nicht gerade in einer holländischen Stadt lebt) und hat demnach Anspruch auf Radwege oder einen Kleingarten.

Der Wunsch nach Überschaubarkeit richtet sich darauf, der Stadt eine innere Struktur mitzugeben, die in sich schlüssig und mit den Augen erlebbar ist. Es ist angenehm, wenn man an äußeren Zeichen auch in einer Millionenstadt erkennen kann, in welchem Teil der Stadt man sich gerade befindet und welche Richtung man zum Beispiel einschlagen muß, wenn man in die City und von dort in einen anderen Stadtteil fahren will. Die Überschaubarkeit ist eine Tugend, die für das Stadtganze wie für das Viertel gilt, in dem man lebt. Sie wird um so besser erreicht, je kreisrunder oder ringförmiger eine Stadt angelegt ist und je kleiner die Grenzen zwischen den verschiedenen Räumen gesetzt sind. Das Erlebnis der Einheit hat für das Zurechtfinden, aber auch für die Identifikation mit der Stadt ganz reale Vorteile. Wichtig ist dabei, daß einprägsame Formen und Zeichen verwendet werden, die ins Auge fallen. Gordon Cullen sagt richtig: „In einer in wachsendem Maße städtischen und fließbandgefertigten Welt stellt der Bürger diese simple Frage: ‚Wo befinde ich mich?‘ Nehmen wir an, daß er sich nach einigen Jahren im Orientierungssystem auskennt, weil er beim Automatenwaschsalon immer links abbiegt und dann, wenn er den Geruch von Röstkaffee wahrnimmt, immer rechs abbiegt, dann fragt er doch: ‚Wozu gehöre ich?‘ Er weiß, wer er ist, aber wozu gehört er eigentlich? Wenn es darauf keine Antort gibt, dann stößt er zu der wachsenden Armee wurzelloser Städter[60].“

Vielseitig wird eine Stadt, wenn sie nicht auf einen Stil festgelegt ist. Dies bezieht sich sowohl auf ihre Funktionen wie auf die Art der baulichen Anlagen, sowohl auf das Leben in ihr wie auf ihre äußere Gestalt. Städte beispielsweise, die wie Wolfsburg oder Togliattigrad um ein Automobilwerk herum errichtet werden und überwiegend aus Wohnungen bestehen, neigen zur Eintönigkeit und zur Langeweile. Das gilt selbst dann, wenn sie im übrigen ganz gut ausgestattet sind. Man spürt in ihnen, wie wenig Existenszberechtigung die Stadt aus sich selbst heraus entwickelt und wie abhängig sie von der dominierenden Produktionsstätte ist. Eine solche Stadt ähnelt einer Wohnung, die aus einem riesigen Raum und sonst nichts besteht. Aber auch Städte, die ein reichhaltiges Programm in einigen kasernenartigen Bauten ohne jede Regellosigkeit verstecken, wie dies heute in zahllosen neuen Stadtvierteln geschieht, erliegen der Monotonie. Sie erinnern an eine Wohnung, die aus einigen zufällig zusammenhängenden und absolut gleichen Räumen besteht, ohne Rücksicht auf die Funktion des einzelnen Raumes. Das Vorhandensein einer bunten Palette von Gesichtern und Ausdrücken ist unabhängig von der Größe der Stadt: Das gewachsene Freiburg hat sie, das eilig erbaute Brasilia nicht.

Eine Stadt, die man behaglich und intim nennen kann, hält ihre Baumassen und natürlichen Anlagen einigermaßen zusammen und zerläuft nicht in alle Himmelsrichtungen. Ihre Straßen und Plätze haben nur die unumgänglich notwendige Breite, gleichgültig, ob sie nur Fußgänger oder auch Autos aufnehmen müssen. Vor allem die Distanz von Straßenecke zu Straßenecke orientiert sich im Zweifel nicht an den Möglichkeiten der Autofahrer, sondern an denen der Fußgänger (mit Ausnahme der Straßen, die Fußgänger nicht interessieren). Sie muß die geistigen Produkte der Bewohner widerspiegeln, ihre „sozialen Ausdünstungen" speichern, und der Wind darf nicht ungehindert durch diese Stadt hindurchgehen. Auch hier kommt es darauf an zu erkennen, daß sich der Wunsch nach Behaglichkeit und Intimität sowohl auf die bauliche Gestalt der Stadt als auch auf das in ihr mögliche Dasein bezieht. Wir finden diese Eigenschaften in der Altstadt von Amsterdam, aber auch im neuen Einkaufszentrum (Lijnbaan) von Rotterdam. Die Bedeutung ästhetischer Gesichtspunkte in der Stadt für das Lebensgefühl der Stadtbewohner wird im 8. Kapitel angesprochen.

Schließlich hatten wir gesagt, daß auch der Standort der Wohnung bzw. der Stadt eine Rolle dabei spielt, ob man sich in ihr wohlfühlt. Für die Wohnung ist es wichtig, daß es nicht zu weit zum nächsten Markt, zur nächsten Bushaltestelle, zur nächsten Kindertagesstätte, zur nächsten Schule, zum nächsten Arzt, zum nächsten Postamt usw. ist. Die Entfernung bemißt sich dann danach, was noch gut zu Fuß zu erreichen ist. Außerdem wird die Lage in einer grünen Umgebung zwischen Gärten und Gewässern der zwischen Schnellstraßen und Industriebetrieben vorgezogen. Für die Stadt als Ganzes gibt es ähnliche Kriterien. Wir empfinden ihre Lage als gut, wenn sie an das Netz der überregionalen Bahn- und Luftverbindung angeschlosen ist, also sozusagen an die nationale und internationale Infrastruktur. Es ist angenehm, wenn man es nicht allzu weit zum nächsten Flugplatz, zum nächsten Hafen, zum nächsten Transkontinentalexpress und zu den Autobahnen hat. Die Stadt sollte außerdem mit einer Landschaft korrespondieren. Häufig haben sich die Gründer einer Stadt einen Ort ausgesucht, an dem einige landschaftliche Reize zusammenkommen, vor allem Wasser und Wälder. Manchmal haben ihre Nachfolger dafür Sorge getragen, daß diese Landschaft nicht unkenntlich gemacht oder völlig verwüstet wird. Doch selten konnte die Stadt, während sie sich ausbreitete und wuchs, das Erstgeburtsrecht der Landschaft respektieren. In der Mehrzahl der Fälle sind die Wälder nach und nach abgeholzt, die Wiesen durch Asphaltbahnen zerstückelt und die Gewässer durch Schmutz zerstört worden. Über viele Städte und ihre Regionen legt sich heute eine feine Schicht von zivilisatorischem Abfall, der Pflanzen und Tieren in einigen schlimmen Fällen kaum eine Chance des Überlebens läßt. Dennoch gilt für Städte wie für Wohnungen, daß sie eine intakte Landschaft oder etwas Vergleichbares brauchen, um ganz akzeptiert zu werden. Wenn die Stat auch immer wieder einmal Landschaft zerstören muß, um selbst existieren zu können, so hängt ihr Glück davon ab, daß sie sich dabei Grenzen setzt. Vom täglichen Umgang allein mit Beton, Asphalt, Stein und Stahl kann kein Stadtbewohner leben, ohne Schaden zu nehmen.

Neben diesen Konsequenzen für die Stadtplanung, für den Städtebau und die soziale Ausstattung der Stadt stehen Forderungen nach Anteilnahme am Stadtregiment. Wir gestehen uns allen zu, kompetent für die Angelegenheiten der eigenen Wohnung zu sein. Jedermann nimmt seinem Nachbarn ab, daß er weiß, ob und wann eine Wohnung die oben beschriebenen Eigenschaften besitzt. Durch die gleichen Gefühle und Überlegungen, von denen sich die Menschen bei der Beurteilung ihrer Wohnung leiten lassen, sind sie in dem hier beschriebenen Rahmen auch imstande, Städte zu bewerten und zu beurteilen. Man darf das Vorhandensein dieser Gefühle und Überlegungen nicht deshalb bestreiten, weil viele Menschen nicht in der Lage sind, sie in Worte zu fassen. Einige können auf Anhieb sagen, warum sie sich in dem einen Stadtviertel wohlfühlen, in dem anderen aber nicht, weshalb dieser Straßenzug langweilig auf sie wirkt und jener interessant und reizvoll. Aber die meisten anderen haben ebenfalls diesen Eindruck, und wenn sie ihn auch nicht formulieren können, so läßt er sich doch sachlich begründen,und das ist das entscheidende Kriterium. Ich meine, daß deshalb die Erwartungen und Bedürfnisse der Stadtbewohner an ihrer städtischen Umgebung verbindlich sein sollen, so wie dies auch für die eigene Wohnung zutrifft.

Der Vergleich der Stadt mit der Wohnung hat eine objektive und eine subjektive Seite. Die objektive Seite betrifft die Tatsache, daß die Stadt wie die Wohnung mit der menschlichen Maßstäblichkeit und mit Räumen arbeitet und daß wichtige Funktionen vergleichbar sind. Mit der subjektiven Seite meine ich, daß die Stadtbewohner ihre Stadt bewußt oder unbewußt danach beurteilen, ob und wieweit sie diesen Wohnungscharakter aufweist. Wer wissen will, was die Stadt ihren Bewohnern ist und sein kann, muß deshalb ihre Beziehung zur Wohnung berücksichtigen.

6. Die Stadt als Kontrahent der Landschaft

Vor einigen hundert Jahren gab es noch keine Millionenstadt. Im Jahr 1975 hatten bereits 90 Städte über eine Million Einwohner. Wenn die UNO richtig prognostiziert hat, wird es im Jahr 2000 annähernd 350 Millionenstädte geben. Wenn auch diese Zahlen letzen Endes etwas anders aussehen mögen: Die Tendenz ist eindeutig. Vergleichen wir den Erdball mit einem Gesicht, dann entspricht diese Situation etwa folgendem Vorgang: An der linken Wange bildet sich eine kleine Rötung. An der Stirn und am Kinn zeigen sich ebenfalls entzündete Stellen, und so geht es weiter. Die Veränderungen breiten sich aus und laufen schließlich, wie bei Masern, ineinander über. Rote Flecken kennzeichnen einen großen Teil der Gesichtsfläche. Dieser Vergleich mag ein wenig hart sein, doch er kennzeichnet ganz gut, wie man sich die Ausbreitung der Städte über den Erdball vorstellen sollte. Natürlich wäre es falsch, Städte generell mit dem Begriff Krankheit und die unberührte Landschaft mit dem Begriff Gesundheit gleichzusetzen. Aber daß man dies bemerken muß, zeigt schon, wie sehr uns die Landschaftszerstörung durch die Stadt schmerzt.

Wer sich mit der historischen Entwicklung der Stadt befaßt, dem drängen sich unwillkürlich drei Bilder auf. Das erste Bild stammt aus der Zeit vor der Gründung der ersten Städte, also vor etwa zehntausend Jahren. Die Erdoberfläche war unberührt von städtischen Siedlungen. Die wenigen Dörfer, die es damals gab, lagen weit verstreut und wie verloren in einer absolut dominierenden natürlichen Landschaft. Das zweite Bild ergibt sich aus unserer heutigen Wirklichkeit. In die Landschaft haben sich an vielen Stellen Städte eingebrannt, ursprüngliche Natur vernichtet und so etwas wie eine „Kulturlandschaft" geschaffen. Es wäre immer noch nicht richtig zu behaupten, daß die Städte einen wirklich beachtlichen Anteil des festen und bewohnbaren Teils der Erde für sich erobert haben. Aber die Fakten sind das eine, und die psychologischen Eindrücke sind das andere. Danach haben wir einen Zustand erreicht, von dem sich sagen läßt, daß der Erdball in zwei große Teile aufgeteilt ist: in jenen, der besiedelt ist, und in jenen, der besiedelt werden könnte, aber noch unbesiedelt ist. Außerdem nutzt einem Bewohner von Dortmund oder jeder anderen Stadt das unbesiedelte schottische Hochland nichts, weil es nicht in kurzer Zeit erreichbar ist. Wir pendeln zwischen Stadt und Land, zwischen Land und Stadt. Beides auf einmal und sozusagen in durchwachsener Form gibt es kaum noch.

Das dritte Bild schließlich ist eine Spekulation in die Zukunft, die bestimmt keine zehntausend Jahre mehr braucht, um sich zu verwirklichen. Danach wirkt der bebaubare Teil der Erdoberfläche wie überzogen von einer Schicht städtischer Siedlungen, in der nur noch einige grüne Oasen an die frühere Landschaft erinnern. An die Stelle von Gras ist Asphalt, an die Stelle von Bäumen sind technische Anlagen, an die Stelle von Wasserläufen Straßen, an die Stelle reiner Luft ein Gemisch von Sauerstoff und gefährlichen Elementen, an die Stelle von Hügeln Gebäude, und vielleicht ist sogar an die Stelle des Mondes künstliches Licht getreten. In dieser phantastischen Projektion hat gleichsam ein Umschlag stattgefunden: Die „natürliche" Natur ist durch „künstliche" Natur abgelöst worden, und die Menschen haben in gewisser Weise die Rolle des Schöpfers übernommen. Die Städte sind das Medium, mit dem die Erde verwandelt wird. Der ursprüngliche Satz von der Regel und der Ausnahme bleibt erhalten, aber seine Bestandteile werden ausgetauscht. Was Regel war, wird Ausnahme, was Ausnahme war, wird Regel: Stadt wird Regel, und Landschaft wird Ausnahme.

Die Art und Weise, wie Städte sich seit einiger Zeit in der ursprünglichen Natur benehmen, erinnert an eine Maschine. Sie frißt vorn Wälder, Wiesen, Seen und Hügel samt Fauna und Flora in sich hinein. Auf der anderen Seite stößt sie Haufen von geformtem Beton, Stahl und anderer Stadtmaterie wieder aus. Wir haben einen eigenartigen Stoffwechsel in Gang gebracht, von dem fraglich ist, ob er uns bekommen wird.

Bei diesem Vorgang stehen zwei Fragen im Vordergrund, aus denen sich später eine dritte ergibt. Die erste Frage lautet: Welche Dinge zerstört die Stadt, wenn sie neu geschaffen oder ständig erweitert wird? Die zweite Frage ist: Was schafft die Stadt anstelle des Zerstörten, oder auch, wofür richtet sie ihre Verwüstungen an? Ist dies beantwortet, dann wird man fragen, ob der Ersatz für das Zerstörte minderwertig, gleichwertig oder höherwertig ist. Es soll also untersucht werden, was die Menschen durch die städtische Invasion verlieren, was sie behalten und was sie dabei gewinnen können.

Aber bevor wir zu dieser Frage kommen, möchte ich noch folgende Überlegung treffen. Man kann der Auffassung sein, daß es müßig ist, sich über die Zerstörung der Landschaft durch die Stadt allzu viele Gedanken zu machen. Von einem gewissen Standpunkt aus gesehen, haben die Stadt oder die für sie Verantwortlichen keine andere Wahl, als so zu handeln. Das Motiv, das Städte veranlaßt, sich immer wieder auszudehnen und den unberührten Raum um sich herum zu besiedeln, oder das uns Städte auf dem Acker neu gründen läßt, beruht schließlich auf der wachsenden Zahl der Menschen. Die Menschheit wächst — nicht überall gleichmäßig und ohne erkennbare Gesetzmäßigkeit. Doch es ist offensichtlich davon auszugehen, daß bis zum Ende dieses Jahrhunderts annähernd doppelt so viele Menschen auf diesem Erdball Arbeit, Brot, Unterkunft und Schutz suchen werden, als das heute der Fall ist. Das ist das eine, und das andere ist, daß der größte Teil dieser Menschen in den Städten zur Welt kommen oder in sie ziehen wird. Deshalb werden Wohnhäuser und Arbeitsstätten, Straßen und anderes kommunales Zubehör geschaffen. Dafür muß selbstverständlich Landschaft geopfert werden, Quadratkilometer um Quadratkilometer. Das Mehr an Stadtflächen und das Weniger an Landschaftsflächen ist also eine schlichte Folge der Notwendigkeit, daß immer mehr Menschen unterzubringen sind. Sollte die Menschheit zu wachsen aufhören, würde der Prozeß der Verstädterung erheblich verlangsamt werden. Dann brauchte man sich um die Landschaft weniger Gedanken zu machen. Das Thema „Stadt gegen Landschaft“ kann damit als ein Nebenprodukt des Themas „Bevölkerungsexplosion und ihre Folgen“ betrachtet werden.

Unser Thema beschränkt sich allerdings nicht nur auf diesen einen Aspekt. Selbst wenn von heute ab keine Stadt mehr sich auch nur einen Quadratkilometer vergrößern würde, bliebe für die Stadtbewohner die Tatsache bestehen, daß sie nicht mehr wie ihre Vorfahren in den Wäldern und auf den Hügeln, sondern zwischen Autos und in einer versteinerten Umwelt zu leben haben. Auch dann müßten wir uns die Frage stellen, ob der Wechsel der Kulisse völlig gleichgültig ist oder ob er für den Stadtbewohner negative Auswirkungen hat. Es leuchtet ein, daß der Blick auf die immer gleichen Steinwände oder auf eine Pflanzenwelt, die sich täglich verändert und einmal im Jahr erneuert, zweierlei Dinge sind. Wir müßten weiter fragen, was angesichts dieses Unterschiedes schon heute in den Städten geschehen wird und geschehen kann. Niemand kann und kaum jemand möchte Städte wieder abreißen und ihre Bewohner in die Höhlen der Vorzeit zurückjagen.
Aber es bleibt die Frage, ob und wieweit Städte Partien der verdrängten Landschaft enthalten müssen, um ihren Bewohnern ein Mindestmaß an Assimilation an die städtische Umwelt zu ermöglichen. Und es bleibt weiter die Frage, ob man Städte so geschlossen wie in den letzten achttausend Jahren anlegen kann oder ob sie Landschaft unverwandelt in sich aufnehmen können. Schließlich kann man noch einen Schritt weiter zurückgehen und fragen, welche „Natur“ den Menschen die angemessenere ist, die der Landschaft oder die der Stadt — oder eine Mischung aus beiden.

Um einen Überblick darüber zu gewinnen, was Städte zerstören, müssen wir uns daran erinnern, was früher dort gewesen ist, wo heute beispielsweise Berlin oder Buenos Aires, Brasilia oder Bangkok stehen. Um bei diesen Städten zu bleiben: Berlin hat märkische Heide beseitigt, Brasilia ein Stück Hochland, Buenos Aires eine vielgestaltige Landschaft und Bangkok eine venezianische Wasserlandschaft. Natürlich unterscheiden sich diese den Städten zum Opfer gefallenen Flächen in verschiedenen Dingen. Ihr wichtigster Unterschied liegt vermutlich darin, daß die etwa vor Berlin vorhanden gewesene Landschaft bewohnbar gewesen ist, die von Brasilia aber kaum, daß die Gegend von Buenos Aires zu Fuß begehbar gewesen ist, die von Bangkok aber nur zu einem Teil. In einigen Fällen also haben die Städte die Landschaft erst für den Menschen erreichbar gemacht, indem sie einen Teil von ihr zerstört und eine Plattform für Ausflüge geschaffen haben. Die Stadt ist hier zu einem Tor in eine vorher verschlossen gewesene Landschaft geworden, und darin liegt, unter anderem, ein versöhnliches Argument für die Existenz dieser Städte. Aber solche Fälle sind in der Minderzahl, und sie ändern nichts daran, daß dem Aufbau der Stadt der Abbau der natürlichen Landschaft vorausgegangen ist.

Diesen vier Beispielen (und allen weiteren Fällen) ist gemeinsam, daß Pflanzen jeder Art beseitigt und Getier aller Art vertrieben worden ist und daß dies Konsequenzen in vielen Richtungen hat. Wenn man den Vorgang der Landeroberung zugunsten der Stadt analysiert, dann fallen drei Phasen ins Auge. Die erste Phase ist die Beseitigung biologischen Lebens auf dem Land und im Wasser. Die zweite Phase besteht aus einer Verschlechterung dessen,was noch geblieben ist, nämlich des nackten Bodens und der reinen Luft, durch die Abfälle und Ausdünstungen der fertigen Stadt. Und die dritte Phase besteht in dem Versuch, in der Stadt Abziehbilder der verlorengegangenen Natur zu schaffen, durch künstliches Grün und künstliche Gewässer oder durch die Pflege letzter einsamer Naturreste, die bei dem Zerstörungsprozeß übriggeblieben sind. Wir werden feststellen, daß jede Phase ihre Auswirkungen auf das körperliche und psychische Wohlergehen der Stadtbewohner hat, daß also auch hier die Beseitigung oder Verschlechterung von organischer Materie ihre Wirkungen bis in die menschliche Psyche hinein zeigt.

Zuerst gehen Maschinen daran, Bäume zu fällen, Felder und Wiesen umzupflügen, Hügel einzuebnen, Gewässer trockenzulegen und die Gewächse bis auf den Erdboden wegzukämmen. Ob Gebäude oder Straßen gebaut werden, in jedem Fall ist es nötig, bis unter die Erdoberfläche vorzudringen und Kanäle für alle möglichen Zwecke anzulegen. Es gibt danach verschiedene Möglichkeiten, den Boden wieder tragfest zu machen. Soweit es um Wege und Plätze geht, werden mehrere Schichten von Stein, Asphalt oder anderen Stoffen auf den Boden gepackt. Das gleiche gilt für Gebäude, die Stein- oder Betonsockel haben. Schon durch diese Baumaßnahmen wird die Erde mit einer feinen und starren Schicht toten Gewebes überzogen. Unter ihr und auf ihr können Pflanzen nicht mehr wachsen und Tiere nicht mehr leben. Sie kann weder Grundwasser von unten nach oben noch Regenwasser von oben nach unten durchlassen. An einigen Stellen der Stadt wird der Boden untertunnelt, um Fußgänger oder Bahnen unter der Erde führen zu können. Ein Gewirr von Leitungen und kleineren Kanälen durchzieht den Boden und versteift und verfremdet ihn erneut. Der Landschaft wird dort, wo die Stadt steht, eine überdimensionale Bodenplatte eingesetzt, ein Plateau, auf dem sich nun das Leben abspielen wird.

Wir verlieren bei diesem alltäglichen Vorgang, den man in Tausenden von Städten immer wieder beobachten kann, organische Substanz. Nehmen wir die Pflanzen: Bäume (einzeln, in Gruppen oder als komplette Wälder), Gräser, Blumen, Sträucher, Büsche, Wasserpflanzen werden vernichtet. An einem Tag kann hinweggeräumt werden, was hundert Jahre gebraucht hat, um in dieser Vollständigkeit vorhanden zu sein. Ob es sich darum handelt, zugunsten einer Straßenverbreiterung zehn Platanen oder zugunsten einer neuen Siedlung ein geschlossenes Waldstück zu opfern: Das Ergebnis ist das gleiche. Was ohne menschliches Zutun einmal entstanden ist, wird ein für allemal beseitigt. Es sind jedesmal nur kleinere Eingriffe, für sich genommen nicht weiter bemerkenswert. Aber ihre Summe macht sich bemerkbar, auch wenn sie von keinem Menschen unmittelbar registriert werden kann. Zu jeder Flora gehört eine entsprechende Fauna. Mit den Pflanzen beseitigen wir den Lebensraum zahlreicher Tierarten. Die Saurier sind an sich selbst eingegangen, ihre vierbeinigen Nachfolger werden vom Menschen verfolgt. Einige von ihnen können vor den Maschinen flüchten und sich in noch unberührte Gegenden zurückziehen, falls es sie in der Nähe gibt. Dies gilt für das Wild, die Vögel und vergleichbares Getier. Kleinere und fester an den Boden gebundene Tierarten werden von den Baggern erfaßt und getötet. In trockengelegten oder durch Bauvorhaben zweckentfremdeten oder chemisch verunreinigten Gewässern bedecken tote Fische den Boden oder die verölte und sonstwie verschmutzte Wasseroberfläche. Häufig wird nicht nur die Zahl der Tiere verringert, sondern eine ganze Art beseitigt, indem ihr der natürliche Lebensbereich ein für allemal genommen wird. Die Erweiterung der Stadt hat also nicht nur quantitative, sondern auch qualitative Folgen.

Mit der Materie wird zugleich vernichtet, was sie im Menschen hervorzubringen vermag: Reflexionen und Empfindungen. Die Möglichkeit, in der ursprünglichen Natur zu leben und mit ihr zu korrespondieren, wird ständig verringert. Damit verschwindet aber zugleich eine wichtige psychische Komponente: die emotionalen Reize, die lebendige und intakte Landschaften auf uns auszuüben vermögen. Jean-Jacques Rousseau würde eine neue Art seiner zahlreichen Leiden kennengelernt haben, könnte er noch verfolgen, um wieviel unmöglicher von Jahr zu Jahr die von ihm einmal propagierte Rückkehr zur Natur wird. Vieles von dem, was Generationen von Malern und Autoren inspiriert, was sie gemalt, gezeichnet und beschrieben haben, wird unter robustem Beton, Asphalt und Stahl begraben. Die Bauarbeiter, die im Auftrag der städtischen Administration tätig werden, räumen nicht nur ursprüngliche Natur, sondern die bestimmenden Eindrücke von Jahrhunderten beiseite. Und mit ihnen verschwindet ein ganzes „Genre de vie".

In der Stadt vermissen die Menschen natürlich die Ästhetik und die Schönheit der gewachsenen Natur. Wenn sie können, begeben sie sich in ihrer Freizeit dorthin, wo ursprüngliche Landschaft noch vorhanden ist oder eben noch vorhanden war. Ihr Verhalten birgt allerdings eine große Gefahr in sich. Dadurch, daß diese natürlichen Räume Tausende und aber Tausende anziehen, verlieren auch sie leicht den Reiz der Unberührbarkeit. Wo viele Menschen regelmäßig zusammenkommen, entsteht wieder, wovor diese Menschen gerade geflüchtet sind: eine Stadt oder ein stadtähnliches Gebilde. Eine Stadt für Urlauber aber ist gezwungen, Landschaften genauso zu zerstören wie jede gewöhnliche Stadt, um sich Platz zu verschaffen. Alexander Mitscherlich schreibt: „Doch auch dort, wo die Ausbruchssehnsucht des Städters die Urlauber zu ihren winterlichen und sommerlichen Völkerwanderungen treibt, finden sie sich in standardisierten Hotels und Bungalows gleicher Bauweise, aus gleichen Bauelementen, in gleicher Massierung wieder — ob das nun Westerland oder Rimini, die Küste Floridas oder die Skistädte Cortina, Davos und Kitzbühel sind. Die Erfüllung städtischen Kontrastwunsches nach Einsamkeit, nach Stille, nach Natur, nach nicht-organisiertem Dasein wird ... immer unmöglicher oder wenigstens schwieriger gemacht[61]." Man kann die Natur nur noch erhalten, wenn man sie meidet — obwohl man sie doch gerade erhalten möchte, um sie aufzusuchen und zu genießen.

Wer Landschaften zerstört, beseitigt nicht nur die darin enthaltenen Schönheiten, sondern auch die einfachen Freuden der spielerischen und sportlichen Betätigung. In Wäldern und über Felder kann man spazierengehen, auf den Wiesen kann man sich ausstrecken, man kann Hügel erklettern, Schmetterlinge fangen oder Tiere beobachten. Man kann jagen, man kann in den stehenden oder fließenden Gewässern angeln. In Wäldern und auf Wiesen werden Pilze und Beeren gesammelt, aus Sammlerfreude oder aus Interesse an natürlicher und chemisch unbeeinflußter Natur. Dies alles sind Verrichtungen, die es in der Stadt in dieser einzigartigen Form niemals geben kann. Wenn man sie formuliert, klingt es bereits, als formuliere man banale bis lächerliche Anachronismen.

Aber auch die nahrhaften Produkte des Bodens sollten erwähnt werden. Die sich ausbreitende Stadt zerstört mit jedem Quadratmeter die Möglichkeit, Getreide, Reis oder Kartoffeln anzubauen, Obstbäume anzupflanzen oder Gras für Rinder und Schafe wachsen zu lassen. Sie schädigt damit nicht nur die Landwirtschaft, sondern nimmt auch den Bewohnern die Chance der Selbstversorgung, zumindest für Notzeiten. Vor allem aber verringert sie im großen Stil landwirtschaftlich genutzte oder nutzbare Flächen. Es sind häufig sehr interessante, weil stadtnahe und entsprechend zubereitete Flächen. Die Bauern werden ausgezahlt oder enteignet, sie geben die Landwirtschaft auf oder suchen sich weniger bedrohte Gebiete zur landwirtschaftlichen Nutzung. Solange Städte bestehen, haben die Anbaugebiete der wichtigsten Nahrungsmittel vor den Toren der Stadt und rund um sie herum gelegen. Arnold J. Toynbee schreibt, „daß eine Stadt nur existieren kann, wenn sie außerhalb ein ackerbautreibendes Hinterland besitzt, das so fruchtbar ist, daß es mehr erzeugt, als die Landbevölkerung selbst verbrauchen kann. Dies bedeutet aber, daß es niemals eine Stadt gegeben hat oder geben wird, die sich wirtschaftlich selbst versorgen kann[62]." Mit jeder Stadterweiterung werden die Felder und Weiden unbrauchbar und wandern entsprechend einen „Ring" weiter, um später erneut mit Straßen und Gebäuden bebaut zu werden. Die Stadt treibt die Bauern sozusagen vor sich her, so lange jedenfalls, bis die verstädterten Zonen aufeinander zuwachsen und der Landwirtschaft keine Chance mehr bieten.

Schließlich zerstört die Stadt mit der Landschaft etwas, das wir die Vielfalt der Erscheinungsformen nennen können. Noch die einfachste Landschaft stellt eine Summe von zahllosen Formen, Farben, Schattierungen, Höhenunterschieden, Dimsionen, Bewegungen und Gerüchen dar. Diese unglaubliche Variationsbreite, die sich mit den Jahreszeiten noch einmal in vierfach abgewandelter Gestalt zeigt, ist unersetzlich. Selbst die phantasiereichste und phantastischste Stadt erreicht diesen Mikrokosmos an lebendigen Formen nur annähernd. Dies gilt für das, was das Auge sehen kann, ebenso wie für das, was man „anfassen" kann, oder für den Geruchssinn. Die Landschaft enthält eine Fülle von Düften, die in einer Stadt undenkbar sind. „Stadtluft macht frei," vielleicht auch heute noch, aber Landluft ist sauberer. Alles in allem ersetzt hier „Einfalt" die Vielfalt, Formenarmut den Formenreichtum und Einförmigkeit steht gegen Abwechslung. Und da von den Sinnen gesprochen wird, sollte auch noch das Gehör erwähnt werden. In der Landschaft dominiert eine Ruhe, die von den Geräuschen des Windes, der sich bewegenden Pflanzen und den Bewegungen der Gewässer eher noch verstärkt als unterbrochen wird. Demgegenüber verbreitet die Stadt ein Sammelsurium an mehr oder weniger unangenehmen Geräuschen. Das Laute vertreibt das Leise, die Geschäftigkeit die Stille und die Ungebärdigkeit eine gewisse akustische Harmonie.

Es scheint nach diesem Resümee, daß die Stadt im Verhältnis zur ursprünglichen Landschaft ein durch nichts zu rechtfertigender Zerstörer ist. In einer bestimmten Hinsicht ist dies richtig: insofern, als Dinge von der Erdoberfläche verschwinden, die innerhalb der Stadt nicht wieder hergestellt oder zum Leben erweckt werden können. So frißt die Stadt beispielsweise auch Sonnenlicht und sauerstoffreiche Luft, Elemente also, für die es keinen gleichwertigen Ersatz gibt. Andererseits werden viele Dinge von der Stadt nur insoweit beseitigt, als neue Straßen und Stadtviertel entstehen. Dahinter, und teilweise auch dazwischen, bleibt Landschaft erhalten. Aber auch dieses beschwichtigende Argument, das jahrtausendelang gegolten hat, ist heute relativiert. Immer haben Städte Landschaften zerstört — in den letzten hundertundfünfzig Jahren hat sich der Zerstörungsprozeß allerdings zeitlich so beschleunigt und räumlich so ausgedehnt, daß er absolut wirkende Folgen zeitigt. In manchen Stadtregionen haben die Bewohner nicht mehr die Möglichkeit, in andere Wälder, auf andere Gewässer und andere Hügel auszuweichen. Dort ist Flora und Fauna an sich zerstört worden und in erreichbarer Nähe dieser Stadtregionen keine ursprüngliche Landschaft mehr vorhanden. Man braucht dort vielleicht einen Tag und länger, um von seiner Stadtwohnung in eine natürliche Landschaft zu gelangen. Es ist eben nur ein bestimmter „Vorrat" an überkommener Landschaft vorhanden. Er wird vermutlich nie aufgebraucht werden, aber er verringert sich spürbar, und, was noch wichtiger ist, er wird für den Menschen immer schwerer erreichbar.

Landschaft in der Stadt

Die Stadt zerstört natürliche Landschaft — sie schafft aber zugleich künstliche „Landschaft". An die Stelle dessen, was über oder unter dem Boden fortgenommen wird, tritt etwas anderes: Stadt. Beide Dinge sind, was das Materielle und ihre Erscheinung angeht, nicht vergleichbar. Aber man kann einiges über den Nutzen und die Vorzüge sagen, die sie für den einzelnen Menschen oder die Stadtgesellschaft jeweils haben. Schon auf den ersten Blick wird deutlich, daß die Natur wenig von dem bietet, was die gebaute und „betriebene" Stadt vorhält, und daß sich umgekehrt in der letzteren so gut wie nichts von dem findet, was die ursprüngliche Landschaft auszeichnet. Stadt einerseits und Landschaft andererseits sind also nicht die Varianten derselben Sache, sondern in den entscheidenden Punkten zwei unterschiedliche Sachen. Die Stadt ist eine Behausung, die Landschaft nicht, das eine ist Wohnung, das andere ihre notwendige Umgebung. Wichtig ist zu wissen, wem im Konfliktfall der Vorzug zu geben ist. Ist die Stadt immer im Recht, wenn sie sich erweitern will? Oder muß die Stadt zugunsten der Landschaft nicht auch Verzichte leisten? Bisher war davon die Rede, welche Qualitäten für uns mit der Landschaft verbunden sind, was sie uns in materieller und seelischer Beziehung bedeutet. Wenn wir systematisch vorgehen wollen, müssen wir fragen, ob es in der Stadt etwas gibt, was für die Menschen noch wichtiger ist als die ursprüngliche Landschaft. Wenn sich diese Frage bejahen läßt, ist die Landschaftszerstörung bis zu einem gewissen Grad gerechtfertigt, bis zu jenem Grad jedenfalls, der durch das Erlangen wichtiger urbaner Vorzüge bestimmt wird. Die erste Frage ist also, in welchen Punkten die Stadt der Landschaft überlegen ist.

Wir können es uns einfach machen und das Kapitel über die Stadt als öffentliche Wohnung noch einmal in Gedanken durchgehen. Die Stadt bietet die Möglichkeit, in Gebäuden zu wohnen, die Schutz vor Kälte, Hitze, der Neugier der anderen und vor körperlicher Gewalt bieten. In der Landschaft kann man, wie Leonce und Valerio in Georg Büchners „Leonce und Lena“, gelegentlich unter freiem Himmel nächtigen. Doch wenn man Pech hat, liegt man im Regen, wird von Insekten gequält oder bleibt nicht unbeobachtet. In der Stadt kann man durch Arbeit seinen Unterhalt verdienen, und zwar gleichgültig, welche Profession man erlernt hat. Eine Ausnahme machen nur der Bauer, der Fischer, der Förster und verwandte Berufe. Sie können sich in der Natur betätigen, aber auch nur sie. Vielleicht ist es möglich, sich wie Hänsel und Gretel durch Beeren und Pilze oder wie ein Jäger durch erlegtes Wild über Wasser zu halten, aber sicher nicht auf Dauer. Ein Techniker, ein Facharbeiter, ein Drogist, ein Verwaltungsangestellter, ein Kaufmann beispielsweise können nur dort existieren, wo viele Menschen an einem Punkt versammelt sind. Das ist nicht in der Landschaft, sondern in der Stadt der Fall. Da die Gesellschaft nun einmal zu dieser tausendfachen Arbeitsteilung gelangt ist, ist sie darauf angewiesen, ihr einen entsprechenden Lebensraum zu bieten.

Die Stadt, die neu geschaffen wird oder sich ausbreitet und dabei unwiederbringlich ursprüngliche Landschaft beseitigt, ist also im Prinzip unersetzbar. Allerdings ist damit noch nicht jede Art und Weise der Landschaftszerstörung entschuldigt. Wir wissen, daß man schonend oder rücksichtslos vorgehen kann, daß man Städte mit dem Ziel einer optimalen Erhaltung der Landschaft oder skrupellos planen kann.

Um zu einer genaueren Bewertung zu gelangen, müssen wir deshalb klären, was die naturverdrängende Stadt im Verhältnis zur Landschaft nicht zu leisten vermag. Einiges davon haben wir bereits erwähnt. Die Stadt ist beispielsweise kein Lieferant von Trinkwasser. In der Stadt kann man keine Landwirtschaft betreiben, und die einzigen nahrhaften Produkte, die auf Asphalt halbwegs gedeihen können, sind jene Tiere, die auch heute schon in Fabriken gezüchtet werden: Schweine und Hühner. Gelegentlich gibt es noch Fischfang in den Flüssen oder Seen im Stadtgebiet, sofern die natürlichen Gewässer nicht mit einem schlecht funktionierenden Entwässerungssystem verbunden sind. In manchen Gärten finden sich noch Ziersträucher, Beeren oder Obstbäume. In der Zeit nach den Weltkriegen hat man die Parks und Grünanlagen europäischer Städte in Anbauflächen für Kartoffeln, Gemüse oder Tabak verwandelt. Sicher haben sich auf diese Weise einige Menschen eine Zeitlang ernähren können. Aber niemand wird behaupten, daß dies eine Methode ist, um die Stadtbewohner auf die Dauer am Leben zu halten. Mit einem Wort: Die Stadt ist nicht in der Lage, ihre Bewohner mit Produkten aus der eigenen Fläche zu ernähren. Solange die Ernährung nicht ausschließlich über chemische Produkte erfolgt, die man in jeder Drogerie kaufen kann, würden die Stadtbewohner ohne die Nahrungsmittel und das Wasser der Landschaft verhungern. Das ist ein entscheidendes Argument für eine Begrenzung der Verstädterung.

Dieses Argument ist ebenso wie das zweite physischer Art. Die Stadt, genauer ihre Gebäude, Straßen und Maschinen, vermögen weder Sauerstoff noch andere Elemente abzugeben, die menschliches Leben erst ermöglichen. Im Gegenteil, die Stadt braucht diese lebenswichtigen Dinge in erhöhtem Maß. Bebaute Flächen haben nicht die Filterwirkung beispielsweise von Wäldern, die schmutzige Luft gleichsam ansaugen und sauerstoffreiche Luft wieder abgeben. Manchmal kann man das sauerstoffverdrängende Gewölk wie einen Baldachin über der Stadt hängen sehen. Den Sauerstoff, den Menschen und Maschinen benötigen, können sie zwar nicht nur aus den wenigen Pflanzen beziehen, die in der Stadt wachsen. Er ist sozusagen großräumig vorhanden. Aber diese Tatsache setzt voraus, daß es in Stadtnähe sauerstoffproduzierende Flächen gibt. Die Stadt würde an sich selbst ersticken, wenn Winde nicht von irgendwoher unbelastete und reine Luft in sie hineingeben würden. Die Stadt ist auch in dieser Beziehung kein Selbstversorger, sondern abhängig davon, daß sie von außen bedient wird. Indem die Stadt permanent Landschaft in Anspruch nimmt, beseitigt sie also ständig etwas von den Elementen, von denen sie selbst lebt. Auf die Spitze getrieben, bedeutet dies, daß ein überwiegend verstädterter Erdball nur noch bedingt lebensfähig ist.

Die Gesundheit der Stadtbewohner wird ferner dadurch beeinträchtigt, daß das Verhältnis von Ruhe und Lärm an vielen Stellen der Städte aus dem Gleichgewicht geraten ist. Dies ist hauptsächlich tagsüber so, aber auch nachts hören manche Störungen niemals auf. Auch Landschaften sind nicht nur still, doch ihre Laute oder Geräusche sind fast immer angenehm. Die Stadt kann diese Mischung von Stille und „natürlichen" Geräuschen nicht bieten. Die Maschinen, die in ihr arbeiten, machen unüberhörbaren und hartnäckigen Lärm, Krach und Getöse. Autos und Baumaschinen, Belüftungsanlagen und automatische Musik, Flugzeuge und Schwebebahnen entwickeln in zahlreichen Stadtvierteln eine Art akustischer Existenz. Die Stadt ist im Gegensatz zur Landschaft einseitig geräuschfixiert, und sie kann den notwendigen Ausgleich nicht aus sich selbst heraus besorgen.

Die Landschaft bietet Bewegungsfreiheit, die es selbst in einer großzügig angelegten Stadt nicht gibt. Man kann nach allen Seiten laufen und ist nicht auf einige Straßen und Wege angewiesen, die den Fußgängerverkehr in der Stadt zu kanalisieren pflegen. Man ist also nicht Teil der städtischen Verkehrsmaschinerie, und man muß nicht befürchten, gefährdet zu sein, wenn man die Spielregeln des Verkehrs mißachtet. In der Landschaft können wir uns niederlassen, wo wir wollen, und wir sind nicht unbedingt darauf angewiesen, Eigentümer des betreffenden Fleckchens Erde zu sein oder eine öffentliche Bank zu erwischen. Die physikalischen und juristischen Begrenzungen, die den Aufenthalt des Fußgängers in der Stadt in ziemlich jeder Hinsicht einengen, spielen in der Landschaft bisher nur eine untergeordnete Rolle. In der Stadt dagegen wird man zum Erfüllungsgehilfen eines stadtweiten Ampelsystems gemacht. In kurzen Abständen erhält man mit Hilfe der Farben Rot, Gelb und Grün einen Befehl, zu gehen oder stehen zu bleiben. Die eigene Sicherheit oder die Furcht vor Strafe veranlassen uns, sich dementsprechend zu verhalten. In der Landschaft kann sich der Fußgänger von seinen Absichten oder zufälligen Impulsen treiben lassen. Wenn er dort Wege benutzt, dann ausschließlich zu seiner Bequemlichkeit oder weil er auf ihnen schneller vorankommt als bei Querfeldeinlauf. Während die Offenheit der Landschaft befreiend wirkt, fühlt sich die Stadt eng und kanalisiert an.

Neben den physischen stehen also die psychischen Angebote der Landschaft, die sich in der Stadt entweder überhaupt nicht oder nur noch in verkümmerter Form finden lassen. Je nach ihrer Sensibilität entdecken die Menschen in der Landschaft wenige oder sehr zahlreiche Reize, die es nur dort gibt. Jedermann hat eine Beziehung zu Pflanzen und Tieren, und er besitzt auch ein Gespür für den Unterschied zwischen den Pflanzen seines Gartens und den wilden der Landschaft oder zwischen gezähmten Haustieren und freilebenden Tieren. Die Fauna und Flora eines Waldes oder einer Flußniederung sind nicht die eines Stadtparks, und die Lebewesen in der freien Natur zu beobachten, ist noch spannender als ein Gang durch den städtischen Zoo. Für manche Menschen ist die Landschaft darüber hinaus eine geniale Komposition aus unzähligen Formen und Farben, die sich in ihrer Vielfalt von der relativen Monotonie der Städte abhebt. Sie entdecken dort Elemente, die man nicht künstlich nachschaffen kann. Sie bedürfen der Erlebnisse, die mit solchen Entdeckungen verbunden sind, um sich wohlzufühlen. Viele Menschen empfinden auch heute noch wie Jean-Jacques Rousseau, der in einem Brief schildert: „Ich suchte im Wald irgendeinen wilden Fleck, ein verlassenes Plätzchen, wo keine Spur von Menschenhand zu entdecken war, wo kein Störenfried sich zwischen mich und die Natur drängen konnte. Welch immer neue Pracht entfaltete die Natur da vor meinen Augen! Das Gold des Ginsters und der Purpur des Heidekrautes erfüllten mich mit Staunen durch ihre mein Herz bewegende Schönheit. Die Majestät der Bäume, die mich mit ihren Schatten deckten, die Zartheit der Sträucher, die Mannigfaltigkeit der Kräuter und Blumen zu meine Füßen, sie regten meinen Geist bald zur Betrachtung, bald zur Bewunderung an[63].“ Auch die Stadt hat ihre gewachsenen Reize — aber es sind andere. Die Menschen möchten schon einmal, und ich meine zu Recht, mit ihrem Standort gefühlsmäßig das Jahrhundert wechseln.

Die Landschaft entsteht und hält sich gleichsam ex natura ohne unser Zutun, jedenfalls soweit sie nicht durch menschliche Betätigung ruiniert wird. Die Biotope, die Welt der Pflanzen und Tiere, regenerieren ihr Dasein von Jahr zu Jahr aus sich selbst heraus. So gut wie nichts von dem, was wir als die Vorzüge der Landschaft hingestellt haben, bedarf irgendeiner menschlichen Hilfe. Als Ausnahme gilt, wie gesagt, immer nur der Fall, daß die Menschen in diesen Regelkreis eingreifen und seinen Ablauf stören. Dann bleibt ihnen nichts anderes übrig, als durch eigenes Tun zu heilen, was aus sich selbst heraus nicht mehr existieren kann. Davon abgesehen, bedeutet die Landschaft den Menschen keine ständige Verpflichtung, sondern eine Möglichkeit des Ausruhens und der Erholung. Die Landschaft arbeitet sozusagen von allein, und sie erhält ihr inneres Gleichgewicht um so eher, je weniger in sie eingegriffen wird. Die Natur ist nicht nur ein phantasievoller und, in gewisser Weise, ein humaner, sie ist auch ein äußerst sorgfältiger Baumeister der Landschaft. Er nimmt den Menschen ab, was sie im Fall der Stadt mühsam erarbeiten und gestalten müssen. Die Landschaft ist ein Geschenk der Natur an den Menschen — die Stadt ist ein Geschenk des Menschen an sich selbst. Es ist ebenso angenehm, beschenkt zu werden, wie sich selbst zu beschenken.

Wenn man zusammenfaßt, was nur die Stadt und was nur die Landschaft den Menschen bieten, dann ergibt sich folgendes interessante Ergebnis. Die Landschaft besorgt den einen Teil der physischen und ästhetischen, die Stadt den anderen Teil, vor allem aber die sozialen und kulturellen Grundlagen unseres Daseins. Wir können uns ohne die Landschaft nicht ernähren, und ohne die Stadt können wir unseren Lebensunterhalt nicht verdienen, nicht geschützt wohnen, uns weder bilden oder ausbilden noch in anderer Weise versorgt werden. Darüber hinaus vermitteln Stadt und Landschaft aufgrund bestimmter ihrer Eigenschaften ein gehöriges Maß an Lebensfreude. Aus diesem Resümee läßt sich der Schluß ziehen, daß die Landschaftszerstörung durch die Stadt nur insoweit gerechtfertigt ist, als dadurch nicht auch Möglichkeiten der Ernährung aus landwirtschaftlichen Produkten und bestimmte befreiende und ästhetische Reize der Landschaft ein für allemal verlorengehen. Die Stadt muß Grenzen beachten, die mit der physischen und phychischen Versorgung ihrer Bewohner zusammenhängen. Andererseits kann man von der Landschaft verlangen zu weichen, soweit dies für das Dasein der Städter im übrigen erforderlich ist. Die Schwierigkeit ist, diese Einsichten in reale Maßnahmen umzusetzen.

Die erste Schlußfolgerung ist, daß jeder Stadt eine Landschaft zuzuordnen ist, die ihr mehr oder weniger zu dienen hat. Die Zuordnung hat eine räumliche und eine funktionale Seite. Die erstere besagt, daß es zwischen der Stadt und der Landschaft einen räumlichen Zusammenhang geben sollte. Nur die angrenzende Landschaft nutzt der Stadt etwas. Es ist aus dieser Sicht beispielsweise wenig sinnvoll, die Städte des Ruhrgebiets weiterwachsen und ineinanderfließen zu lassen, so daß es zwischen ihnen keine ursprüngliche Landschaft mehr gibt. Man müßte, andernfalls auch unter Berücksichtigung der riesigen Einwohnerzahlen, die Lüneburger Heide oder den Bayerischen Wald als die dazugehörige Landschaft erklären. Beide liegen mehrere hundert Kilometer entfernt, und beide können von den Bewohnern des Ruhrgebiets als natürliche Umgebung, in die man sich für Stunden zurückziehen kann, wegen der großen Entfernungen nicht genutzt werden. Für sie zählt für die tägliche oder wöchentliche Erholung nur, was vor ihrer Tür liegt.

Es kommt also darauf an, daß die zur Stadt „gehörende" Landschaft an den Stadtgrenzen beginnt. Der räumliche Zusammenhang enthält also eine wichtige zeitliche Komponente. Man muß die Landschaft, wenn man will, täglich erreichen können. Wie die Dinge liegen, bedeutet „täglich" in diesem Fall: nach Arbeitsschluß und vor Sonnenuntergang, zumindest aber in den freien Stunden des Wochenendes. Außerdem ist räumliche Nähe eine nicht verzichtbare Voraussetzung für die Beeinflussung des Stadtklimas und vor allem der Luftverhältnisse durch das Grün der Landschaft. Es gibt nicht nur die großen Klimazonen, sondern auch lokale Wetterbedingungen, die für das tägliche Leben in der betreffenden Stadt ebenso wichtig sind. Die Forderung nach dem unmittelbaren räumlichen Zuammenhang der Landschaft bezieht sich natürlich nicht auf die Ernährungsfunktionen. Der Weizen, von dem die Stadtbewohner ihr Brot beziehen, braucht nicht hinter den letzten Häusern angebaut werden. Für die Ernährungsfunktion der Landschaft gelten andere räumliche Vorstellungen.

Nun lassen sich Städte mit der Landschaft zu einer neuen, vertrauten Einheit am ehesten dann verbinden, wenn sie nicht zu groß und ausgedehnt sind. Größe ist allerdings ein relativer Begriff. Ist eine Stadt bereits mit 100000 Einwohnern oder erst mit einer Million Einwohnern zu groß? Oder kommt es nicht so sehr auf die

Einwohnerzahl, sondern auf die bebaute Fläche an? In Hannover, das selbst unter den westdeutschen Städten bereits als außergewöhnlich dicht bebaut gilt, wohnen etwa 550000 Menschen. Auf einer gleich großen Fläche in Paris wohnen jedoch etwa drei Millionen Menschen. Letzen Endes müssen wir zu dem Schluß kommen, daß die Größe von der Zeit abhängig ist, die man braucht, um aus dem Dunstkreis der Stadt in die unbebaute Landschaft zu gelangen. Diese Zeit ist wiederum abhängig von der Ausdehnung der bebauten Stadtfläche und der Qualität der Verkehrswege, handelt es sich um Straßen für Autos oder um die Bahnen und Busse des öffentlichen Nahverkehrs. Jedermann weiß selbst am besten, wie lange es dauern darf, bis er die Stadt verlassen hat. Aus diesen objektiven und subjektiven Kompetenzen setzt sich die „Größe“ einer Stadt zusammen. Und weil dies so ist, müssen wir uns hier mit allgemeinen Bemerkungen begnügen.

Städte, deren Wachstum das angedeutete Maß offensichtlich überschritten hat, lassen sich natürlich nicht wieder verkleinern. Die Folge ist, daß ihre Bewohner darunter zu leiden haben, daß sie auf die Vorzüge der Landschaft verzichten müssen und daß dies kaum jemals geändert werden kann. Kleinere Städte, die sich noch ausdehnen, können ihr Wachstum allerdings beeinflussen. Vermutlich nicht aus eigener Kompetenz, aber vielleicht doch unter staatlicher Führung müßte es gelingen, Dependancen zwanzig oder fünfzig Kilometer weit entfernt zu bilden, aus denen sich dann neue Städte entwickeln. Auf diese Weise würden erreichbare Landschaftsgebiete vor der zerstörerischen Kraft der Städte bewahrt. Sie nähmen den Charakter von Inseln in einem Meer der Besiedlung an, von Inseln der Natur, ohne die Städter nicht befriedigend leben können. Allerdings muß man zugeben, daß die Erfahrungen mit der Durchsetzung einer solchen Dezentralisierung nicht gut sind. Das Phänomen, daß Städte ohne Rücksicht auf ihre Größe ringförmig wachsen, wenn sie noch wachsen, setzte sich bisher meistens durch.

Mit der funktionalen Zuordnung meine ich, daß die Landschaft inhaltlich scharf von der Stadt abgegrenzt sein muß. Nicht jedes Stück Grün und jeder Wasserlauf besitzen bereits den Rang einer Landschaft, so wie wir sie verstehen. Um ein negatives und ein positives Beispiel anzuführen: Noch immer gibt es im Städtedreieck zwischen Rotterdam, Amsterdam und Utrecht Wiesen, Gräben, Bäume und Getier, also eine Szenerie, wie die alten holländischen Maler sie gemalt haben. Dennoch läßt sich feststellen, daß die Urbanisierung die natürlichen Elemente dieser Region schwächt. Die negativen Erscheinungen der Städte beginnen, die positiven Erscheinungen der Landschaft zu überlagern. Die Stadtbewohner behalten nur noch eine Andeutung von Landschaft ohne einen entsprechenden Inhalt und werden auf die Dauer um ihren Genuß gebracht. Ganz anders verhält es sich zum Beispiel in Stockholm, einer Stadt, die, Rotterdam vergleichbar, zwischen dem Meer und einem weiten Hinterland liegt. Hier hat die natürliche Umgebung, die teilweise in die Stadt hineinreicht, ihre alte Kraft und Vollständigkeit behalten. Man vergißt die Stadt, wenn man sich an den Ufern des Mälarsees oder in den Schären aufhält oder sich in nördliche Richtung wendet.

Die Stadt braucht also eine Umgebung, die einen in sich lebensfähigen Biotop darstellt. Man darf ihm beispielsweise nicht zurechnen, was an künstlichen Grünanlagen wie Parks, Straßenbäumen oder Rasenflächen vorhanden ist. Diese Dinge liegen außerdem zum größten Teil innerhalb der Stadt und haben keine Beziehung zur umgebenden Landschaft. Befindet sich die Landschaft ausnahmsweise noch in einer Art von Urzustand, sollte man sie dort belassen. In den Fällen aber, in denen sie mehr oder weniger benutzt worden ist und gelitten hat, muß sie bearbeitet und aktiviert werden. Auch hierbei besteht das Ziel darin, die Landschaft soweit wie möglich wieder in einen gedachten früheren Zustand zu versetzen. Nur dann ist sie wirklich imstande, der Gesundheit und dem seelischen Wohlbefinden der Stadtbewohner zu dienen.

Für alle diese Überlegungen ist schließlich wichtig, in der Stadt einerseits und in der Landschaft andererseits nicht mehr wie bisher Gegensätze zu sehen. Sie bleiben es natürlich in naturwissenschaftlicher Hinsicht, doch in allen anderen Beziehungen sind sie zwei unverzichtbare Teile eines einheitlichen Organismus. Damit wird nur ein historisches Phänomen wieder aufgegriffen. Hans-Paul Bahrdt erinnert daran: „Die Stadtgemeinde als politischer Verband umfaßt aber niemals eine städtische Ansiedlung einschließlich ländlichen Umlands. Dies ist keineswegs selbstverständlich. Zur griechischen Polis gehörte stets auch das agrarische Hinterland, so bedeutsam das städtische Zentrum dieses sogenannten Stadtstaates war. In Italien gibt es Großgemeinden, die darauf deuten, daß in früheren Zeiten die autonomen Städte auch die Herrschaft über das Territorium erwarben, welches die Stadt umgab[64]." Der gemeinsame Zweck von Stadt und Landschaft ist so dominierend, daß man sagen kann, die Stadt zerstört bei ihrem unkontrollierten Wachstum nicht nur Landschaft, sondern sich selbst. Eben weil sie ihren Bewohnern die ergänzende Landschaft nimmt oder sie doch schmälert, schadet sie dem Ganzen. Um sie als Einheit nicht nur zu sehen, sondern auch täglich zu behandeln, sollte man die einer Stadt zugeordnete Landschaft (samt allen darin enthaltenen Dörfern) in die Stadtgrenzen einbeziehen und der Stadtverwaltung unterstellen. Es dürfte für beide nur eine Organisations- und Finanzhoheit geben. Ich meine, daß man den politischen Vertretern des flachen Landes nicht allein überlassen kann, was aus einer Landschaft wird, die für die Bewohner der nächsten großen Stadt lebenswichtig ist. Dies hat zur Konsequenz, daß man dem Begriff der Stadt einen anderen, erweiterten Inhalt geben muß. Nicht mehr der bebaute Teil einer Fläche, sondern der aufgrund aller Erwartungen und Wünsche der Stadtbewohner zusammengehörige Teil einer Fläche macht die Stadt aus. Wenn man diesen Vorschlag zu Ende denkt, werden die Landschaften unter den großen Städten aufgeteilt. Die Stadtgrenze stößt dann irgendwo im unberührten ländlichen Raum an die nächste Stadtgrenze. Damit entwickelt sich die Stadt zur zweiten politischen Instanz nach der staatlichen Regierung.

Eine Frage ist noch nicht behandelt worden. Ist es möglich, der Stadt die von ihr zerstörte Landschaft dadurch zurückzugewinnen, daß man innerhalb des bebauten Stadtviertels grüne Oasen ausspart? Die ist eine Methode, die mehr oder weniger alle Städte anwenden. Sie haben Stadtparks, viele betreiben einen Zoo, und sie pflanzen Rasen, Bäume, Büsche und Ziersträucher an alle möglichen und unmöglichen Ecken. Sie schaffen Teiche und setzen dort bestimmte Fischarten aus. Ich glaube, daß die Effekte derartiger Landschaftsimitationen vor allem visueller und kaum substantieller Art sind. Selbst wenn man Quadratmeter um Quadratmeter aufrechnet, kann man eine Wald- oder Wiesenlandschaft nicht rekonstruieren.

Der wichtigste Grund für dieses Unvermögen liegt darin, daß der Platz, den Landschaften benötigen, in der Stadt nicht zur Verfügung steht. Mit einigen hundert Metern im Durchmesser oder als Seitenlänge ist es nun einmal nicht getan. Eine Landschaft, die für uns von Interesse ist, braucht Weite, auch wenn der Blick durch dichte Tannenwälder oder Bodensprünge immer wieder behindert sein mag. Die Menschen müssen sich in ihr verlaufen können. Eine Stadt aber würde ihren Zusammenhalt verlieren, wenn sie es zulassen würde, einige mehrere Quadratkilometer große Flächen Grün zwischen der Bebauung einzupflanzen. Ich übersehe nicht, daß es in einigen Fällen Wälder in Städten gibt, so beispielsweise den Bois de Boulogne in Paris oder den Central Park in New York, die in der Tat große Flächen in Anspruch nehmen. Doch auch ihnen fehlt der Charakter einer in sich abgeschlossenen Landschaft, allerdings weniger wegen der geringen Dimensionen als wegen der biologischen Unvollständigkeit.

Hier macht sich bemerkbar, daß künstlich geschaffenes Grün oder aus der Vergangenheit herübergerettete Stadtwälder unvollständig sind. Ihre Pflanzen- und Tierwelt ist nicht reich und lebendig genug. Ihre Luft ist Stadtluft und nicht Landluft, ihr Grundwasser enthält den Schlamm der asphaltierten Straßen und ist deshalb weniger rein als das der offenen Landschaft. Ihre Gewächse sind kümmerlich und können in bestimmten Fällen ohne ständige Pflege nicht leben. Städtisches Grün darf man häufig nicht betreten und benutzen, sondern nur ansehen, und ein enges Netz von ausgebauten Wegen kanalisiert den Aufenthalt in ihm. Was die Grünplaner und Stadtgärtner zwischen die Gebäude und Straßen gepflanzt haben, ist keine Landschaft, sondern allenfalls ein Landschaftszitat. Es sind Dekorationen, die den Aufenthalt in der Stadt angenehmer machen, als wenn es überhaupt kein Grün dort gäbe. Aber sie ersetzen die Landschaft nicht, und das ist der für uns wichtigste Gedanke. Deshalb ist es besser, die Städte um der Erhaltung der Landschaft willen dicht zu bauen, anstatt sie im Stadtbereich selbst um einiger grüner Flächen willen auseinanderfließen zu lassen.

7. Die Stadt als Verkehrsanlage

Die gebaute Stadt ist das eine, und der Verkehr der in ihr gehenden und fahrenden Menschen das andere. Diese Gegenüberstellung gibt eine Situation wieder, von der die Stadt bis in die Einzelheiten hinein geprägt wird. „Der Verkehr hat also nicht nur eine dienende Aufgabe, wie gelegentlich behauptet wird, sondern er beeinflußt die Stadtentwicklung maßgebend", schreibt Kurt Leibbrand. „Er lenkt die Ströme der Berufstätigen, Kunden und Besucher zum Nutzen oder Schaden der Städte, der einzelnen Stadtviertel, Straßen und Plätze. Er kann weitreichende, langfristig wirksame Veränderungen des städtischen Gefüges herbeiführen, die nicht mehr rückgängig zu machen sind[65]." Dies bedeutet nicht unbedingt Gleichrangigkeit der Verkehrsanlage einerseits und der übrigen Stadt andererseits. Für sich genommen, sind die Straßen, Wege und Plätze sinnlos, was man von der übrigen Stadt nicht sagen kann. Eine Stadt, die nur aus Bauten aller Art besteht, ohne bewußt angelegte und befestigte Straßen, bleibt immer noch ein sinnvolles Gebilde. Sie ist auch in diesem Zustand nicht ganz ohne eine Verkehrsanlage: die Bewohner werden die Zwischenräume zwischen den Gebäuden wie Straßen benutzen, und damit werden sie zu Straßen. Die Stadt ist also das Primäre und die Verkehrsanlage das Sekundäre, allerdings mit dem ständigen Drang nach Verselbständigung. Denkt man sich nämlich umgekehrt die städtischen Baulichkeiten fort, dann bleiben auf den Straßen, Wegen und Plätzen Tausende von Verkehrsvorgängen zurück, die sich anscheinend selbst genug sind. Sie erinnern aus der Flugzeugperspektive an das Gewimmel von Ameisen, dessen innere Logik nicht ohne weiteres zu begreifen ist.

Was sich im Ganzen wie eine kuriose Torkelei ausnimmt, hat im einzelnen seine guten Gründe. Mein Nachbar S. hat gestern, an einem ganz gewöhnlichen Tag, nacheinander folgende Punkte in der Stadt aufgesucht: Am frühen Morgen fuhr er zu seinem Arbeitsplatz, einem Büro in der City. Noch am Vormittag hatte er eine Unterredung mit Kunden in einem südlichen Stadtteil. Mittags fuhr er kurz zu seiner Wohnung zurück. Am Nachmittag beendete er seine Arbeit früher als gewöhnlich und erledigte verschiedene Dinge in einem Reisebüro, in einem Warenhaus und bei einem Zahnarzt. Alle diese Ziele lagen viele Kilometer auseinander. Nebenbei fuhr er noch zu einem Kurzbesuch bei einem Bekannten vorbei. Nach dem Abendessen fuhr er mit seiner Frau in die Stadt zurück und sah sich im Kino einen Film an. Beim Verlassen des Kinos trafen beide eine befreundete Familie und ließen sich dazu überreden, in einen Stadtteil zu fahren, in dem ein französisches Restaurant neu aufgemacht hatte. Auf der Rückfahrt nach Haus machte S. noch einen Umweg über den Hauptbahnhof, um sich dort eine Zeitung mitzunehmen. Alles in allem hat mein Nachbar an diesem Tag 45 km im Straßennetz seiner Stadt zurückgelegt, und das ist für ihn eine ganz durchschnittliche Zahl. An Zeit hat ihn dies etwa zwei Stunden gekostet. Ohne Auto, angewiesen auf Busse und Straßenbahnen, hätte er dieses Programm nur zum Teil und nur mit weitaus größerem Zeitbedarf absolvieren können.

Uns interessiert an diesem Beispiel zweierlei: erstens, daß wir jedes Jahr einige Wochen unseres Lebens auf der städtischen Verkehrsanlage verbringen, und zweitens, daß wir uns im Hinblick auf unsere Routen in verschiedener Hinsicht in Abhängigkeit befinden. Um mit dem letzteren zu beginnen: Die Stadt zwingt uns zu Richtungen und Umwegen, die wir im Grunde nicht einschlagen wollen. An sich geht es darum, verschiedene Punkte auf der Stadtfläche aufzusuchen, die nahe beisammen oder auch kilometerweit auseinanderliegen mögen. Würde es sich bei dieser Fläche nicht um die einer Stadt, sondern um eine unbebaute Landschaft handeln, würde man vermutlich den kürzesten Weg wählen. Er ist nicht unbedingt mit der Luftlinie identisch, weil es auch in der Natur viele Hindernisse zu umgehen gibt. Aber er ist ihr doch weitgehend angenähert: Man kann häufig querfeldein gehen oder fahren. Die Stadt tut nichts anderes, als daß sie die Wege zwischen den Punkten kanalisiert, und zwar ziemlich umständlich. Der direkten Erreichbarkeit stehen viele Baulichkeiten im Weg, um die man sich herumbewegen muß. Denkt man sich diese Tausende von künstlichen Hindernissen einmal fort, läßt die Menschen aber so wie bisher gehen und fahren, dann zeigt sich, daß sie zwar die Freiheit behalten haben, sich ihr Ziel auszusuchen. Doch die Stadt hat ihnen in einer spürbaren Weise die Freiheit genommen, auch den Weg dorthin selbst zu bestimmen. Diese Einschränkung bezieht sich sowohl auf die Wahl der Strecke als auch auf die Wahl des Verkehrsmittels.

Im Fall des Nachbarn bedeutet dies, daß er nicht die erste Strecke zu bewältigen hatte, bei der seine Ziele per Luftlinie miteinander verbunden worden sind, sondern die zweite Strecke, die der Wirklichkeit entspricht (vgl. die Grafiken).

Noch bemerkenswerter aber ist, daß wir einen Teil unseres Lebens auf eben dieser Verkehrsanlage verbringen. Neben der Wohnung und dem Arbeitsplatz ist sie also der dritte erwähnenswerte Aufenthaltsort des Stadtbewohners. Auch jener erzeugt seine eigene Art von Eindrücken, Erlebnissen und Reaktionen. Es beginnt damit, daß man diesen „Ort“ mehr oder weniger in Bewegung wahrnimmt. Nur in Städten mit warmem Klima hält man sich längere Zeit sitzend oder stehend im

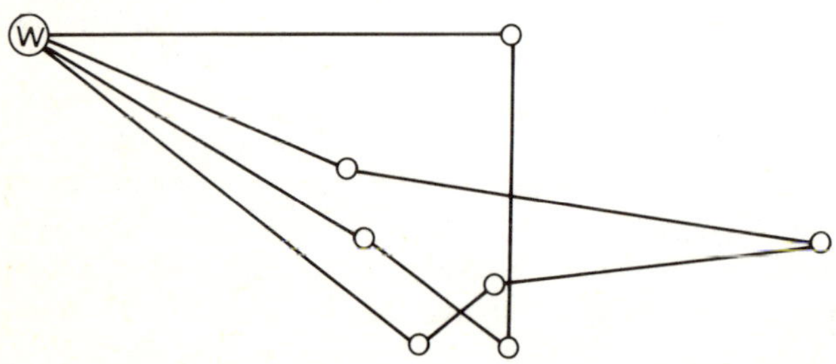

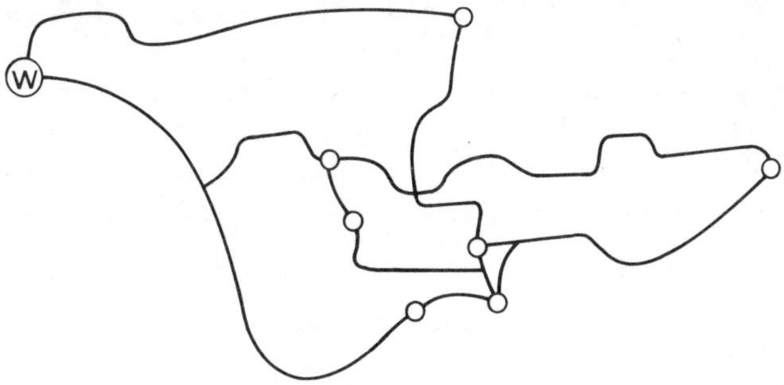

Freien auf. Und es endet damit, daß der einzelne Mensch durch die Verkehrsanlage, genauer durch ihre technischen Notwendigkeiten, zum Objekt wird. Er gehört in einer ziemlich weitgehenden Weise zu ihrem toten und lebenden Inventar, zu einem transportierten Ding. Zwischen diesen beiden Grunderlebnissen aber gibt es eine Fülle von wichtigen Details, die wir näher untersuchen sollten.

Die Elemente der Verkehrsanlage werden bestimmt durch die Ziele, die Menschen üblicherweise täglich oder überhaupt aufsuchen, durch die Routen, die sie dabei einschlagen müssen, und durch die Technik der Fortbewegung (zu Fuß, per Rad, Auto, Bahn oder Hubschrauber), die ihnen dabei zur Verfügung steht. In dieser Reihenfolge möchte ich die städtische Verkehrsanlage analysieren und darstellen. Übrigens dienen Straßen und Plätze zwar überwiegend, aber nicht ausschließlich, dem Begehen und Befahren. Sie sind zugleich Trassen für alle Arten von Versorgungs- und Entsorgungsanlagen, sie sind unentbehrlich für Briefträger, Möbelwagen, Warenlieferungen und die Müllabfuhr. Die Straße alten Stils kann sozusagen nur entfallen, wenn Städte nicht mehr horizontal, sondern vertikal angelegt werden — was uns ziemlich zuwider wäre.

Die Ziele werden bestimmt durch unsere psychischen und physischen Bedürfnisse. Da es hierunter wichtige und weniger wichtige Dinge gibt, stehen auch die Ziele in einer gewissen Rangfolge. Die beiden Extreme bilden einerseits unsere Wohnung, von der aus wir in die Stadt ausschwärmen und zu der wir immer wieder zurückkehren, und andererseits irgendeine Stelle in der Stadt, an die wir uns zufällig verirrt haben und die uns nicht weiter interessiert. Dazwischen befinden sich zahllose Stationen, zu denen wir uns mehr oder weniger häufig, notwendig oder gezielt begeben müssen. Und zwischen ihnen liegen erneut zahlreiche städtische Gegenden, die uns vollkommen unwichtig sind. In manchen Vierteln beachten wir tatsächlich nur die Straßen, die durch sie hindurchführen. Aus diesen Gründen hat jeder Bewohner sein eigenes Bild auch von der Verkehrsanlage seiner Stadt.

Die Wohnung ist der Mittelpunkt des Netzes, dessen Fäden jeder für sich über die Stadt gespannt hat. Aller Verkehr in der Stadt geht von ihr aus und ist auf sie gerichtet. Zugleich kann man sagen, daß in der Nähe der Wohnungen der Verkehr am geringsten ist. An einer bestimmten Wohnstraße sind nur so und so viele Menschen interessiert, eine überschaubare und begrenzte Anzahl, die weitgehend der Zahl der Anwohner entspricht. Ein Boulevard in der City kann dagegen theoretisch die gesamte Stadtbevölkerung (und die Fremden) anziehen, weil er beispielsweise Läden enthält, die in der Stadt nur einmal vorkommen. Hier, wo keiner wohnen mag, kann also der Verkehr am stärksten sein, zumindest für einige Stunden am Tag.

Da es Wohnungen außerhalb der City in allen Vierteln der Stadt gibt, entsteht und endet die städtische Verkehrsanlage ziemlich gleichmäßig im ganzen Stadtgebiet. Jede Wohnung hat dementsprechend eine Straße oder einen Weg vor ihrer Haustür, über die man sich laufend oder fahrend von seiner Wohnung entfernen kann. Der Übergang vom Aufenthaltsort „Wohnung" zum Aufenthaltsort „Verkehrsanlage" ist sozusagen nahtlos. Die Künstlichkeit der Stadt ist also auch in dieser Beziehung lückenlos. Nirgendwo berühren der Fuß oder das Rad noch Boden, der ungestaltet geblieben ist, mit Ausnahme der Stellen, wo Stadt schließlich in Landschaft übergeht. Und für die Verkehrsanlage wie für die Wohnung gilt, daß sie meine Bewegungen und mein Verhalten in gewisser Hinsicht kanalisieren.

Gordon Cullen schreibt: „Das Wesentliche an einem Netz ist die Tatsache, daß man, sobald man mit irgendeinem Teil davon in Berührung kommt, mit dem Ganzen in Berührung ist, wie zum Beispiel bei der U-Bahn. Und das gibt einem ein freundliches, warmes Gefühl[66]." Vielleicht ist die letzte Schlußfolgerung zu euphorisch, aber davon abgesehen, kennzeichnet diese Bemerkung eine weitere Besonderheit der Welt des Verkehrs gegenüber der Welt des Wohnens oder der des Arbeitens. Ich kann, wenn ich meine Wohnung verlassen habe, verschiedene Richtungen einschlagen, nach links oder rechts, geradeaus oder seitwärts. Diese Wahlmöglichkeit wiederholt sich alle hundert Meter, vielleicht auch früher oder später. Das Netz enthält, von meiner Wohnung aus gerechnet, vielleicht Tausende von Möglichkeiten, je nach der Ausdehnung der Stadt. Niemals im Leben wird jemand sie alle in Anspruch nehmen. Meine Wahl fällt auf ganz wenige Möglichkeiten, und einige von ihnen benutze ich allerdings immer wieder. Deshalb besteht die Stadt für den einzelnen Stadtbewohner nur aus einem Teil des Ganzen, für einen anderen Stadtbewohner aus einem anderen Teil des Ganzen und so fort. Sie alle mögen die gleichen Ziele haben, die gleichen Motive für ihre psychischen und physischen Bedürfnisse, aber sie steuern dazu unterschiedliche Bereiche in der Stadt an. Es gibt keinen Menschen in einer großen Stadt einschließlich der professionell dazu bestellten, die zu allen Straßen der Stadt eine Beziehung haben. Wir kehren immer wieder zu denselben Punkten zurück und lassen den größten Teil der Stadt links liegen, weil uns nichts veranlaßt, ihn aufzusuchen.

Das zweitwichtigste Ziel nach der Wohnung ist zweifellos jene Stelle in der Stadt oder außerhalb von ihr, an der man arbeitet und sein Geld verdient. Bei aller Vielfalt von Verkehrsvorgängen, schreibt Martin Neuffer, „ist der Berufsweg der regelmäßigste und wegen seiner zeitlichen Festlegung am Morgen und am Abend der schwierigste[67]."

Die Verbindung zwischen der Wohnung und der Arbeitsstelle ist damit die Hauptsache aller Verkehrsbewegungen in der Stadt, zumindest eine von mehreren Achsen. Wenn man die Verkehrswege, die ein Bewohner in der Stadt benötigt, grafisch aufträgt, steht also dies am Anfang. Es gibt äußerst wenige Menschen, die dort arbeiten, wo sie wohnen. Bei einigen sogenannten freien Berufen, etwa Zahnärzten oder Rechtsanwälten, mag die „Praxis“ in dem Haus liegen, in dem man auch wohnt. Doch nur von der Sippschaft der Hausmeister weiß man, daß dies immer so ist. Die überwältigende Mehrheit der Bewohner arbeitet ganz woanders als dort, wo sie wohnt. Es mag sein, daß sie alle anstreben, in der Nähe ihrer Arbeitsstelle zu wohnen. Aber die vielen Gründe, die es gibt, seine Wohnung zu wechseln, und die ebenso zahlreichen Gründe zum Wechsel eines Arbeitsplatzes lassen sich nicht miteinander verbinden. Oft werden auch erstaunlich weite und mühselige Berufswege in Kauf genommen, um in einem eigenen Haus wohnen zu können oder sich andere mit dem Wohnen verbundene Vergünstigungen zu erhalten. Es bleibt also dabei, daß Wohnung und Arbeitsplatz gewöhnlich getrennt sind. Man muß sich der städtischen Verkehrsanlage bedienen, um von einem zum anderen und wieder zurückzukommen. Dies bedeutet weiter, daß für die Fahrt zwischen Wohnung und Arbeitsplatz in fast allen Fällen ein Fahrzeug benötigt wird, gleichgültig welcher Art.

Was für die Erwachsenen der Arbeitsplatz ist, ist für die Kinder die Schule. Sie müssen sie, mit Ausnahme der Ferien, täglich aufsuchen. Dies kann nicht immer zu Fuß geschehen, wenn sich auch die Schulen regelmäßig an den Siedlungen orientieren, deren Kinder sie aufnehmen sollen. Man kann sich ausrechnen, daß von 1000 oder 2000 Kindern nicht alle in fußläufiger Entfernung zum Schulgebäude wohnen können. Diejenigen, denen der Anblick der Schule am Nachmittag erspart bleibt, kommen dafür nicht ohne Fahrzeug aus. In allen Fällen ist die Route immer dieselbe, und sie stellt zugleich die Hauptachse dessen dar, was die Kinder von der Stadt sehen und erleben. „Stadt“ ist für sie zunächst einmal das, was zu beiden Seiten dieser Achse sichtbar ist. Dieser Satz gilt auch für viele Erwachsene und ihren täglichen Weg zwischen der Wohnung und dem Arbeitsplatz:

Das dritte Ziel von Bedeutung sind jene Lokalitäten, an denen man sich die täglichen Waren besorgen kann. Bestimmte Güter müssen ziemlich regelmäßig von Tag zu Tag erworben werden, Brötchen, Milch für die Kinder und andere Lebensmittel. Da der Städter nichts mehr selbst produziert, muß er entsprechende Läden aufsuchen, manchmal zweimal am Tag. Sie finden sich an allen Ecken und Enden der Stadt, und meistens liegen sie auch dicht beisammen. Häufig kann man sie zu Fuß erreichen oder mit dem Fahrrad, weil sie die Nähe von Wohnungen suchen. Daneben gibt es Waren, die zwar regelmäßig erworben werden, aber nur in größeren zeitlichen Abständen (Medikamente, Fisch, Fotos). Auch sie werden meistens von der Wohnung aus aufgesucht, doch für sie gilt schon nicht mehr einschränkungslos, daß sie ohne Fahrzeug erreichbar sind. Einen kleinen Supermarkt hat jeder in seiner Siedlung, eine Apotheke vielleicht schon nicht mehr.

Schließlich gibt es Waren, auf die man nicht verzichten kann, die man aber nur einmal oder nur wenige Male im Leben erwirbt. Dazu gehören Möbel und in die Wohnung fest installierte Dinge wie Teppiche oder Tapeten, aber auch die

Schreibmaschine, bestimmte Bücher und ähnliches. Die Kaufleute, die solche Dinge verkaufen, haben sich in der Mehrzahl in der City versammelt. Dort finden sie so viele Käufer, wie sie benötigen, um leben zu können. Wenn es um diese aufwendigeren Produkte geht, führt uns die Fahrt also in die Innenstadt. Hier kann es vorkommen, daß wir nicht die Wohnung als Ausgangspunkt nehmen, sondern unseren Arbeitsplatz. Viele dieser einmaligen Waren werden am späten Nachmittag gekauft, wenn die Arbeit beendet ist und bis zum Ladenschluß noch Zeit vorhanden ist, direkt in die City zu fahren oder dort zu bleiben — und sich dort umzusehen. Wenn man dies zusammenfaßt, dann sieht das Netz der Verkehrswege jetzt folgendermaßen aus, wobei allerdings zu berücksichtigen ist, daß die zuletzt genannten Wege nicht täglich erledigt werden, dafür aber länger sind:

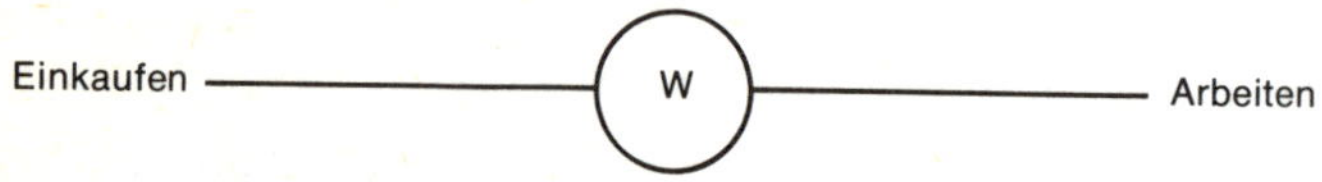

Der vierte Grund, die Verkehrsanlage zu benutzen, liegt in der Inanspruchnahme der sozialen Leistungen. Auch hierin wird übrigens deutlich, daß der Marktcharakter der Stadt oder, genauer, die Existenz zahlreicher „Märkte", die wichtigsten Argumente für das Bestehen und die Ausgestaltung der Verkehrsanlage bietet. Sie verbindet die Wohnung mit den Stellen, an denen die benötigten Güter angeboten werden. Dies ist nicht ihre einzige Funktion, aber, im Hinblick auf die Erhaltung des Lebens, ihre wichtigste. Zu den sozialen Leistungen der Stadt gehören: die Behandlung durch Ärzte, Krankenhäuser, Hilfe für Kinder, Gebrechliche, Alte oder die Möglichkeiten beispielsweise für Sport oder Freizeit. Die Transportvorgänge, die hieraus entstehen, lassen sich im Gegensatz etwa zu den Fahrten zwischen der Wohnung und dem Arbeitsplatz schwer quantifizieren. Die Inanspruchnahme sozialer Leistungen ist von Bewohner zu Bewohner völlig unterschiedlich. Es gibt Zeiten, in denen man eine bestimmte Stelle in der Stadt häufig anzufahren hat (etwa zu ärztlichen Behandlungen), und Zeiten, in denen das nicht der Fall ist. Auch für solche Wege gilt, daß sie selten zu Fuß unternommen werden können, weil die Ziele häufig über das ganze Stadtgebiet verstreut sind. Man benötigt also ein Fahrzeug, das eigene oder ein öffentliches Verkehrsmittel. Das Gerüst der Verkehrswege ist also um eine Reihe von längeren oder kürzeren Ästen zu ergänzen:

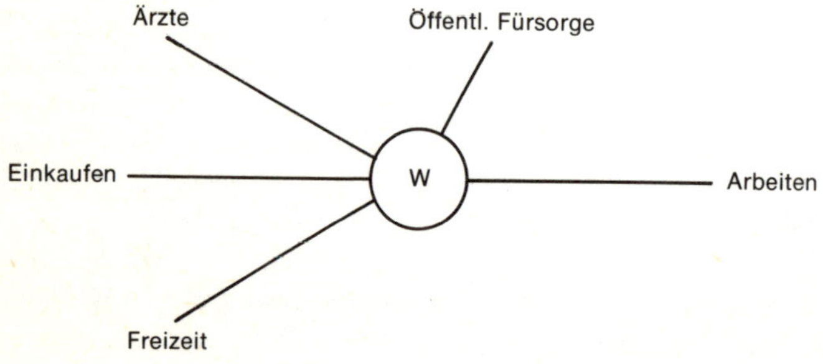

Zu den Märkten in der Stadt gehört schließlich der Markt der Kommunikationen. Auch er ist Anlaß für zahllose Verkehrsbewegungen zwischen der Wohnung und allen möglichen Stellen in der Stadt. Man besucht Verwandte, Freunde oder Bekannte, man nimmt an kleinen und großen Veranstaltungen teil oder erwirbt Zeitungen und Bücher. Auch diese Ziele sind über die Stadt verteilt, so daß man gezwungen ist, verschiedene Richtungen einzuschlagen. Je näher unsere Wohnung zur Stadtmitte gelegen ist, um so sternförmiger wird das Gebilde der Straßen und Wege, die wir benötigen, um unsere Ziele zu erreichen. Diese Bewegungen auf der Verkehrsanlage ergänzen unsere Grafik um eine große Zahl von Ästen. Sie sind ebenfalls nicht genau zu quantifizieren, weil dieser mehr Freunde hat als jener oder der eine kontaktfreudiger als der andere ist. Aber wahrscheinlich läßt sich feststellen, daß die Strekken sich über einen langen Zeitraum gleich bleiben. Man wechselt schon einmal seine Freunde oder Bekannten, wenn auch nicht häufig. Ergänzt um diese Art von Bewegungen, verändert sich die Grafik wie folgt:

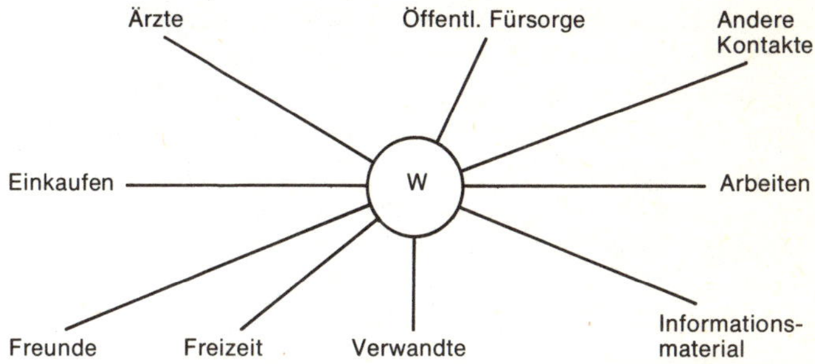

Zur fünften Gruppe von Zielen, die Stadtbewohner von ihrer Wohnung oder ihrem Arbeitsplatz aus aufsuchen, gehört der Besuch von Theatern, Konzerten, Sportveranstaltungen und ähnlichen Dingen. Ein Opernhaus oder ein großes Fußballstadion gibt es nur einmal in der Stadt, Kinos und Säle für kleinere Veranstaltungen dagegen in mehreren Stadtteilen. Deshalb bedeutet die Wahl der zuerst genannten Ziele, immer dieselbe Route zu fahren, während die Wahl der übrigen Ziele ganz unterschiedliche Routen zur Folge haben kann. Auch hier ist man auf Fahrzeuge angewiesen:

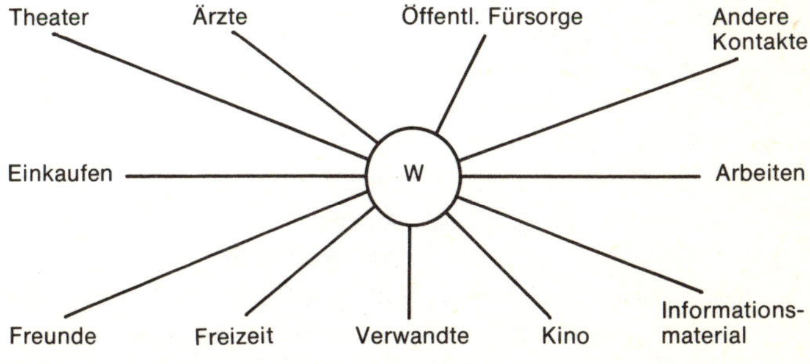

Allmählich bildet sich hieraus ein reales Straßennetz. Dabei ist zu berücksichtigen, daß die Bedeutung der Straßen für den einzelnen Stadtbewohner unterschiedlich ist. Manchmal benutzt er dieselben Straßen für unterschiedliche Ziele, und je näher sie zur Wohnung liegen, um so häufiger wird das der Fall sein. Es gibt hier auch keine (oder vielleicht nur eine) Alternative, von der Wohnung fort und zu dem gewünschten Ziel zu gelangen. Im übrigen bietet die Stadt mehrere Möglichkeiten an, direkte und indirekte, einfache und komplizierte, um zum Ziel zu gelangen. Das Netz verdichtet sich zum Zentrum hin immer mehr und besteht aus vielen Adern. Erst am Ziel bündeln sich alle Strecken wieder und münden, wie bei der Wohnung, in eine oder zwei Zufahrten ein.

Der Konflikt zwischen Stadt und Verkehrsanlage

Es gibt natürlich noch weitere Ziele, die ein Bewohner der Stadt im Laufe eines Jahres oder eines Lebens in seiner Stadt anfährt. Dazu gehören beispeilsweise Parks oder Landschaften, die er zum Spazierengehen aufsucht. Er geht oder fährt zu Kirchen und Messen, in den Zoo und zu Festen. Alle denkbaren Ziele lückenlos aufzuzählen, würde unsere Kenntnis über die Funktionen der Verkehrsanlage aber nicht wesentlich erweitern. Die Skizze würde um einige zusätzliche »Stellen« ergänzt werden können, das Netz würde noch einmal ein wenig wachsen und dichter werden.

Die Bewegungen, die Menschen zu Fuß oder mit einem Fahrzeug auf der Verkehrsanlage vornehmen, lassen sich also bis zu einem relativ vollständigen Grad beschreiben. Aber es sind die Bewegungen eines einzelnen, gedacht und nachempfunden aus den Notwendigkeiten seines täglichen Daseins. Nun leben in den Städten, für die wir uns interessieren, Zehntausende bis mehrere Millionen Menschen, und es existieren sozusagen ebenso viele individuelle Verkehrsnetze im beschriebenen Sinn. Man muß sich die Situation so vorstellen, daß jeder Stadtbewohner seinen individuellen Code im Kopf hat, in dem seine gleichbleibenden oder auch wechselnden privaten Ziele und Routen eingetragen sind. Dieser Code verändert sich von Bewohner zu Bewohner, je nachdem, wohin und wie er täglich fährt. Niemand kennt alle diese Codes. Was man sieht, sind ihre Auswirkungen: der Stadtverkehr in all seinen Erscheinungen. Man erkennt den Verkehr an seinen Wirkungen, nicht an seinen Ursachen – an dem also, was er in der Stadt bewirkt.

Dies ist eine schlechte Ausgangssituation für die folgende Frage. Sie lautet, wie die städtische Verkehrsanlage gestaltet und für welche Fahrzeuge sie eingerichtet werden soll. Wie immer man es anfängt, es wird sich herausstellen, daß die Bewältigung tausenfacher Individualitäten fast unlösbar ist. Die Straße soll beispielsweise so breit sein, daß sie von allen Menschen passiert werden kann, die sie gerade passieren wollen. Das entscheidende Wort ist »gerade«: Es bedeutet, morgens um 7.30 Uhr vielleicht 10000 Fahrzeuge in der Stunde, nachmittags um 14.30 Uhr aber nur 2600 Fahrzeuge in der Stunde. Dies heißt morgendliches Gedränge oder Platzverschwendung am Nachmittag, wenn man eine Variante perfekt machen will. Die Gestaltung der Verkehrsanlage ist hier ein quantitatives Problem, aber sie hängt nicht allein mit der Frage zusammen, von welchem Fahrzeug die Bewohner über die Straße »transportiert« werden wollen. Wir haben die Auswahl zwischen Fahrrädern, Autos, Bussen und Schienenbahnen. Der Einsatz dieser Fahrzeuge erlaubt, was die Breite und Führung der Straße angeht, eine Fülle von Varianten. In der Sprache des Experten heißt dies: »Ein ausbalanciertes System von Investitionsanteilen für den Ausbau von Verkehrswegen (Straßenbau) und Verkehrsmitteln (öffentlicher Personennahverkehr) ist die unabdingbare Voraussetzung, eine geeignete modal split (Verhältnis von Individualverkehr zum öffentlichen Personennahverkehr) zu verwirklichen[68].“ Schließlich kann eine Verkehrsanlage gelegentlich Selbstzweck sein, beispielsweise dort, wo sie sich zu Plätzen ausweitet. Sie ist Selbstzweck, wenn sie als Ort der Kommunikation benötigt wird. Dies ist der dritte Faktor, der sich auf die Führung und Dimensionierung der Verkehrsanlage auswirkt.

Bevor wir auf diese Komplikationen eingehen, die sich aus der Lösung der Verkehrsprobleme eines beliebigen Bewohners ergeben, möchte ich einiges über die Verkehrsmittel sagen, die zur Fortbewegung zur Verfügung stehen. Die Menschen sind in dieser Hinsicht ziemlich erfindungsreich gewesen. Man kann sich heute seiner eigenen Beine, eines Rades oder eines Fahrzeugs bedienen; Pferd oder Esel sind als tägliche Fortbewegungsmittel in den Städten fast überall aus der Mode gekommen. Meiner Auffassung nach würden sich die Menschen am wohlsten fühlen, wenn sie ihre Ziele in der Stadt zu Fuß erreichen könnten. Aber diesen Luxus kann man sich vielleicht noch bei Entfernungen bis zu einem Kilometer erlauben. Für das Fahrrad erweitert sich der Radius um einige Kilometer, sofern es nicht zu gefährlich oder zu unbequem ist, mit ihm durch den Stadtverkehr zu fahren. In den meisten Fällen läßt sich das Ziel nur noch erreichen, wenn man sich der Leistung von Benzin- oder Elektromotoren bedient. Das Auto ist die Freiheit des Stadtbewohners. Die Städte sind zu groß geworden, als daß sie noch vom Fußgänger allein beherrscht werden können. Er muß sich die Verkehrsanlage und damit die Stadt mit den Maschinen teilen.

Unter den Fahrzeugen, von denen er sich transportieren lassen kann, gibt es solche, in denen er allein, und solche, in denen er mit ihm fremden Menschen fahren kann. Es ist selbstverständlich, daß er die erste Variante vorzieht. Sie bietet größere Freiheit und Flexibilität: Wer selbst ein Fahrzeug lenkt, kann bestimmen, wohin es fährt. An die Stelle des haferfressenden Pferdes ist das benzinfressende Auto getreten. Niemand verzichtet freiwillig auf die Möglichkeit, sich nach eigenen Intentionen auf der Verkehrsanlage bewegen zu können. Wer dennoch kein Auto hat, ist zu arm, es zu bezahlen, zu jung, zu alt oder zu krank, es zu bedienen, oder er mag sich einer solchen Maschine aus Ängstlichkeit nicht anvertrauen. Vielleicht auch verzichtet er auf sein Gefährt, weil sich die Autos in seiner Stadt inzwischen gegenseitig den Weg verstellen. In vielen Ländern, vor allem dort, wo auch die Produktion von Autos von der Regierung gelenkt wird, scheitert der Besitz am eigenen Fahrzeug am geringen Angebot, nicht am Desinteresse. Wo diese gesellschaftlichen, körperlichen oder psychischen Hürden nicht vorhanden sind, besitzt der Stadtbewohner sein Fahrzeug. In ihm kommt der uralte Wunsch zum Ausdruck, auch beim Transport so weit wie möglich Herr seiner selbst zu sein. Vielleicht wird eines Tages an die Stelle des Autos ein anderes Gefährt treten, so wie das Auto die Pferdekutsche abgelöst hat. Immer aber wird es ein individuelles Transportmittel sein.

Nicht jedermann kann ein eigenes Fahrzeug besitzen oder führen. Für die Menschen, die darauf angewiesen sind, von anderen mitgenommen zu werden, haben die Stadtverwaltungen oder private Unternehmer Busse und (unter- oder oberirdische) Schienenbahnen eingesetzt. Ein Autofahrer benutzt sie in den seltensten Fällen, wenn sie zufällig so bequem, direkt und schnell wie sein eigener Wagen sind, wenn er also vor seiner Haustür einsteigen und in der Nähe des Ziels wieder aussteigen kann. Neben den privaten Automobilen jeder Art wird die Verkehrsanlage also von Omnibussen, Straßenbahnen, Schnellbahnen und Metros besetzt. Da sie auf die in die Millionen gehenden Ziele von einzelnen keine Rücksicht mehr nehmen können, werden sie auf den Routen eingesetzt, die nach aller Erfahrung von den meisten Fahrgästen täglich gewählt werden. Ein Omnibus- oder ein Bahnnetz, das alle Straßen und Plätze der Stadt einschließt, ist nicht sinnvoll. Es würde letzten Endes bedeuten, die Fahrzeuge zugleich so zu vermehren (und zudem von Fall zu Fall kleiner werden zu lassen), daß es auf weitere Zehntausende von PKWs hinausläuft. Sie würden sich von den anderen PKWs nur dadurch unterscheiden, daß sie einen fremden Chauffeur haben. Das grob strukturierte Fahrprogramm der öffentlichen Busse und Bahnen ist also ein Angebot, auf das die Bewohner nur zurückgreifen, wenn sie nicht selbst autofahren können. Es entspricht ihren Wünschen schon deshalb nicht ganz, weil es sie nicht ohne Erschwernisse von der Wohnung zu den üblichen Zielen bringt. Busse und Schienenbahnen bieten nur den wenigsten Sitzplätze. Außerdem brauchen sie im allgemeinen mehr Zeit als das Auto, weil sie häufig halten. Der Transport in ihnen geschieht manchmal unter entwürdigenden Umständen.

Die Verkehrsanlage der Stadt mit ihrem toten und maschinengetriebenen Zubehör steht in einer permanenten Auseinandersetzung mit der übrigen Stadt. Der Konflikt ergibt sich zunächst daraus, daß in ziemlich weitreichender Weise die Vorteile des einen zugleich die Nachteile des anderen sind. Gleichgültig, ob man von der gebauten Stadt oder von der Verkehrsanlage ausgeht: Sie behindern sich gegenseitig. Mit ihnen profitieren oder leiden die Menschen, die sich einerseits als Verkehrsteilnehmer in einem Fahrzeug auf den Straßen oder andererseits als Passanten in den Fußgängerbereichen der Stadt oder in ihren Wohnungen und Arbeitsstätten aufhalten. Man muß beide Situationen für sich analysieren, die des „fahrenden" Menschen in einem statischen Gebilde, das ihn zu Umwegen, zu ständigem Halten und Wiederanfahren zwingt, und die des „ruhenden" Menschen, der von einer dynamischen Anlage von Maschinen umgeben ist. Erst dadurch wird es möglich, sie zu bewerten.

Schließlich gibt es noch ein drittes Problem, das in diesen Zusammenhang gehört: das Leiden der Verkehrsanlage an sich selbst. Arnold J. Toynbee schreibt zu Recht: „Der kritische Punkt in der Entwicklung des innerstädtischen Verkehrs wurde erreicht und vielleicht unwiderruflich überschritten, als das Automobilzeitalter das Eisenbahnzeitalter ablöste, wie wir jetzt rückblickend feststellen können[69]." Es gibt Zeiten und Stellen in der Stadt, in denen sich die Autos und Schienenbahnen trotz großzügiger Dimensionierung der Verkehrsanlage immer noch gegenseitig behindern und es schwer wird, sein Ziel über diese Verkehrsanlage überhaupt in einem noch sinnvollen Zeitraum zu erreichen. Auch hierin könnte man eine Abart des Konflikts mit der gebauten Stadt sehen. Die Verkehrsanlage kann sich nicht noch einmal und jetzt so weit ausdehnen, wie es in bestimmten Augenblicken nötig wäre. Sie ist in dieser partiellen Enge völlig abhängig von der Stadt. Aber in Wirklichkeit stellt dieser dritte Fall eine besondere Art von Schwierigkeit dar, weil auch eine Verkehrsanlage, die alles bekommt, was sie will, darüber nicht eben glücklich sein kann. Sie würde die übrige Stadt und damit Tausende von Zielen, die über die Verkehrsanlage erreicht werden sollen, immer weiter zurückdrängen und sich selbst in einem nicht aufhörenden Prozeß immer wieder vergrößern oder verlängern müssen. Damit aber würde leicht ein Punkt erreicht, an dem Stadt und Verkehrsanlage zu zwei Welten auseinanderfallen, die dann in der Tat gleichrangig und unvereinbar nebeneinanderstehen. Die Verkehrsanlage würde der übrigen Stadt nicht mehr dienen, sondern ihr unablässiger Kontrahent sein. Sie würde, teilweise jedenfalls, zum Selbstzweck werden. Die Stadt aber würde eben diese Eigenschaft, sich selbst genügen zu können, durch das Auseinanderfließen allmählich verlieren. Man kann sagen, daß die Nebenfunktion der Hauptfunktion ernsthaft Konkurrenz macht, und das ist etwas, was nicht gut ausgehen kann.

Befassen wir uns mit dem ersten Konfliktfall, in dem die Verkehrsanlage der übrigen Stadt in unangenehmer Weise zusetzt. Die negativen Wirkungen der Autos und der Schienenbahnen auf die städtische Umgebung sind heute gut bekannt. Sie äußern sich in der Einschränkung der Bewegungsfreiheit der Stadtbewohner, von Schäden an ihrer Gesundheit bis zu tödlichen Unglücksfällen. Diese Folgen, von denen noch zu sprechen ist, haben, das ist die zweite Erkenntnis, die sozial schwachen Menschen in besonders auffälliger Weise zu tragen. Es sind letzten Endes jene, die sich nicht selbst in den Autos verkriechen können, um sich vor den Autos der anderen zu schützen. Denn, so eigenartig dies klingen mag, auf der Verkehrsanlage oder in ihrer Nähe ist es in den Fahrzeugen leiser, ungefährlicher und angenehmer als außerhalb von ihnen. Man erkennt den Unterschied sofort, wenn man sich einmal an den Rand einer Schnellstraße stellt und die vorbeifahrenden Fahrzeuge auf sich einwirken läßt und wenn man andererseits an dieser Stelle als Fahrer eines Autos vorbeifährt. Kinder, alte, kranke oder arme Menschen kennen nur das zuerst genannte Erlebnis, mit allen damit verbundenen Gefühlen der Unterlegenheit und der Abhängigkeit von den schnellen, starken und gefährlichen Maschinen. Sie wirken um so bedrohlicher auf sie, weil die Mehrzahl von ihnen niemals selbst Autofahrer gewesen ist und also auch nicht einzuschätzen vermag, wie bestimmte Verkehrssituationen aus dem Auto heraus erlebt werden.

Wie die Dinge liegen, müssen viele Menschen in der Stadt damit rechnen, durch die Maschinen der Verkehrsanlage getötet zu werden. Die ist die schlimmste Folge des Nebeneinander von Verkehrsanlage und übriger Stadt. Die Autofahrer sind gelegentlich überfordert; sie müssen in der gleichen Sekunde nach allen Seiten beobachten, ihre Beobachteungen in Entscheidungen und diese in Körperbewegungen umsetzen. Es läßt sich nicht vermeiden, daß sie ihr Fahrzeug einmal nicht beherrschen und mit anderen Fahrzeugen zusammenstoßen oder Passanten anfahren. Außerdem sind ihre Fahrzeuge immer wieder einmal fehlerhaft und versagen, indem sie etwas anderes tun, als ihnen abverlangt wird. Es ist nicht möglich, die Verkehrsanlage so von der übrigen Stadt zu isolieren, daß beide sich gegenseitig nicht gefährden. Schließlich muß man irgendwo auf die Straßen hinauf- und irgendwo wieder herunterfahren können.

Wer als Fußgänger auch im dichtesten Verkehrsgewühl überlebt, muß doch hinnehmen, daß bestimmte seiner Organe überstrapaziert werden. Die Verkehrsanlage erzeugt Geräusche, deren Lautstärke und Frequenz über das Ohr den Blutkreislauf beeinträchtigen. Der Schall kann in besonders ausgeprägten Fällen den ganzen menschlichen Körper leiden lassen. In den offenen Bereichen der Stadt gibt es für die Bewohner keine Möglichkeit, sich davor zu schützen. Man kann weder die gesamte Verkehrsanlage mit Mauern und Wällen zu den Seiten hin abgrenzen noch die Wände und Fenster der Gebäude so undurckdringlich gestalten, daß nicht doch ein unangenehmer Rest von Straßenlärm bleibt. So kommt es, daß die Verkehrsanlage tagsüber und teilweise auch in der Nacht die übrige Stadt „anschreit", mit allen sich daraus ergebenden negativen Folgen. Die Techniker sind geschickt genug, um immer wieder neue Linderungen zu erfinden und einzuführen. Aber an dem Grundtatbestand, wonach Geräusche schafft, wer Maschinen arbeiten und vor allem Räder über Straßen und auf Schienen fahren läßt, ist nichts zu ändern. Die Verkehrsanlage führt sozusagen verschiedene Existenzen, und ihre akustische ist eine der unangenehmsten und hartnäckigsten.

Aber wer sich die Ohren zustopfen würde, könnte doch den Emissionen nicht entgehen, die seinen Körper durch den Mund und die Nase erreichen. Die Verkehrsanlage sondert Gas, Dämpfe und schließlich Staubmaterie ab, die von den Reifen auf dem Pflaster abgerieben werden. Die Maschinen arbeiten mit Benzin, das zwischen seinem Weg vom Tank bis zum Kurbelgehäuse permanent Gelegenheit hat zu verdampfen. Sein größter Teil wird natürlich im Motor verarbeitet, genau wie Öl, dafür aber dann in Gasform über den Auspuff an die Luft gegeben. Was die Stadtbewohner einatmen, enthält Giftstoffe, die dem Körper schaden können. Je größer die Verkehrsanlage ist und je mehr Fahrzeuge auf ihr verkehren, um so intensiver füllt sich die Stadtluft mit diesen maschinellen Ausscheidungen. Es gibt zwar überall einen natürlichen Luftaustausch, aber er funktioniert nicht immer gleich schnell und intensiv. Gelegentlich kommt es vor, daß die Luft schneller verschmutzt wird, als sie sich selbst reinigt. Vor allem aber haben die Menschen noch weniger Möglichkeiten, sich gegen die Verunreinigung der Luft zu wehren als gegen den Verkehrslärm. Stadtluft ist überall, sie dringt durch die Türen und Fenster in jedes Gebäude ein, und selbst die Autofahrer werden mit dem Dreck konfrontiert, den sie produzieren. Man kann seine Augen schließen und seine Ohren verstopfen, aber noch niemand hat eine Methode erfunden, auf das Atmen zu verzichten. Diese Attacke der Verkehrsanlage gegen die übrige Stadt ist also eine der verheerendsten.

Darüber hinaus nimmt die Verkehrsanlage den Stadtbewohnern, die sich außerhalb von ihr befinden, Bewegungsfreiheit. Die Verkehrsanlage frißt Platz, besonders dort, wo sie mit der übrigen Stadt gekoppelt ist. Im Zweifel muß immer der

Fußgänger weichen, weil es technisch einfacher und billiger ist, ihn und nicht die Autos oder Bahnen bestimmte Manöver ausführen zu lassen. Tunnel für Fußgänger sind häufiger als Tunnel für Fahrzeuge, und das gleiche gilt für Brücken, mit denen der fahrende und der laufende Mensch sich aus dem Weg gehen sollen. Dem Dynamischen wird gegenüber dem (jedenfalls äußerlich gesehen) Statischen der Vorzug gegeben. Wenn es darum geht, einem von beiden den direkten Weg freizumachen, dann gewinnt regelmäßig das erstere. In einer Welt der Fußgänger würde man keine Ampeln oder andere verkehrslenkende Signale benötigen. Man braucht sie aber für die Verkehrsanlage, um eine gewisse Ordnung zwischen den Fahrzeugen und ihren unterschiedlichen Richtungen herzustellen. Da sie einmal vorhanden ist, gilt sie auch für die Fußgänger. Sie sind in ihren Bewegungen innerhalb der Stadt immer dann nicht mehr ganz frei, wenn sie selbst die Verkehrsanlage benutzen oder sie überqueren wollen. Sie müssen sich also einer anonymen Zeichensetzung unterwerfen, derselben, die auch für die Fahrzeugführer gilt. Wenn die Straßen besonders breit und belebt sind, verzichten sie am liebsten darauf, sie zu überqueren. Es wäre zu mühsam und gefährlich. Als ein New Yorker einen Mann jenseits des Verkehrsstromes fragte, wie er dort hinübergekommen sei, erhielt er die Antwort, er sei auf dieser Straßenseite geboren. Dieser Witz erscheint ganz realistisch, wenn man an manche Stadtstraßen zur Zeit der Rush-hour denkt.

Faßt man diese Eingriffe der Verkehrsanlage in die übrige Stadt zusammen, dann wird deutlich, wie sehr auch die gebaute Stadt hierdurch in ihrer Erscheinung verändert wird. Bestimmte Kategorien gelten plötzlich nicht mehr. Die Verkehrsanlage führt eine neue Maßstäblichkeit ein, die es in dieser Form nirgendwo gibt. Es ist nicht mehr die Maßstäblichkeit des gehenden oder stehenden Menschen, sondern des in einem Fahrzeug mit einer Geschwindigkeit von etwa 50 Stundenkilometern durch die Stadt fahrenden Menschen. Was dem Fußgänger nicht mehr zu einem Eindruck werden kann, der ihm physisch und psychisch gefällt, macht dem Autofahrer einen durchaus geschlossenen und vielleicht sogar harmonischen Eindruck. Ein Fußgänger fühlt sich vermutlich nicht wohl, wenn er an einer 100 m langen Gebäudelücke vorbeigehen muß, die zudem noch als Müllabladeplatz von der Nachbarschaft benutzt wird. Ein Autofahrer hat dieses unangenehme Gefühl nicht, weil er die Lücke im Vorbeifahren kaum registriert. Das Bewußtsein des Fußgängers muß sich etwa eineinhalb Minuten mit dieser Stelle befassen, das des Autofahrers vielleicht zehn Sekunden. Für ihn wachsen auch solche Teile der Stadt zu einem in sich geschlossenen Panorama zusammen, die für den Fußgänger aus Hunderten von isoliert dastehenden Gebäuden bestehen. Eine Stadt, in der die Verkehrsanlage wichtiger genommen wird als alles übrige, wird dadurch leicht zu einer zerrissenen Stadt. Der Fußgänger lebt in der kleinen Dimension, der Autofahrer in der großen. Der günstigste Stadtdurchmesser beträgt für einen Fußgänger etwa vier km, für eine Straßenbahn 15 km und für ein Auto über 40 km[70].

Da ein Fahrzeug immer mehr Platz benötigt (beim Stehen wie beim Fahren) als die Menschen, die es transportiert, und da es erheblich schneller als ein Fußgänger ist, braucht es entsprechend eingerichtete Straßen. Im Verhältnis zu den Straßen in der Stadt, die nicht für Fahrzeuge vorgesehen sind, werden sie immer größer dimensioniert sein. Man kann diese besondere Größe für das Auge kaschieren, indem man der Straße Bäume, Straßenmöbel oder eine bestimmte Beleuchtung gibt. Doch dies ändert nichts an ihrer physischen Ungebärdigkeit, die sich so schwer mit der übrigen Stadt vereinbaren läßt. Es bleibt dabei, daß sie Stadtviertel zerreißt und den Blick auf die gebaute Stadt hier und da versperrt. Etwas, das sich bewegt, zieht ohnehin die Aufmerksamkeit schneller auf sich als etwas, das steht. Die Verkehrsanlage dünnt die übrige Stadt aus, indem sie weniger Platz für Gebäude und kleine Plätze, für Naturzitate und Gewässer läßt. Immer weniger Menschen wohnen schließlich dort, wo nur noch Autos in einer akzeptablen Zeit hingelangen.

Dies ist der Einfluß der Verkehrsanlage auf die übrige Stadt, und wie die Dinge liegen, ist es ein ziemlich negativer Einfluß. Aber es gibt auch den umgekehrten Fall, in dem die gebaute Stadt die Verkehrsanlage behindert und ihr schadet. Dieser Konflikt äußert sich allerdings auf weniger dramatische Weise. Der fahrende Mensch ist nicht schlechthin gegenüber dem stehenden oder gehenden Menschen bevorzugt. Ihm werden bei seinen Fahrten zu den Zielen, die er aufzusuchen pflegt, zwei Schwierigkeiten in den Weg gelegt. Die erste Schwierigkeit besteht darin, daß die Stadt ihn zu vielerlei Umwegen zwingt. Kaum eine Stadt ist in einem gleichförmigen Raster angelegt worden, das die Entfernungen zwischen zwei beliebigen Punkten in der Stadt auf ein Mindestmaß senken würde. Städte haben sich in kleinen Schritten entwickelt, und sie sind mehr oder weniger ringförmig gewachsen und schließlich entlang der Hauptachsen in die Landschaft ausgeufert. Mit der Ausweitung der Stadt ist auch die Verkehrsanlage verlängert worden, aber immer nur als ein Element von mehreren. Ihre besonderen Interessen konnten niemals den Vorrang vor den Interessen etwa des Grundbesitzes, der Anlage von Stadtteilen oder von Gewerbegebieten erlangen. Die Verkehrsanlage ist letztlich genauso zusammengestückelt wie alles an der gebauten Stadt. Auch wenn die einzelnen Maßnahmen zu ihrer Zeit sinnvoll ins Ganze gepaßt haben mögen, können sie später wie zufällig wirken. Die Verkehrsanlage wird nach allen möglichen Gesichtspunkten gestaltet, aber nicht unbedingt nach dem Kriterium der kurzen Wege. Wer sie benutzt, fährt also Umwege — jedenfalls hätte er als Fußgänger die Möglichkeit, sich direkter zu bewegen. Aus der Sicht eines zielstrebigen Autofahrers könnte man dagegen durchaus sagen, daß die Stadt ihren Straßen ständig „im Wege steht“.

Die zweite Schwierigkeit, die sich für die Verkehrsanlage aus der Existenz der übrigen Stadt ergibt, besteht in der räumlichen Unvollkommenheit. Es gibt einige Straßen in der Stadt, die völlig ausreichen, um auch den größtmöglichen Ansturm an Fahrzeugen zu verarbeiten. Aber es gibt auch Straßen, und sie sind gewöhnlich in der Mehrzahl, die zu eng sind, um zu bestimmten Stunden allen Fahrzeugen den erforderlichen Platz zu bieten. Die Autofahrer und die Benutzer von Bussen und Bahnen können hier nicht mehr so zügig fahren, wie sie es möchten und auf anderen Straßen gewohnt sind. Sie müssen an manchen Stellen die Geschwindigkeit verringern, gelegentlich müssen sie mehrfach anhalten. Wenn diese Engpässe noch durch besondere Ereignisse wie einen Unfall belastet werden, dann kann es passieren, daß die Fahrzeuge warten müssen und im übrigen nur mit der Geschwindigkeit eines Fußgängers vorankommen. Wiederholt sich dies täglich, wird die oben genannte

Zeit, die ein fahrender Bewohner auf der Verkehrsanlage verbringt, noch einmal verlängert. Die Ursache für diese Misere liegt im allgemeinen darin, daß die Straßen nicht verbreitert werden können, ohne andere Stadtsubstanz zu vernichten. In diesen Fällen ist das Interesse an der Erhaltung vorhandener Gebäude oder städtischer Anlagen einmal größer als das Interesse an einem idealen Verkehrsfluß (abgesehen von den Fällen, in denen die Erweiterung einer Straße gerade nicht bezahlt werden kann). Der fahrende Stadtbewohner wird zugunsten des wohnenden oder zu Fuß gehenden Stadtbewohners vernachlässigt. Wer besonders schnell vorankommen möchte, muß sich nun in Geduld üben. Diese Schwierigkeiten wären sofort behoben, wenn man sich dazu entschließen könnte, das Straßennetz an allen Stellen so breit zu machen, daß es jedes Fahrzeug jederzeit aufnehmen könnte.

Der dritte Fall eines Konflikts tritt ein, so hatten wir gesagt, wenn die Verkehrsanlage sich selbst ad absurdum führt. Das geschieht immer dann, wenn sie ihren Zweck nicht mehr erfüllen kann. Das trifft zu, wenn sie zu häufig und an vielen Stellen „volläuft". Man kann in den Städten beobachten, wie dieser Zustand im Abstand von mehreren Jahren immer wieder einmal eintritt. Die Zahl der Stadtbewohner, die ein Auto bezahlen und fahren können, wächst überall. Die zu schmalen Straßen werden erweitert, bis ihr neues Platzangebot von der ebenfalls wieder gewachsenen Zahl der Fahrzeuge eingeholt ist. Sie werden erneut verbreitert, und wieder kommt es dazu, daß sie irgenwann den Verkehr nicht mehr bedienen können. Es ist wie in der Geschichte vom Hasen und vom Igel, wobei das Auto die Rolle des Igels übernommen hat. Dieser Prozeß, der in den Städten unterschiedlicher Länder unterschiedlich weit vorangeschritten ist, kommt erst dann zu einem Ende, wenn jeder potentielle Autofahrer sein eigenes Gefährt steuert. Dies mag in Ländern, die kein Wachstum mehr haben, schon heute oder doch morgen sein. In den Ländern, in denen immer mehr Menschen zur Welt kommen als sterben, hat diese Endphase noch einige Generationen Zeit.

Allerdings wird eine Verkehrsanlage, die alle Fahrzeuge zufriedenstellend bedient, sich mehr oder weniger selbst widerlegen. Um ihr Platz zu machen, muß ein Stück der Stadt nach dem anderen weichen. Das, was in der City oder in den Stadtvierteln abgerissen oder verscheucht wurde, wird weiter draußen wieder aufgebaut oder läßt sich jedenfalls in sicherer Entfernung wieder nieder. Dies bedeutet aber nichts anderes, als daß die Verkehrsanlage um diese Fluchtstrecken und Ausweichentfernungen verlängert werden muß. Auch diese Verlängerung kostet Raum, der nicht mehr von Gebäuden oder irgendwelchen städtischen Anlagen besetzt werden kann. Es geht hier nicht darum, daß die Verkehrsanlage das „Muttergemeinwesen", dem sie dienen soll, teilweise zerstört oder auflöst. Es geht bereits darum, daß die Fahrzeuge, um bequemer voranzukommen, länger und umständlicher fahren müssen. Vermutlich hebt sich in vielen Fällen der Zeitgewinn, den eine gut funktionierende Verkehrsanlage mit sich bringt, durch die Streckenverlängerung wieder auf. Irgendwann kann man die Beschleunigung nicht mehr beschleunigen, die „temps perdu" nicht wieder einholen.

Die Versöhnung von Verkehrsanlage und übriger Stadt

Wie kann man die Verkehrsanlage mit der übrigen Stadt, den fahrenden mit dem gehenden Stadtmenschen versöhnen? Zwei Lösungen können von Anfang an vergessen werden. Konflikte der Stadt mit ihrer Verkehrsanlage und umgekehrt lassen sich nicht radikal oder auch nur eindeutig lösen. Weder ist es möglich, die übrige Stadt weitgehend zugunsten einer ungestörten und eleganten Verkehrsanlage zu deformieren, noch kann die Stadt ihre Verkehrsanlage so klein und bescheiden halten, daß sie keinen Fußgänger und keine Wohnung mehr zu behelligen vermag. Selbst wenn man dies wollte, ließe es sich nicht verwirklichen, da fast alle Städte sich bereits zu Kompromissen entschlossen und sie in entsprechende Bauten umgesetzt haben.

Allenfalls bei neuen Städten kann man sich noch überlegen, ob und wieweit man das eine zum Vorteil des anderen oder umgekehrt opfern oder, wie gelegentlich bei neuen englischen Städten versucht, die Verkehrsanlage einerseits und die übrige Stadt andererseits ziemlich isoliert anlegen will. Dem gehenden (und wohnenden) und dem fahrenden Bewohner muß man also prinzipiell die gleichen Rechte zugestehen. Beide bewegen sich durch die Stadt, um Ziele zu erreichen und sich dort aufzuhalten, die ihnen wichtig sind und die man deshalb akzeptieren muß. Außerdem ist zwar nicht jeder Fußgänger auch ein Autofahrer, aber jeder Autofahrer ist auch ein Fußgänger. Man würde bei einer einseitigen Lösung, unterstellt, sie wäre machbar, also nicht nur eine einzige Gruppe der Stadtgesellschaft treffen, sondern mehr oder weniger jeden Bewohner. Es geht also weder darum, die Stadt gegen die Technik zu verteidigen, noch darum, blind alles zu fördern, was technisch möglich ist. Wenn der Kompromiß das einzige ist, was den Städtern übrigbleibt, dann lautet die nächste Frage, welche Gedanken man diesem Kompromiß zugrunde legen will. Täglich sind kleine oder auch große Entscheidungen über den Weiterbau der Stadt oder ihrer Verkehrsanlage zu treffen. Hier wird ein Haus zugunsten einer Straßenverbreiterung abgerissen, dort wird der Verkehrsfluß durch eine Ampel gestoppt, die Fußgängern das Überqueren der Straße erleichtern soll. Wir sollten mit den Gründen beginnen, die es angebracht erscheinen lassen, einmal die Interessen der Verkehrsanlage und ein anderes Mal die der übrigen Stadt vorzuziehen. Wenn es auch keine extremen Lösungen für das Ganze gibt, so können doch extreme Lösungen für Teile der Stadt oder ihrer Verkehrsanlage durchaus ein Gewinn für die Benutzer sein.

Tatsächlich gibt es zwei Situationen, in denen es richtig sein kann, einmal der Verkehrsanlage und ein anderes Mal der übrigen Stadt Vorbehaltsflächen zu überlassen. Um mit der letzteren zu beginnen: Es muß in der Stadt vom Fahrzeugverkehr freie Partien geben. Um dies näher zu erläutern, möchte ich noch einmal auf den Vergleich der Stadt mit der privaten Wohnung zurückkommen. Auch in der Wohnung gibt es Räume, die man nicht gern zum „Flur" macht und die nicht einmal gelegentlich Durchgangsräume sind. Das Wohnzimmer ist in gewisser Hinsicht zugleich ein Aufenthaltsraum und ein Durchgangsraum, weil man gewöhnlich von ihm zu den übrigen Zimmern und der Küche gelangen kann. Ausschließlich zum Aufenthalt bestimmt sind dagegen Räume, in denen gegessen, geschlafen oder gearbeitet wird. Sie sind sozusagen aus dem „Durchgangsverkehr" der Wohnung herausgenommen und zu Ruhezonen gemacht worden. In der Stadt gilt dies ebenfalls für jene Bereiche, in denen die Bewohner Verrichtungen nachgehen, bei denen der Fahrzeugverkehr äußerst störend sein würde. Dazu gehören erstens die Stadtzentren, in denen sich die gefragtesten Restaurants, Cafés, Kneipen und Hotels befinden, also Lokalitäten, in denen man essen, trinken und nächtigen kann. Es sind jene Orte, an denen man sich außerhalb der Wohnung mit Freunden und Bekannten trifft, sowohl tagsüber als auch abends, sowohl im Freien als auch drinnen. Sie bieten Gelegenheit zum Gespräch oder zum Zeitunglesen, zum Abschluß von Geschäften oder zum Flirt, zur Kontemplation oder schlicht zum Nichtstun. Die Menschen fühlen sich hier am wohlsten, wenn sie von den Nachteilen des Fahrzeugverkehrs verschont bleiben. Selbst der leidenschaftlichste Autofahrer ist bereit, eine Strecke zu Fuß zu laufen, um eine solche Ruhezone zu erreichen. Da sich die Einrichtungen, von denen hier die Rede ist, fast immer in der Stadtmitte oder doch in der Mitte von Stadtteilen befinden, bedeutet dies, Teile der jeweiligen City für das private Auto zu verbieten. Man läßt den Verkehr sozusagen an einer „Insel" enden, die man nur als Fußgänger betreten kann.

Zweitens sollte man die Verkehrsanlage überall in einer gewissen Entfernung von den Wohnungen halten. Zwischen einer Wohnung und der nächsten Straße für Fahrzeuge sollte es einen Zwischenraum von vielleicht 50 Metern oder mit vergleichbarem Effekt (unterirdisch) geben. Niemand hat es gern, wenn einige Meter vor den Fenstern seines Wohn- oder Schlafzimmers Autos fahren. Heute führt die überwältigende Mehrheit aller Stadtstraßen genau an Wohnungswänden entlang. Inzwischen hat das Auto die Straßen übernommen, die vor Jahrhunderten oder Jahrzehnten einmal für Passanten und Pferdefuhrwerke angelegt wurden. Es war vollkommen richtig, in den dicht bebauten Wohnvierteln die Wohnungen und die Verkehrsanlage eine enge Symbiose eingehen zu lassen. Das Auto hat diese Erkenntnis relativiert. In vielen Fällen ist es besser, die Symbiose aufzugeben, um sowohl dem gehenden als auch dem fahrenden Bewohner entgegenzukommen. Dazu gehört auch, den Menschen einen größeren physischen und akustischen Freiraum um ihre Wohnung herum zu schaffen. Sie gewinnen damit nicht nur mehr Ruhe und etwas bessere Luft. Sie können sich auch dem Anblick der überdimensionalen Maßstäblichkeit der Verkehrsanlage entziehen. Sie würden die Wege und Plätze vor ihren Häusern wieder benutzen, um sich bei entsprechendem Wetter dort zu Gesprächen oder Aktivitäten zu treffen. Ihre Kinder könnten wieder vor der Haustür spielen, ohne gefährdet zu sein.

Das Interesse der Menschen würde sich von den alten Hauptachsen abwenden und mehr nach innen gerichtet sein, zur jeweiligen Mitte der Wohnquartiere zwischen den Hauptachsen. Für den öffentlichen Nahverkehr bedeutet dies, daß auch seine Bahnen und Busse aus den Hauptverkehrsstraßen herausgenommen werden müßten, um mitten durch die bewohnten Teile der Stadtviertel fahren und ihre Zentren miteinander verbinden zu können. Mit anderen Worten heißt dies, daß für den Autoverkehr einerseits und die Fahrzeuge des öffentlichen Nahverkehrs andererseits jeweils ganz unterschiedliche Routen sinnvoll sein können. Heute noch neigt man dazu, sie zu bündeln, jedenfalls auf den wichtigsten Verkehrsstraßen.

Diese bevorzugte Behandlung dessen, was die „übrige Stadt" genannt wird, gegenüber der Verkehrsanlage führt äußerlich zu einem bienenzellenartigen Aufbau der Stadt. Man kann auch sagen, daß die Stadt dadurch zu einem Kollektiv von „Dörfern" neuer Art umgestaltet wird. Diese Dörfer wären weitgehend mit den sich selbst verwaltenden Stadtvierteln identisch, von denen im 3. Kapitel die Rede war. Wenn sie dem Fahrzeugverkehr den Rücken zukehren würden, könnte zumindest dieser sie in ihrem Eigenleben nicht mehr so stören, wie das heute meistens der Fall ist. Die Vorteile, die eine räumliche Trennung der Verkehrsanlage von den Wohnungen bringt, sind für den einzelnen größer als der Nachteil, der darin besteht, bis zum Fahrzeug einige Minuten zu Fuß gehen zu müssen. Natürlich gilt ein Verkehrsverbot für solche Fahrzeuge nicht, die zur Sicherheit der Bewohner möglichst nahe an die Wohnungen heranfahren müssen, also etwa für die Feuerwehr oder für Krankenfahrzeuge. In den Grenzbereichen zwischen der Verkehrsanlage, die nur Fahrzeugen dient, und dem Stadtbereich, der allein Fußgängern vorbehalten ist, müssen Fußgänger und Fahrzeuge nebeneinander operieren können. Getreu dem Prinzip, wonach der Fußgänger im Zweifel bevorzugt werden soll, muß das Fahrzeug sich ihm anpassen. Der bienenzellenartige Aufbau der Stadt hat noch eine Reihe von weiteren positiven Konsequenzen, die Fritz Dabbert wie folgt zusammenfaßt: „In Großstädten ist der Übergang von der monozentrischen zur polyzentrischen Stadtstruktur wünschenswert. Die polyzentrische Stadtstruktur gestattet eher das Bereitstellen der erforderlichen Arbeitsplatz- und Büroflächen, sie erlaubt eher eine optimale Nutzung des integrierten Verkehrssystems, eine Auflockerung der Netzkonzentration des öffentlichen Verkehrs und eine bessere Erreichbarkeit für den individuellen Verkehr[71]." Damit sind einige Tugenden angesprochen, von denen jeder einzelne Bewohner zu profitieren vermag. Je gleichmäßiger die Menschen über die Stadt verteilt sind, und zwar zu jeder Tageszeit, um so schwächer werden die psychischen und technischen Probleme, die sich aus der Konzentration von Menschen und Fahrzeugen ergeben.

Eben war die Rede von den Vorbehaltsrechten der bebauten und bewohnten Stadt gegenüber der Verkehrsanlage. Was umgekehrt die Vorbehaltsrechte des Fahrzeugverkehrs gegenüber der übrigen Stadt angeht, muß man zwischen den verschiedenen Bestandteilen der Verkehrsanlage unterscheiden. Wie es bei der Stadt besonders wichtige Stellen gibt, in denen der Fußgänger oder Wohnende geschützt werden muß, so gibt es auch in der Verkehrsanlage Strecken, in denen die Interessen des fahrenden Menschen Vorrang haben sollten. Sie sind für die Funktionsfähigkeit der gesamten Verkehrsanlage von großer Bedeutung, und von ihnen hängt mehr ab als von den anderen Straßen und Wegen. Es sind jene Strecken, die innerhalb der Stadt dem Verkehr von Stadtteil zu Stadtteil oder zur City dienen. Bei Zielen, die fünf, zehn oder zwanzig Kilometer von meiner Wohnung entfernt liegen, möchte ich möglichst wenig Zeit mit dem eigentlichen Transportvorgang verlieren. Es dient allen Bewohnern, den fahrenden wie den zu Fuß gehenden, wenn die Zeit zwischen Ende und Ziel dieser Fahrten möglichst abgekürzt wird.

Wenn man dem Fahrzeugverkehr, sei es den Autos, den Bussen oder den Bahnen, hier Priorität einräumen will, muß man die Straßen und Schienen von der übrigen Stadt isolieren. Dies kann dadurch geschehen, daß die Straßen über oder unter dem Niveau der benachbarten Stadtteile gehalten werden oder daß es unmöglich gemacht wird, sie zu überqueren. Es versteht sich von selbst, daß solche durchgehenden Verkehrswege zwischen den oben geschilderten Dörfern liegen und sie nicht zerschneiden sollten. Es liegt also auch im Interesse des Fahrzeugverkehrs, wenn die Stadtviertel den Verkehrswegen ihren Rücken zukehren und sich nach innen, also nicht über den Verkehrsweg hinüber zur anderen Straßenseite, entwickeln. Dies gilt vor allem für jene Straßen, die sternförmig aus der Stadt hinausführen, zwischen denen die Stadtviertel wie die Stücke einer Torte liegen. Es wäre verlorene Mühe, wie früher die beiden Seiten einer solchen überlokalen Straße als Einheit und als (langgestreckter) Mittelpunkt eines Stadtviertels zu sehen. Man sollte sie dem Verkehr überlassen und daraus alle notwendigen Konsequenzen ziehen. Das ist der Preis dafür, daß die ausgesprochenen Wohnviertel, die City und die Zentren der Stadtviertel frei vom Fahrzeugverkehr sind. „Ein Grundnetz anliegerfreier Straßen kann die übrigen Stadtstraßen entlasten," schreibt Fritz Dabbert[71], „ermöglicht den Ausbau verkehrsberuhigter Zonen, verbessert die Verkehrsstruktur und macht die Straßen sicher. An den anliegerfreien Straßen können im Gegensatz zur nicht anbaufreien Straße aktive Lärmschutzmaßnahmen durchgeführt werden." Die Stadtviertel sind dann, darin der City vergleichbar, nur noch von den Rändern her zu Fuß zu erreichen.

Schließlich hat die Verkehrsanlage dort Vorrang vor der übrigen Stadt, wo sie um ihrer selbst geschaffen worden ist. Die Bewohner möchten Plätze benutzen können, um sich auf ihnen aufzuhalten, Straßen mit Wochenmärkten, um in ihnen einzukaufen, Radwege, um für ihr Fahrrad freie Fahrt zu haben. Im übrigen aber gibt es keinen Grund, der Verkehrsanlage im Vergleich zur übrigen Stadt (oder umgekehrt) besondere Rechte einzuräumen. Beide müssen miteinander leben und dafür Meter um Meter in eine gemeinsame Komposition eingebracht werden, die versucht, ihnen soweit wie möglich gerecht zu werden. Von Stadt zu Stadt sind die Gegebenheiten anders, so daß auch die Lösungen anders aussehen werden. Immerhin aber lassen sich aus der Interessenlage der Stadtbewohner noch ein positives und ein negatives Kriterium ableiten. Sie sind allgemein genug, um überall berücksichtigt zu werden, aber auch konkret genug, um etwas bewirken zu können.

Ich meine als erstes, daß auch die autofahrenden Bewohner ihr Fahrzeug, soweit es im innerstädtischen Verkehr eingesetzt wird, mehr als ein notwendiges Übel denn als ein Instrument zur Selbstverwirklichung ansehen sollten. Sie würden ihre Ziele am liebsten zu Fuß erreichen, wenn sie nicht durch die vielen überlangen Strecken daran gehindert würden. In der Stadt besteht selten Anlaß, sein Auto aus Freude am Fahren oder um sportlicher Motive willen zu bewegen. Etwas anderes mag bei Fahrten aus der Stadt hinaus gelten, auf den Straßen in der Landschaft. Fährt man also in der Stadt nicht um des Fahrens willen, dann wird auch der Autofahrer einverstanden sein, im Zweifel seine Verkehrsanlage so klein wie möglich zu halten. Dies entspricht der Tatsache, daß die Verkehrsanlage letzten Endes der übrigen Stadt zu dienen hat, nicht diese jener. Dieses Grundgefühl sorgt dafür, daß in der Stadt nicht mehr Verkehr zustande kommt, als tatsächlich nötig ist.

Um die Verkehrsanlage darüber hinaus schrumpfen zu lassen, das heißt, sie möglichst kurz und schmal zu halten, wird häufig daran gedacht, die Entfernung zwischen der Wohnung und den wichtigsten Zielen zu verkürzen. Außerdem wird angestrebt, den PKW durch den Waggon des öffentlichen Nahverkehrs, diesen durch den Radfahrer und den Fußgänger zu ersetzen, um den Platzbedarf zu verringern. Beide Vorstellungen sind relativ illusionär, weil sie nicht zu realisieren sind — jedenfalls nicht massenhaft. Niemand kann einen Stadtbewohner daran hindern, obwohl seine Arbeitsstelle im Stadtteil „Nord“ liegt und alle seine Freunde im Stadtteil „Süd“ wohnen, in den Stadtteil „Ost“ zu ziehen. Niemand kann Kaufleute mit Waren, die nicht täglich benötigt werden, daran hindern, sich an einer Stelle zu versammeln, wo jeder von den Kunden der anderen profitieren kann. Die Stadtmitte ist nun einmal von allen Seiten gleich gut erreichbar, wie weit man auch immer fahren mag. Niemand kann einen Arbeiter daran hindern, seinen Arbeitsplatz ohne Rücksicht auf die Lage seiner Wohnung ständig zu wechseln. An den Entfernungen von Wohnung und Ziel läßt sich angesichts der Tatsache, daß Zehntausende täglich örtliche Entscheidungen irgendwelcher Art treffen, wenig ändern. Nur in einer totalitären und wirklich alle Lebensvorgänge erfassenden Verwaltung wäre es möglich, dies zu steuern.

Man kann, um zu dem zweiten Hinweis zu kommen, einen PKW nur dann durch einen öffentlichen Bus ersetzen, wenn auch der Bus uns dorthin bringt, wohin wir wollen. Manchmal gelingt dies, häufiger nicht. Der öffentliche Nahverkehr kann nicht so grenzenlos ausgebaut werden, daß er jede private Autofahrt nachvollziehen kann. Andererseits ist dieser öffentliche Nahverkehr, der immerhin noch Straßen in Anspruch nimmt, durch das Fahrrad dann nicht zu ersetzen, wenn bestimmte Entfernungen bewältigt werden müssen oder Schnee und Eis Radfahren unmöglich machen. Der Fußgänger schließlich ist noch weniger leistungsfähig als der Radfahrer. Kein Verkehrsmittel ist in der Lage, die Funktionen aller anderen zu übernehmen, so daß diese anderen nach wie vor benötigt werden.

8. Die Stadt als Gegenstand der Ästhetik

Die zeitgenössischen Städte werden eher für häßlich als für schön, eher für (allein) zweckmäßig als für (auch) kunstvoll angesehen. Nicht nur Künstler selbst meinen, daß ästhetische Gesichtpunkte, was immer darunter zu verstehen ist, bei der Entwicklung der urbanen Umgebung so gut wie keine Rolle spielen. Unsere Städte lassen sich nach dieser Auffassung vor allem als Städte der Planungsbürokratie oder der Betonindustrie, als Städte der Wirtschaftsmanager oder der Autofahrer bezeichnen. Kaum jemand würde auf den Gedanken kommen, sie auch nur punktuell als Städte der Künstler oder Ästheten anzusehen. Sie gelten selten als spielerisch oder harmonisch, und zwar weder im elitären noch im volkstümlichen Sinn. Schon beim ersten Durchlaufen oder Durchfahren einer Stadt von heute erkennt man, so heißt es, daß den ökonomischen Notwendigkeiten der Stadtgesellschaft, dem Autoverkehr, dem so praktischen Beton oder der politischen Durchsetzbarkeit äußerst viel, den Erfordernissen der Ästhetik dagegen äußerst wenig Spielraum eingeräumt worden ist. Es kann nicht viel anders sein, denn die Oberfläche der Stadt gibt nur wieder, was hinter ihr vorgeht. Das Stadtbild demonstriert sozusagen nichts anderes als die in Stein, Metall und Glas geformten Interessen und Wünsche einiger ihrer Bewohner, eben jener, die in der Stadtgesellschaft etwas zu sagen haben: der großen Finanziers, der Grundeigentümer, der planenden und realisierenden Experten und der Parteipolitiker. Sie haben, so wird schließlich argumentiert, offensichtlich andere Sorgen als die zu vermeiden, daß unsere Städte immer unansehnlicher und bedrückender werden.

Obwohl dieser einleitende Absatz ganz plausibel klingt, muß man zugeben, daß er die Situation in den Städten nicht richtig beschreibt. Es gibt keine Stadt, die nicht auch ästhetische Reize offenbart. Wo Menschen an Städten arbeiten, wird auch immer wieder versucht, schön und kunstvoll zu planen und zu bauen und eine gewisse ästhetische Verbindlichkeit zu verwirklichen. Man würde vielen Menschen in der Stadt unrecht tun, wenn man dies verkennen würde. Im übrigen ist jedes Werturteil zunächst eine Sache der Definition durch die Stadtbewohner. Wir dürfen nicht vergessen, daß für manche Menschen selbst Slums, wie etwa in Rio de Janeiro oder in Tondo auf Manila, malerisch und anziehend wirken können. Norbert Wiener beispielsweise sagt vom Peking des Jahres 1935: „Die Stadt war eine Mischung von zauberhafter Schönheit und Verkommenheit. Es war faszinierend, schlecht gepflasterte Straßen zu durchwandern, die von einem Elendsviertel zum anderen zu führen schienen[72]." Und bei Le Corbusier heißt es über Rio de Janeiro, so befremdend dies auch sein mag: „Die Neger sind sauber, prächtige Gestalten; die Frauen sind in weiße und immer frisch gewaschene Baumwollgewänder gekleidet. Es gibt weder Straßen noch Wege, dazu ist es viel zu steil; aber es gibt Fußpfade, die gleichzeitig Gießbäche und Abflußkanäle sind. Hier sieht man Szenen aus dem Volksleben, die so voll erhabener Würde sind, daß eine Schule der Genremalerei in Rio die schönsten Vorwürfe finden könnte... Aus der Höhe der favellas sieht man das Meer, die Anlegeplätze, die Häfen, die Inseln, die Berge, die Buchten! Der Neger sieht das alles, hier weht der Wind — eine Wohltat in den Tropen. Das Auge des Negers, der auf all das hinabschaut, bleibt kühl; der Blick eines Mannes, der weiten Horizont vor sich hat, ist stolz; weiter Horizont verleiht Würde. Das sind Betrachtungen eines Städtebauers[73]." Im übrigen kann auch der Beton ein Gedicht sein für diejenigen, die zu arm sind, um sich mehr als Lehm für ihre Hütten leisten zu können.

Wie immer die Situation auch sein mag, es ist unbestritten, daß Menschen sich durch Städte oder ihre Bestandteile ebenso ästhetisch ausdrücken können wie durch eine musikalische Komposition, durch einen Film, durch eine Grafik oder eine andere Art von künstlerischer Tätigkeit. Die gebaute oder betriebene Stadt kann ein Medium für bestimmte künstlerische Informationen sein wie die Leinwand oder das beschriebene Papier, die Partitur oder das Zelluloid. Natürlich ist dies im Fall der Stadt viel komplizierter und komplexer als in den anderen Fällen. Wer das Bedürfnis hat, seine Gedanken und Gefühle über das Mittel der Gestaltung eines harten und festen Materials seinen Mitmenschen mitzuteilen, sollte sich lieber an Papier und Bleistift halten als an das widerspenstige Objekt »Stadt«. Denn hier arbeitet er nicht allein oder in einer kleinen Gruppe, und auch nicht nur mit totem Material. Er hat Menschen, „Millionen" und andere physische und psychische Massen zu bewegen.

Da also kaum etwas schwieriger ist (aus finanziellen und technischen Gründen und jenen der sozialen Organisation) als eben dieser Versuch urbaner Ästhetik, sind die Ergebnisse häufig enttäuschend. Dieses Kapitel hält sich deshalb weniger an das, was in den Städten bereits gelungen ist, als vor allem an das, was möglich ist. In diesem Sinn ist es richtig, weniger einen Zustand als eine jahrtausendealte Hoffnung auf einen bestimmten Zustand zu analysieren. Man muß von ihr in der Tat sagen, daß sie bisher zuwenig in Erfüllung gegangen ist. Fragen der Ästhetik in und an der Stadt sind selten solche der Gegenwart, meistens solche der Vergangenheit oder der Zukunft. Dies gilt auch, wenn nicht an die einmalige, sondern an die tägliche Ästhetik gedacht wird, nicht an die Ästhetik zur Verherrlichung irgendwelcher Ideologien, sondern an die Ästhetik zum Genuß des einzelnen.

Die Stadt eignet sich in vier Beziehungen dazu, Gegenstand der Ästhetik zu sein. Dabei gehe ich davon aus, daß es über den Begriff der Ästhetik trotz zahlreicher Untersuchungen von Friedrich Hegel über Nicolai Hartmann bis zu den heutigen Autoren keine intellektuelle Einigung gibt. Sowohl bei der Beurteilung des betrachteten Objekts oder Vorgangs als auch bei der Beurteilung der Rezeption durch die Sinne gibt es große theoretische Schwierigkeiten, die es unmöglich machen, zu einem festen Begriff zu gelangen. Davon abgesehen aber, ist völlig zweifelsfrei, daß jeder Stadtbewohner eine Vorstellung davon hat, ob ein Element der Stadt für ihn »ästhetisch«, beispielsweise also schön oder kunstvoll, ist. Mit dieser Vorstellung, so subjektiv und vage sie auch sein mag, können wir weiterarbeiten. Unser Problem dabei ist nicht, einen Begriff zu formulieren, sondern in der Sache ungefähr das zu treffen, was der Mehrheit der Stadtbewohner etwas sagt und bedeutet. Dabei stellt sich als erstes heraus, daß die Vorstellung von einer ästhetischen Stadt sich auf ihre Lage in der Landschaft, auf ihre Gestaltung aus der Sicht von oben, auf ihre Silhouette und vor allem auf ihr Bild aus der Sicht des Fußgängers beziehen.

Will man Städte auf ihre ästhetischen Möglichkeiten hin betrachten, sollte man von außen nach innen vorgehen und mit ihrer Lage in der Landschaft beginnen. Es gibt einige Städte, die einfach deshalb einen überwältigenden Eindruck auf uns machen, weil sie in eine ungewöhnlich reizvolle Landschaft eingebettet sind. Dies gilt beispielsweise für Neapel, für Rio de Janeiro oder Istanbul. Diese und noch einige weitere Orte beziehen ihre ästhetischen Reize aus der Kombination des Meeres mit einer gut geformten Bucht, aus dem panoramaartigen Hintergrund und den besonderen Lichtverhältnissen. Die Landschaft, für sich genommen, entwickelt bereits unnachahmliche Effekte. Sie teilen sich der Stadt mit, die in diese Bucht hineingebaut worden ist, und sie profitiert erheblich davon. Umgekehrt gibt es Städte, und sie sind zweifellos in der Mehrzahl, die in einer wenig reizvollen oder doch unauffälligen Landschaft liegen. Die Belanglosigkeit der Umgebung überträgt sich dann leicht auf die Stadt und bringt sie damit um eine der vier Chancen, Bedeutung in ästhetischer Beziehung zu erlangen.

In dieser Studie interessiert uns in erster Linie, was durch Menschen beeinflußt und gestaltet werden kann. Deshalb können wir es bei diesem kurzen Hinweis belassen. Beruht der ästhetische Gehalt von Städten auf einer ungewöhnlich schönen Umgebung, dann ist er gleichsam ein Produkt der Natur, nicht der Aktivitäten und Eingriffe der Stadtgesellschaft. Menschliches Tun oder Lassen hat hierbei nur ein einziges Mal eine Rolle gespielt, nämlich bei der Stadtgründung. „Eine einmal erfolgte glückliche Ortswahl“, heißt es bei Josef Schmithüsen, „bei der bewußt oder unbewußt viele Gesichtpunkte berücksichtigt werden, bringt eine Stadt in den Genuß der Zinsen dieses Kapitals[74].“ Als man sich für einen Standort von ungewöhnlicher Naturschönheit entschied, tat man etwas für die ästhetische Gestaltung der Stadt. Alles andere war eine notwendige Folge dieser ersten Entscheidung, auch die Anlage der weiteren Straßen und Gebäude im Laufe der Jahrhunderte. Natürlich können diese Stadtelemente ihrerseits eine ästhetische Wirkung erzielen, die unabhängig von der ihrer landschaftlichen Umgebung ist. Aber dies ist ein Gesichtspunkt, den wir nicht mehr an dieser Stelle, sondern einige Seiten später zu behandeln haben.

Die beiden eigentlichen Fälle einer Stadtästhetik haben deshalb mit dem städtischen Gebilde unmittelbar zu tun. Man nähert sich ihnen am besten, indem man die Stadt einmal von außen betrachtet, als komplexes Gebilde, mit dem die Menschen körperlich nichts verbindet. Im anderen und bedeutenderen Fall sieht man die Stadt von innen, als Bewohner, der in ihr und mit ihr lebt. Jede Stadt ist als Ganzes ein künstlich hergestelltes Objekt, ein dreidimensionales Gebilde mit einer Vielzahl von Eigenschaften. Da die Maße dieses Gebildes (im Gegensatz zu anderen Gebilden wie Bildhauerarbeiten oder einem Gemälde) derart sind, daß man sich als Mensch darin aufhalten und spazierengehen und fahren kann, zerfällt es für eine ästhetische Würdigung in viele für sich zu betrachtende Teile. Am interessantesten ist schließlich jene urbane Ästhetik, die man als Fußgänger und möglicherweise auch als Autofahrer in der Stadt bemerken und nachvollziehen kann. Sie erlaubt es, Städte nicht nur visuell, sondern auch akustisch, haptisch, taktil und vielleicht auch kommunikativ zu erleben.

Der Blick aus der Flugzeugperspektive läßt uns die Stadt als eine Fläche mit zahlreichen Mustern erleben. Sie werden aus den natürlichen und künstlichen Bestandteilen der Stadt gebildet, aus Flußläufen, Seen, Wäldern, Straßen, Plätzen und Gebäuden. Hinzu kommen die teppichartigen Partien, die aus bestimmten Siedlungseinheiten, aus Sportanlagen, Bahnhöfen und ähnlichen flächenhaften Elementen entstehen. Diese Muster können bewußt oder zufällig nach bestimmten Ideen strukturiert sein und sehr reizvoll wirken. Aus der Perspektive des Fußgängers mögen sie vielleicht weniger ansprechend sein, etwa wegen einer klobigen und unharmonischen Gebäudeform, wegen einer übergroßen Distanz oder Nähe zwischen Gebäuden, wegen der verwendeten Farben oder wegen des lieblosen Materials. Bei einem Blick von oben jedoch spielen solche Eigenschaften keine Rolle mehr, weil sie nicht mehr wahrgenommen werden. Man übersieht sie auch deshalb, weil es auf sie nicht mehr ankommt. Von dort oben fallen dafür abstrakte Formen auf, die an zeitgenössische Grafiken erinnern. Das Ihme-Zentrum in Hannover, bemerkenswert wegen seiner rücksichtslosen Dimensionierung, hat von oben durchaus ein »Gesicht«, während sich der Fußgänger aus den Betonmassen um sich herum keinen rechten Reim machen kann. Jedenfalls wird er die Assoziation mit Schönheit, wenn überhaupt, zuletzt haben. Aus der Luft erkennt man in jeder Stadt grafische Gebilde und Formen, die in sich gelungen sind und harmonisch wirken. Man glaubt, ästhetische Absichten wiederzuerkennen, auch dann, wenn die Stadt da unten nicht als Werk der Ästhetik, sondern als schlichtes Gehäuse für Menschen gedacht ist.

Übrigens ist die Flugzeugperspektive jene, in der Stadtplaner ihre Entwürfe häufig als erstes sehen. Sie tragen Straßen, Gebäude, Grünanlagen und andere Bestandteile der Stadt zunächst flächig auf. Die Verlockung ist groß, diesen Entwurf wie eine Grafik (mit allen sich daraus ergebenden Konsequenzen) zu sehen und sie auch so zu behandeln. Es ist leicht möglich, Flächen mit Struktur und Rhythmus, mit Symmetrie und Reihungen, mit spielerischen Ideen und warmen Farben zu versehen. Schließlich wirkt das Ganze wie eine zeichnerische Komposition, die man als Schmuck an die Wand hängen kann. Die Stadtplaner Michael und Susan Southworth formulieren in der Beschreibung einer gestalterischen Aufgabe (Park Avenue in Detroit): „Ein auffallendes Gehwegmuster ist entwickelt worden, um Straßenkreuzungen zu kennzeichnen und den Kraftfahrer darauf aufmerksam zu machen, daß er in eine besondere Gegend gelangt. Farben werden angewandt, um bei Spaziergängern visuelles Interesse zu wecken. Vom Flugzeug aus gesehen, wird das auffallende und interessante Pflastermuster die Aufmerksamkeit unbedingt auf sich lenken[75]." Oder ein anderes Zitat: „So ist dir nun vom Flugzeug aus alles klargeworden...", schreibt Le Corbusier über Rio de Janeiro[76].

Eine derartige in den Entwurf hineingeplante Schönheit, die des Flugzeugs bedarf, um bemerkt zu werden, verliert für den Fußgänger natürlich an Eindruck. Bei der Umsetzung des Plans in die gebaute Wirklichkeit und bei der Betrachtung dieser Wirklichkeit nicht mehr aus der Vertikalen, sondern aus der Horizontalen geht viel und meistens sogar alles verloren. Man kann eine solche Fläche nicht mehr unmittelbar mit den Augen erfassen, mit Ausnahme vielleicht solcher Fälle, deren Konstruktionsprinzip man aus Beschreibungen kennt. Wenn man sie dennoch erfahren will, muß man sie bewußt erlaufen, ihre Maße mit den Augen und den Beinen schätzen und dann versuchen, sie sich in der Phantasie vorzustellen. Immerhin sind die Grundflächen der nächsten Gebäude und ihre Anordnung zueinander und andere Bestandteile ausschnittsweise aus der Fußgängerperspektive zu sehen. Es ist also nicht ausgeschlossen, daß auch von unten das eine oder andere harmonische (oder häßliche) Detail erkennbar wird. Doch die geistige Leistung, alles in der Phantasie zusammenzusetzen, ist nicht nur mühselig, sondern auch risikoreich, wenn es darum geht, sie der Wirklichkeit anzunähern. Man kann sich über die gesuchten Dimensionen sehr täuschen. Auf jeden Fall ist die Vorstellung der unmittelbaren Anschauung durch ein Organ, das Auge, unterlegen. Außerdem führt sich natürlich kein Mensch beim Durchlaufen oder Durchfahren einer Stadt ständig vor Augen, wie seine jeweilige Umgebung wohl von oben (oder auf dem Plan) aussehen mag. Noch hat die Wissenschaft den Menschen nicht erfunden, der seinen Kopf wie ein Teleskop ausfahren kann. Gelegentlich kann eine Stadt gut von einem ziemlich hohen Punkt aus betrachtet werden, in Köln etwa vom Colonia-Hochhaus, in Budapest vom Hilton-Hotel nahe der Fischerbastei oder in Paris vom Eiffelturm. Aber das ist keine alltägliche Position, sie spielt deshalb für das Leben in der Stadt keine Rolle. Lassen wir also die Stadt „von oben“, den Blick auf einen Ausschnitt gestalteter Fläche in der Landschaft, auf sich beruhen. Wir sollten von keinem Stadtplaner verlangen, diese Perspektive allzu wichtig zu nehmen. Sie ist aus dem Blickwinkel des Fußgängers oder Autofahrers nur in den seltensten Fällen nachzuvollziehen. Auch keine der unumstritten schönen Städte hat ohne weiteres ein Flächenmuster von ästhetischer Qualität. Aus der Luft betrachtet, mag man selbst Verona mit Hagen im Ruhrgebiet verwechseln können.

Weitaus interessanter ist auch heute noch die zweite Möglichkeit, Städte ästhetisch zu gestalten. Sie erschließt sich, wenn man die Stadt nicht von oben, sondern aus der Horizontalen betrachtet. Ich spreche von der Perspektive, die sich auftut, wenn man sich zu Fuß, mit dem Rad oder einem Fahrzeug einer Stadt von außerhalb nähert. In der Mehrzahl der Fälle ist es eine Ankunft in der Ebene, also in gleicher Höhe mit der Stadt selbst. Auch wer noch nie dort gewesen ist, weiß aus Abbildungen, wie es aussieht, wenn man sich New York auf dem Wasser oder Rom zu Lande nähert. Aber es gibt auch Fälle, in denen man die Stadt von schräg oben oder von schräg unten erreicht. Man befindet sich noch auf einem anderen Niveau als dem der Stadt, wenn man sie zum ersten Mal sieht. So ist es in Wien oder Siena: Man steigt in die Stadt herab oder zu ihr hinauf. Immerhin erblickt man die Stadt immer noch mehr von der Seite als aus der Höhe. In allen diesen Fällen ist das Objekt, das sich dem Auge bietet, keine mehr oder weniger platte Fläche, sondern eine flächige bis dreidimensionale Silhouette. Das Licht gibt ihr möglicherweise Struktur und Tiefe, aber sie kann auch flach und eintönig wirken. Gegenstand der Ästhetik können in diesem Fall Baumassen sein, also Gebäude, Brücken, vor allem aber Bürogebäude, Kirchen, Hotels und andere „Hoch"-Häuser. Diese Objekte wecken keine Assoziationen mehr an Grafik, höchstens ausnahmsweise. Dafür erinnern sie an Plastiken, genauer an ein Relief. Es sind Körper, und bei geringer werdender Distanz sind sie auch als Körper zu erkennen. Dabei ist es ohne Bedeutung, ob es sich um eine kompakte Stadt des Mittelalters oder um das ausufernde Los Angeles handelt. Jede Stadt hat ihre Silhouette, und genaugenommen hat sie sogar unbeschränkt viele Silhouetten, je nachdem, von welchem Punkt der Umgebung man sie betrachtet.

Es hat Zeiten gegeben, in denen Silhouetten bewußt als Komposition angelegt worden sind. Vor allem in kleineren Städten, in denen es vielleicht nur darum ging, eine horizontale Linie durch ein markantes Gebäude zu verändern (beispielsweise eine Kirche), war dies möglich. Dennoch sind ästhetisch befriedigende Ergebnisse eher zufällig entstanden, abgesehen davon, daß sie ohnehin äußerst selten sind. Angesichts der Fülle des Gebauten, das die Silhouetten früher und erst recht heute beeinflußt, ist etwas anderes auch nicht zu erwarten. Wenn heute ein Gestaltungswille erkennbar wird, dann höchstens insofern, als es darum geht, besonders hoch und auffällig zu bauen und alle anderen Gebäude zu überragen. Waren es früher Kirchen und Kathedralen, die der Silhouette von allen Seiten den Höhepunkt lieferten, sind es heute Verwaltungsgebäude von Industriekonzernen, Fluggesellschaften oder Banken. Aber damit ist noch nichts für die Gesamtgestaltung der Stadtsilhouette getan, da sich in einem solchen einmaligen Kraftakt kein Prinzip ausdrückt, das auch die übrige Silhouette einbezieht.

Uns geht es hier darum festzustellen, daß diese städtische Seitenansicht sich theoretisch dafür eignet, ästhetische Gesichtspunkte zu verwirklichen. Sie kann ein plastisches Gebilde sein, das seinen Reiz durch die Art der Zuordnung von kleinen und großen, von spitzen und platten, von glatten und strukturierten Körpern gewinnt. Vermutlich ist es eher ein Ereignis für den Fremden als für den Einheimischen, den Darauf-Zukommenden als den Darin-Wohnenden, eher also ein Zeichen nach außen als nach innen. Ob es ein ästhetischer Reiz ist, hängt von folgendem ab: Die Silhouette ähnelt einem Relief deshalb, weil sie eine Geschichte erzählt. Diese Geschichte berichtet von zwei Dingen, von bestimmten menschlichen Tätigkeiten in der Stadt und von ihrer sozialen und technischen Bedeutung für die Stadtgesellschaft. Betrachtet man beispielsweise die Stadt Hannover von einem bestimmten Punkt aus, so fallen über der gleichbleibenden Linie der Dächer in der Silhouette unter anderem ein Fernsehturm, eine Backsteinkirche, Bürohochhäuser und Schornsteine (eines Heizkraftwerks und von Brauereien) auf. Man weiß damit, welche Funktionen auch in dieser Stadt wahrgenommen werden, und man erfährt zugleich etwas über den Rang, den diese Gebäude mit ihren Nutzungen im Vergleich zu anderen besitzen. Ihr Rang läßt sich daran messen, wie zentral und wie überragend das betreffende Bauwerk im Relief der Stadtsilhouette dasteht. Ich habe darüber im Kapitel über die Stadt als Zeichensystem einiges ausgeführt. Friedrich Mielke faßt diese Einzelheiten zusammen: „Jede Stadtansicht und speziell jede

Stadtsilhouette spiegeln die spezifische Sozialstruktur des betreffenden Gemeinwesens wider. Sie ist deshalb nur für eine bestimmte Stadt typisch, sie ist ein architektonisches Stenogramm, eine Chiffre ihres wirtschaftlichen und politischen Vermögens sowie des Repräsentationsanspruchs gegenüber der Umwelt[77]." Damit ist zunächst das Material beschrieben, mit dem bei der Gestaltung der Stadtsilhouette gearbeitet werden kann.

Ästhetische Ziele werden dann erreicht, wenn der Inhalt, der sich mit den Bauwerken verbindet, in eine Form gefaßt wird, die ihm einerseits gerecht wird und die darüber hinaus eine zusätzliche gestalterische Idee erkennen läßt. Eine Silhouette, in der ein unförmiger Klotz neben dem anderen steht, ohne daß ersichtlich ist, welchen Zwecken diese Klötze dienen, und ohne daß gewisse formale Regeln bei der Anordnung zueinander beachtet worden sind, ist zwar immer noch eine Silhouette, aber sicherlich keine eindrucksvoll schöne. Eine derartige Idee kann beispielsweise darin bestehen, das Bild einer Pyramide zu verwenden oder eine gleichmäßige Kollektion von Bauformen wiederzugeben. Die Gebäude stehen in diesem Fall auf einem Plateau wie eine Serie unterschiedlicher Gläser auf einem Wandbrett. Andere Beispiele sind kubistische Häufungen, wie sie aus den Geschlechtertürmen des mittelalterlichen Florenz oder aus der New Yorker Skyline bekannt sind, oder die Dominanz eines einzigen »Superzeichens« wie dem Münster in Ulm, dem Eiffelturm in Paris oder dem Büro der Mannesmann AG in Düsseldorf. Es gibt genauso viele Möglichkeiten, wie man Plastiken unterschiedlich gestalten kann, also praktisch unendlich viele. Nach welcher Idee die Stadtsilhouette auch gestaltet sein mag, es kommt auf diese Weise etwas hinzu, was für das Funktionieren der Stadt nicht unbedingt notwendig ist. Die Gestaltung hat ihren eigenen Wert und erweckt unser Interesse unabhängig von den Baulichkeiten, mit denen gestaltet worden ist. Sie wird einer über das Notwendige hinausgehenden Form unterworfen und gewinnt damit eine gewisse Selbständigkeit. Je nachdem, was man mit ihr und aus ihr gemacht hat, spricht sie den Schönheitssinn an oder nicht.

So klar sich dies feststellen und ausdrücken läßt, so eindeutig ist aber auch, daß von dieser Möglichkeit heutzutage kaum Gebrauch gemacht wird. Dies hat seinen Grund weniger darin, daß es niemanden in der Stadt gibt, dem an einer bewußt gestalteten Silhouette gelegen ist. Vermutlich würde es jedem aufgeschlossenen Stadtplaner Vergnügen bereiten, hier zu zeigen, was er kann. Die dominierenden Bauten in einer Stadt so aufeinander abzustimmen, daß sie von draußen im ganzen oder doch teilweise eine geschlossene Plastik abgeben, scheitert vielmehr an folgendem. Die Silhouette setzt sich aus Gebäuden zusammen, die im Eigentum ganz unterschiedlicher Privatpersonen, öffentlicher Stellen oder Gesellschaften stehen. Die Interessen, die sie jeweils mit ihrem Bauwerk verfolgen, sind sehr unterschiedlich. Für den Eigentümer aber sind die Grundstücksmöglichkeiten oder die Rentabilität seines Bauwerks Faktoren, die ihm wichtiger sind als die Vervollkommnung der Stadtsilhouette. Außerdem wird eine einheitliche Stadtsilhouette dadurch erschwert, daß die maßgeblichen Bauwerke in verschiedenen Jahrzehnten oder Jahrhunderten entstehen. Es mag also , alles in allem, noch möglich sein, Gebäude niedriger und kleiner zu halten, als sie von ihrem Eigentümer gedacht sind. Aber keine

Stadtverwaltung hat ein Mittel in der Hand, das es ihr erlaubt, um der Silhouette willen die Eigentümer zu höheren, wuchtigeren oder völlig anders geformten Gebäuden zu veranlassen, als sie bauen wollen. Man kann teilweise etwas verhindern, aber man kann so gut wie nie ein Mehr verlangen. Wir hatten gesagt, daß die Gestaltung der Stadt aus der Vogelperspektive mit Hilfe grafischer Formen nur äußerst geringe Bedeutung für das Leben in der Stadt hat, weil sie nicht „über die Rampe“ kommt. Von der Gestaltung der Stadt in der Silhouette läßt sich feststellen, daß sie fast immer an ökonomischen, psychologischen und technischen Fakten scheitert. Je größer die Stadt und die Zahl der an der Gestaltung beteiligter Menschen ist, um so unmöglicher wird es, eine gemeinsame Silhouette zu realisieren.

Ästhetik für den Fußgänger

Neben der Stadt „von oben“ und der Stadt „von der Seite“ interessiert uns die Stadt aus der Perspektive des in ihr lebenden Bewohners. Die Stadt „von innen“ ist die Stadt des sitzenden, stehenden, liegenden oder fahrenden Menschen. Wir sind entweder Passant oder Radfahrer, Autofahrer oder Bahnbenutzer, wenn wir uns in den offenen Bereichen der Stadt aufhalten. Damit befinden wir uns, auch im extremen Fall, nur wenige Meter von der Straßenoberfläche entfernt, und zwar gilt dies sowohl für den Aufenthalt über wie unter dem Straßenniveau. Der Fußgänger auf dem Bürgersteig und der Fahrgast in einer Metrostation bewegen sich um eine Achse, die von der Erdoberfläche gebildet wird. Wir haben von dieser Position keinen Überblick über die gesamte Stadt mehr, denn ein Blick von oben oder ein Blick von der Seite auf die ganze Stadt sind nun nicht mehr möglich. Die alles umfassende Sicht ist versperrt. Wir sind mehr oder weniger eingekreist von gebauten oder gewachsenen „Wänden“, manchmal auch von Decken, die den Blick zum Himmel versperren. Das Interesse wendet sich deshalb den groben oder feinen Details der Stadt zu, denen jedenfalls, die jeweils gerade im Umkreis unserer Wahrnehmungsfähigkeit liegen. Den Erwachsenen geht es in der Stadt wie den Kindern in der Wohnung: Ihr Gesichtskreis ist begrenzt und auf jeden Fall kleiner als das Gehäuse, in dem sie sich bewegen.

Vermutlich gibt es für die Größe dieses Umkreises einige Maßstäbe. So wird man selten höher als bis zum dritten Geschoß der Gebäude blicken, soweit es um unbeabsichtigte Beobachtungen geht. Der Blick auf der Straße vor uns reicht im allgemeinen so weit, wie es zum Weitergehen oder Weiterfahren erforderlich ist. Natürlich können bestimmte Ereignisse zum Anlaß werden, die Stadt auch weiter entfernt oder weiter nach oben zu beobachten als üblich. Ein Verkehrsunfall erweckt unsere Aufmerksamkeit schon dann, wenn wir ihn nur an akustischen oder optischen Indizien irgendwo in der Nähe vermuten dürfen. Der Stadtbewohner setzt alle Sinne ein, um sich zurechtzufinden. Die Sirenen eines Krankenwagens oder das Einfliegen eines Rettungshubschraubers über den Dächern erwecken Assoziationen, die das unmittelbare Bild des Auges vergrößern. Was von den täglichen Routineereignissen abweicht, sei es für das Auge, das Ohr oder ein anderes Sinnesorgan, erweitert unser

Wahrnehmungsinteresse. Aber es ist die Ausnahme, die wir hier vernachlässigen können.

Im Gegensatz zu der Stadt „von oben" oder der Stadt „von der Seite" ist die Stadt aus der Perspektive des Insiders also nicht nur ein Ereignis für den Sehsinn, sondern auch für andere Sinne. Als Objekt ästhetischer Verarbeitung eignet sich damit alles, was die Augen sehen, was die Hände und Füße ertasten, was die Ohren hören und selbst was die Nasen riechen können. Nur der Geschmackssinn scheidet aus, weil noch niemand eine Methode entwickelt hat, sich eine Stadt auf der Zunge zergehen zu lassen.

Ein Maler arbeitet, im einfachsten Fall, mit Papier und Wasserfarben, ein Schauspieler mit der Sprache und mit Gesten. Das Stadtmaterial, das gestaltet werden und durch das man sich ausdrücken kann, setzt sich aus verschiedenen Stoffen zusammen. Zu ihm gehören die sichtbaren, begehbaren und befahrbaren Bestandteile der Stadt ebenso wie die Geräusche und die Gerüche. Die Bestandteile wiederum bestehen aus Beton, Holz, Stahl, Glas, Steinen oder Kunststoff, wie die meisten Straßen, Plätze, Brücken und Gebäude. Die Geräusche entstehen aus der Betriebsamkeit der Bewohner und durch Fahrzeuge und Maschinen. Gerüche schließlich sind eine Folge aller möglichen Ausdünstungen. Es gibt laute und leise Stadtteile, angenehm und unangenehm riechende Partien in der Stadt, ob es sich um einen Winterkurort wie Davos oder eine Hafenstadt wie Hamburg handelt. Auch ohne nähere Begründung sind bei diesen Beispielen die Beziehungen zur Ästhetik zu erkennen oder nicht zu erkennen: das Märkische Viertel in Westberlin, der Autolärm am Trafalgar Square in London oder der Fischgestank in Marseille wirken weder schön noch kunstvoll. Die Altstadt von Verona, das Spiel von Licht und und Schatten und die gefilterten Geräusche in manchen städtischen Parkanlagen oder die Seeatmosphäre in Genf erwecken dagegen durchaus ästhetisches Interesse. Im einen Fall ist das Stadtmaterial in bestimmter Richtung „verarbeitet", im anderen Fall nicht.

Die Stadt erscheint aus der Flugzeugperspektive, wenn sie ästhetisch gelungen ist, als Grafik und in ihrer Silhouette als reliefartige Plastik. Bei der kunstvollen Gestaltung innerhalb der Stadt vermögen weitaus mehr Kunstarten zum Zug zu gelangen. Neben der Grafik und der Plastik sind alle zeitgenössischen Kunstarten von der Malerei bis zur Kontakt-Kunst, vom Happening bis zur progressiven Musik, von der nicht nur funktionsgebundenen Architektur bis zum Straßenkino, von begehbaren Brunnen bis zur Straße der Düfte, vom Design bis zum Straßentheater denkbar. Es gibt genug Beispiele dafür, daß die Künstler, wer immer dies auch sein mag, die Stadt nicht nur als Hintergrund oder Bühne benutzen, sondern auch als zu gestaltendes Material. Die offene Stadt kann selbst ein Kunstwerk, sie kann aber auch nur Bühne, Atelier, Stellwand oder Podium für ästhetische Produkte sein. Sie werden dort hergestellt und präsentiert, zum Zuschauen oder Zuhören und zum Mitmachen oder zu beidem.

Aus dem Zusammenspiel dieser drei Dinge, der Stadtmaterie, der Sinneswahrnehmung und der Kunstarten, kann urbane Ästhetik innerhalb der Stadt entstehen. Es ist gleichgültig, von welchen dieser drei Elemente man ausgeht, um die Möglichkeiten zu erörtern, die es in der Stadt gibt. Ich entscheide mich wieder dafür, aus der

Situation des einzelnen Bewohners heraus zu denken und zu empfinden, also desjenigen, der etwas sieht, ertastet, riecht, hört oder auf andere Weise wahrnimmt. Die Stadtbewohner nehmen ihre Stadt mit den Augen, mit dem Bewegungsapparat, mit Ohren und Nase auf. Dieser Aspekt ist wichtiger als die Tatsache, daß es Dinge gibt: Gebäude, Denkmäler oder Musik.

Die Stadt wird in erster Linie durch die Augen wahrgenommen. Ich denke jetzt an jene Bestandteile der Stadt, die zurückbleiben, wenn man für einen Augenblick die Menschen, Fahrzeuge und andere sich bewegende Dinge aus ihr herausgenommen hat. In der stillgelegten Stadt sehen wir vor uns eine mehr oder weniger geordnete Ansammlung von Straßen, Plätzen, Brücken, Gebäuden aller Art, Mauern, technischem Zubehör und unzähligen kleineren baulichen Anlagen liegen. Dies alles kann theoretisch Gegenstand ästhetischer Bearbeitung sein, und zwar in zweierlei Hinsicht. Die Bestandteile der Stadt können einmal als flächige und zum anderen als räumliche Produkte von Bedeutung sein. Wir registrieren mit unseren Augen Flächen und Räume, Zweidimensionales und Dreidimensionales. Beispiele für das erste sind Häuserfassaden oder einzelne Gebäude, Beispiele für das zweite Plätze oder Straßenräume.

Es ist ohne weiteres möglich, die Stadt gedanklich auf eine Ansammlung unterschiedlicher Flächen zu reduzieren. Die Flächen können in jeder Lage auftreten: waagerecht wie der Boden eines Platzes, senkrecht wie die Wand eines Hauses, schräg wie die Rampe zu einer Brücke oder gekrümmt wie das Dach einer Fabrik. Die Flächen können eckig, oval oder rund sein, oder sie erinnern überhaupt an keine einfache geometrische Figur. Es interessiert auch nicht, ob die Fläche nichts als eine dünne Platte ist oder Teil eines mächtigen Körpers, ob sie aus Metall, Marmor oder Asphalt, ob sie dauerhaft oder nur vorübergehend vorhanden ist wie der Wasserspiegel eines austrocknenden Gewässers. In allen Fällen geht es uns hier um ihre Oberfläche und nicht um das, was sie trägt. Es ist auch unwesentlich, welche Funktion der Körper erfüllt, zu dem die Fläche gehört. Von dem Standpunkt aus, den wir zunächst einnehmen möchten, sind die Außenwände eines Fußballstadions und die einer Kirche gleich zu beurteilen. Sie sind Elemente, mit denen man der Stadt bestimmte ästhetische Reize verleihen kann.

Wie jede andere Fläche kann man auch die Stadtflächen mit Hilfe zweier Möglichkeiten ästhetisch verändern: durch eine entsprechende Formgebung oder durch die Verwendung von Farben. Die Formgebung kann eine Fläche auf drei Arten verändern. Es ist möglich, der Fläche aus sich selbst heraus oder durch Hinzufügung von weiteren Materialien Struktur zu verleihen. Die dritte Möglichkeit besteht darin, mit Licht und Schatten zu arbeiten, die Fläche also entsprechend zu montieren. Mit diesen Mitteln läßt sich eine Fülle von persönlichen Gestaltungen entwickeln. Die Städte der Vergangenheit und der Gegenwart zeigen alle möglichen Beispiele für eine solche Art der Ästhetisierung. Unter den Flächen, die hierfür in Frage kommen, sind den Bewohnern einige wichtiger und einige unwichtiger. Als erstes fallen die Fassaden der Häuser und ihr Zubehör ins Auge. Für die Menschen, die sich auf den Straßen aufhalten, stellen sie die Kulisse ihres täglichen Daseins dar. Es ist außer Zweifel, daß man lieber zwischen reizvollen und anregenden als zwischen nichtssagenden, langweiligen oder gar bedrohlichen Kulissen lebt, von Ausnahmen abgesehen. Der Ehrgeiz (und sicher auch die finanzielle Ausstattung) der Hausbesitzer, ihren Gebäuden ein unverwechselbares Gesicht zu geben, sind allerdings geringer geworden. Was auch heute noch ausgesprochen schön und kunstvoll ist, stammt zum überwiegenden Teil aus der Initiative vergangener Generationen. Die alten Städte sind voll von künstlerisch gestalteten Fassaden. Für sie gilt, was Fritz Schumacher die „sinnenhaften Wirkungen“ nennt: „Sie haben motorische, optische, haptische Wirkung, die durch geheimnisvolle Verschmelzung von Verstandswirkung und Sinnenwirkung einen seelischen Eindruck erzeugen. Diese seelischen Wirkungen lassen sich in Gegensatzpaaren beschreiben wie Emporstreben oder Niederdrücken, Ausweiten oder spielendes Ergehen[78].“

Dieser historische Vorsprung ist nicht etwa deshalb einer, weil die zeitliche Distanz viele Dinge verklärt. Die primitivere Gestaltung moderner Fassaden ist vor allem eine Folge der Tatsache, daß heute alles technisch nicht unbedingt Erforderliche weggelassen wird. Damit verringern sich die Kosten des Bauwerks, und dieser ökonomische Nutzen wird höher veranschlagt als ein ästhetischer, auch deshalb übrigens, weil er für alle sinnfälliger ist. Nur in sehr wenigen Fällen ist Technisches zugleich auch schön und Schönes zugleich auch technisch zweckmäßig. Aber wie dem auch sei: Zehntausende von Häuserwänden geben Gelegenheit, urbane Ästhetik durch Formen des Materials zu praktizieren. Sie bieten sich an, und es ist Sache ihrer Eigentümer und Benutzer, von diesem Angebot Gebrauch zu machen. Einiges müssen sie den Ingenieuren, einiges den Architekten und anderes wieder Künstlern überlassen.

Die Gelegenheiten beginnen mit der Wahl bestimmter geometrischer Figuren, nach denen die Flächen geformt sein sollen. Danach können Farben aufgetragen werden. Diese Möglichkeit reicht von den einfachsten Anstrichen der Fassaden bis zu ihrer Verwendung als Stellwand für Malereien. Kein Stil braucht ausgelassen zu werden, kein Motiv erscheint unmöglich. Das Bild kann zugleich, wie bei einem Fachwerkhaus, die Konstruktion sein, oder es kann eine Addition zur Konstruktion sein. Es gibt Hausfassaden, denen die Fassaden erdachter Häuser aufgemalt sind, um auf diese Weise das Original zu verschönern. Was für die senkrechten Wände der Gebäude gesagt ist, gilt in gleicher Weise für die waagerechten Flächen der Straßen, Wege und Plätze. Man kann sie mit Mustern und Darstellungen versehen, die gepflastert, gelegt, gegossen oder gemalt sind. Die Mosaiken italienischer Stadtstraßen, das Pflaster am Kröpcke in Hannover oder die Straßenmalereien in südamerikanischen Städten sind hierfür instruktive Beispiele.

Während die platten und grauen Betonwände der neuzeitlichen Architektur diejenigen, die an ihnen täglich vorbeigehen, eher psychisch belasten, können gestaltete Flächen anregend und erfreulich wirken. Die nicht festgelegte und austauschbare kahle Wand macht uns ein wenig Angst, während die „gefüllte“ Fläche dauerhaft und beruhigend wirkt. Allerdings muß die Gestaltung der Flächen auf ihre Umgebung Rücksicht nehmen. Die einzelne „Stadtfläche“, die horizontale wie die waagerechte, ist kein isoliertes Ding, sondern gehört jeweils zu einem Ensemble benachbarter Flächen (und Objekte). Man kann eine Straße mit einer einzigen zu schreiend gestalteten Giebelwand optisch zerstören. Man kann sie aber auch durch geschickte Wahl und Verteilung der Farben in einen fliegenden Teppich aus Tausendundeiner Nacht verwandeln.

Wir haben von der Gestaltung der aufrechten oder liegenden Flächen gesprochen. Ihre Wirkung läßt sich steigern, indem man die Wände von Gebäuden, die nicht weit voneinander stehen, zu flächenhaften Ensembles zusammenfaßt. Es ist zum Beispiel denkbar, je eine Seitenwand von drei im Winkel zueinander angeordneten Gebäuden zu nehmen und als Einheit anzusehen. Gestaltet man diese drei Flächen nach der gleichen Idee, so werden sie in dieser Beziehung zu etwas Neuem, was es vorher nicht gegeben hat. Sie lösen sich sozusagen optisch von den Gebäuden ab, deren Bestandteil sie sind. Sie überwinden möglicherweise diese Gebäude, weil sie origineller und reizvoller sind. Das kann ein Gewinn sein, wenn er mit ästhetischen Mitteln erzielt worden ist. Hajek hat der Stadt Hannover vorgeschlagen, ihre Bahnhofstraße und den Platz am Kröpcke mit einem einheitlichen bunten Mosaik von Kunststoffplatten zu überziehen. Man kann schließlich mehrere solcher Flächenensembles in der Stadt nach vergleichbaren Gesichtspunkten gestalten und auf diese Weise auf die Stadtmitte oder ein Stadtviertel einwirken. Es gibt Teile von Städten, die dadurch einen homogenen Charakter gewonnen haben, ohne die städtebauliche Vielfalt im übrigen aufzugeben. Ich denke beispielsweise an Altstadtplätze in Verona, die allein durch die Verwendung von Marmor als Fußbodenbelag einen gleichmäßig intimen Charakter besitzen.

Die Flächen der Vertikalen lassen sich mit Stellwänden vergleichen, und Stellwände kann man so anordnen oder zusammenfügen, daß Räume entstehen. Damit gewinnen wir zwei weitere Möglichkeiten, Städte für ihre Bewohner ästhetisch zu beeinflussen. Wir können in der Stadt Räume schaffen, indem wir sie bauen oder indem wir sie wachsen lassen. Man kann schließlich diese Räume zusätzlich mit künstlerischen Objekten und Aktivitäten aller Art füllen. Wir müssen dabei zwischen jenen Räumen unterscheiden, die sozusagen aus Luft bestehen, und jenen, die Gebäudemasse oder natürliche Materie sind. Bei den ersteren ergibt sich der Raumcharakter daraus, daß vorhandene Gebäude oder vergleichbare Dinge etwas freilassen, bei den letzteren dadurch, daß sie etwas ausfüllen. Der Raum, den ein Körper bildet, und der Raum, der zwischen Körpern vorhanden ist, sind jeweils das Gestaltungsmaterial.

Befassen wir uns zunächst mit den „Blöcken", die aus gebauter oder natürlich gewachsener Stadtmaterie bestehen. Sie können Gebäudekomplexe, Brücken, Parkanlagen, vielleicht ein kleines Altstadtviertel oder selbst ein innerstädtischer See sein. In jeder Stadt reihen sich Beispiele an Beispiele. Um noch einmal Hannover zu erwähnen: Ein auf Stützen gestellter Bürobau mit einem Innenhof, eine Stahlhochstraße daneben, die benachbarten Grünanlagen des Rathauses und der sich daran anschließende Maschsee bilden vier der gemeinten Räume. Wir können diesen „ausgefüllten Räumen" Schönheit oder Kunstfertigkeit beilegen, wenn sie drei Voraussetzungen erfüllen. Im Prinzip gilt dabei das gleiche, was wir bereits zur Gestaltung der Stadtsilhouette oder der Stadtflächen gesagt hatten. Als erstes muß der Körper in der Länge, in der Breite und in der Höhe so dimensioniert sein, daß er menschlicher Maßstäblichkeit entspricht. Im Kapitel über die Stadt als Wohnung hatten wir definiert, was hierunter zu verstehen ist. Mit anderen Worten: Man muß den Stadtraum in seiner Körperhaftigkeit erfassen und ihn in noch angenehmer Zeit erlaufen oder umschreiten können. Eine nicht unterbrochene Häuserzeile von mehreren hundert Metern Länge oder ein kahles Verwaltungshochhaus von über hundert Metern Höhe sind aus der Sicht des Fußgängers, der vor ihnen steht oder an ihnen vorbeigeht, nicht überschaubar. Da er das gesamte Bauwerk nicht mehr registriert, befinde es sich außerhalb jenes Bereiches, in dem ihm eine ästhetische Gestaltung noch etwas bedeuten kann. Dies mag anders sein für einen Betrachter, der einige Kilometer von diesen Objekten entfernt ist. Aber dieser Blick über die passende Distanz ist in einer Stadt, in der im allgemeinen alles verstellt wird, nur in wenigen Fällen möglich. Eine Ausnahme ist etwa der Anblick einer Brücke von ihren Ufern aus wie in San Francisco die Golden Gate Bridge, in Instanbul die Brücke über den Bosporus oder in Hamburg die Köhlbrandbrücke. Man könnte auch an den Blick von einer bebauten Insel zur anderen denken, wie er in Stockholm an verschiedenen Stellen möglich ist. In der Regel aber darf der gebaute oder gewachsene Raum bestimmte Maße nicht überschreiten, um noch wirken zu können.

Die nächste Voraussetzung eines „ausgefüllten" Raumes, der als schön gelten will, ist, daß er nicht nur von außen, sondern auch von innen zu sehen und erlebbar ist. Ein Raum soll schließlich nicht irgendetwas, sondern uns umschließen. Fehlt diese Eigenschaft, wirkt der entsprechende Körper stumpf und abweisend wie eine Kiste im Sand. Dies heißt im Fall des Gebäudekomplexes, daß er durch Gänge, Unterführungen oder seitliche Öffnungen unterbrochen sein muß. Bei einem Park oder einem See in der City versteht sich die Zugänglichkeit von selbst; man kann im Park spazierengehen und auf dem See rudern. Bei Baulichkeiten ist diese Offenheit nicht immer gegeben, vor allem dann nicht, wenn sie in lauter Einzelzellen aufgeteilt sind, die den Blick abschneiden. Die Arenen in Verona oder Nîmes sind als Ganzes sichtbar, ebenso wie eine in sich geschlossene Einfamilienhaussiedlung in Hannover-Marienwerder. In den New Yorker Hochhäusern gibt es eine solche Übersicht von innen nicht. Das Erlebnis des Raumes, den die Gesamtanlage bildet, bleibt aus. Auf jeden Fall ist es schwächer als das Erlebnis der einzelnen kleinen Nischen innerhalb der Gesamtanlage. Dabei bringt erst die Innenwirkung die Außenwirkung voll zur Geltung, so wie man eine Münze erst richtig kennt, wenn man beide ihrer Seiten gesehen hat. Einen positiven Effekt vermögen auch ein Bahnhof und ein Warenhaus zu erzielen, sofern sie nur innen durchbrochen und transparent sind.

Dic dritte Voraussetzung ist die eigentlich künstlerische, weil sie verlangt, dem Ganzen ein lebendiges Gesicht zu geben. Es gibt langweilige und stumpfsinnige Bahnhöfe, beispielsweise den Bahnhof Zoo in Westberlin, und es gibt vitale und ausdrucksvolle Bahnhöfe wie die Stazione termini in Rom. Das gleiche gilt für Parkanlagen und Gebäudekomplexe, Altstadtviertel und künstliche Gewässer. Einen Raum dieser Art angenehm und interessant zu machen, heißt, ihn nach künstlerischen Gesichtspunkten anzulegen.

Vielleicht noch ergiebiger für die Ziele der Stadtästhetik ist der Raum, der zwischen Gebäuden oder pflanzlichen Körpern freibleibt. Erstens kann er für sich selbst von anziehender Schönheit sein, und zweitens lassen sich in ihm künstlerische oder auch nur spielerische Dinge veranstalten. Wenn Voltaire sich in „Le Siècle de Louis XIV" im Jahr 1750 darüber beklagt, daß die großartigen Bauten jener Zeit keinen Bezug zu ihrer städtischen Umgebung hätten, dann meint er den Mangel an räumlicher Gestaltung und fehlender Wechselwirkung zwischen Baukörpern und Freiraum. Kunstvolle Gebäude für sich machen nicht ohne weiteres den Raum kunstvoll, der sie „umsteht". Andererseits brauchen die Baulichkeiten, die einen Raum völlig überzeugend umschließen, nicht schon deshalb schön zu sein. Befassen wir uns zunächst mit den Freiräumen aller Art als Gegenstand der Stadtästhetik, ehe wir zu ihrer künstlerischen Nutzung kommen.

Räume dieser Art bilden sich immer dort, wo Gebäude, Pflanzen, Gewässer oder andere Materie von der vorhin beschriebenen Art eine Fläche umgrenzen. Es entstehen Plätze, Straßen und Gänge oder Restflächen ohne besondere Bezeichnung. Jede Stadt liefert eine Vielzahl von Beispielen für derartige Räume. Aber durchaus nicht jede Stadt besitzt auch gelungene und als ästhetisch empfundene Räume. Auch hier müssen wieder drei Voraussetzungen erfüllt sein, um jene Wirkungen zu ermöglichen, an denen uns liegt.

Doch vorher noch eine andere Bemerkung: Damit überhaupt von einem solchen Raum gesprochen werden kann, muß eine reale oder eine imaginäre Begrenzung vorhanden sein. Theoretisch genügt bereits ein punktartiges Gebilde: Auch ein Baum, der allein in einer flachen Landschaft steht, wirkt raumbildend. In der Stadt, deren Fläche kreuz und quer bebaut ist, ist eine solche Situation selten. Wo sie auftritt, wie etwa bei einem am Stadtrand allein errichteten Hochhaus, wirkt sie eher diffus. Ein solches Haus nimmt der Umgebung schon dadurch einen Raumcharakter, weil es dazu da ist, die Menschen in sich hinein- und damit aus der Umgebung herauszuziehen. Ein besseres Beispiel für die Raumbildung von Einzelobjekten wäre schon eine Bus- oder Straßenbahnhaltestelle. Man verbindet mit ihr die Assoziation eines Platzes, auf dem man wartet und auf dem etwas passiert. Es gibt dagegen keinen vernünftigen Grund, sich länger außerhalb eines alleinstehenden Hauses aufzuhalten, wenn man in diesem Haus eine Wohnung hat. Gelegentlich werden die drei Baukörper der Piazza del Duomo in Pisa (Duomo, Batistero, Campanile) als raumbildende Objekte bezeichnet. Dabei wird übersehen, daß sie immerhin von Gebäuden umgeben sind, die ihrerseits zwischen sich bereits einen Platz bilden. Die Anziehungskraft der drei bemerkenswerten Baulichkeiten profitiert also davon, daß sie schon innnerhalb eines vorhanden Raumes plaziert sind.

Stadträume haben mindestens zwei Begrenzungen, beispielsweise bei einer Straße, die links und rechts bebaut ist und im übrigen an beiden Enden frei in die Landschaft oder in andere Straßen hinausführt. Die Regel ist dies allerdings nicht. In der Mehrzahl der Fälle ist jeder freie Raum in der Stadt nach allen Seiten umstellt. Im Beispiel der Straße genügt es schon, daß sie eine Krümmung macht, um von Positionen an ihren Enden jeweils den Eindruck der Geschlossenheit zu erwecken. Die klassischen Beispiele für einen „Raum aus Luft" bleiben deshalb der Platz, der aus dem Zusammenlaufen verschiedener Straßen und Wege entsteht, und die zahlreichen namenlosen Restflächen, die überall zwischen den Baulichkeiten und Grünanlagen, mehr zufällig als von irgend jemandem gewollt, entstehen. Ein richtiger Platz ist bewußt um einiger Funktionen willen angelegt worden, meistens als Verkehrsanlage. Die Restflächen dagegen sind mehr oder weniger funktionslos: Sie behalten aber dennoch ihre räumlichen Effekte.

Die erste Voraussetzung, einen Raum ästhetisch interessant zu machen, besteht darin, daß er benutzbar ist. Man muß in ihm gehen und sich in ihm aufhalten können. Der Raum ist nichts anderes als das Zusammenspiel eines Menschen und des ihn umgebenden „Körpers". Dazu gehört, daß man diesen „Körper" von verschiedenen Seiten, mindestens von zwei Seiten, erreichen kann. Eine unbebaute Fläche, beispielsweise ein großer Garagenhof, die außer der Öffnung zum Himmel nur einen Eingang hat, ist als Gegenstand der Stadtästhetik bedeutungslos.

Die zweite Voraussetzung besteht in der menschlichen Dimensionierung des Raumes. Seine zwei, drei oder mehr Begrenzungen müssen, von einer Position ungefähr in der Mitte des Ganzen, noch bewußt ins Auge fallen. Es wäre nicht richtig, dabei nach absoluten Maßen zu suchen. Selbstverständlich ist der Sehwinkel des Auges begrenzt, und daran ändert sich auch dann nichts, wenn noch ein Plus aufgrund der unwillkürlichen Drehungen des Kopfes hinzugerechnet wird. Ein eingeschossiges Gebäude zieht unsere Aufmerksamkeit um so stärker auf sich, je näher wir ihm sind. Doch unser Interesse nimmt mit der Entfernung ab. So bemerken wir das eingeschossige Gebäude dort schon nicht mehr, wo ein Hochhaus immer noch von uns wahrgenommen wird. Hieraus ergibt sich, daß die Beschaffenheit, aber auch die Funktion der Begrenzungen über die als angenehm empfundene Größe des Raumes etwas sagen. Niemand wird bestreiten, daß der Marx-Engels-Platz in Ostberlin auch dann noch als Raum, von welcher Qualität auch immer, empfunden wird, wenn man hundert Meter vom nächsten Gebäude entfernt steht. Dies wäre nicht der Fall, wenn er anstelle von repräsentativen Bauten mit Einfamilienhäusern besetzt wäre. Um die repräsentativen Effekte zum Zug kommen zu lassen, ist eine gewisse Distanz vonnöten. Eine Einkaufsstraße für Fußgänger dagegen würde räumlich auseinanderfallen, wenn man zwischen die Ladengeschäfte in den Erdgeschossen der Gebäude links oder rechts eine Distanz von fünzig Metern legen würde. Sie wächst wieder zusammen, wenn die Entfernung nur zwanzig Meter beträgt. Die Funktion der Erdgeschosse ist, die Passanten darüber zu informieren, was hier gekauft werden kann. Um die Ware in den Schaufenstern und Vitrinen noch erkennen zu können, darf man sich über eine bestimmte Strecke hinaus nicht entfernen. Auch hier ist die Maßstäblichkeit, sowohl die körperliche wie die psychische, eine Voraussetzung für die Verwendbarkeit des Raumes für ästhetische Zwecke. Mit einem Wort: Durch die Beachtung dieser Gesichtspunkte erhält der Raum einen Eigenwert, unabhängig vom Wert der ihn begrenzenden Körper.

Wir kommen erneut zur letzten Voraussetzung, die verlangt, diesen bereits vorhandenen Raum mit einem künstlerischen „Mehrwert" zu versehen. Diese Forderung bezieht sich sowohl auf eine uns angenehme Form des Grundrisses wie als auch auf die Gestaltung der Grundfläche und ihrer Begrenzungen. Der Raum muß quasi zu leben beginnen, wenn man sich in ihm aufhält. Fritz Schumacher hat in seiner Arbeit „Der Geist der Baukunst" analysiert und beschrieben, wie ein solches Ziel von den Stadtplanern und Architekten erreicht werden kann[79]. Es geht ihm darum, bestimmte mathematische Strukturen zu berücksichtigen, die dem Menschen mehr oder weniger angeboren sind und Empfindungen von Schönheit und Harmonie auszulösen vermögen.

Derartige Stadträume aber können ästhetische Bedeutung nicht nur aus sich selbst heraus gewinnen. Es ist möglich und wird auch praktiziert, in ihnen künstlerische Objekte aufzustellen und sie mit künstlerischen Aktionen zur Bühne zu machen. Räume finden sich selbst in Wohnvierteln, aber auch in der durch Banken, Warenhäuser und Versicherungen erkalteten City. Diesen Räumen ist häufig nur noch dadurch zu helfen, daß sie nachträglich mit einem Sinn versehen werden, den man jedenfalls nicht schon in sie hineingebaut hat. In ihnen können andere Künste als die des Städtebaus oder der Architektur eine Gelegenheit zur Darstellung bekommen. In der Studie „Kunst in der Stadt" habe ich beschrieben, was man darunter verstehen könnte[80]. Ich möchte dies noch um folgenden Hinweis ergänzen. Als wir die Funktionen und Maßstäbe der häuslichen Wohnung zum Kriterium für die Gestaltung der Stadt gewählt hatten, war eines dabei nicht erörtert worden: Kunst. In unserer häuslichen Wohnung spielt allerdings Kunst, gute oder schlechte, wirkliche oder scheinbare, eine unübersehbare Rolle. Jeder Bewohner hat an den Wänden Fotos oder Bilder hängen, Originale oder Reproduktionen. Vielleicht zeigt das Foto nur eine banale Landschaft, und das Bild ist die zwölftausendste Reproduktion der Kirche von Halle von Lyonel Feininger. Aber beide Dinge befriedigen ein vitales Bedürfnis nach Andersartigkeit und Harmonie. Jedermann liest zu Hause Bücher, hört Wolfgang Amadeus Mozart oder eine Schlagersängerin im Radio und sieht Theaterstücke oder Filme im Fernsehen.

In der öffentlichen Wohnung der Stadt werden solche spielerischen und ästhetischen Dinge ziemlich unwichtig genommen. Dabei können wir Kunst auch in die offenen Räume der Stadt holen und sie zur Bühne, zur Galerie, zum Konzertpodium, zum Varieté, zum Kino oder zum Look-in-Atelier der Künstler machen. Wem dies nicht gefällt, der mag wegsehen oder weghören. Für viele Stadtbewohner liegt hierin ein Angebot, das sie gern aufgreifen werden. Manches von derartigen Visionen ist bereits Realität geworden. Ich möchte ein einziges Beispiel erwähnen, weil es viele kreative Möglichkeiten enthält. Die Hildesheimer Gruppe „Kontakt-Kunst" hat inzwischen einige Male ihr Zelt und damit eine neue Variante von Agora in Städten aufgebaut. Während die Künstler an ihren Plastiken arbeiten, kommen die Passanten und Bewohner herbei und drängen sich über die imaginäre Kreislinie ins Innere. Aus diesem „Kunstdorf" wird auf einmal ein neuer Treffpunkt, gleichrangig den Treffpunkten in Cafés oder Kneipen, auf den Parkbänken oder anderswo in der Stadt. Die Leute sehen den Künstlern zu, diskutieren mit ihnen und verfolgen die Arbeit. Wenn die Hildesheimer ihr Zelt eingerollt haben, dann ist mehr zurückgeblieben als jene Plastik, die sie im Zelt geschlagen haben. Wie eine Theatergruppe oder Musiker haben sie eine Geschichte hinterlassen, die niemand mehr vergessen wird, der ihr zugeschaut oder in ihr mitgespielt hat.

9. Die Stadt als Finanzier

Städte müssen wie Privatleute sehen, daß sie zu ihrem Geld kommen. Für den Bau und die Unterhaltung öffentlicher Einrichtungen und für den kommunalen Service benötigen sie jedes Jahr bestimmte Finanzierungsmittel. Man kann die Bewohner ihre Straßen und Friedhöfe, ihre Schulen und ihre Abfallprobleme kaum selbst erledigen lassen. Die Stadtverwaltung muß also besondere Fachleute einsetzen. Die Zeiten der „Hand- und Spanndienste" in den Städten sind vorüber, wenn auch manche Gemeindeverfassung sie noch als kommunales Instrument führt. Dem Bewohner der Stadt ist es nicht einmal möglich, die Naturalien und Waren herzustellen, die in ihren Privathaushalten benötigt werden. Arnold J. Toynbee bezeichnet es geradezu als ein Kriterium für Städte, daß sie in dieser Beziehung hilflos sind: „Eine Stadt ist eine Siedlung, deren Einwohner innerhalb der Stadtgrenzen nicht die gesamte Nahrung produzieren können, die sie zu ihrem Lebensunterhalt benötigen. Dieses Merkmal haben Städte aller Art gemeinsam[81]". Man muß diese Feststellung über Nahrungsmittel hinaus auf alle Dinge ausdehnen, die zum täglichen Leben unbedingt notwendig sind: auf Wasser und Energie jeder Art, auf sauerstoffreiche Luft und Bewegungsfreiheit, auf Baumaterialien und soziale Dienste. Die Stadt muß sozusagen von außen „beatmet" und gefüttert, angezogen und auch sonst versorgt werden, was immer „von außen" auch heißen mag. Auf den Märkten der Stadt werden sehr viele Dinge gehandelt, die nicht in der Stadt produziert werden können.

Da dies so ist, spielt die Verfügung über Geld eine entscheidende Rolle für die Existenz der Stadt. Die Stadtverwaltung muß sich ihr kommunales Angebot, das sie den Bewohnern macht, selbst erst erkaufen. Dies setzt voraus, daß sie sich die erforderlichen Finanzmittel beschafft. Mit anderen Worten heißt dies, daß die Bewohner einen gewissen Bruchteil ihres privaten Einkommens oder Vermögens an eine gemeinsame städtische Kasse abgeben müssen, aus der für sie die öffentlichen Aufgaben finanziert werden. Dies ist heute nicht anders als in jeder Epoche vor uns, wenn die Zusammenhänge sich auch unerhört kompliziert haben. Nur in wenigen Fällen kann die Stadt damit rechnen, Gelder von Menschen zu erhalten, die nicht in ihr wohnen.

Wie wir noch feststellen werden, ist dies nicht die einzige Schwierigkeit bei der Selbstfinanzierung der Stadt. Daneben wollen sich noch andere Institutionen aus der Tasche der Stadtbewohner bedienen. Der Staat, dem die Stadt angehört, will gleichermaßen finanziert werden. Er beansprucht gewisse Mittel auch nicht nur für sich selbst, sondern darüber hinaus für internationale Einrichtungen, an denen er beteiligt ist. Der dreigeschossige Aufbau des globalen Regiments, wie er im 1. Kapitel geschildert ist, muß auch von denen bestritten werden, die in den Städten wohnen. Gelegentlich unterstützt der Staat auch besonders arme Städte mit dem Geld der wohlhabenderen, betreibt also einen nationalen Finanzausgleich. Deshalb lautet die Frage nicht nur, wie es gelingen kann, Stadtbewohner überhaupt in sinnvoller Weise zu Steuern und Abgaben für ihre Stadt heranzuziehen, sondern auch in welchem Verhältnis zu ihren privaten Einkünften. Ebenso wichtig ist die Frage, wie es der Stadt gelingen kann, gegen die finanzielle Konkurrenz der nationalen und internationalen Verwaltungen zu bestehen. Interessenten für öffentliche Finanzmittel gibt es also mehrere, das zahlende Individium ist dagegen nur einmal vorhanden.

Nennen wir es beispielsweise K. und lassen es als Angestellten in einem Werbebüro arbeiten. Neben seinem monatlichen Gehalt besitzt K. ein Wochenendhaus am Meer, einen Citroen und einen Hund. Aufgrund seiner Einkommens- und Besitzverhältnisse hat er verschiedene Steuern, Beiträge und Gebühren zu bezahlen. Lebte er in der Bundesrepublik Deutschland, so würde zunächst einmal sein Arbeitslohn versteuert. Sollte sein Arbeitgeber seinen Betrieb in Form einer Gesellschaft führen, hätte er eine Steuer nach dem Kapital und dem Ertrag seines Betriebes zu entrichten. Möglicherweise müßte er für K. auch Lohnsummensteuer abführen. Auch der Grundbesitz von K., sein Auto und sein Hund werden als öffentliche Einnahmequelle herangezogen. Von den indirekten Steuern, beispielsweise für Alkoholika, Kaffee, Tabak oder Benzin, brauchen wir in diesem Zusammenhang nicht zu reden. K. hat außerdem einen Beitrag dafür zu leisten, daß sein Wochenendhaus an einer ausgebauten Straße liegt und an die Kanalisation angeschlossen ist. Er hat Gebühren für die Lieferung von Elektrizität, Gas und Wasser sowie für die Müllabfuhr und die Entwässerung zu zahlen. Nur ein Teil aller eingehenden Abgaben wird den Städten überlassen, entweder direkt oder auf dem Umweg von Zuwendungen.

Wie immer das öffentliche System der Mittelbeschaffung auch konstruiert ist, ob schlicht in Form einer Kopfsteuer für jeden Bewohner (die es zur Zeit nicht gibt) oder in Form sachbezogener Abgaben der erwähnten Art, es dient auch der Finanzierung der Stadt. Die Stadtverwaltung benutzt ihre Gelder, um ihre öffentlichen Projekte und ihr Personal — dessen sie wiederum zur Realisierung der Projekte und des kommunalen Service bedarf — zu finanzieren. Allerdings ist dieses System im allgemeinen so kompliziert und indirekt gestaltet, daß K. bei nur ganz wenigen Dingen weiß, was mit seinem Geld in der Stadt nun wirklich getan wird. Was aus vielen Quellen gespeist wird und zu vielen Stellen läuft, bündelt sich nur im Portemonnaie von K., nicht in seinem Bewußtsein. Es ist ihm jedenfalls nicht möglich, den Haushaltsplan der Stadt im Kopf zu haben.

Die Selbstfinanzierung der Städte verlangt Antworten auf drei Fragen. Die erste Frage lautet, was eigentlich an städtischen Bauten und Dienstleistungen aus einer öffentlichen Kasse finanziert werden muß oder finanziert werden soll. Zweitens geht es darum, wer zur Finanzierung der Stadt herangezogen werden kann und soll. Die dritte Frage gilt der Höhe und der Methode, in der die Stadt (oder für sie der Staat) Gelder einziehen soll. Die erste Frage befaßt sich also mit dem Thema, worin eigentlich der öffentliche Auftrag der Stadtverwaltung und ihrer politischen Vertreter liegt. Bei der zweiten Frage geht es vor allem um das Recht der Stadt, das private Einkommen ihrer Bewohner und, über nationale und internationale Gesellschaften, möglicherweise auch das Einkommen anderer Menschen heranzuziehen, die nicht in dieser Stadt leben. Bei der letzten Frage ist schließlich von Interesse, wie der Zusammenhang zwischen den gezahlten Geldern und den dafür erbrachten kommunalen Leistungen für die Bewohner berechenbar und transparent gemacht werden kann.

Die Frage, was Stadtverwaltungen an öffentlichen Einrichtungen und Anlagen bauen und betreiben sollen, hat in der Praxis niemals eine große Rolle gespielt. Sie brauchte selten gestellt zu werden, weil überall und bisher noch in jeder Generation das offensichtlich Notwendige und das Wünschenswerte das zu Finanzierende überstiegen. Die staatlichen Steuergesetze und die kommunalen Abgabenregelungen führten jährlich zu einer bestimmten Summe Geldes, die niemals ausreichte, alle Pläne zu verwirklichen. Es gab keine Stadt, die man nicht noch in allen möglichen Beziehungen verbessern konnte. Selbst die Stadtoberen beispielsweise von Zürich, einer im Vergleich zu Tausenden von anderen Orten gut versorgten Stadt, würden nicht auf den Gedanken kommen, ihre Arbeit (jedenfalls für eine bestimmte Zeit) als abgeschlossen zu betrachten. Sie würden auf Befragen eine lange Liste von Vorhaben auf den Tisch legen können, die sich alle gut begründen ließen. Während man in Kairo beispielsweise eine erstmalige Kanalisation für verschiedene Stadtteile als dringlich ansehen würde, sprächen die Züricher vielleicht von sozialen Einrichtungen für benachteiligte Minderheiten. Wo die Ägypter den Straßenbau auf ihrer Liste hätten, dächte man in Zürich bereits an Kommunikationszentren. Es gibt weder in der Quantität noch in der Qualität Grenzen, zumal das Vorhandene immer wieder verfällt und die Menschen im übrigen erfindungsreich sind. Martin Neuffer schreibt dazu: „Es muß endlich die Erkenntnis durchgesetzt werden, daß die Summe von allem, was die Gesellschaft in jedem einzelnen Bereich wünscht und was je für sich auch ressortmäßig machbar wäre, 400 oder 600 beträgt, die Summe des insgesamt Machbaren jedoch nur 100[82]." Deshalb konzentriert sich die Diskussion in den Städten immer wieder darauf, welche der erforderlichen Projekte wohl am wichtigsten sind. Man befaßt sich mehr mit den Prioritäten als mit dem Ob einer neuen städtischen Aktivität. Deshalb bedarf es auch nicht einer besonderen Rechtfertigung für die Ausgabe der öffentlichen Mittel. Wofür auch immer sie investiert werden, es gibt keinen Zweifel daran, daß jede tatsächliche und jede potentielle Ausgabe per se gerechtfertigt sind. Selten kommt es vor, daß man einer Stadtverwaltung vorhalten kann, Unsinniges getan zu haben. Es findet sich jedenfalls für jede Maßnahme eine beachtenswerte Gruppe in der Stadtgesellschaft, die von dieser Maßnahme profitiert und sie gutheißt.

Dennoch verbergen sich auch hinter dieser scheinbar unproblematischen Ausgangssituation einige wichtige Unterstellungen. Man muß sie diskutieren, weil sich mit ihnen alternative Lösungen verbinden, die wiederum von erheblichem Einfluß auf die städtischen Finanzen sind. Eine dieser Unterstellungen ist, daß öffentliche Maßnahmen, die mehr oder weniger allen Bewohnern zugute kommen, nicht von Privatleuten, sondern nur von der Stadtverwaltung erledigt werden können. Dies ist aber von Land zu Land durchaus unterschiedlich. In einigen Entwicklungsländern überläßt man den öffentlichen Nahverkehr nach wie vor privaten Unternehmern, während in den europäischen Städten städtische Gesellschaften Busse und Bahnen fahren lassen. Während man in den europäischen Ländern die stationäre Krankenpflege häufig zu einer kommualen Aufgabe erklärt hat, ist das in anderen Kontinenten durchaus nicht der Fall. Es macht aber einen Unterschied für die kommunalen Finanzen, ob die Stadtverwaltung als primäres oder als subsidiäres Instrument zur Wahrnehmung bestimmter Funktionen angesehen wird. Im ersten Fall erklärt sie generell jede Aufgabe zu ihrer eigenen, die als solche plötzlich auftritt. Dies bedeutet, daß sie auch für die entsprechenden Finanzmittel sorgen und ihren Haushalt belasten muß. Im zweiten Fall engagiert sie sich erst dann, wenn kein privater Unternehmer sich zur Verfügung stellt. Sie braucht ihre Bewohner erst dann mit einer allgemeinen Abgabe zu belasten, wenn diese sich die gewünschte Leistung nicht bei Privaten kaufen können.

Zur Frage, ob das Prinzip der Subsidiarität das richtige oder das falsche ist, hatte ich im zweiten Kapitel einige Bemerkungen gemacht. Allerdings ging es dort um die Frage des politischen Regiments in der Stadt: Wer soll entscheiden, was gemacht wird? Dort ist ausgeführt, daß bei der *Durchführung* von Arbeiten, soweit möglich, private Betriebe der Stadtverwaltung vorzuziehen sind. Zur Frage der *Direktiven* war die Einschränkung gemacht worden, daß die Stadtverwaltung sich bei den wichtigsten Angelegenheiten das Weisungsrecht vorbehalten muß. Gesichtspunkte der Finanzierung waren in diesem Zusammenhang nicht behandelt worden. Aber auch für sie komme ich zu einer ähnlichen Antwort. Eine Stadt, deren Bewohner sich weitgehend selbst verwalten und die dementsprechend ihre Selbstverwaltung auch unmittelbar finanzieren, ist jedenfalls einer Stadt vorzuziehen, in der die Bürger hauptsächlich von einer Behörde verwaltet werden, der sie dann auch ihre Gelder zur Verfügung stellen müssen. Im ersten Fall sind das Maß an persönlicher Freiheit und die Möglichkeit zur Identifikation mit der Stadt größer als im zweiten Fall. Außerdem wird der Zusammenhang zwischen Geldhingabe und erworbener Leistung deutlicher. Man weiß, wofür man sein Geld ausgibt, wenn man sich bei einem privaten Unternehmer eine Leistung dafür kauft, und man weiß, was man dafür erhält. Der Bewohner bleibt Herr der Situation — später werden wir noch einmal auf die psychologischen und politischen Vorteile dieser Transparenz eingehen. Wenn kommunale Aufgaben von Privaten erledigt werden, dann ist damit mehr geschehen als nur eine Verlagerung der Trägerschaft und der Finanzierung. Es bedeutet zugleich, daß das Bedürfnis nach einer bestimmten städtischen Funktion bejaht wird, und zwar von denen, die sie in Anspruch nehmen. Was die Leute aus eigenem Antrieb haben möchten und auch bezahlen, ist ihnen offensichtlich wichtig. Wenn eine Stadtverwaltung etwas von sich aus unternimmt und aus ihrem Budget finanziert, ist dies noch kein sicheres Kriterium dafür, daß die Bewohner hiernach verlangen und wirklich bereit wären, dafür Geld auszugeben.

Aber die Feststellung, daß es gute Gründe dafür gibt, kommunale Leistungen privat kaufen zu können, anstatt sie von der Stadtverwaltung zugeteilt zu bekommen, ist nur ein Hilfskriterium. Man kann sich an ihm ausrichten, kann es aber nicht zur pauschal übernommenen Lösung machen. Die persönliche Freiheit des Bewohners ist im Fall der „Selbstregulierung" zwar zum großen Teil gewährleistet, zum Teil aber auch gefährdet. Die Abhängigkeit von privaten Interessen würde nämlich auch bedeuten, daß die gemeinschaftlichen Anlagen und Einrichtungen der Stadt (zum Beispiel Schulen, Straßen oder die Lieferung von Wasser und Energie) kaum zu ihrem Recht und Minderheiten auch mit berechtigten Erwartungen leicht zu kurz kommen (zum Beispiel Radfahrer). Deshalb ist es nur möglich, einen Mittelweg zwischen privater Initiative und dem Engagement der Stadtverwaltung einzuschlagen. Das gleiche gilt von der Finanzierung, bei der davon auszugehen ist, daß die Bewohner nicht alles freiwillig zahlen, was für die gemeinschaftlichen Anlagen und Einrichtungen notwendig ist. Es muß also eine übergeordnete Instanz vorhanden sein, die sich um die Finanzierung der gemeinschaftlichen Projekte bemüht.

Wenn man diese Überlegungen in die Praxis überträgt, dann bedeutet dies: Soweit sich eine neue Aufgabe in der Stadt herausbildet, die nicht unbedingt unter dem Gesichtspunkt der öffentlichen Sicherheit und Ordnung zu betrachten ist, sollte ihre Erledigung den Privatleuten oder von ihnen gebildeten Gesellschaften übertragen werden. In diesem Fall würden die Stadtbewohner die Leistungen, nach denen ihnen verlangt, direkt erwerben. Die Stadtverwaltung brauchte sich um die Finanzierung dieser Aufgabe nicht zu bemühen. Hierzu können beispielsweise die Krankenversorgung durch private Kliniken, Theateraufführungen und Konzerte, die Aktivität der Sportvereine oder der Betrieb von Schlachthöfen gehören.

In gewissen Fällen allerdings muß man damit rechnen, daß kein Privatmann zur Übernahme bestimmter städtischer Funktionen bereit ist. Hier bleibt der Stadtverwaltung nichts anderes übrig, als selbst die Verantwortung zu übernehmen und sich die nötigen Finanzmittel zu beschaffen. Entweder findet sich niemand, dem eine neue Aufgabe interessant genug ist, oder, was wahrscheinlicher ist, die von ihm zu leistende Arbeit wird von den Bewohnern nicht oder nicht ausreichend honoriert. Das letztere kann verschiedene Gründe haben. Häufig sind ein Gebäude oder eine Dienstleistung in der Stadt nur für wenige Menschen nützlich. Dies gilt beispielsweise für kulturelle Dinge wie eine Galerie oder für Angebote aus sozialen Motiven wie eine Altenbegegnungsstätte. Solche Projekte, geeignet für die eine oder andere Minderheit, interessieren die Mehrheit nicht und werden folglich auch nicht von ihr bezahlt. Die Begünstigten aber sind nicht in der Lage, sie allein zu finanzieren. In einem solchen Fall also kann es notwendig sein, daß die Stadtverwaltung eingreift und sich selbst zum Träger und Finanzier macht.

Die Verwaltung hat auch dann Verantwortung zu übernehmen, wenn eine kommunale Aufgabe zwar von Privatleuten gemanagt und von den Bewohnern auch bezahlt wird, die Höhe des erforderlichen Preises aber in ganz anderen Beziehungen unangenehme Folgen für die übrige Stadtgesellschaft haben kann. Es gab zum Beispiel Zeiten, in denen mit dem Betrieb von Bussen und Bahnen im Stadtverkehr eine Rendite erwirtschaftet wurde. Private Unternehmer verlangten Preise für ihr Transportgeschäft, die von den Fahrgästen auch bezahlt wurden. Sie wurden deshalb bezahlt, weil es für diese Menschen keine ernsthafte Alternative gab, um innerhalb der Stadt von einem Punkt zum anderen zu kommen. Zu Fuß oder auch mit dem Fahrrad kann man eben nicht jede Strecke bewältigen. Heute gibt es eine Alternative zu den Bussen und Bahnen, das private Auto, wenn auch nach wie vor nicht für jedermann. Kinder, Schüler, Studenten, arme, kranke und alte Menschen sind wie früher auf den öffentlichen Nahverkehr angewiesen. Vielleicht würden auch sie notgedrungen den Preis zahlen, den ihre Beförderung heute kostet, einschließlich eines entsprechenden Gewinns für den Unternehmer. Viele Städte aber sind dazu übergegangen, den Fahrpreis zu subventionieren. Um dabei nicht auch noch Unternehmergewinne zu subventionieren, haben sie schließlich den Betrieb selbst übernommen. Für diese Subventionen sind nicht allein soziale Gründe maßgebend. Warum sollte man auch gerade beim öffentlichen Nahverkehr ausgabefreudiger werden als bei den Ausgaben etwa für Wasser, Elektrizität und Gas? Man glaubt, mit verbilligten Nahverkehrstarifen Autofahrer von den Straßen in die Busse und Bahnen holen zu können. Die Städte haben bekanntlich Schwierigkeiten, alle privaten Fahrzeuge auf der innerstädtischen Verkehrsanlage unterzubringen, ohne das Stadtzentrum immer mehr zu zerstören. Sie bemühen sich deshalb, auch Autofahrer für die öffentlichen Nahverkehrsmittel zu gewinnen. Man glaubt, daß der Fahrpreis dabei eine gewisse Rolle spielt und daß er bei privatwirtschaftlicher Betriebsführung zu hoch wäre, um für Autofahrer interessant zu sein. In einem solchen Fall, dessen Begründung uns hier nicht weiter zu beschäftigen braucht, kann es richtig sein, daß die Stadtverwaltung als Träger und Finanzier der Aufgabe auftritt.

Erst wenn eine kommunale Aufgabe auf keine Weise von privaten Unternehmern erledigt werden kann, sollte die Verwaltung sich darum bemühen. Dann würde auch, von wenigen Ausnahmen abgesehen, die direkte Finanzierung von Fall zu Fall durch die Bewohner entfallen. Die Stadt würde also die erforderlichen Gelder aus ihrem Haushalt nehmen müssen. Auch hier sind Ausnahmen möglich, so wenn bei Veranstaltungen oder bei der gelegentlichen Inanspruchnahme von städtischen Anlagen und Einrichtungen ein Eintrittspreis verlangt werden kann. Durch ihn würde ein Teil der Kosten, den das städtische Angebot macht, auf direktem Weg erstattet werden. Wie bei einem privaten Kaufmann erwerben sich die Stadtbewohner hier die gewünschte Leistung durch Bezahlung, ohne allerdings den vollen Preis zu entrichten.

Es war die Rede davon, daß man nicht weiter zu diskutieren braucht, was Stadtverwaltungen eigentlich finanzieren sollten, da es für Jahrzehnte genügend Projekte gibt. Als erste Einschränkung dieser Feststellung war genannt worden, daß es auch möglich ist, einige öffentliche Aufgaben von Privatleuten erledigen zu lassen. Außerdem ist es wichtig zu wissen, daß man sich zumindest über die angemessene Kostenhöhe der kommunalen Projekte streiten kann. Es gibt billige und teure Lösungen. Man kann eine Schule für wenig oder für viel Geld bauen, je nachdem, wie großzügig das Raumprogramm, wie hochwertig die Materialien und wie perfekt die innere Ausstattung sind. Man kann eine Schnellbahntrasse unter die Erde in einen Tunnel legen oder sie schlicht im Straßenniveau führen. Man kann der Auffassung sein, daß alle Kinder oder aber nur solche Spielplätze brauchen, die in einem gefährlichen, von Autostraßen umgebenen Karree wohnen. Diese und noch viele andere Dinge haben unmittelbaren Einfluß auf die Finanzierung der Stadt. Vielleicht ist ein

Projekt überhaupt nur zu realisieren, wenn es billig ausgeführt wird. Vielleicht auch ist eine teure Realisierung möglich, weil das Geld vorhanden ist, doch sie würde die Verwirklichung eines anderen Projekts verhindern. Was die Menschen in solchen Fällen lieber wollen, ist keine Frage der theoretischen Reflexion mehr, sondern der praktischen Willensbildung. Man kann nur darauf aufmerksam machen, daß der Gesichtspunkt der Kostenhöhe überlegt werden muß, weil er sich auf alle möglichen anderen Dinge ausweiten kann.

Im Anschluß an die Frage, was eigentlich in der Stadt finanziert werden soll, stand die Frage, wer für diese Finanzierung aufkommen soll. Auch hier gibt es eine jahrhundertealte Praxis. Wohl alle Städte der Welt leben aus zweierlei Einnahmen: von den Abgaben ihrer Bewohner und von gewissen Zuwendungen des Staates. In beiden Fällen sind zwar die Bewohner diejenigen, die alles bezahlen, nur tun sie es im ersten Fall direkt und im zweiten Fall indirekt. Einmal zieht die Stadt die Gelder unmittelbar ein, und das andere Mal erhält sie die Zuwendungen von den staatlichen Finanzstellen, die ihre Gelder ebenfalls direkt von den Bewohnern eingezogen haben. Allerdings stammen die staatlichen Finanzmittel aus einem Topf, der von den Steuerpflichtigen aller staatszugehörigen Städte bedient wird. Auf diese Weise findet eine Art Finanzausgleich zwischen den ärmeren und den vermögenderen Städten statt, auf den sicher nicht verzichtet werden kann, wenn die Ausstattung eines Landes mit öffentlichen Einrichtungen und Anlagen halbwegs gleichmäßig sein soll. Die Staaten pflegen deshalb ihre Mittel häufig projektgebunden zu geben, um eine bestimmte Maßnahme zu fördern. Das Verhältnis der direkten zu den indirekten Mitteln ist von Land zu Land sehr unterschiedlich. Während beispielsweise westdeutsche Städte eher von den unmittelbaren Abgaben ihrer Bewohner leben, finanzieren die meisten holländischen Städte mehr Ausgaben aus den staatlichen Zuweisungen.

Auch diese Frage nach dem Zahlungspflichtigen scheint also unproblematisch zu sein. Doch verbergen sich hinter der Steuer- und Abgabenpflicht der Bewohner einige Ungerechtigkeiten. So muß man sich fragen, ob die öffentlichen Anlagen und Einrichtungen der Stadt überhaupt von allen Bewohnern gleichmäßig stark in Anspruch genommen werden. Falls das nicht der Fall ist, könnte man sich auf den Standpunkt stellen, daß nicht alle Bewohner zur städtischen Finanzierung herangezogen werden sollten. Tatsächlich nutzt jeder Bewohner das städtische Angebot unterschiedlich aus, nicht nur im Vergleich zu den anderen Bewohnern, sondern auch im Verhältnis zu sich selbst in den vorangegangenen Jahren. Ein Zehnjähriger profitiert in anderer Weise von der Stadt als ein Zwanzigjähriger, dieser wieder anders als ein Dreißigjähriger und so fort. Ein Kind braucht keine Autostraße, aber eine Kindertagesstätte, beim Erwachsenen ist es umgekehrt. Mit Ausnahme des Friedhofs, auf den niemand verzichten kann, der Schulen und der Straßen und Plätze wird keine städtische Sache außerhalb der eigenen Wohnung wirklich von allen Bewohnern genutzt. Es gibt Menschen, die besuchen weder ein Bad noch einen Park, weder einen Sportplatz noch ein Theater, weder die Einrichtungen der Sozialverwaltung noch ein Volksfest, weder sieht man sie in der Straßenbahn noch in einer städtischen Bibliothek. Aber sie bilden eine äußerst kleine Minderheit. Die Mehrheit macht von dem einen oder dem anderen städtischen Angebot Gebrauch, und viele tun dies regelmäßig. Wenn auch nicht alle Bewohner alle von 100 Möglichkeiten nutzen, so machen sie vielleicht von 25 ständig Gebrauch — wenn es auch jeweils 25 andere Dinge sind. Außerdem wechseln sie ihre Gewohnheiten von Jahrzehnt zu Jahrzehnt, so daß sie, auf ihr ganzes Leben gesehen, fast von jeder städtischen Sache irgendwie profitiert haben. Alles in allem läßt sich der Schluß ziehen, daß man die Unterschiede in der Nutzung vergessen kann, weil sie unerheblich sind oder keine bedeutsamen praktischen Konsequenzen haben.

Käme man übrigens zu dem Ergebnis, daß die Nutzung städtischer Einrichtungen in der Tat äußerst unterschiedlich ist, hätte dies ziemlich komplizierte Folgen für die Finanzierung. Man müßte dann aus Gründen der Gerechtigkeit von allgemeinen Steuern und Abgaben ausschließlich zu gezielten Forderungen übergehen, wie der private Kaufmann sie stellt, indem er von demjenigen Geld verlangt, der von ihm eine Ware oder eine Dienstleistung erhält. Dies läßt sich bei vielen städtischen Angeboten durchaus machen, und es geschieht in der Praxis auch. Wer baden will, muß eine Eintrittskarte für das Bad kaufen, und wer sein Kind in einer Tagesstätte betreuen läßt, hat dafür eine Gebühr zu entrichten. Aber in der Mehrheit der Fälle ist dieses System des „do ut des" schwerlich durchführbar, weil die Inanspruchnahme städtischer Einrichtungen durch die Bewohner kaum kontrollierbar ist. Man müßte beispielsweise an allen Straßen Schranken aufbauen, an denen Wegegebühren zu entrichten sind, um die Autofahrer zur Kasse zu bekommen. Man müßte jede Grünanlage umzäunen, um die Spaziergänger erfassen zu können. Es bleibt also dabei, daß die Stadt aus praktischen Gründen (zumindest für die meisten Dinge) ausnahmslos von sämtlichen ihrer Bewohner finanziert werden muß. Diese Einsicht ist wichtig, wenn es später um die Frage geht, nach welcher Methode das Geld erhoben werden soll.

Oder man kann sich fragen, ob die Bewohner, wenn man sie schon alle heranzieht, auch gleichmäßig belastet werden sollen. Sie unterscheiden sich nicht nur in der Intensität, mit der sie die städtischen Einrichtungen nutzen. Sie unterscheiden sich natürlich vor allem durch ihr Einkommen. Kinder haben so gut wie keine eigenen Mittel, und am anderen Ende der sozialen Skala befinden sich einige unglaublich wohlhabende Leute. Sollen sie alle gleich an der Stadtfinanzierung beteiligt werden, oder soll man ihren jeweiligen Beitrag nach ihren Vermögensverhältnissen staffeln? Einmal unterstellt, daß dies praktisch möglich wäre: Auch dann bleibt die Frage, ob die Stadt sich um ein bestimmtes Maß an sozialer Gerechtigkeit bemühen sollte. Ich werde auf diese Frage später zurückkommen.

Neben den Bewohnern und wirtschaftlichen Unternehmen kommt schließlich nur noch die jeweilige Staatsregierung als Finanzier der Stadt in Frage. Es war die Rede davon, daß sie in manchen Ländern sogar die wesentliche kommunale Einnahmequelle darstellt, während sie im übrigen mit allgemeinen oder projektgebundenen Mitteln aushilft. Allerdings ist diese Art der Finanzierung für Städte nicht ganz unbedenklich. Wenn man die Auffassung vertritt, daß das Geld der Münchener nicht in Hamburg ausgegeben werden sollte oder das von Lyon nicht in Bordeaux, dann müßte man auch staatliche Subventionen ablehnen. Sie stammen nun einmal aus den Abgaben der Bewohner aller Städte. Wenn die Regierung einigen Städten finanziell hilft, dann treten alle übrigen Städte nur als Geldgeber auf.

Nun können die Städte ihre Regierung nicht daran hindern, sich als Clearingstelle für kommunale Finanzierungen zu betätigen. Ohnehin beschließt der Staat die Gesetze, nach denen sich die Finanzierung der Städte regelt. Er hat insofern immer das letzte Wort. Dies bedeutet einmal, daß Städte ihre Projekte und ihren Service nicht auf die Erwartung stützen können, die Regierung werde auch künftig alles finanzieren. Sie müssen damit rechnen, daß die Subventionen von Haushaltsjahr zu Haushaltsjahr schwanken oder gar ausbleiben. Diese Ungewißheit macht die Stadt genauso abhängig von der Regierung wie die Annahme von Geld für bestimmte Projekte. In der Bundesrepublik Deutschland setzt die staatliche Subventionierung von Straßen, Schnellbahnen, Krankenhäusern, der Sanierung von Quartieren voraus, daß die Stadt selbst einen bestimmten Teil übernimmt. Läßt sie sich darauf ein und bevorzugt in ihrer Stadtpolitik Projekte, für die der Staat zufällig Geld gibt, dann hat sie die Entscheidung über das Ob und Wann eines kommunalen Projekts mehr oder weniger der Regierung überlassen. Wie man sich denken kann, nimmt der staatliche Geldgeber dann auch Einfluß auf die Art der Ausführung. Diese Gesichtspunkte werden zwar kaum eine Stadt davon abhalten, sich auf das verlockende Spiel einzulassen. Aber diese Regelung widerspricht in gewisser Weise der globalen Aufgabenverteilung, die im ersten Kapitel beschrieben ist. Außerdem verringert sie den politischen Einfluß der Bewohner auf ihre Stadt, weil nun weniger sie als die staatlichen Machthaber festlegen, was in der Stadt geschieht. Was von den „nationalen Geldern“ gesagt worden ist, gilt im allgemeinen auch für die noch wenigen Fälle, in denen eine internationale Organisation einen Zuschuß oder einen billigen Kredit gewährt. Diese Art der Finanzierung wird zum Beispiel im westlichen Europa praktiziert, wo die Europäische Wirtschaftsgemeinschaft ihre Städte bei bestimmten Projekten unterstützt.

Wenn die Stadt einerseits ihre Bewohner besteuert und Gebühren eingetrieben und andererseits von der Regierung alle greifbaren Zuwendungen erhalten hat, deren sie habhaft werden kann, dann weiß sie, mit welchen Finanzmitteln sie in diesem Jahr rechnen und arbeiten kann. Es gibt dann keine weitere direkte Geldquelle mehr. Gelegentlich überläßt ein Mäzen seiner Stadt Kunstobjekte (wie die Schokoladenfabrikanten Ludwig in Köln und Sprengel in Hannover), oder er hinterläßt eine Erbschaft zugunsten der Stadt. Doch sind diese Dotationen für den Haushalt völlig unwesentlich und häufig mit Auflagen verbunden, die für die Stadt teuer sind. Es ist nun die Kunst jeder Stadt, diese Beträge oder doch einen bestimmten Teil von ihnen zu verdreifachen oder zu verzehnfachen. Auf diese Weise kann sie neue Projekte beginnen, für die das Geld an sich erst in zehn oder fünfzig Jahren vorhanden wäre. Die Stadtverwaltung beschafft sich also mit den Steuern und Abgaben Kredite bei den Banken, oder sie gibt Schuldscheine aus und erhöht so ihre finanzielle Leistungsfähigkeit. Dies ist noch kein wirklich abgesicherter, aber immerhin ein zeitlich vorgezogener Leistungszuwachs auf Kosten der Zukunft. Für eine Umwandlung in einen Kredit eignen sich auch nur jene Gelder, die nicht schon benötigt werden, um die Stadtverwaltung selbst, ihre laufenden und angefangenen Bauvorhaben, ihren

Service sowie die Tilgung und die Zinsen für alte Kredite zu bezahlen. Dem Wechsel auf die Zukunft liegt also ein Betrag zugrunde, der im Vergleich zu dem gesamten Haushaltsplan dadurch auffällt, daß er bemerkenswert klein ist. Auf diese Weise werden die Banken zum indirekten und zugleich allerletzten Finanzier der Stadt.

Die „Stadtmiete"

Die interessanteste Frage dieses Kapitels ist die dritte nach der Methode, mit der den Stadtbewohnern Geld abverlangt wird, und nach der Höhe dieser Abgaben. Sie ist deshalb so wichtig, weil mit ihr der Zusammenhang zwischen der Geldabgabe durch die Bewohner und dem, was an öffentlichen Anlagen und Einrichtungen und kommunalem Service in der Stadt entsteht, hergestellt und transparent gemacht wird oder auch nicht. Die Antworten zu den vorhergehenden Punkten, dem zu finanzierenden Programm und den Verpflichteten, sind mehr oder wenig selbstverständlich. Die Stadt muß finanziert werden, und daß dies hauptsächlich die Bewohner tun, ist ebenso eindeutig. Was sie jedoch im Jahr oder im Monat zu entrichten haben, nach welchen Gesichtspunkten dieser Betrag berechnet wird und wie eine Kontrolle der dafür erbrachten Leistungen erfolgen kann, darauf sind verschiedene Antworten denkbar.

Der Frage, was die Stadtbewohner an ihre Verwaltung abführen sollen, nähert man sich am besten von den Extrempositionen her. Das eine Extrem wäre, daß jeder Stadtbewohner nur das bezahlt, was er tatsächlich von der Stadt erhält, ausgedrückt in den bekannten Maßeinheiten: an Platz, an Möglichkeiten des Erlebens und des Genusses, an sozialer Sicherheit, an Transportleistung und was sonst noch von der Stadtverwaltung angeboten wird. Dies wäre das Prinzip der unmittelbar einzukaufenden Leistung. Das andere Extrem könnte darin bestehen, daß jeder Bewohner einmal im Jahr oder monatlich einen bestimmten Betrag an die Stadt bezahlt, mit dem er sich sämtliche Leistungen für diesen Zeitraum einkauft. Im ersten Fall, in dem Geld von Fall zu Fall gegen einzelne Dinge gegeben wird, werden die städtischen Leistungen in gewisser Weise frei angeboten. Wenn gefragt wird, welche Lösung zur Zeit in den Städten praktiziert wird, so wird man finden, daß man sich häufig auf eine mittlere Position eingependelt hat. Ein Teil der städtischen Finanzmittel wird ohne unmittelbare Gegenleistung, der andere Teil aber gegen eine bestimmte Leistung eingezogen. Ein Bewohner, der eine Eintrittskarte für ein Bad oder ein Theater erwirbt, hat anschließend die Möglichkeit, zu baden oder einer Komödie zuzusehen. Gegen eine entsprechende Gebühr liefert die Stadt Wasser in die Wohnung und fährt den Müll ab. Andererseits nimmt sie den Eigentümern von Grundstücken, den Wirten von Lokalen oder den Kapitalgesellschaften Steuern ab, für die es keine sofortige und bestimmte Gegenleistung gibt. Zumindest theoretisch bezahlt sie damit jene Baulichkeiten und Dienstleistungen, für die sie auch keine direkte Bezahlung fordert: Straßen, Beleuchtung, Grünanlagen, Elemente des öffentlichen Nahverkehrs, der Sozialhilfe und anderes. Fragt man nach dem Kriterium, nach dem zwischen der direkten und der indirekten Art der Geldhingabe unterschieden wird, kommt man auf die Praktikabilität. Oben war schon die Rede davon, daß es unpraktisch ist, jeden Autofahrer, der eine Stadtstraße befährt, wie bei der italienischen Autobahn eine Kontrolle passieren und bezahlen zu lassen. Immer dort, wo die Bewohner ein Gebäude oder eine Anlage betreten müssen, um eine Leistung zu empfangen, oder wo die Leistung ihnen ins Haus geliefert wird, kann die Stadtverwaltung ohne großen Aufwand direkt kassieren. Immerhin ist die indirekte Art der Mittelbeschaffung in den städtischen Haushalten die wichtigere. Sie umfaßt nämlich Leistungen, die für selbstverständlich gehalten werden und darin ihre Wichtigkeit beweisen. Die Tätigkeit der Stadtverwaltung, ein Betrieb von zehntausend, zwanzigtausend oder mehr Menschen, wird beispielsweise indirekt finanziert. Der gesamte Stadtverkehr (mit Ausnahme der Bus- und Bahnbenutzung) und alles, was dazugehört, lebt aus der allgemeinen Kasse. Das gleiche gilt für die meisten sozialen Dienste. So läßt sich behaupten, daß Städte dazu neigen, ihre Leistungen pauschal zu verkaufen (oder zu verschenken). Man erwirbt also mit der Geldhingabe aus dem privaten Portemonnaie eine Art von Anrecht, von der Stadt in vielerlei Beziehungen bedient zu werden. Spezielle Leistungen, die häufig weniger selbstverständlich sind, müssen dagegen besonders erworben werden. Es mag sein, daß man auch bei ihnen nicht den vollen Preis entrichtet, weil die Leistung noch aus dem allgemeinen Topf subventioniert werden muß. Aber diesen Subventionsanteil kann man nur aktivieren, indem man selbst einen bestimmten Betrag (für eine Eintrittskarte und so weiter) entrichtet. Die Subventionen aber stellen wieder einen Fall der indirekten Finanzierung dar. In Wirklichkeit gibt es also nur sehr wenige Dinge, die der Stadtbewohner bei der Stadtverwaltung nach kaufmännischen Gewohnheiten erwirbt (zum Beispiel Wasser und Energie).

Wenn wir also untersuchen, nach welcher Methode die Stadt ihre Gelder von den Stadtbewohnern einziehen sollte, dann liegt es nahe, von jenem Extrem auszugehen, dem man sich bereits ziemlich genähert hat. Man kann es den Weg der „Kopf-" oder besser der „Stadtmiete" nennen, einer Art von kommunaler Versicherung, mit der man generell einen Anspruch auf kommunale Leistungen erwirbt. Man mietet die Stadt, wie man sich eine Wohnung mietet. Indem man ihre Vorzüge und Nachteile überprüft, tastet man sich schließlich an eine Methode heran, die den Erwartungen der Stadtbewohner am nächsten kommt. Allerdings brauchen wir Kriterien, anhand derer die positive und die negative Seite einer solchen persönlichen Abgabe beurteilt werden kann. Worauf also kommt es den Bewohnern an, wenn sie zur Finanzierung ihrer Stadt herangezogen werden?

Abgesehen davon, daß sie möglichst viel städtisches Angebot für möglichst wenig Geld bekommen wollen, ist es ihnen wichtig, den Zusammenhang zwischen beiden zu durchschauen, also zu wissen, was mit ihrem finanziellen Einsatz in der Stadt gemacht wird, was machbar ist oder nicht. Nur auf diese Weise werden sie nämlich in den Stand versetzt, sich eine Meinung darüber zu bilden, ob sie gut oder schlecht verwaltet werden und ob es nötig ist, die Beiträge zu erhöhen, um bestimmte neue Projekte realisieren zu können. Die Gesichtspunkte der Information und der Transparenz stehen für die Bewohner an erster Stelle. Sie sind Voraussetzung dafür zu wissen, ob und wie sie von der Stadtverwaltung gut bedient werden können.

Wenn es darum geht, den Stadtbewohner so weit wie möglich zum Herrn der ihn umgebenden städtischen Situation zu machen, dann spricht dies für die oben vertretene Auffassung, daß die Stadt grundsätzlich nur solche Aufgaben übernehmen sollte, die nicht von Privatleuten oder ihren Gesellschaften erledigt werden. Nimmt nicht die Stadt, sondern ein Kaufmann bestimmte Aufgaben wahr, dann tut er das in der Weise, daß er seine Leistungen gegen bare Bezahlung an seine Interessenten verkauft. Der Stadtbewohner weiß also, wofür er sein Geld hingibt, und es steht ihm frei, zu erwerben oder nicht zu erwerben. Damit behält er, jedenfalls in dieser Hinsicht, seine Entscheidungsfreiheit.

Dies gilt in einem weit geringeren Ausmaß, wenn der Bewohner nicht projektbezogene Gelder in Form von allgemeinen Steuern oder Abgaben an die Stadt abführt. Er weiß zwar, daß die Zahlungen aller Bewohner in einem gemeinsamen großen „Topf" gesammelt werden. Und er sieht auch, daß die Stadtverwaltung hiervon alle möglichen Dinge baut und betreibt. Aber er hat keinen genauen Überblick darüber, welche Summen jährlich zusammenkommen, was hiervon finanziert wird und wieviel Geld die einzelnen städtischen Maßnahmen in Anspruch nehmen. Der städtische Haushaltsplan hilft ihm dabei kaum weiter, weil er zu technokratisch aufgebaut und dargestellt ist, um von jedem verstanden zu werden. Außerdem gibt es eine Fülle vewirrender „Zwischenfinanzierungen", zum Beispiel diese: In den meisten Städten pflegen die Tarife für die öffentlichen Busse und Bahnen subventioniert zu werden. Es gibt an sich einen Preis, der kostendeckend ist, aber er wird nicht verlangt. Dafür setzen die Stadtverwaltungen oder Verkehrsgesellschaften Preise fest, die vielleicht nur der Hälfte oder zwei Dritteln der wirklichen Kosten entsprechen. Für diesen Preis gibt es keine wirklich überzeugende Begründung, weil nicht einzusehen ist, warum der Kostendeckungsgrad beispielsweise 60 % und nicht 54 % oder 74 % betragen soll (außer, man macht die historische Entwicklung dafür verantwortlich). Die einzigen Tarife, die sich logisch begründen lassen, sind einerseits der wirkliche Preis oder andererseits der Verzicht auf jeden Preis. Das erstere läßt sich damit rechtfertigen, daß üblicherweise jeder Mensch für seine Nahrung, für Strom, Wasser, Gas oder auch für sein Auto bezahlen muß, was diese Dinge den Hersteller (einschließlich seines Gewinns) kosten. Das zweite läßt sich mit dem Hinweis rechtfertigen, daß die Stadt samt ihren Einrichtungen und Anlagen auch in finanzieller Hinsicht wie eine einzige Sache oder „Ware" aufgefaßt werden kann, die man als Ganzes einkauft; auf dieses Argument werde ich noch zurückkommen. Aber alle „Zwischenpreise" sind völlig willkürlich gewählt, auch dann, wenn man sie als ein Geschenk an die Fahrgäste betrachtet. Deshalb läßt sich über Tariferhöhungen, die sich im Zwischenbereich zwischen dem Nulltarif und dem vollen Tarif bewegen, auch nur mehr oder weniger irrational diskutieren. Die Verwaltungen spüren das, und sie versuchen, Hilfsargumente einzuführen wie etwa die, daß ein subventionierter Tarif einige Autofahrer bewegen könnte, mit der Straßenbahn zu fahren und so die Stadtstraßen zu entlasten. Aber auch dieses Hilfsargument ist irrational, denn ein Autofahrer benutzt sein Fahrzeug erst zuletzt deshalb, weil er glaubt, daß es billiger als ein anderes Transportmittel ist.

Ich möchte zu der Frage zurückkommen, ob die Methode der „Stadtmiete" mehr

Vorteile als Nachteile bringt, wenn es um Information und Transparenz geht. Dazu müssen wir einen Gesichtspunkt noch einmal aufgreifen, der im Zusammenhang mit den Zahlungspflichtigen eine Rolle spielt. Wir hatten gesagt, daß es bei bestimmten städtischen Leistungen nicht möglich ist, sie von Fall zu Fall an einzelne zu „verkaufen". Hierzu gehören die Benutzung des Straßennetzes ebenso wie das Spazierengehen in einer Grünanlage, der Genuß von Straßenkunstobjekten ebenso wie die Reinigung der Straßen, um Beispiele aus dem Bereich des Stadtverkehrs zu nennen. Außerdem werden auch viele der übrigen Dienstleistungen, bei denen der einzelne Benutzer einen Eintrittspreis bezahlen muß, zum Teil subventioniert. Hierzu gehören Theaterkarten, Karten für Bäder, Museen oder den öffentlichen Nahverkehr, aber auch manche sozialen Dienste, bei denen sogar eher die Stadt als die Benutzer den Großteil der Kosten tragen. Auch diese Dinge werden damit aus dem großen Topf bedient, dessen Inhalt als allgemeine Steuern und Abgaben von jedem Bewohner eingezogen wird. Genaugenommen gibt es so gut wie nichts, was die Stadtverwaltung nur gegen Zahlung des vollen Preises abgibt, wenn man die Lieferung von Wasser und Energie einmal außer acht läßt. Wir finden also die Tatsache vor, daß einerseits bestimmte Leistungen der Stadt durch direktes Inkasso nicht zu bezahlen sind, weil dies technisch oder finanziell unmöglich ist, und daß andererseits bestimmte Leistungen bezuschußt werden, damit der Rest für die Bewohner bezahlbar wird. Beide Fälle decken den Großteil städtischer Aktivitäten ab, und in beiden Fällen werden die Mittel der allgmeinen Kasse entnommen. Hieraus ergibt sich, daß unabhängig von den Vorzügen und Nachteilen der „Stadtmiete" ohnehin nicht auf sie verzichtet werden kann. Oder, anders ausgedrückt: In den erwähnten Beziehungen kann sie durch die Methode des gleichsam privatwirtschaftlichen Erwerbs jeder einzelnen städtischen Leistung durch die Bewohner nicht ersetzt werden.

Damit aber verschiebt sich unsere Fragestellung. Es geht jetzt nicht mehr darum, ob die „Stadtmiete" die bessere Methode ist. Da wir ohnehin nicht auf sie verzichten können, ist zu überlegen, ob es nicht richtig ist, sie ohne bemerkenswerte Mängel auf alle städtischen Leistungen zu erstrecken. Dies würde bedeuten, daß nicht mehr direkt an die Bewohner verkauft wird, sondern alles sozusagen „frei" ist. Zum anderen müssen wir uns beantworten, wie die Methode der indirekten Bezahlung gestaltet werden sollte, um den Kriterien der Information und Transparenz soweit wie möglich Genüge zu tun. Dies ist ein schwieriger Punkt, denn wir haben festgestellt, daß die „Stadtmiete" in dieser Beziehung der Methode des direkten Verkaufs unterlegen ist. Aber vielleicht gibt es einen Weg, diesen Nachteil durch bestimmte Maßnahmen auszugleichen und damit Vorteile zu gewinnen, die bei direkter Bezahlung nicht möglich sind.

Wenn man mit der „Stadtmiete" alles finanziert, was die Stadtverwaltung an kommunalen Bauten und kommunalem Service produziert, dann bedeutet dies, daß für Theater, den öffentlichen Nahverkehr durch Busse und Bahnen, daß für Bäder, Bibliotheken und anderes keine Eintrittskarten oder Fahrkarten mehr zu kaufen sind. Die Kosten dieser Einrichtungen und Dienste werden dann nicht mehr nur teilweise, sondern ganz aus dem städtischen Haushalt beglichen. Aus der Sicht der

Stadtbewohner besagt dies, daß sie den berühmten Nulltarif besäßen, den manche Menschen seit Jahren fordern, den die Stadtverwaltungen aber ablehnen (wenn sie auch Konzessionen dadurch machen, daß sie bestimmte Dinge subventionieren). Man kann also mit der Straßenbahn fahren, ohne bezahlen zu müssen. Man kann das Theater besuchen, ohne eine Eintrittskarte zu kaufen (wobei man sich allerdings beeilen muß, nicht zu spät zu kommen). Es ist möglich, Bäder und Bibliotheken, Museen und Kindertagesstätten aufzusuchen, wann immer man will, ohne dafür besonders bezahlen zu müssen. Es ist kein Grund ersichtlich, der dagegen spricht, daß dies technisch machbar ist.

Keine Regel ohne Ausnahme: Die Methode der „Stadtmiete" würde nur solche Leistungen nicht erfassen, die unmittelbar von Privatleuten und von privaten Gesellschaften erbracht werden. Über sie kann die Stadtverwaltung nicht verfügen, so daß sie nach wie vor von den privaten Unternehmern abgenommen werden müssen. Vor allem aber ist die „Stadtmiete" dort nicht anwendbar, wo nationale und internationale Gesichtspunkte dies von vornherein verbieten. Dazu gehört als Wichtigstes die Versorgung der Stadtbewohner mit Wasser und Energie, mit Elementen also, deren Vorrat alles andere als unerschöpflich ist. Hinzu kommt, daß man ausgerechnet mit diesen Dingen verschwenderisch umgehen kann. Es gibt niemanden, der den ganzen Tag in der Straßenbahn sitzt, nur weil sie nichts kostet. Es macht auch keinen Spaß, täglich ins Theater zu gehen, nur weil man dafür nicht mehr zu bezahlen braucht. Wasser, Elektrizität und Gas aber kann man ständig „laufen" lassen, ohne daß es einen positiv oder negativ berührt, Zeit kostet oder mit körperlichen Anstrengungen verbunden ist. Hier gibt es keine natürliche Sperre vor Mißbrauch, und deshalb muß man sie künstlich schaffen. Da es nicht möglich ist, Wasser und Energie zu kontingentieren, bleibt nur übrig, ihren Verbrauch von Wohnung zu Wohnung zu messen und Geld von den Abnehmern zu verlangen. Dies ist die gegenwärtig wohl überall praktizierte Methode, und ich sehe keine Möglichkeit, hieran etwas zu ändern.

Im übrigen aber sind alle städtischen Angebote in Form von Baulichkeiten und Dienstleistungen zur kostenlosen Benutzung geeignet. Mancher wird einwenden, daß die Menschen Straßenbahnen oder Kindertagesstätten, Parkanlagen oder Sozialhilfe mehr achten, wenn sie veranlaßt werden, ein Geldstück dafür zu entrichten. Und diese Achtung könnte die Unterhaltung erleichtern und die Lebensdauer verlängern. Dieses Argument wäre richtig, wenn es sich nicht an die Geldhingabe, sondern an das Eigentum knüpfen würde. Auch um die Verschmutzung eines Straßenbahnwagens, für den man bezahlt hat, kümmert man sich nicht. Man tut es nicht, weil er einem nicht gehört. Der Preis der Fahrkarte orientiert sich ja auch nicht an der Behutsamkeit, mit der man den Waggon behandelt. Das gleiche gilt für die Kindertagesstätte, den Park und bestimmte Offerten der Sozialhilfe. Ein detailliertes Interesse an der Erhaltung und Pflege dieser Objekte und Einrichtungen würde erst bei demjenigen einsetzen, der zum Eigentümer oder Verfügungsberechtigten gemacht würde. Die kostenlose Benutzung verschlimmert also die Beziehung der Stadtbewohner zu „ihren" öffentlichen Anlagen und Einrichtungen nicht; sie bleibt davon unberührt.

Wir können uns damit auf die besondere Ausgestaltung der »Stadtmiete« konzentrieren. Ihre wichtigste Eigenschaft ist, daß sie tatsächlich für jedermann gilt, für den weiblichen und den männlichen Bewohner, für Kinder und Greise, für arme und wohlhabende Menschen. Sie geht nicht mehr davon aus, daß es in der Stadt Straßen gibt, auf denen man fährt oder nicht, daß es Sportanlagen gibt, die man benutzt oder nicht, daß es Schulgebäude gibt, in denen nur Schulkinder sich aufhalten, oder daß es Freizeitheime gibt, in denen nur alte Menschen Skat spielen. Sie interessiert sich nicht dafür, daß die Stadt in ihrem öffentlichen Bereich in Hunderte von Elementen zerfällt, zu denen jeder Stadtbewohner ein mehr oder weniger inniges (und damit mehr oder weniger teures) Verhältnis hat. Wir haben die Stadt mit der Wohnung verglichen: Auch die Wohnung ist mehr als die Addition ihrer Zimmer. Als Wohnung wird sie von uns erfaßt, nicht als die Summe von zwei oder fünf Zimmern. Wir bezahlen die Miete für die Wohnung, nicht für die Inanspruchnahme eines jeden Raumes, ohne Rücksicht darauf, wie häufig und wie intensiv wir die einzelnen Räume nutzen. Zwar nutzt man die Wohnung gemeinhin in allen ihren Räumen aus. Von der Stadt dagegen macht man nur partiell Gebrauch. Was scheren mich Radwege, wenn ich nicht Rad fahre? Doch muß man sehen, daß andere, die nicht Tennis spielen, dafür meinen Tennisplatz mit bezahlen. Man kann diese Dinge nicht restlos aufklären, so daß jeder Bewohner überzeugt ist, nicht mehr zu geben, als er bekommt. Aber diese letzte Quantifizierung ist nicht mehr entscheidend, da sie sich ohnehin nur mit den Ausnahmen beschäftigt. Für die „Stadtmiete“ ist die Stadt insoweit eine Einheit, ein Gebilde, das als Ganzes angeboten wird. Wenn Leute hiervon keinen Gebrauch machen, weil sie zu gleichgültig oder zu krank, zu dumm oder zu arrogant, zu jung oder zu alt sind, dann wird dies als ein nebensächliches Faktum angesehen, als ein Übel von Minderheiten, über das man hinwegsehen kann. Für jedes Element des öffentlichen Bereiches der Stadt gibt es unter den überhaupt in Frage kommenden so etwas wie eine Mehrheit, und diese Mehrheiten zusammengenommen geben auch die überwältigende Mehrheit der Stadtbevölkerung wieder. Für sie werden die öffentlichen Anlagen und Einrichtungen gebaut und unterhalten, offengehalten und betrieben. Dieses Ganze muß finanziert werden, und zu dieser Finanzierung muß jeder Bewohner einen Beitrag leisten.

An dieser Grundverpflichtung ist nichts zu ändern, wenn man nicht in Widerspruch zur Methode der „Stadtmiete“ kommen will. Allerdings läßt sich erörtern, ob jeder Bewohner gleichermaßen belastet werden soll. Wir hatten uns dazu entschlossen, das Kriterium der Intensität der Inanspruchnahme von Gebäuden, Fahrzeugen und Dienstleistungen nicht mehr zu berücksichtigen. Aber die Menschen in der Stadt unterscheiden sich in allen möglichen anderen Beziehungen, von denen die eine oder die andere möglicherweise so gewichtig ist, daß sie bei der Bemessung der „Stadtmiete“ eine Rolle spielen muß. Zum Beispiel verdienen Kinder kein eigenes Geld, ein Junggeselle kann sich mehr erlauben als sein Berufskollege, der eine fünfköpfige Familie zu versorgen hat. Dies ist das Argument von den unterschiedlichen Vermögensverhältnissen der Stadtbewohner. Wenn überhaupt, dann könnte man von diesem Argument tatsächlich der Meinung sein, daß es bei der „Stadtmiete“ berücksichtigt werden müßte. Dies könnte dadurch geschehen, daß die Höhe der Steuer an das Einkommen der Bewohner geknüpft würde, in Form einer Prozentzahl oder einer gestaffelten Pauschale. Doch ich meine, daß eine solche Stadtsteuer gar nicht anders kann, als die Bewohner gleichmäßig zu belasten. Es ist eine Tatsache, daß eine fünfköpfige Familie von den öffentlichen Einrichtungen und Anlagen in der Stadt etwa fünfmal soviel Gebrauch macht wie ein Junggeselle, um auf das Beispiel von eben zurückzukommen. Wenn dies so ist, dann läßt sich rechtfertigen, die Steuer an die Person zu binden, gleichgültig, ob sie selbst Einkommen hat oder nicht und wie hoch es ist. Der notwendige Ausgleich zwischen dem Familienvater mit seinen drei Kindern und dem Junggesellen, der nur für sich zu bezahlen braucht, kann kein Bestandteil der Stadtmiete sein. Er muß auf nationaler Ebene gelöst werden, von der staatlichen Regierung. Da sie selbst auch Steuern erhebt, können bei ihr alle Informationen zusammenlaufen, vor allem jene über das Verhältnis sämtlicher Steuern, die ein Stadtbewohner bezahlt, zu seinem Einkommen. Sollte dieses Vehältnis so ungünstig sein, daß der Betreffende sozialer Hilfe bedarf, muß der Staat die entsprechenden Vorkehrungen treffen. Um noch einmal auf den Vergleich mit der Wohnung zu kommen: Jeder Bewohner hat seinem Vermieter die monatliche Miete zu zahlen, ohne Rücksicht auf seinen sozialen Stand. Ist sein Einkommen wirklich gering, erhält er (so in der Bundesrepublik Deutschland) ein Wohngeld, aber nicht vom Vermieter, sondern von der Regierung seines Landes.

In welcher Weise die Bewohner durch eine „Stadtmiete" belastet würden, zeigt folgendes Beispiel. Die Stadt Hannover verfügte 1976 über Einnahmen von ca. zwei Milliarden Mark. Sie hat mehr als 500 000 Einwohner. Um das Geld, das die Stadt ausgibt, aufzubringen, müßte jeder Bewohner einen Betrag von etwa 400,– DM im Jahr oder 36,– DM im Monat aufbringen. Eine fünfköpfige Familie wäre mit 180,– DM monatlich belastet. Dafür hätte sie im Prinzip das gesamte hannoversche kommunale Angebot eingekauft, könnte also auch kostenlos U-Bahn fahren oder in die Oper gehen. Es ist müßig zu fragen, ob sie diesen Betrag bezahlen kann. Wahrscheinlich fällt es den meisten leicht, einigen schwer. Auch heute wird er von ihnen geleistet, allerdings über ein kompliziertes und undurchsichtiges System von Steuern, Beiträgen und Gebühren. Die Tatsache, daß kinderreiche Familien heute geringer belastet sind als gutverdienende Junggesellen, wird dadurch wieder relativiert, daß sie Fahrkarten für den Transport der Kinder zur Schule oder Eintrittskarten für das Bad kaufen müssen. Dies ist selbstverständlich eine ganz grobe Rechnung. Immerhin aber zeigt diese Rechnung, und darauf kommt es an dieser Stelle an, daß sie nicht ungerechter oder unbegründeter als jede andere Berechnungsmethode ist.

Dafür hat sie einige Vorteile, auf die man sonst verzichten müßte. Als erstes informiert sie die Stadtbewohner darüber, was die städtischen Anlagen, Einrichtungen und der Service überhaupt kosten. Jeder kann sich außerdem ein Urteil darüber bilden, was sie ihn persönlich kosten. Damit wird der Zusammenhang zwischen der Geldhingabe und der kommunalen Leistung völlig durchsichtig. Vielleicht entspricht dies nicht unbedingt den Interessen der Stadtverwaltung, die natürlich zu allen kommunalen Fragen ihren eigenen Ehrgeiz entwickelt. Aber dies ist ein Gesichtspunkt, den wir in dieser Arbeit vernachlässigen dürfen. Wenn es darum geht, neue Projekte zu realisieren, kann sich jedermann aufgrund der kalkulierten Kosten ausrechnen, wieweit sich seine „Miete“ dabei erhöht. Er kann sich eine Meinung dazu bilden, ob und in welcher Weise ihm dieses Projekt wert ist, realisiert zu werden. Mit jeder neuen Investition erhöht sich sein monatlicher Beitrag. Damit wird das politische Interesse an der Stadt neu belebt. Zum anderen: Da die Leistungen der Stadt keine besondere Bezahlung mehr erfordern, ist eine Schwelle fortgefallen, die manche daran gehindert hat, ins Theater zu gehen, mit den öffentlichen Bussen zu fahren oder mehr Sport zu treiben. Damit aber werden diese und vergleichbare Einrichtungen stärker ausgelastet als heute, und sie kommen mehr Menschen zugute. Über den Preis von Fahr- oder Eintrittskarten, die man nicht mehr erhebt, braucht es keinen Streit mehr zu geben — also auch nicht darüber, ob man einen Sitzplatz im Bus oder in der Oper mehr oder weniger willkürlich mit 35 Prozent oder mit 75 Prozent subventioniert. Die Menschen werden gleich behandelt, und es sind keine äußeren Umstände oder sozialen Zufälligkeiten mehr, die ihnen den Genuß städtischer Angebote vorenthalten. Dies ist eine Gleichheit, die nicht auf Kosten der persönlichen Freiheit geht. Im Gegenteil, mehr Leute als zuvor erhalten die Gelegenheit, zwischen den Möglichkeiten des städtischen Daseins und den Freizeitbeschäftigungen wählen zu können als vorher. Wenn sie auch dann keinen Gebrauch davon machen, fehlt ihnen die Notwendigkeit dazu oder auch das persönliche Interesse daran, und niemand braucht sich deshalb Vorwürfe machen zu lassen. Keiner wird gezwungen, sich „Aida“ anzuhören, obwohl ihm eine Rockgruppe lieber ist.

Während diese Argumente das Innenverhältnis der Stadtgesellschaft betreffen, haben die folgenden mit den Verhältnissen von Städten untereinander zu tun. Die Stadtmiete löst das Problem der unterschiedlichen sachlichen und finanziellen Ausstattung von Städten. Jede Stadt kann nun im Prinzip gleiche Bauten und gleichen kommunalen Service anbieten. Wenn es auch zukünftig wesentliche Unterschiede geben wird, dann sind sie weniger eine Folge von historischen Zufälligkeiten und mehr eine Folge der Absichten der Bewohner. Man gibt mehr Geld aus, um sich ein reizvolleres Angebot an städtischen Leistungen zu erschließen, oder man gibt weniger aus, weil einem private Ziele wichtiger sind. Zur Frage, ob die Bewohner mitmachen würden, schreibt Martin Neuffer in anderem Zusammenhang: „Mit ihrem Plädoyer für einen größeren Anteil am Sozialprodukt werden die Kommunalpolitiker nur Erfolg haben, wenn sie überzeugend darzulegen vermögen, daß sie mehr Geld gut ausgeben können. Bürger zahlen nie gern Steuern. Aber sie zeigen mehr Bereitwilligkeit, wenn sie sehen, daß die Lebensqualität dadurch wirklich verbessert wird[83].“

Selbstverständlich setzt dies alles voraus, daß die Stadtbewohner jedes Jahr von ihrer Verwaltung einen Brief erhalten, in dem die wichtigsten Zahlen des Haushaltsplans abgedruckt sind. Wenn die Verwaltung meint, die „Stadtmiete“ erhöhen zu müssen, dann geht das nicht ohne eine Begründung in diesem Brief. Im 3. Kapitel habe ich ausgeführt, wer schließlich entscheiden soll, ob die Miete zugunsten neuer Investitionen oder Dienste erhöht werden soll: in den Stadtbezirken die Bewohner selbst durch ihr Votum, in der Zentrale die städtische oder die staatliche Administration.

10. Die Stadt als Museum

Die gebaute Stadt setzt sich aus unzähligen Aktivitäten ihrer Bewohner zusammen, der heute lebenden ebenso wie aller vorangegangenen Generationen. Fast alle Menschen hinterlassen eine sichtbare Spur im städtischen Vordergrund, in dem also, was man sehen und anfassen kann, und sei sie noch so winzig und unbedeutend. Mit Ausnahme der spektakulären Objekte läßt sich allerdings nicht mehr feststellen, wer für welche kleine oder große Hinterlassenschaft verantwortlich ist. Wer beispielsweise errichtete Florenz, so wie es sich uns heute darbietet? Wir wissen es so wenig wie von anderen Städten, von einigen Dingen wie — in Florenz — den Uffizien, den Arnobrücken oder den Skulpturen auf den Plätzen abgesehen. Alles ist die Arbeit von Florentinern, aber es ist natürlich nicht bekannt, wer seit dem Entstehen der Stadt bis heute dort gelebt hat. In seinem Gedicht „Fragen eines lesenden Arbeiters“ beschreibt Bertolt Brecht diesen Sachverhalt folgendermaßen:

„Wer baute das siebentorige Theben?
In den Büchern stehen die Namen von Königen.
Haben die Könige die Felsbrocken herbeigeschleppt?
Und das mehrmals zerstörte Babylon —
Wer baute es so viele Male auf?
In welchen Häusern
Des goldstrahlenden Lima wohnten die Bauleute?
Wohin gingen an dem Abend, wo die
Chinesische Mauer fertig war
Die Maurer? Das große Rom
Ist voll von Triumphbögen. Wer errichtete sie?
...
So viele Berichte.
So viele Fragen.“

Dennoch kündet die Stadt von den Arbeitsergebnissen ihrer Bewohner. Man kann es so formulieren, daß sie Tausende von Objekten geradezu „ausstellt“, die irgendwann einmal zustande gekommen sind und einen bestimmten Sinn hatten oder noch haben. Lewis Mumford schreibt: „... die typischste Einrichtung der Metropole, die für ihr Lebensideal ebenso bezeichnend ist wie es das Gymnasium für die griechische Stadt oder das Krankenhaus für die mittelalterliche Stadt war: das Museum … Wenn also die Großstadt weitgehend für die Erfindung und Ausbreitung des Museums in der Öffentlichkeit verantwortlich ist, so dient sie in gewissem Sinn selbst auf wesentliche Weise als Museum[84]." Was aber stellt die Stadt aus, und was davon ist „museal"? Ich möchte an zwei Beispielen zeigen, was zu diesen Objekten aus verschiedenen Zeiten gehört, die eine Stadt zu einem Museum machen oder machen könnten. Man kann die Situation von den Bewohnern und von den Sachen her betrachten.

Um mit den Menschen zu beginnen: Wenn uns auch die überwältigende Masse der Florentiner völlig unbekannt ist, so sind doch einige Namen überliefert. Wir wissen, daß ein Zeitgenosse des 17. Jahrhunderts den Namen Niccolo Macchiavelli trug. Nun war er allerdings kein gewöhnlicher Bewohner und Staatsbürger dieser Stadt. Seine politischen, historischen und dramatischen Schriften werden auch heute noch gelesen, weil sie in ihrer Art einmalig sind. Er brachte es in Florenz zum Segretario der Zweiten Kanzlei des Rates der Zehn, bevor er nach Casciano verbannt wurde. Für die Verhätlnisse des damaligen Florenz fielen seine außergewöhnlichen Begabungen und Leistungen immerhin nicht völlig aus dem Rahmen. Zu seiner Zeit lebten dort Künstler wie Michelangelo, Philosophen wie Donna Maria Ciliego, Moralisten wie Savonarola oder Politker wie die Medici. Es ist also nicht unangebracht, Macchiavelli unter anderem auch als einen Bewohner unter vielen anderen anonymen oder berühmt gewordenen Bewohnern seiner Stadt zu sehen. Er ist eine historische Figur, über deren Tätigkeit wir zufällig einiges wissen, im Gegensatz zum Leben der unbekannten Generationen in dieser Stadt.

Er ist ein vorzügliches Beispiel für die Feststellung, daß jede Stadt unter anderem auch ein Museum ist, ein versteinerter Strom der Zeit, in dem quasi einige Gedanken und Taten vorhergehender Generationen sich eingezeichnet haben. Ohne das Wirken auch des Bewohners Macchiavelli sähe Florenz in einigen Details anders aus. Was für ihn gilt, gilt auch für alle anderen Bewohner dieser Stadt — bis hin zu jenem anonymen Straßenarbeiter, der nicht viel Bemerkenswerteres tat, als den Eckstein an der Kreuzung der Via de Fossi und der Via Palazzuolo besonders schön zu setzen. Was speziell der Bewohner Macchiavelli im Erscheinungsbild der Stadt Florenz hinterlassen hat, ergibt sich aus seinem Privatleben, seiner Tätigkeit als Sekretär der Signoria und später als einjähriger Kanzler der Festungsbaubehörde. Man kann es in wenigen Sätzen zusammenfassen: Macchiavelli hat ein Haus auf der Nordseite des Arno bewohnt und ausgebaut. Als Sekretär hat er ein Bürgerheer geschaffen. Um ständige Milizübungen zu ermöglichen, sind einige bauliche Vorkehrungen von ihm getroffen worden, die Florenz verändert haben. Ähnliches gilt für das eine Jahr seiner Tätigkeit als Festungsbauer. Drei Jahre nach Macchiavellis Tod hat Michelangelo eine der projektierten Veteidigungsanlagen am Berg von San Miniato angelegt. Aus diesen Aktivitäten folgt die Spur, die dieser Bewohner in seiner Stadt hinterlassen hat — eine von Millionen Spuren. Wir können sie auch heute noch teilweise erkennen, so etwa die Reste der militärischen Bauten, auch wenn sich die Urheberschaft nicht in allen Details exakt nachweisen läßt.

Macchiavelli ist nur ein prominentes Beispiel dafür, daß Städte aus der Summe von Anreicherungen der vorangegangenen Generationen bestehen. So hinterließ

Baron Haußmann in Paris eine neue Straßenstruktur, und eine hannoversche Prinzessin ließ die Herrenhäuser Gärten anlegen. Von jedem Menschen existiert etwas in und an seiner Stadt — allerdings selten etwas von der Bedeutung und Originalität seiner großen Zeitgenossen. Doch letzten Endes machen die unendlich vielen zurückgebliebenen Arbeiten der Millionen unbekannter Stadtbewohner das aus, was die Stadt in ihrer gebauten und charakteristischen Substanz entstehen läßt. Selbst wenn wir aus Florenz alles das entfernen, was diese Stadt an weltberühmten Details enthält, bleibt es noch eine Stadt. Auch dann besäße sie noch Kirchen, öffentliche Gebäude, Brücken und Paläste, wenn auch von geringerer Sensation. Sie würde dann noch deutlicher getragen von dem, was alle möglichen Bewohner in den öffentlichen und privaten Bereichen erarbeitet und zurückgelassen haben.

Ein Gegenbeispiel zum bekannten Niccolo Macchiavelli ist der unbekannten Bewohner C. aus einem Vorort Mailands. Wenn C. nicht mehr lebt, wird er die Stadt um ein Einfamilienhaus bereichert haben, das er am Stadtrand hat errichten lassen. Obwohl es ein ziemlich simples Reihenhaus ist, hat er sich darum bemüht, ihm ein gewisses individuelles Gesicht zu geben. An den Wänden einiger verfallener Gebäude im Stadtzentrum finden sich eine Zeitlang noch einige Plakate, die C. während seiner Tätigkeit in einer Werbeagentur hergestellt hat. Durch einen Autounfall hat er den als Schmuck gedachten Pylon einer kleinen Brücke um einige Grad umgeknickt. Weder wurde C. jemals als Täter entdeckt, noch hatte der Eigentümer Geld zur Erneuerung des Pylons. C. hatte damit gleichsam eine persönliche Tradition wiederaufgenommen, denn als junger Mann hatte er sich bereits dadurch verewigt, daß er einen Sandsteintorso an einer alten Kirche irreparabel zerstörte. C. ist leidenschaftlicher Radfahrer. Dies hat ihn veranlaßt, für die Radfahrer seines Stadtviertels so lange bei der Stadtverwaltung zu intervenieren, bis sie entlang einer vielbefahrenen Autostraße von 600 m Länge einen Radweg anlegte. Diese Äußerlichkeiten, für jedermann sichtbar, betastbar oder sogar befahrbar, stellen in gewisser Weise Teile aus dem privaten Stadtmuseum von C. dar. Wenn man diese Dinge in hundert Jahren betrachtet, dann blickt man auf die historischen Produkte eines ehemaligen Stadtbewohners, an den sich dann vermutlich niemand mehr erinnert.

Man braucht aber nicht unbedingt von Personen auszugehen, um zu zeigen, daß Städte auch eine Sammlung interessanter Ausstellungsstücke darstellen. Diese Eigenart läßt sich auch an Sachen demonstrieren, an Baulichkeiten wie etwa an einer Straße. Manche dieser Sachen, von den Bewohnern über Generationen hinweg geschaffen, haben sich in gewisser Weise verselbständigt. Sie sind unabhängig geworden und haben sich eine Geschichte zugelegt, die sich erzählen läßt. Die Menschen, von denen sie stammen, sind nicht mehr gegenwärtig und vergessen — ihre Produkte aber haben überlebt.

Aus dem „Museum Kurfürstendamm" in Westberlin beispielsweise läßt sich erfahren, daß der Kurfürst von Brandenburg im Jahr 1542 am Grunewaldsee ein Jagdschloß errichtete. Um das Schloß erreichen zu können, baute er von Berlin aus einen Knüppeldamm: den „Churfürsten Damm". Im Jahr 1870 wurde dieser Damm in seinem östlichen Teil gepflastert. Fünf Jahre später setzte eine Kabinettsorder die endgültigen Maße des Querschnitts fest, nämlich eine Breite von 53 Metern zwischen der Hardenberg- und der Leibnizstraße. Sie genehmigte außerdem eine Aufteilung in zwei etwa zehn Meter breite Fahrdämme, eine Promenade und einen Reitweg von je fünf Metern, Bürgersteige von je vier Metern und Vorgärten von je siebeneinhalb Metern. Eine eigens dafür gegründete Gesellschaft baute 1883 bis 1886 den Kurfürstendamm entsprechend aus. Gleich nach seiner Fertigstellung wurde er um eine Dampfstraßenbahnlinie ergänzt. Die wenigen Einzelhäuser, die bis dahin vorhanden waren, wurden zur Vorbereitung einer geschlossenen Bebauung nunmehr abgerissen. Die ersten neuen Gebäude entstanden in der ersten Bauperiode zwischen 1891 und 1895 zwischen dem Wittenbergplatz und der Fasanenstraße. In der zweiten Bauperiode zwischen 1890 und 1899 wurde die Bebauung bis zur Halenseebrücke fortgesetzt. Die dritte Periode erreichte zwischen 1900 und 1914 auf der Nordseite die Clausewitzstraße, auf der Südseite die Achillesstraße. In die Baulücken setzten sich später einige Kinos und Theater. Im Zweiten Weltkrieg, genauer zwischen November 1943 und April 1945, wurden wesentliche Teile der Bebauung durch Luftangriffe und Straßenkämpfe zerstört. In den Jahrzehnten danach wurden punktuell neue Bauten errichtet, so daß der Kurfürstendamm heute wieder einen mehr oder weniger geschlossenen Eindruck bietet.

In diesem öffentlichen „Museum" sind heute „ausgestellt": vier- bis sechsgeschossige Mietshäuser aus den Jahren 1880 bis 1914, sechs- bis siebengeschossige Geschäftshäuser aus den Jahren 1915 und 1963, einige Hochhäuser, notdürftig hergerichtete Gebäude auf den Ruinen ihrer Vorgänger und einige leergeräumte Grundstücke[85]. So stellt der Kurfürstendamm nicht nur sich, sondern auch die dazugehörige Geschichte aus, jedenfalls für denjenigen, der in der Lage ist, zu beobachten und zu fragen. Manche von diesen historischen „Storys" erschließt sich dem Passanten nicht ohne weiteres. Man erlebt die eindrucksvolle Breite der Allee, wenn man auf ihr entlanggeht, und man sieht die Gebäude rechts und links. Man kennt damit noch nicht unbedingt alle Informationen, die damit zusammehängen. Es bedarf einiger Nachforschungen, um den gesamten musealen Inhalt zu erfahren. Wenn auch nicht alles auf den ersten Blick ablesbar ist, so vermag doch der Anblick des Vorhandenen bestimmte Empfindungen hervorzurufen.

Ehe wir von diesen Einzelbeispielen zu einer Analyse der Stadt als Museum kommen, sollten wir klären, wodurch die Begriffe „Stadt" und „Museum" in einen Zusammenhang gebracht werden. Was ist museal? Jede Stadt verfügt über einige Museen, die Stadt, in der ich zu Hause bin, beispielsweise über ein Museum der zeitgenössischen Kunst, ein Historisches Museum, ein Museum der Ägyptologie, ein Naturkundemuseum, ein Wilhelm-Busch-Museum und kleinere Ausstellungsstätten. Die Antwort auf die Frage, was hier eigentlich ausgestellt wird, hat eine zeitliche und eine inhaltliche Komponente. Nur im Kunstmuseum werden auch Dinge ausgestellt, die von Zeitgenossen stammen. Alle anderen Museen, und das ist charakteristisch für derartige städtische Einrichtungen, haben so gut wie ausschließlich nur Objekte aus Generationen gesammelt, von denen kein Mensch mehr lebt. Soweit zur zeitlichen Komponente, die eindeutig ist. Außerdem werden in diesen Museen nur Objekte ausgestellt, die sich in irgendeiner Beziehung auszeichnen oder für irgendeinen Sachverhalt typisch sind. Sie sind oder man hält sie für originell, beispielsweise durch ästhetische Formgebung, durch einen bezeichnenden Charakter, durch ihre antiquarische Seltenheit oder einfach durch ihr Alter. Sie reichen vom nachgebildeten Saurier bis zur Königskutsche des 18. Jahrhunderts, von einer Handschrift des Philosophen Leibniz bis zur ersten Luftrakete. Es sind Raritäten insofern, als es sich um zurückgebliebene und gut erhaltene Einzelstücke (oder deren Imitationen) handelt, die unser Interesse erwecken. Dies gilt jedenfalls dann, wenn sich außerdem noch in ihnen Gedanken und Gefühle widerspiegeln, die uns etwas bedeuten, weil sie irgendeine Beziehung zu unserem täglichen Dasein haben. Die Gründe, die dazu geführt haben, bestimmte alte Dinge auszustellen und andere nicht, liegen also in aktueller menschlicher Wißbegier, in Neugier und nicht zuletzt in Sensationslust.

Ich möchte noch einmal Lewis Mumford zitieren: Das Museum „war eine notwendige Folge des übermäßigen Wachstums der Großstadt. Es war unvermeidlich, daß das Museum viele Eigenschaften der Großstadt übernommen hat: die wahllose Aneignungssucht, den Hang zu übermäßiger Ausdehnung und Desorganisation und die Gewohnheit, einen Erfolg an der Zahl der Leute zu messen, die hineingehen. Allzuoft dient äußerliche Größe als Ersatz für eine angemessene Organisation, beispielsweise auf dem Arbeitsmarkt, und mechanische Ausweitung wird mit Bedeutung verwechselt. Trotzdem ist das Museum in vernünftiger Form nicht nur ein anschauliches, gleichwertiges Gegenstück zur Bibliothek, sondern es bietet sich auch die Möglichkeit, mitttels ausgesuchter Beispiele und Proben Zugang zu einer Welt zu erlangen, deren gewaltige Größe und Mannigfaltigkeit sonst menschliches Verständnis weit übersteigen. In dieser vernünftigen Form ist das Museum als Instrument der Auswahl ein unentbehrlicher Beitrag zur städtischen Kultur[86]." Und etwas später heißt es: „Florenz mit seinen 400 000 Einwohnern erfüllt mehr Aufgaben einer Metropole als andere Städte mit der zehnfachen Einwohnerzahl[87]," eben wegen seiner geschichtsträchtigen Substanz.

Übertragen auf die Stadt heißt dies, daß jene Bestandteile der gebauten Stadt musealen Charakter haben können, die nicht mehr von der jeweils lebenden, sondern von den hervorgegangenen Generationen geschaffen worden sind. Dies ist der zeitliche Aspekt, der sich in jedem Fall relativ einfach nachweisen läßt. Tatsächlich erlangen musealen Charakter unter alten Elementen dann nur jene, die der lebenden Generation irgend etwas zu sagen haben. Dies ist der Aspekt der Originalität, über dessen Vorhandensein man sich allerdings von Fall zu Fall streiten kann. Auch die Originalität mancher städtischer Dinge ist vermutlich keine Konstante und kann sich von Generation zu Generation ändern, weil die Urteile und Vorlieben sich ändern.

Über viele Jahrzehnte hinweg hat man Fachwerkhäuser abgerissen oder überputzt — heute tut man alles, sie zu erhalten und in ihrer ursprünglichen Form sichtbar zu machen. Über lange Zeit hat man die Fußgänger zugunsten der Autofahrer von den Straßen gedrängt und war stolz auf breite und kühne Autostraßen — heute gilt das Umgekehrte, und man freut sich über jeden dem Fußgänger zurückgewonnenen Freiraum. Das gleiche gilt vom Kopfsteinpflaster und von Bäumen, von Hochbauten und von bestimmten Fassaden: Sie abzulehnen oder zu fördern ist in gewisser Weise eine Frage der städtischen Moden. Allerdings haben auch Moden ihre Gründe und Hintergründe.

Aber davon abgesehen, ist am Museum der Stadt alles das interessant, was auf die Tätigkeit und die „Handschrift" menschlicher Individuen zurückzuführen ist. In dieser Beziehung geht die Stadt sogar über das gewöhnliche Museum hinaus. Im Fall der Stadt können auch relativ nicht-originelle Dinge heute noch Funktionen erfüllen, die sie für die Zeitgenossen wertvoll machen. Die Straße aus dem 19. Jahrhundert, die Gaslaterne aus der Zeit des Jugendstils, der Kanal aus einer noch früheren Epoche: Sie können nach wie vor einem Zweck dienen, und im allgemeinen ist es der gleiche wie zu ihrer Entstehungszeit. Demgegenüber haben die im gewöhnlichen Museum nicht ausgestellten Dinge, denen nach dem Verständnis der gerade lebenden Generation Originalität abgeht, auch im übrigen keinen Sinn mehr. Der Brief eines Bauern von 1525, das Pferdegeschirr aus dem 17. Jahrhundert oder das miserable Aquarell eines Amateurmalers aus dem 18. Jahrhundert sind uns nichts mehr nütze. In der Stadt wirkt auch Altes, das nicht originell ist, weiter. Das gilt im Prinzip für all das an der Stadt, was nicht abgerissen und beseitigt worden ist. Die Stadt ist die lebendigste Art eines Museums, weil das Ausgestellte fast immer auch das von den Bewohnern Benutzte ist. Demgegenüber sind die Objekte eines gewöhnlichen Museums aus dem Verkehr gezogen und werden von niemandem mehr genutzt. „Wenn also die Großstadt weitgehend für die Erfindung und Ausbreitung des Museums in der Öffentlickeit verantwortlich ist", schreibt Lewis Mumford, „so dient sie in gewissem Sinn selber auf wesentliche Weise als Museum. Dank ihrer inneren Weite und ihrer langen Geschichte verfügt die historisch gewachsene Großstadt über eine größere und reichere Sammlung von kulturellen Beispielen, als sich anderswo finden läßt. Innerhalb ihres dicht bewohnten Gebietes kann man jede Art von menschlicher Funktion, jeden Versuch menschlicher Vereinigung, jedes technische Verfahren und jeden Stil in Bauweise und Planung antreffen. Diese enorme Größe und diese Fähigkeit zu bewahren gehören zu den wertvollsten Eigenschaften der Großstadt[88]." Mumford nennt dann die Stadt „das beste Gedächtnisorgan, das der Mensch bisher geschaffen hat[88]." Wir sollten diese generelle Feststellung aufschlüsseln und uns eine Meinung dazu bilden, wie mit dieser Eigenschaft im Interesse des Bewohners zu verfahren ist.

Am Museum der Stadt sind genaugenommen drei Faktoren für die Stadtbewohner bemerkenswert. Der erste Faktor besteht darin, daß, wie im 4. Kapitel erwähnt, Städte sich gewöhnlich in Jahresringen entwickeln. In der geometrischen Mitte ist eine Stadt deshalb gewöhnlich am ältesten (und am tiefsten), und außen ist sie dementsprechend am jüngsten (und am flachsten). Die Schichten menschlicher Tätigkeiten häufen sich in der Mitte und werden nach außen geringer. Die Stadt wird deshalb abwechslungsreicher und eindrucksvoller, je mehr man sich ihrer City nähert. Hieraus folgt, daß der museale Charakter innen am stärksten und außen am schwächsten sein muß. Dies gilt nur dann nicht, wenn, wie im Fall Venedig, es neben diesem Innen kein Außen mehr gibt und alles aus der Sicht von heute eine Einheit ist. Dann kann man von jeder Stadt sagen, was Henry James von dieser Stadt sagt: „Das heutige Venedig ist ein riesiges Museum, dessen kleine Pforte sich ständig knirschend in den Angeln dreht ... Es gibt nichts mehr, was man noch entdecken oder beschreiben könnte, und eine originelle Einstellung ist völlig ausgeschlossen[89]." Der zweite Faktor drückt sich in der „Versteinerung" aus, dem das frühere Stadtleben unterliegt, und dem, was in der Stadt einmal gebaut und geschaffen worden ist. Was Niccolo Macchiavelli als ein Bewohner von Florenz hinterlassen hat, hat er entweder in harter Substanz hinterlassen oder gar nicht. Der Erdball verkrustet, wenn man es global sieht. Die Menschen verschwinden, und was sie zurücklassen, ist für sich genommen nur leblose, angeschmutzte Materie. Eine Landschaft ohne Menschen ist denkbar, eine Stadt ohne Menschen nur vorübergehend. Dort wächst und bewegt sich nichts mehr von allein. Aus der Kombination der beiden ersten Faktoren ergibt sich, daß die Stadt innen mehr versteinert und verödet als außen. Schließlich äußerst sich der Museumscharakter der Stadt drittens in der Tatsache, daß das jeweils Alte im Verhältnis zum Neuen von Jahr zu Jahr mehr zunimmt und die Stadt beherrscht. Mit Ausnahme von Situationen, wie sie nach Kriegen bestehen, wenn Städte zerstört worden sind und wiederaufgebaut werden müssen, wird der Anteil des Neuen in der Stadt immer geringer. Die Fälle, in denen eine Generation mehr zustande bringt als alle vorhergehenden zusammengenommen, können wir jedenfalls übersehen. Das heißt, die Menschen wohnen mit steigender Tendenz in einer Umgebung, die frühere Generationen geschaffen haben. Ihre städtischen Kulissen veralten — bis zur nächsten Revolution oder kriegerischen Auseinandersetzung. Dies macht es vernünftig, ein Konzept für den Umgang mit dem Alten zu haben.

Alte Städte in der neuen Stadt

Mit diesen drei Faktoren müssen wir uns näher befassen, genauer mit der Frage, was sie für das Dasein des Stadtbewohners bedeuten. Der zuerst genannte Faktor der ringförmigen Stadtentwicklung war uns schon im Kapitel über die Stadt als Zeichensystem begegnet. Wir hatten festgestellt, daß bestimmte psychische und sachliche Bedürfnisse die Menschen veranlassen, ihre Städte immer wieder der geometrischen Form des Kreises anzunähern. Dies bedeutet, daß die Stadtbewohner die ältesten Elemente der Stadt in ihrer Mitte, die zweitältesten in ihrem ersten Kreis um die Mitte, die drittältesten in einem zweiten Kreis um die Mitte usw. finden können. Jedenfalls ist dies eine Regel, die sich verallgemeinern läßt, soweit besondere topographische Verhältnisse nicht nach einer Ausnahme verlangen. Diese Feststellung gilt im übrigen horizontal wie vertikal. Der „Fußboden" der Städte hebt sich mit der Zeit an, weil jede Generation mehr oder weniger auf und über den Relikten der vorhergehenden Generation arbeitet und baut. Das neue Baumaterial wird zum überwiegenden Teil immer wieder von außen herangeschafft, ohne daß das alte in gleicher Menge fortgebracht wird. So kommt es, daß die museale Schicht der Stadt in der Mitte am tiefsten (oder am höchsten) und an den Rändern am flachsten ist. Ausgrabungen sind in der City ergiebiger als in einer Vorstadt oder gar in einer neuen Siedlung, was das Alter der Funde angeht. Man muß sich die Stadt in dieser Hinsicht vorstellen wie einen mit der Spitze nach unten in das Erdreich versenkten Kegel.

Diese theoretische Überlegung wird durch die Wirklichkeit bestätigt. Unterteilen wir eine Stadt in Gedanken in drei Ringe: Die ältesten Stücke befinden sich gewöhnlich im Zentrum. Dazu gehören religiöse Bauten (Kirchen, Klöster) ebenso wie Arenen, Rathäuser, gepflasterte Plätze wie Brücken, aber auch Kanäle, Wohnhäuser oder Herbergen. Es ist gleichgültig, ob wir einen Stadtplan von Baltimore, Verona oder Bangkok nehmen: Die historische Qualität ist im Stadtzentrum am ausgeprägtesten. Das gilt für das Sichtbare wie für das Unsichtbare. Wenn man anfängt, eine dieser alten Stadtstraßen aufzugraben, dann findet man darunter noch ältere Straßen und so fort. Im Stadtzentrum wird dementsprechend nicht über nur eine, sondern über viele Generationen berichtet. Oder, anders ausgedrückt: Wenn man die Bauten und Anlagen hier zerstört, dann verschwindet mehr aus dem städtischen Dasein, als man in einer Generation wieder erschaffen kann. Dies gilt in zeitlicher wie in sachlicher Hinsicht. Man brauchte unter Umständen mehrere hundert Jahre, um den gleichen Grad an gelungener Durchdringung von ganz unterschiedlichen Epochen wiederzugewinnen. Im übrigen könnte es nicht mehr genau das Gleiche sein, weil Altes eben nicht wiederholbar ist. Das Stadtzentrum ist das eigentliche Areal der Denkmalpfleger. Friedrich Mielke zitiert Diether Wildeman, um dies am Beispiel Münsters deutlich zu machen: „Nähme man alle Stadterweiterungen, d. h. 93 Prozent des heutigen Stadtgebietes fort: Münster bliebe bestehen. Entfernte man jedoch das eine Ausgangs-Fünfzehntel des heutigen Weichbildes, nämlich die historische Stadt innerhalb des Lindenkranzes: Münster bestünde nicht mehr[90].“

In jenem Bereich der Städte, der sich an das Zentrum anschließt, verjüngen sich die Bauten und Anlagen. Je nach der Entwicklung der betreffenden Stadt liegen seine Ursprünge häufig im vorangegangenen Jahrhundert, aus heutiger Sicht also dem 19. Jahrhundert. Sofern Baulichkeiten aus einer Zeit davor zu finden sind, waren sie Bestandteil kleiner Dörfer, über deren Gebiet die Stadt hinausgewachsen ist und die sie integriert hat. Der zweite Ring also kennzeichnet die Anfänge der Neuzeit mit ihren technischen Erfindungen und industriellen Produkten. In ihm liegen der Hauptbahnhof und große Industriegebiete, das neue Rathaus und kulturelle Bauten wie Theater und Museen, Banken und einige Privathäuser von großbürgerlichem Habitus. Auch ihr musealer Wert für das Stadtganze ist eindeutig erkennbar und einmalig, weil er durch nichts anderes ersetzt werden kann.

Der nächste Ring enthält dann Gebäude und Anlagen, die fast ausschließlich in den letzten zwei oder drei Generationen geschaffen worden sind. Ihr musealer Wert ist im Augenblick also noch relativ gering. Sie sind ganz Gegenwart, soweit sie noch von denen genutzt werden, die sie geschaffen haben. Doch diese Gegenwart ist bereits relativiert, weil in den Häusern jedes neuen Stadtteils auch bereits die Kinder der Erbauer wohnen. Der Übergang von einer Generation zur nächsten ist aber fließend. Der Begriff der Generation ist ohnehin nur ein ungenaues Hilfsmittel, um die Zeit in Abschnitte einteilen zu können, die für die Menschen relevant sind und gewisse Aussagen zulassen. Da Menschen nicht nur alle dreißig Jahre, sondern täglich geboren werden, beginnt sozusagen mit jedem Jahr eine Generation. Für die Kinder sind zudem die meisten baulichen Anlagen ihrer Umgebung bereits mit Vergangenem behaftet. Fast jeder Stein, jeder Gully, jeder Baum und jede Straßenlaterne waren schon vor ihnen da — um jene Gegenstände zu nennen, die ihnen zuerst auffallen. Sie können sich mit ihnen nur insoweit identifizieren, als sie für ihre täglichen Bedürfnisse nützlich sind. Sie selbst würden manches anders machen als ihre Väter, die diese Steine, Bäume, Gullys und Laternen gerade gesetzt oder montiert haben. Sie haben von Anfang an ein anderes Verhältnis zum städtischen Zubehör als die Leute, die es in die Welt gesetzt haben.

Aber damit sind wir schon in der Zukunft. Um auf unser Beispiel zurückzukommen: Noch bilden die Elemente des dritten Ringes die jüngsten Produkte der Stadt und damit ihre jeweils geschichtslosesten. Immerhin haben sich auch an ihnen, wie bei den älteren Teilen der Stadt, Menschen mit ihrer Tätigkeit „verewigt". Allein daran, daß sie anders geplant und gebaut haben als ihre Vorgänger, erkennt man eine besondere Art von Überlegungen und Entschlüssen. Auch die Ergebnisse ihrer Arbeiten enthalten „Geschichten", wenn auch manchmal nur eine Non-Story, die man sich an Ort und Stelle erzählen lassen kann. Im Laufe der Zeit werden auch sie fremdartiger, und je mehr diese Verwandlung voranschreitet, um so reizvoller werden sie auch. Außerdem können sich immer mehr Menschen mit ihnen identifizieren. Kaum jemand hat etwas gegen das alte Regensburg, aber viele finden das Märkische Viertel in Berlin scheußlich. Irgendwann bricht diese Verwandlung ab, aber auch nur dann, wenn die Dinge sich in ihrem physischen Bestand verändern. Nun läßt sich gut erkennen, daß der Inhalt dieser „Erzählungen" in gewisser Weise einfacher und selbstverständlicher wird, obwohl er sich angereichert hat. Setzt man sich auf eine Bank in die Nähe des Münsterplatzes in Freiburg und betrachtet die Umgebung, dann gibt es Stoff genug für stundenlange Beobachtung. Vieles regt zum Nachdenken an, manches zum angestrengten Nachdenken. Hält man sich dagegen in einer zeitgenössischen neuen Siedlung auf, dann wird es rascher langweilig, die Gebäude, ihre Fassaden und die Räume dazwischen zu studieren. Derartige städtische Elemente, die neu und deshalb schnell durchschaubar sind, fesseln den Blick nicht oder zumindest noch nicht. Sie stellen dem Denken kaum eine Aufgabe. Auf dem Quadratmeter betrachteter Fläche ist in diesem Fall weit weniger an Informationen und Anregungen untergebracht als im Fall der Freiburger City.

Jenseits des dritten Ringes, wo die Stadt ausläuft, endet auch das urbane Museum. Landschaft ist nicht museal, auch wenn sie sich über Jahrhunderte in der gleichen Formation hält. Museal ist vielleicht der Impetus, der sie wachsen und leben läßt. Im übrigen aber entsteht sie jedes Jahr aufs neue, und jedesmal gibt es kleine Veränderungen, die im Laufe der Zeit das Erscheinungsbild neu prägen. Man kann über Jahre in der Nähe derselben Bäume wohnen, und dennoch hat man nicht den Eindruck, es sei in den Kulissen nichts geschehen. Eine Landschaft wirkt auch niemals abgegriffen, weil sie sich Jahr für Jahr erneuert.

Zweitens hatten wir gesagt, daß das Museum der Stadt sich in versteinerter oder zumindest in verfestigter Form darstellt. Um den Vorgang, der sich dahinter verbirgt, klarer beschreiben zu können, muß ich etwas ausholen. Es geschehen seit Jahrhunderten unzählige Ereignisse in der Stadt. Ich stehe an einer Straßenkreuzung und sehe innerhalb einer Stunde Hunderte von Vorgängen: stehende, laufende, sitzende, plaudernde, fahrende, singende, träumende oder schimpfende Menschen spielen ein vor Aktionen überlaufendes Stück. Selbst wenn es möglich wäre, diese Szene in irgendeinem zufälligen Augenblick „einzufrieren“ und alle Beteiligten in dem Zustand verharren zu lassen, in dem sie sich in dieser Sekunde befunden haben, so würde dieses statisch gewordene Bild nur einen Mikrobruchteil dessen wiedergeben, was in Wirklichkeit passiert. Wir kennen eine solche „Vereisung“ in Form der Fotografie. Es ist auch bekannt, daß das fotografierte Bild der Wahrheit nicht besonders nahekommt, weil es aus einem gleichsam unendlichen Prozeß von Ereignissen ein einziges, und häufig noch willkürlich, herausgreift. Alles das also, was da in Milliarden von Augenblicken und über Jahrhunderte hinweg vor unseren Augen geschieht, wird niemals zum „Museum“ werden können. Es vergeht mit den Menschen, die in der Stadt gelebt haben.

Simone de Beauvoir schreibt in ihren Memoiren: „Stendhal, der auf dem Corso Pferderennen beiwohnt, braucht die Touristen nicht zu beneiden, die heute durch die häßliche und banal gewordene Straße gehen. Jede Geschichtsepoche ist ein Absolutes, für dessen Konfrontation mit anderen Epochen es kein Kriterium gibt. Die verschiedenen menschlichen Geschicke können nicht aneinander gemessen werden. Sie können es schon deshalb nicht, weil man die Fakten der jeweils vergangenen Geschicke nicht mehr lebendig vor sich hat[91].“ Eine alltägliche Szene aus dem frühen Chicago oder ein Auflauf im Verona der Scaliger, an dem Tag beispielsweise, als der Florentiner Ratsherr Dante auf der Flucht hier Asyl suchte, ist nirgendwo mehr zu sehen. Sie ist Staub geworden und läßt sich allenfalls noch in der Phantasie innerlich rekonstruieren. Was von der Stadt bleibt, ist das, was sich verfestigen konnte oder durfte. Ich erwähnte eben die Scaliger: ihr Grabmal ist in Verona noch zu besichtigen, so wie es damals errichtet wurde — ein denkmalartiger, etwas zerstückelter Bau mit reichhaltigen Verzierungen und zahlreichen Figuren. Auch ein Denkmal von Dante ist dort erhalten, das nicht weit vom Scaligergrab steht. Diese Bildhauerarbeit hat etliche Jahrzehnte überlebt, da sie aus Stein besteht und nicht zerstört worden ist. Nun erinnert sie an den, den sie zeigt, und den, der sie gemacht hat.

Von der Straßenszene dagegen, die ich beschrieben habe, bleibt nichts. Vielleicht überlebt das Straßenmuster, das in dieser Stunde ein Pflasterer, unbemerkt von den anderen Menschen, in einer Ecke der Kreuzung zusammenstellt. Auch ein Haus, das gerade eine neue Fassade erhält, wird diese Fassade noch in der übernächsten Generation zeigen — wenn sie nicht vorher willkürlich zerstört wird. Schließlich entdecke ich noch drei Kinder, die einen kleinen Haufen Papier entzündet haben. Das Feuer hinterläßt einen schwarzen Fleck auf den hellen Platten des Gehweges. Wenn ihn nicht der Regen oder die Schuhsohlen der Passanten wegwischen werden, geht er als ein winziges Detail in das urbane Museum ein. Allerdings wird später niemand mehr wissen, wie er zustande gekommen ist. Dies ist alles, was ich an musealem Zuwachs in dieser Stunde entdecken konnte.

Es überlebt nur das vom Leben der Menschen in der Stadt, was sich in irgendeiner Weise dauerhaft materialisieren läßt. Dies bedeutet erstens, daß sich nur Stoffe halten, die in der Stadt verwendet werden können: Ziegel, Sandstein, Marmor, Asphalt, Kunststein, Hölzer, Metalle aller Art, Glas und neuerdings vor allem Beton und Kunststoffe. Die zweite Voraussetzung ist, daß diese Stoffe mit dem Boden der Stadt fest verankert sind oder zumindest zu Dingen gehören, die ihrerseits „unbeweglich" sind. Lose Gegenstände, die jedes Kind, der Wind oder der Regen von ihrem Platz fortbewegen können, gehen im Laufe der Zeit verloren. Schließlich, und das ist der wichtigste Gesichtspunkt, darf es sich nicht um Rohmaterial handeln. Einen unbehauenen Stein, der irgendwo auf einer Straße liegengeblieben ist, wird man irgendwann holen und verwenden. Etwas anderes gilt, wenn er bereits durch die Arbeit eines Steinmetzen die Form beispielsweise einer Bodenvase erhalten hat. Das Material muß die Zeichen menschlicher Bearbeitung tragen. Dies ist dann der Fall, wenn sich ihm ein Sinn für das Dasein der Stadtgesellschaft entnehmen läßt, und sei er noch so geringfügig. Ein Stein, in den eine Rinne hineingeschlagen ist, um das Regenwasser in eine bestimmte Richtung zu führen, der Druckknopf an einer Ampelanlage oder der kleine Deckel im Gehweg, unter dem sich der Anschluß an eine Wasserleitung verbirgt, sind Zubehörteile, mit denen sich Geschichten verbinden. Der einsame Pfahl andererseits, der einmal einen Zaun gehalten hat und nun an unpassender Stelle zurückgeblieben ist, hat seinen Sinn verloren. Er ist sozusagen auf den Stand des Rohmaterials zurückgesunken und kann vielleicht für einen anderen Zweck wiederverwendet werden. In ihm drückt sich nichts mehr aus, was ein museales Interesse erwecken könnte.

Wenn in das Museum der Stadt nur eingeht, was „versteinert" worden ist, dann bedeutet dies zugleich, daß es von jenen Leuten geschaffen wird, die an solcher Materialisierung von Berufs wegen arbeiten. Es sind vor allem die Ingenieure, die Architekten und Künstler, denen dieses Museum seine Gestalt verdankt. Wolfgang Braunfels schreibt hierzu: „Jede Epoche ihrer Geschichte wurde Architektur. Man reichert an, reißt ab, ergänzt, deutet um. Es ist ein stetiger Umbau[92]." Hieran ist der erste Satz wichtig, wenn er auch nicht vollständig ist. Jede Epoche drückt sich in der Stadt nicht nur in der Architektur, sondern auch in Tiefbauten wie Straßen, Brücken und Tunnels, in Grünanlagen, im Netz der Versorgung mit Energie und Wasser, in der Abfallbeseitigung und anderem technischem Zubehör aus. Für uns ist daran interessant, daß eben nur die Arbeiten bestimmter Berufe überleben. Eine Brücke mag von der Stadtverwaltung in Auftrag gegeben, von einem Konsortium der Banken finanziert und von einer Baufirma errichtet worden sein: Ihr unmittelbarer Eindruck geht auf den Beitrag des Konstrukteurs zurück. Seine Story ist die, welche am deutlichsten ins Auge fällt. Jedermann kann die Brücke sehen und benutzen, allerdings fragt keiner später mehr danach, wer sie in Auftrag gegeben, finanziert und realisiert hat. Ein Großteil der Arbeit, die Stadtbewohner in ihrem Leben geleistet haben, wird also nicht im Museum der Stadt präsentiert. Insofern ist es ziemlich unvollständig, und man muß sich beim Betrachten alter Einrichtungen bewußt sein, daß man nur bestimmte Informationen aus ihnen entnehmen kann. Sie repräsentieren niemals eine ganze Epoche oder Generation, sondern nur jenen Ausschnitt davon, der sich dauerhaft materialisieren ließ.

Der dritte Faktor, aus dem sich das Museum der Stadt zusammensetzt, ist jener Prozeß vom Neuen zum Alten, dem sich die Stadt permanent ausgesetzt sieht. Junge Städte werden alte Städte, aber auch in derselben Stadt nimmt das jeweils Alte gegenüber dem jeweils Jungen gleichmäßig zu. Ich denke nicht nur daran, daß ein Ring neuer Stadtanlagen die alten desavouiert. Auch die neue Anlage altert von Jahr zu Jahr und gewinnt an Museumscharakter. Vorhin hatten wir die räumliche Konstruktion des urbanen Museums dargestellt, jetzt befassen wir uns mit der Bedeutung der Zeit für die Entstehung des Museums. Die Stadtbewohner erleben, wie um sie herum die Stadt (nach ihren eigenen Regeln) immer spürbarer altert. Sie sehen sich den zurückgebliebenen Dingen früherer Generationen immer stärker ausgesetzt als ihren eigenen Schöpfungen. Dies kann so weit gehen, daß sie schließlich nur noch in einer städtischen Umgebung leben, die aus früheren Jahrhunderten stammt und ausschließlich deren Denken und Empfindungen widerspiegelt. Man spaziert mit einem Kopf aus dem 20. Jahrhundert zwischen den Kulissen des 18. Jahrhunderts, und nichts vermittelt stärker den Eindruck, daß man sich in einem überdimensionalen Museum bewegt. Die vorchristlichen Römer kamen nicht in die Verlegenheit, im sozialen Wohnungsbau der Zeit nach 1950 zu hausen. Aber einige von uns sind genötigt, mit den Baulichkeiten der Römer zu leben. Wolfgang Amadeus Mozart ging durch die Straßen seiner Zeit und der Zeit Johann Sebastian Bachs, nicht durch die seines Kollegen Igor Strawinsky, der seinerseits aber die Straßen seiner Vorgänger kannte. Wir tragen in dieser Weise die Last einer Geschichte mit uns, die unseren Vorfahren in dem Ausmaß nicht bekannt war.

Der Alterungsprozeß äußert sich in Patina, in Brüchigkeit, Rissen, Dunkelwerden und Schmutz. Auch er hat wiederum nur Bedeutung, soweit er sich in Materie vollzieht. Aus der Sicht der Stadtbewohner besitzt der Alterungsprozeß sowohl positive als auch negative Eigenschaften. Um mit den letzteren zu beginnen: Mit dem Altwerden verändert jedes Material auch seine Farbe. Es wird dunkler, gleichgültig, mit welchem Farbton es seine Existenz einmal begonnen hat. Die Wohn- und Geschäftsgebäude, die Kirchen und technischen Anlagen, die Straßen und Brücken verändern sich zu braun-grauen Tönen. Man könnte in einer niemals renovierten Stadt allein am Farbcharakter der baulichen Anlagen auf ihr Alter schließen. Ursache hierfür sind die langjährigen Witterungseinflüsse, der Regen, die Sonne und der Staub und seit einigen Jahrzehnten die chemischen Auswürfe der Maschinen und Heizungen, vor allem der Autos. Ob die Grundfarbe weiß oder gelb, blau oder grün war, alles wird mit einem Schleier der Dunkelheit überzogen. Die Flächen in der Stadt erinnern schließlich an Kulissen, an denen heimlich gearbeitet wird.

Wie das menschliche Gesicht verändern die Bauten im Lauf der Jahre nicht nur ihre Farbe, sondern auch die Beschaffenheit der Außenhaut und ihrer Bestandteile. Sie werden rissig und faltig, sie verlieren ihre Glätte und ihren Glanz und senken sich. Darüber hinaus bekommen sie Löcher und leiden nicht nur im Aussehen, sondern auch in der Standfestigkeit. Dabei verändern sie ihre ursprüngliche Form, knicken ein, werden krumm und schief und lassen Bewegungen erkennen, die niemand gewollt hat. Diese Wirkungen sind unterschiedlich stark, je nach dem Alter der Anlage. Die Altstadt von Regensburg macht einen greisenhafteren Eindruck als die von Troyes, weil sie in entscheidenden Partien um Generationen älter ist. Jedermann kennt die buckligen Häuser und krummen Mauern, die holprigen Straßen und abgewetzten Treppen, die schiefen Lampen und verbogenen Geländer. Es ist eine mehr oder weniger morbide Welt, wobei die Morbidität weniger von Menschen als durch die innere, sozusagen eingebaute Dynamik dieser Objekte entstanden ist.

Ein weiteres Kennzeichen der Veränderung von Neu zu Alt ist der Schmutz, der auch dort zurückbleibt, wo ständig gereinigt wird. Gemeint ist vor allem jener Schmutz, der Abfallprodukt menschlichen Daseins in der Stadt ist. Die Reste von zerstörten Sachen und die chemischen Überbleibsel aus der Verbrennung von Kohle, Ölen, Benzin und anderen Stoffen lagern sich in den Städten ab. Der gröbste Schmutz wird beseitigt, und in den Städten der Industrienationen auch der feinere Schmutz. Es gibt Entwässerung und Müllabfuhr, Straßenreinigungsmaschinen und Sandstrahlgebläse. Aber überall bleiben Rückstände, in den Gebäuden wie auf den Straßen, auf den Grünflächen und in den Gewässern. Diese Reste fressen sich allmählich in die Stadtmaterie hinein und werden zu ihrem Bestandteil. Vielleicht zeigt dies keine Stadt besser als Venedig, die von unten vom unsauberen Wasser und von oben von den Industrieabgasen des nahen Mestre angegriffen wird. „Keine Steine sind so abgegriffen wie die Steine Venedigs, im wahrsten Sinne des Wortes", schreibt Mary McCarthy[93]. Schmutz vermag diese Materie zu zerstören, den Stein und das Holz, er läßt Pflanzen verkümmern und ruiniert häufig auch die Gewässer.

Diesen negativen Eindrücken, den der über Jahrhunderte dauernde Auflösungsprozeß von Elementen der Stadt auslöst, stehen positive gegenüber, die für die Bewohner sehr reizvoll sein können. Damit komme ich zu der Bedeutung, die das Museum der Stadt für die Menschen gewinnen kann. Mit dem Älterwerden tritt zutage, was uns an diesem Kapitel wichtig ist: der museale Gehalt der Stadtmaterie. Auch dies ist eine Angelegenheit, die sich in Stufen vollzieht. Ich möchte versuchen, es anhand einiger Beispiele aus Köln zu beschreiben. In dieser Stadt gibt es Anlagen aus vielen Jahrhunderten, angefangen von den römischen Mosaiken unter dem entsprechenden Museum bis zu den Bauten der Gegenwart. Soweit diese Baulichkeiten nicht restauriert worden sind, befinden sie sich in einem jener Zustände, von denen eben die Rede war. Dennoch können sie wohltuend wirken, indem sie Erinnerungen auslösen und interessante Assoziationen ermöglichen. Neben den Eigenschaften, die einen unerfreulichen Zustand beschreiben, gibt es also Eigenschaften, die eine wohltuende psychische Wirkung erzielen. Von den altgewordenen Dingen geht etwas aus, oder man legt ihnen etwas bei, was den neuen Anlagen fehlt. Diese Art der positiven Veränderung, die sich im Unterbewußtsein oder auch im Bewußtsein der Stadtbewohner vollzieht, ist ein weiteres Kennzeichen des Musealen in der Stadt. Es ist ein Unterschied, aus welcher Zeit die Bilder und Ereignisse sind, die täglich auf die Stadtbewohner eindringen.

Auch in diesem Kapitel ist der Sachverhalt dargestellt worden, um bestimmte aktuelle Schlußfolgerungen aus ihm zu ziehen. In den vergangenen Jahrzehnten neigten die Eigentümer alter Gebäude, aber auch die Stadtverwaltungen dazu, diese Bauten abzureißen und durch Neues zu ersetzen. Die Gründe hierfür waren häufig ökonomischer Art. In neuen Objekten brachte das angelegte Geld im Zweifel immer eine höhere Rendite als in den alten. Im übrigen war man der Meinung, daß neue Anlagen interessanter und deshalb erwünschter seien. Schließlich ändern sich die Funktionen, für die ein bestimmtes Grundstück nützlich sein kann. Man kann verstehen, daß ein Privatmann so denkt. Mit einer neuen Anlage wird ihm zum Beispiel die Sorge für die kompliziertere Unterhaltung der alten abgenommen. Das Neue ist meistens funktionsgerechter als das Alte. Aber sicher ist es nicht mehr ohne weiteres vertretbar, daß auch eine Stadtverwaltung eine solche Auffassung unbesehen übernimmt und unter den städtischen Anlagen, über die sie verfügen kann, dauernd Altes durch Neues ersetzt. Manchmal ist es unumgänglich, etwa dann, wenn eine neue Straßenverbindung den Bewohnern mehr nützt als die Erhaltung einiger hundertjähriger Wohngebäude. Aber dies ist nicht die Regel. Man gerät leicht in die Gefahr, mit der Vergangenheit noch einiges mehr zu verlieren. „Nach demselben Gesetz verfällt die Stadt selber dem Verbrauch", heißt es bei Lewis Mumford[94], „Der Behälter muß ebenso rasch wechseln wie der Inhalt. Dieser Imperativ untergräbt aber eine der wichtigsten Funktionen der Stadt als Faktor menschlicher Beständigkeit. Das lebendige Gedächtnis der Stadt, das einstmals Generationen und Jahrhunderte miteinander verband, verschwindet. Ihre Einwohner leben in einem einzigen vernichtenden Von-Augenblick-zu-Augenblick. Selbst der ärmste Wilde der Steinzeit hat niemals in einem so verkommenen und demoralisierten Gemeinwesen gelebt."

Es war die Rede davon, daß die gebaute Stadt um so mehr befriedigt, je häufiger ihre Elemente aus verschiedenen Generationen stammen. Der besondere Reiz liegt in der abwechslungsreichen Fülle der Materialien, Formen und Farben. Aus ihr folgt die größere Assoziationsmöglichkeit. Wir wissen heute, daß die Stadtbewohner etwas verlieren, wenn jede historische Anspielung abgerissen wird. Unter dem Begriff des Denkmalschutzes, der dieses Thema allerdings nur zum Teil erfaßt, bemühen sich manche Verwaltungen um die Erhaltung zumindest einiger spektakulärer Objekte. Einige Bewohner wehrten sich ebenfalls gegen die Tendenz, Altes möglichst abzureißen, indem sie die betreffenden Gebäude besetzten. Im Augenblick bemühen sich Stadtverwaltungen darum, einige Hinterlassenschaften vergangener Generationen zu erhalten. Ihnen ist eine völlig modernisierte Stadt inzwischen ebenso ein Greuel wie eine total antiquierte Stadt. Auf die Bewegung erfolgte sozusagen die Gegenbewegung, allerdings „einfach so" und ohne übergeordnete Idee. So wie das Abreißen dem Zufall überlassen blieb, so ist auch das Nichtabreißen eine Folge mehr oder weniger zufälliger Launen. Niemandem aber ist es gleichgültig, wie das Museum der Stadt aussieht, ob leergeräumt oder völlig überfüllt, ob teilweise über- und teilweise unterrepräsentiert, ob verkommen oder gut erhalten. Aber wie könnte ein Kriterium für die Stadt als Museum aussehen, an dem Stadtverwaltungen ihre Entscheidungen orientieren könnten?

Wir brauchen für diese Frage ein Konzept wie für andere kommunale Fragen. Eine Stadtverwaltung benötigt ein Konzept für den Wohnungs- und den Marktcharakter der Stadt, für die politische Funktion der Stadt im Rahmen der nationalen und internationalen Politik und für die Tatsache, daß sie eine Verkehrsanlage ist, für den Symbolgehalt der Stadtmitte und ihr Verhältnis zu den umliegenden Landschaften. Sie braucht diese Konzepte zunächst unabhängig von der konkreten Beschaffenheit der Stadt, um die es geht, also ohne Rücksicht darauf, ob sie mehr Leningrad oder mehr Los Angeles ist. Nur mit Hilfe einer in sich schlüssigen Idee kann sie sich selbst kontrollieren und feststellen, was eigentlich an ihr und für sie zu tun ist. Wie alle diese Konzepte, in welche die Kapitel dieser Studie einmünden, soll sich auch dasjenige zum Museumscharakter der Stadt an den Wünschen und Erwartungen der Stadtbewohner orientieren.

Wir hatten festgestellt, daß jedermann Freude an den versteinerten Relikten vergangener Generationen hat. Alte Städte sind beliebte Städte, vor allem für jene, die aus neuen Städten kommen. Die Karawane der Touristen zieht vom Märkischen Viertel in Westberlin nach Rothenburg, nicht umgekehrt, und innerhalb einer Stadt wie Stockholm von Farsta, Vällingby oder Lidingö in die Altstadt am Schloß, ebenfalls nicht umgekehrt. Daraus folgt als erstes: Stadtverwaltungen müssen überhaupt erkennen, daß sie in ihrer Stadt und mit ihrer Stadt zugleich ein überdimensionales Museum verwalten. Sie werden dieser Erkenntnis nur gerecht, wenn sie sich zum musealen Charakter dessen, was vor ihnen bereits vorhanden war und während ihrer Zeit hinzukommt, innerlich bekennen. Haben sie das getan, sehen sie ihre Stadt in dieser Beziehung mit anderen Augen. Sie übernehmen insoweit die Mentalität eines Museumsdirektors, und das ist, wie wir sehen werden, gut so. Sie müssen in der Tat denken und handeln wie er, wenn sie der Stadt als Museum gerecht werden wollen.

Der Leiter eines Museums wird immer versuchen, in den Räumen und Vitrinen seines Hauses möglichst abwechslungsreich und vielseitig auszustellen. Gleichgültig, ob es sich um Flugzeuge, Briefmarken oder die Geschichte der Fotografie handelt: Es geht darum, Typisches zu beschaffen und zu pflegen. Dies ist es, was seine Besucher von ihm erwarten. Die Stadtbewohner verhalten sich in diesem Punkt zu ihrer Stadt wie Museumsbesucher zu ihrem Museum. Sie verlangen danach, die historischen Epochen der Stadt um sich herum zumindest durch das Auge und den Tastsinn wahrnehmen zu können. Noch besser ist, wenn die alten Anlagen weiterhin benutzbar und bewohnbar sind. Auf jeden Fall lieben sie es, an das Alte erinnert zu werden. Es soll ein Teil ihrer Gegenwart sein, weil es Abwechslung und Reichtum, Buntheit und weitere Reize schafft. Deshalb sollte jede Epoche, soweit sie überhaupt in der Stadt in Erscheinung getreten ist, in ihr auch weiterhin mit einem Objekt vertreten sein. Weder das 19. noch das 18., weder das 17. noch irgendein anderes Jahrhundert sollten verlorengehen, wenn sie bis heute etwas hinterlassen haben. Eine große Auswahl wird es ohnehin nicht geben, und nicht alles, was vorhanden ist, läßt sich wirklich sinnvoll weiter betreiben. Aber ein halber Straßenzug aus der Zeit Spinozas, eine Brücke aus der Zeit Hegels, ein Stück altes Kopfsteinpflaster aus der Zeit Pascals, eine Reihe von Lampen aus der Zeit Wittgensteins, der Rest einer Stadtmauer aus der Zeit Macchiavellis, eine Fassade oder ein ganzes Stadtviertel aus der Zeit Bacons würden jeder Stadt eine neue Dimension verleihen. Derartige technische »Stadt-Teile« sollten in das Konzept des urbanen Museums aufgenommen und gepflegt werden. Wichtig ist, möglichst keine Generation auszulassen und bei der Darstellung ihrer Produkte einigemaßen vollständig zu sein. Hierdurch würde nichts anderes geschehen, als ein ohnehin vorhandenes Museum als solches zu bezeichnen und den Bewohnern bewußt zu machen.

Literaturhinweise

1 Rupert Crawshay-Williams: Begegnung mit Bertrand Russell, Zürich 1974, S. 103
2 Freiherr vom Stein, Briefe und amtliche Schriften, Städteordnung Bd. II 2, Stuttgart 1969, S. 902
3 Hans Paul Bahrdt: Humaner Städtebau, Hamburg 1968, S. 196
4 Wolfgang Braunfels: Abendländische Stadtbaukunst, Köln 1976, S. 325
5 Wolfgang Braunfels, a. a. O., S. 8
6 Wolfgang Braunfels, a. a. O., S. 16
7 Hermann Korte: Stadtsoziologie, München 1972, S. 31
8 Hans Paul Bahrdt, a. a. O., S. 13
9 Hans Paul Bahrdt, a. a. O., S. 193
10 Heiner Renk in: Laage, Michaelis, Renk: Planungstherorie für Architekten, Stuttgart 1976, S. 112 ff.
11 Alexander Mitscherlich: Thesen zur Stadt der Zukunft, Frankfurt 1971, S. 7 ff.
12 Walter Gropius: Architektur, Frankfurt 1956, S. 110
13 Freiherr vom Stein, Hrsg. von Erich Botzenhart und Günther Ipsen, Stuttgart 1955, S. 173 ff.
14 Gabriele Schwarz: Allgemeine Siedlungsgeographie, Berlin 1966, S. 444
15 Stefan Depiereux: Grundriß des Gemeindehaushaltsrechts, Recklinghausen 1973, S. 2
16 Rudolf Koldewey in: Niedersächsischer Städteverband, 2/1977
17 Fritz Voigt, Paul A. Mäcke: Methodische Grundlagen einer Stauungskostenrechnung für den Stadtverkehr, Hrsg. vom Bundesministerium für Verkehr, Bonn Bad-Godesberg 1976
18 Vittorio Magnago-Lampugnani in: Bauwelt, 4/1977, S. 134
19 Eduard Geisler in: Bauwelt, 4/1977, S. 135
20 John Kenneth Galbraith in: Urbanistik, Hrsg. Hermann Glaser, München 1974, S. 8
21 Urbanistik, a. a. O., S. 19
22 Urbanistik, a. a. O., S. 19
23 Urbanistik, a. a. O., S. 10
24 Kurt Rudzinski: Vertrauen in die Reaktortechnik? in: Frankfurter Allgemeine Zeitung, 26. 3. 1977
25 Bertrand Russell: Philosophie des Abendlandes, Wien 1975, S. 11 f.
26 Willy Hochkeppel: Mythos Philosophie, Hamburg 1976, S. 160
27 Helmut Fahrenbach: Zur Problemlage der Philosophie, Frankfurt 1975, S. 30
28 Helmut Fahrenbach, a. a. O., S. 40 ff.
29 Helmut Fahrenbach, a. a. O., S. 50
30 Helmut Fahrenbach, a. a. O., S. 52
31 Bertrand Russell: Philosophical Importance of Mathematical Logic, in: Monist, 10/1913
32 Lewis Mumford: Die Stadt, Köln 1963, S. 621
33 Marshall McLuhan: Das Medium ist Massage, Frankfurt 1969, S. 18
34 Lewis Mumford, a. a. O., S. XV und 2
35 Bertrand Russell: Macht, Wien 1973, S. 206
36 Arnold J. Toynbee: Menschheit — woher und wohin?, Stuttgart 1965, S. 34
37 Martin Neuffer, Entscheidungsfeld Stadt, Stuttgart 1973, S. 119
38 Arnold J. Toynbee: Menschheit — woher und wohin?, a. a. O., S. 131/132
39 Georg Büchner: Werke und Briefe, Wiesbaden 1953, S. 136
40 Martin Neuffer, a. a. O., S. 143

41 Lewis Mumford, a. a. O., S. 374
42 Jane Jacobs: Tod und Leben großer amerikanischer Städte, Berlin 1963, S. 87 f.
43 Martin Neuffer, a. a. O., S. 165
44 Dieter Eisfeld: Die Stadt der Stadtbewohner, Stuttgart 1973
45 Bertrand Russell: ABC der Relativitätstheorie, Reinbeck 1972, S. 170
46 Lewis Mumford, a. a. O., S. 94 f.
47 Jan Pieper in: Bauwelt, 30/1976
48 Friedrich Ratzel: Politische Geographie, München und Berlin 1923, S. 287
49 Hermann Henselmann in: Mensch und Stadtgestalt, Stuttgart 1974, S. 35
50 Lewis Mumford, a. a. O., S. 42
51 Lewis Mumford, a. a. O., S. 56
52 Friedrich Mielke: Die Zukunft der Vergangenheit, Stuttgart 1975, S. 264
53 Günther Feuerstein: Archetypen des Bauens, in: Transparent, 11-12/1976, S. 33 f.
54 Arnold J. Toynbee: Unaufhaltsam wächst die Stadt, Stuttgart 1971, S. 198 f.
55 Helene Rahms in: Frankfurter Allgemeine Zeitung, 6. 3. 1976
56 Josef Schmithüsen: Allgemeine Geosynergetik, Berlin 1976, S. 245
57 Vgl. Jürgen Habermas: Theorie und Praxis, Frankfurt 1972, S. 53
58 Wolf Schneider: Überall ist Babylon, München 1965, S. 359
59 Lewis Mumford, a. a. O., S. 353
60 Gordon Cullen: Die Stadt als Persönlichkeit, in: Mensch und Stadtgestalt, Stuttgart 1974, S. 115
61 Alexander Mitscherlich, a. a. O., S. 2
62 Arnold J. Toynbee: Unaufhaltsam wächst die Stadt, a. a. O., S. 18 f.
63 Georg Holmsten: Jean-Jacques Rousseau, Reinbek 1972, S. 83
64 Hans-Paul Bahrdt, a. a. O., S. 201
65 Kurt Leibbrand: Wachsende Verkehrsnot bereitet immer größere Sorgen, in: Frankfurter Allgemeine Zeitung, 11. 2. 1977
66 Gordon Cullen, a. a. O., S. 124
67 Martin Neuffer, a. a. O., S. 74
68 Otto Peter Görl in: Urbanistik, a. a. O., S. 150
69 Arnold J. Toynbee: Unaufhaltsam wächst die Stadt, a. a. O., S. 152 f.
70 Vgl. Fritz Dabbert: Die Beziehungen zwischen Verkehrssystem und Stadtstruktur, in: Der Städtetag, 4/1977
71 Fritz Dabbert, a. a. O.
72 Norbert Wiener: Mathematik — Mein Leben, Frankfurt 1965, S. 158
73 Norbert Huse: Le Corbusier, Reinbek 1976, S. 75
74 Josef Schmithüsen, a. a. O., S. 249
75 Michael und Susan Southworth in: Mensch und Stadtgestalt, Stuttgart 1974, S. 145
76 Norbert Huse, a. a. O., S. 76
77 Friedrich Mielke, a. a. O., S. 262
78 Fritz Schumacher: Der Geist der Baukunst, Tübingen 1956, S. 200
79 Fritz Schumacher, a. a. O.
80 Dieter Eisfeld: Kunst in der Stadt, Stuttgart 1975
81 Arnold J. Toynbee: Unaufhaltsam wächst die Stadt, a. a. O., S. 14
82 Martin Neuffer, a. a. O., S. 211
83 Martin Neuffer, a. a. O., S. 214
84 Lewis Mumford, a. a. O., S. 656 f.
85 Alle Fakten stammen aus Klaus D. Wick: Kurfürstendamm und Champs-Elysées, Berlin 1967 (Abhandlungen des 1. Geographischen Instituts der Freien Universität Berlin), S. 17 ff.
86 Lewis Mumford, a. a. O., S. 656
87 Lewis Mumford, a. a. O., S. 657
88 Lewis Mumford, a. a. O., S. 657
89 Mary McCarthy: Venedig, München 1968, S. 10
90 Friedrich Mielke, a. a. O., S. 256
91 Simon de Beauvoir: Alles in Allem, Reinbek 1975, S. 48
92 Wolfgang Braunfels, a. a. O., S. 16
93 Mary McCarthy, a. a. O., S. 10
94 Lewis Mumford, a. a. O., S. 637